CW00921124

100
CLÁSICOS DEL
CINE
DEL SIGLO XX

METROPOLIS

ufa

AN DER KAMERA KARL FREL

EIN FILM VON FRITZ LANG

Ed. Jürgen Müller

100 CLÁSICOS DEL CINE

DEL SIGLO XX

Con la colaboración de
ddp images, Hamburgo / Deutsche Kinemathek, Berlín /
British Film Institute, Londres / Bibliothèque du Film, París /
Herbert Klemens Filmbild Fundus Robert Fischer, Múnich

TASCHEN
Bibliotheca Universalis

AÑOS 20

AÑOS 30

AÑOS 40

AÑOS 50

AÑOS 60

AÑOS 70

AÑOS 80

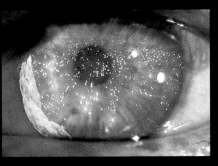

AÑOS 90

EL NACIMIENTO DE UNA NACIÓN

THE BIRTH OF A NATION

1915 - EE. UU. - 187 MIN.

DIRECTOR

D. W. GRIFFITH (1875-1948)

GUION

D. W. GRIFFITH, FRANK E. WOODS y THOMAS F. DIXON JR.,
inspirado en la novela y la obra de teatro *The Clansman: An Historical Romance
of the Ku Klux Klan* y en la novela *The Leopard's Spots:
A Romance of the White Man's Burden, 1865–1900* de THOMAS F. DIXON JR.

DIRECTOR DE FOTOGRAFÍA

G. W. BITZER

MONTAJE

JAMES SMITH, D. W. GRIFFITH, JOSEPH HENABERY, ROSE SMITH y RAOUL WALSH

BANDA SONORA

JOSEPH CARL BREIL y D. W. GRIFFITH

PRODUCCIÓN

D. W. GRIFFITH y DAVID SHEPARD para DAVID W. GRIFFITH CORP.

REPARTO

LILLIAN GISH (Elsie Stoneman), ELMER CLIFTON (Phil Stoneman),
MAE MARSH (Flora Cameron), HENRY B. WALTHALL (coronel Ben Cameron),
MIRIAM COOPER (Margaret Cameron), MARY ALDEN (Lydia Brown),
BESSIE LOVE (chica de Piedmont), RAOUL WALSH (John Wilkes Booth),
DONALD CRISP (general Ulysses S. Grant) y HOWARD GAYE (general Robert E. Lee)

- THE FIERY CROSS OF THE KU KLUX KLAN -

D.W. GRIFFITH'S MIGHTY SPECTACLE

THE BIRTH OF A NATION

FOUNDED ON THOMAS DIXON'S 'THE CLANSMAN'

«La acera es tan nuestra como suya, coronel Cameron.»

Durante la guerra civil estadounidense, los estados del norte industrializados lucharon contra los Estados del Sur, dedicados en su mayoría a la agricultura. La contienda se prolongó de 1861 a 1865 y terminó con la derrota del Sur. La economía de esta región se vio arruinada casi por completo, en gran parte por la liberación de casi cuatro millones de esclavos. *El nacimiento de una nación*, la cuestionada epopeya nacional de mayor envergadura de David Wark Griffith, narra la historia de esta guerra tomando como hilo conductor el destino de dos familias, los Stoneman de Pensilvania, en los Estados federados del Norte, y los Cameron de Piedmont (Carolina del Sur), un clan sudista. Ambas familias están vinculadas por lazos amistosos, los hijos varones fueron juntos a la escuela. Poco después de declararse la guerra, Phil Stoneman (Elmer Clifton) y su hermano menor van de visita a Piedmont. Los Stoneman disfrutan de la hospitalidad de sus amigos sureños. Phil pronto se enamora de Flora Cameron (Mae Marsh). Por su parte, Ben (Henry B. Walthall), el mayor de los Cameron contempla embelesado un retrato de Elsie Stoneman (Lillian Gish), que en adelante y durante toda la contienda llevará consigo.

La película muestra estas escenas de tipo familiar y las reuniones de los amigos de una manera fresca y viva, evitando el dramatismo propio del cine mudo. También en lo referente a la representación del conflicto es pionera para la época. El director David Wark Griffith presenta las grandes escenas de masas y las costosas batallas con una opulencia nunca vista hasta entonces. *El nacimiento de una nación* se consideró precursor de los largometrajes de cuño moderno al ser uno de los primeros en explotar a fondo las posibilidades técnicas fílmicas y servirse únicamente de medios narrativos cinematográficos, evitando así toda teatralidad. Griffith pone en práctica un hábil ensamblaje. Va de las tomas de masas a «pequeñas» escenas humanas y, al final, obtiene un montaje paralelo muy efectista cuando hace confluir tres líneas de acción en un «salvamento de última hora» *(last minute rescue).*

Actualmente, *El nacimiento de una nación* se considera el primer éxito de taquilla de la historia del cine. En tiempos anteriores se solían producir en EE. UU. películas con una duración de tres a 18 minutos (las denominadas «películas en uno y dos actos»); el propio Griffith había rodado más de 400 filmes de este tipo. Por lo general sus costes no superaban los 1.000 dólares. *El nacimiento de una nación* alcanzó la muy respetable suma de 100.000 dólares. En 1932 había recuperado el 90 % de los costes de producción y siguió siendo la película de mayor éxito en la

DAVID WARK GRIFFITH En palabras del historiador de cine George Sadoul, David Wark Griffith fue «no el descubridor sino, lo que es más, el creador de todo un lenguaje cinematográfico basado en el montaje». Griffith se crió en una granja de Kentucky, donde fue educado como el típico «señorito del Sur». Después de hacer giras como mimo con un teatro ambulante, comenzó a trabajar como actor, y luego como guionista y director de la compañía Biograph. Esta se dedicaba a crear cortometrajes para pequeños teatros donde se proyectaban películas, que por aquel tiempo habían comenzado a surgir por doquier. Griffith rodó más de 400 para la compañía Biograph y trabajó en muchas de ellas junto a la actriz Lillian Gish y el cámara G. W. Bitzer. En estos cortometrajes ensayó el medio narrativo cinematográfico que posteriormente utilizaría en sus producciones de larga duración. Entre ellas se encuentra *The Rose of Kentucky* (1911), una película interesante porque en ella se trata el Ku-Klux-Klan de una forma más crítica que en *El nacimiento de una nación* (1915). Tanto esta como *Intolerancia* (*Intolerance*, 1916) destacan como los dos colosos de la obra de Griffith. Ambas epopeyas lo invistieron como gran visionario y lo convirtieron definitivamente en el padre de la cinematografía moderna. Después de ellas, Griffith rodó obras menores, y más tarde el célebre melodrama *Lirios rotos* (*Broken Blossoms*, 1919), de nuevo con Lillian Gish, y *Dos tormentas* (*Way Down East,* 1920). Sin embargo, pronto terminó su éxito. Sus películas tenían cada vez peor acogida y Griffith se abandonó al alcohol. En 1936 recibió un Óscar honorífico a los méritos de toda su carrera, pero en 1948 falleció en una habitación de hotel en Hollywood, solo y prácticamente olvidado.

1 Elsie Stoneman (Lillian Gish) teme por su hermano Phil, que había ayudado a la familia Cameron a huir de la milicia del gobernador negro Silas.

2 No sospechan que su final está cerca: los Estados del Sur, que practican la esclavitud, afrontan la guerra con orgullo.

3 Cumple con su obligación, aunque no sin dejar de lamentarlo un poco: Flora Cameron (Mae Marsh) dona sus bonitos vestidos con el fin de recaudar fondos para la guerra de los Estados del Norte.

4 Una caída fatal: convencida de que un negro quiere violarla, Flora Cameron se precipita desde una roca y muere en los brazos de Ben (Henry B. Walthall), su hermano mayor

historia del cine, hasta que en 1939 fue reemplazada por *Lo que el viento se llevó (Gone with the Wind)*, que también versaba sobre la guerra civil americana.

Pero la obra de Griffith merece aún más calificativos: fue el primer largometraje que un presidente estadounidense, Woodrow Wilson, se hizo proyectar personalmente en la Casa Blanca y una de las primeras películas monumentales. Pero Griffith no se detuvo con el final de la guerra, sino que narró los acontecimientos que siguieron al armisticio, sobre todo la situación que resultó de la emancipación de los esclavos. A la primera parte, que culmina con la esmerada representación del atentado mortal que acabó

«La primera epopeya cinematográfica auténtica y probablemente la película más importante de la historia del cine. Casi de la noche a la mañana, El nacimiento de una nación obligó a los guardianes de la cultura a reconocer los méritos del cine.» *TV Guide*

con la vida del presidente de los Estados del Norte Abraham Lincoln el 14 de abril de 1865, le sigue una segunda parte titulada *Reconstrucción*. Esta se desarrolla únicamente en el Sur y es, hay que reconocerlo, un panfleto racista.

La «reconstrucción» es un concepto histórico importado con el que se designa la reincorporación de los Estados sureños a la Unión tras la guerra y narra las condiciones supuestamente insoportables que comporta la liberación de los esclavos. Los negros (a menudo actores blancos «pintados») humillan a los blancos, codician a sus mujeres, se comportan mal en el Parlamento y amenazan el orden público. Solo consigue la salvación de los blancos y la vuelta al orden natural el Ku-Klux-Klan con sus cuadrillas asesinas, cuyos miembros van provistos de capirotes y portan cruces. Esta moraleja resulta tan chocante en la actualidad como en su día. Cuando se estrenó en los cines en 1915, la película provocó una gran controversia y se prohibió en algunos Estados federados. El director Griffith se sintió incomprendido, defendió el derecho a la libertad de expresión y finalmente rodó una película con el explícito título de *Intolerancia* (*Intolerance,* 1916), una oda a la bondad humana.

HJK

NOSFERATU.
UNA SINFONÍA DEL HORROR
NOSFERATU – EINE SYMPHONIE DES GRAUENS
1922 - ALEMANIA - 84 MIN.

DIRECTOR

F. W. MURNAU (1888-1931)

GUION

HENRIK GALEEN, basado en la novela
Drácula de BRAM STOKER

DIRECTOR DE FOTOGRAFÍA

FRITZ ARNO WAGNER

BANDA SONORA

HANS ERDMANN

PRODUCCIÓN

ALBIN GRAU y ENRICO DIECKMANN para PRANA-FILM GMBH

REPARTO

MAX SCHRECK (conde Orlok, Nosferatu), GUSTAV VON WANGENHEIM (Hutter),
GRETA SCHRÖDER (Ellen, su esposa), ALEXANDER GRANACH (Knock, agente inmobiliario),
GEORG HEINRICH SCHNELL (Harding, naviero), RUTH LANDSHOFF (Ruth, su hermana),
JOHN GOTTOWT (profesor Bulwer), GUSTAV BOTZ (profesor Sievers, médico de la ciudad),
MAX NEMETZ (capitán) y GUIDO HERZFELD (fondista)

«Hermoso cuello tiene vuestra esposa.»

Knock (Alexander Granach), un sospechoso agente de la propiedad de Wisborg, encarga a su joven secretario Hutter (Gustav von Wangenheim) viajar a la lejana Transilvania. Allí debe entrevistarse con el conde Orlok, que quiere comprar una casa en una ciudad portuaria del norte de Alemania. Ávido de aventuras, Hutter parte y deja a su preocupada esposa Ellen (Greta Schröder). Sus presagios más aciagos se confirman cuando Hutter llega al castillo de Orlok, tras un fatigoso viaje. El misterioso conde (Max Schreck) se presenta como un vampiro que ataca a sus invitados por la noche. Cuando este *chupasangre* descubre un retrato de Ellen entre los documentos de Hutter, despierta su interés por conocerla y de improviso parte en barco hacia Wisborg. Hutter presiente el peligro y sale tras él por tierra. Pero lo hace de balde: Orlok se instala en su nueva residencia sin impedimento alguno. Y poco después, cuando la peste irrumpe en Wisborg estará en manos de Ellen salvar la ciudad ofreciéndose como víctima al vampiro.

Nosferatu no fue solo el primer gran éxito de público de la recién estrenada carrera como director de Friedrich Wilhelm Murnau. Como pionera adaptación cinematográfica conocida de la novela de Bram Stoker *Drácula* (1897), la película marcó en cierto modo el inicio de otra carrera cinematográfica digna de mención: la del vampiro como figura más popular de las películas de corte fantástico. Aunque el guionista, Henrik Galeen, cambió nombres y lugares de la obra, suprimió figuras centrales y modificó el final, la película sigue claramente la trama de la legendaria novela gótica. El monstruo calvo y enjuto de la película guarda tan poco parecido con el personaje de la novela

FRIEDRICH WILHELM MURNAU Procedente de una familia burguesa adinerada, Friedrich Wilhelm Murnau (1888-1931) cursó en primer lugar estudios de literatura e historia del arte. Cuando el célebre director de teatro berlinés Max Reinhardt lo descubrió en una representación estudiantil y entró a formar parte de su compañía, puso fin a su formación académica. Sin embargo, la Primera Guerra Mundial, que vivió como piloto, interrumpió la carrera de actor de Murnau. Y cuando en 1919 regresó a Berlín se vio infectado, como tantos otros artistas de su generación, por el virus del cine. Con el actor Ernst Hoffmann fundó una empresa de producción y puso en escena su primera película, *Der Knabe in Blau/ Der Todessmaragd* (1919) la cual, como gran parte de la producción de su primera época, no se ha conservado hasta nuestros días. En solo dos años, Murnau rodó otras ocho películas y el material existente deja entrever que ya presentaban algunas de las características que impregnarían sus obras maestras: el interés por lo desconocido, la tendencia a la melancolía y al romanticismo, pero también su inspiración estética en la pintura y cierta predilección por combinar los escenarios naturales y los decorados artificiales.

Nosferatu (1922) situó a Murnau en la primera fila de los directores alemanes. Y la producción de la UFA *El último* (*Der letzte Mann*, 1924), que consiguió hacer alzar la vista del espectador gracias a la denominada «cámara suelta», le granjeó fama mundial. Todavía más costosa fue *Fausto* (*Faust*, 1925-1926), cuya riqueza visual sigue fascinando hoy en día y que Lotte H. Eisner describió como «cénit del claroscuro». Por último, William Fox atrajo al joven director hacia Hollywood con un contrato sensacional, lo cual permitió a Murnau realizar su siguiente película con total libertad artística. A pesar de que el filme *Amanecer* (*Sunrise – A Song of Two Humans*, 1927) cumplía las expectativas estéticas que se habían puesto en él, nunca recuperó sus costes de producción. Así, en su siguiente trabajo para la Fox, *Los cuatro diablos* (*Four Devils*, 1928) y *El pan nuestro de cada día* (*City Girl*, 1929-1930), Murnau se vio tan obligado por los crecientes compromisos que finalmente rescindió su contrato y se alejó del estudio para rodar *Tabú* (*Tabu*, 1930-1931) en la isla de Tahití. Murnau no asistiría al estreno de esta maravillosa película sobre los mares del sur. Murió unos días antes en Santa Mónica a consecuencia de un accidente de coche.

«Así es el cine: carruajes fantasmagóricos que cruzan hondonadas boscosas, espectros que acechan a la gente, un brote de peste, barcos que atracan en los puertos sin tripulación, ataúdes llenos de tierra y ratones que escapan de los sótanos para subir a los coches y a los barcos, y meterse por las grietasde los edificios. Así es el cine: un ser medio hombre y medio fantasma se arrastra, trepa por la pantalla y, entre tanto, como concesión a un público mediocre que afloja la mosca, una historia de amor con final trágico.» *Vossische Zeitung*

2

1 La película de terror por antonomasia: Nosferatu (Max Schreck) guarda
poco parecido con los elegantes
chupasangres de las películas de
vampiros posteriores. Murnau lo
concibió como un desagradable
arácnido.

2 El principio de una pasión fatal:
el conde Orlok descubre la foto de
Ellen, la esposa de Hutter (Gustav
von Wangenheim).

3 Arquitectura a medida: los omnipre-
sentes arcos ojivales góticos remiten
al carácter del más allá de Nosferatu

y al mismo tiempo establecen una
relación visual entre el castillo de
los Cárpatos y la ciudad portuaria
de Wisborg, al norte de Alemania.

como con el refinado y elegante *chupasangre* de las películas sobre vampiros que se rodarían años más tarde. Con
una nariz aguileña, ojos hundidos, dientes de roedor y uñas
largas, Orlok tiene tanto de grotesco como de horripilante:
es una figura de pesadilla que nos pone de manifiesto el disparate que son nuestras fantasías de terror, pero también su
poder.

El extraño aspecto del vampiro es con toda seguridad el principal motivo de la prolongada popularidad de
Nosferatu. La película debe su condición de clásica sobre
~~to~~do a su destacada calidad visual, que no solo prueba la
~~mae~~stría de Murnau en su juego de luces y sombras
~~expr~~esionista, sino que también revela que bebía en las
~~fuent~~es del cine escandinavo y la pintura romántica deci-
~~monó~~nica. A diferencia de lo que era usual en la época,

Nosferatu se construyó en gran parte fuera de los estudios
y se filmó en localidades del norte de Alemania y de Ruma-
nía. El resultado del trabajo de Murnau y de su cámara Fritz
Arno Wagner fue impresionante, pues esta inquietante
historia pudo rodarse en los escenarios reales en los
que tiene lugar. Así, la película muestra —no sin toques
de humor— la aventura del ingenuo de Hutter como un
viaje hacia las tinieblas; partiendo de la soleada y agradable Wisborg, los lugares y paisajes por donde pasa Hutter
van adquiriendo rasgos cada vez más negativos hasta que
finalmente cae prisionero del umbrío reino de Orlok. Cuando
el vampiro se pone en camino, las sombras le acompaña-
rán hasta cubrir la apacible Wisborg. Murnau pone claramente de manifiesto la irrupción del gris haciendo que el
negro barco de la muerte que traslada a Orlok atraque

como por encanto en el puerto de la ciudad. Un poco más tarde, una procesión de hombres vestidos de negro recorrerá sus calles. Son portadores de ataúdes que llevan a los muertos por la peste de la noche anterior a la fosa común.

En vista de tan tétricas imágenes no resulta sorprendente que *Nosferatu* se relacione una y otra vez con los acontecimientos políticos de la época. Así, muchos interpretaron las muertes en masa de los habitantes de Wisborg como una alegoría a los horrores de la Primera Guerra Mundial. A otros les recordaba la persecución que hizo el populacho del supuesto calumniador Knock en el caldeado clima social de la República de Weimar. Una interpretación algo más libre es considerar *Nosferatu* como una fantasía erótica, como narración sugerente sobre los abismos de los deseos humanos: conociendo la homosexualidad de Murnau, las visitas nocturnas de Orlok a Hutter podrían considerarse una especie de guiño personalísimo. Algo más compleja es la relación de Ellen con el vampiro. Un misterioso intercambio telepático une a la melancólica mujer con el huraño conde, cuya costumbre de rondar por la noche comparte ella. Resulta un misterio por qué espera a su amado en la playa y dirige la vista hacia el mar en una dirección por la que no se acerca su marido sino el vampiro. Así, el autosacrificio de Ellen puede entenderse como una entrega al masoquismo, a un amante inquietante que hace del honrado marido un desapasionado don nadie y de la supuestamente idílica Wisborg, un mero nido de provincialismo.

JH

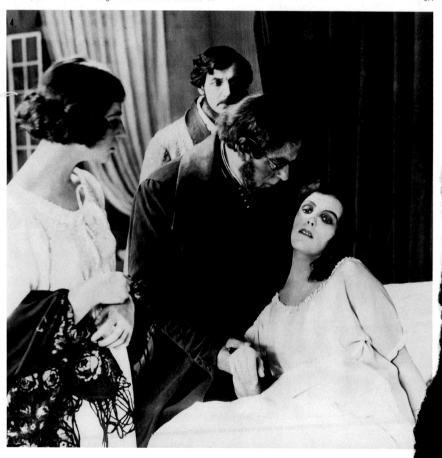

4 Una debilidad enigmática: entre Ellen (Greta Schröder) y el vampiro parece fluir un misterioso poder de atracción que no sospechan ni la familia de la chica ni el médico.

5 Los abismos del idilio pequeño-burgués: desde el principio, Ellen constituye una nota melancólica y tétrica en la aparentemente apacible Wisborg. El ingenuo Hutter no se percata de ello.

«Podría ganar un dineral a cambio de algo de esfuerzo, un poco de sudor y tal vez... algo de sangre.»

Entretítulo: Makler Knock (Alexander Granach)

LOS DIEZ MANDAMIENTOS

THE TEN COMMANDMENTS

1923 - EE. UU. - 146 MIN.

DIRECTOR

CECIL B. DEMILLE (1881-1959)

GUION

JEANIE MACPHERSON

DIRECTOR DE FOTOGRAFÍA

BERT GLENNON, J. PEVERELL MARLEY, ARCHIE STOUT,
FRED WESTERBERG y RAY RENNAHAN

MONTAJE

ANNE BAUCHENS

BANDA SONORA

HUGO RIESENFELD y MILAN RODER

PRODUCCIÓN

CECIL B. DEMILLE para FAMOUS
PLAYERS-LASKY CORPORATION

REPARTO

THEODORE ROBERTS (Moisés), CHARLES DE ROCHEFORT (Ramsés),
ESTELLE TAYLOR (MIRIAM, HERMANA DE MOISÉS), JAMES NEILL
(Aarón, hermano de Moisés), EDYTHE CHAPMAN (Martha McTavish),
RICHARD DIX (John McTavish), ROD LA ROCQUE (Dan McTavish),
LEATRICE JOY (Mary Leigh) y NITA NALDI (Sally Lung)

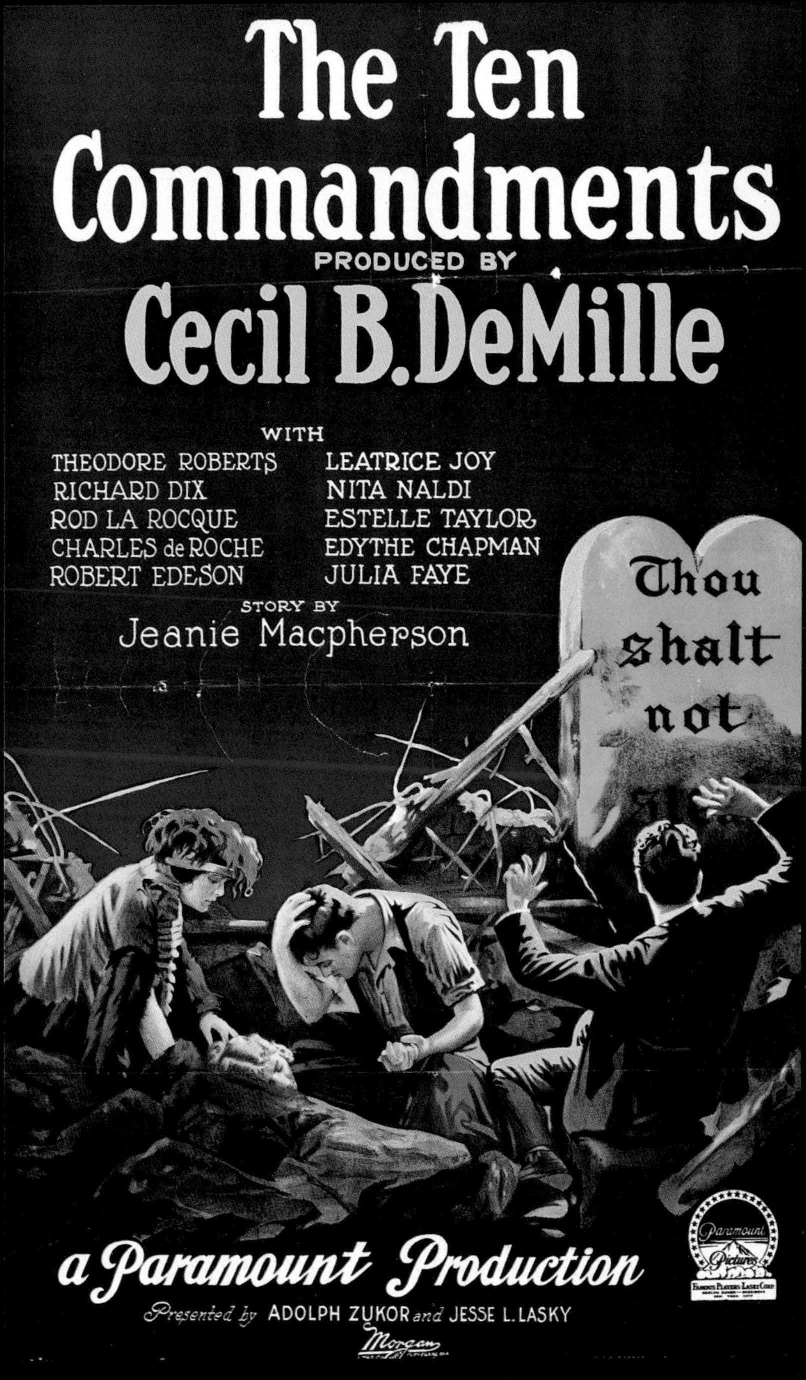

The Ten Commandments
PRODUCED BY
Cecil B. DeMille
WITH
THEODORE ROBERTS
RICHARD DIX
ROD LA ROCQUE
CHARLES de ROCHE
ROBERT EDESON
LEATRICE JOY
NITA NALDI
ESTELLE TAYLOR
EDYTHE CHAPMAN
JULIA FAYE
STORY BY
Jeanie Macpherson
Thou shalt not
a Paramount Production
Presented by ADOLPH ZUKOR and JESSE L. LASKY
Paramount Pictures
FAMOUS PLAYERS-LASKY CORP.
Morgan

«No puedes romper los diez mandamientos; ellos te romperán a ti.»

En 1922 el periódico *Los Angeles Times* convocó un concurso público en cooperación con la famosa Players-Lasky Corporation: se llevaría 1.000 dólares quien propusiera la idea más convincente para utilizar como tema en una película. Entre la inmensa cantidad de propuestas destacaban algunos temas bíblicos. En la oficina del director Cecil B. DeMille imperaba el asombro: ¿la Biblia como fuente de inspiración de una película para el gran público?

DeMille retuvo especialmente bien una de las propuestas. Estaba firmada por F. C. Nelson, un trabajador de Michigan que soñaba con una película sobre los diez mandamientos. Con su propuesta incluyó un lema publicitario: «No puedes romper los diez mandamientos; ellos te romperán a ti». Él y otros siete participantes con la misma propuesta temática ganaron 1.000 dólares cada uno como premio. Era una cantidad modesta teniendo en cuenta los gastos y los ingresos derivados de *Los diez mandamientos*: la producción costó unos 1,5 millones de dólares y se recaudaron unos beneficios de 4,2 millones de dólares, una cantidad exorbitante para la época.

DeMille se había propuesto hacer una película ambivalente. Se le ocurrió extrapolar el material del Antiguo Testamento a una historia actual. De modo que el filme se dividió en dos partes: un prólogo bíblico y una historia moderna sobre dos hermanos que compiten por la misma mujer. La parte histórica se basa en el segundo libro de Moisés que describe la huida de los israelitas de Egipto, la separación de las aguas del mar Rojo, la revelación de los diez mandamientos en el monte Sinaí y el episodio del becerro de oro. Para realizar la parte

LOS DECORADOS DE GUADALUPE Los habitantes de la pequeña localidad costera de Guadalupe, cerca de Santa María, quedaron perplejos cuando en la primavera de 1923 un convoy de trabajadores emprendió la construcción, en medio de las dunas blancas que yacen junto al Pacífico, de una gigantesca obra de hierro, hormigón y madera. Cuando, transcurridos dos meses, la construcción se dio por terminada, volvieron a frotarse los ojos con asombro. Tenían ante sí el inmenso portal de una ciudad amurallada del Antiguo Egipto, de más de 228 metros de longitud y una altura que superaba los 33 metros, flanqueada por cuatro imponentes estatuas faraónicas, sobre las cuales colgaban dos bajorrelieves sobredimensionados. Una avenida con 21 esfinges de mármol de colores conducía directamente a la colosal puerta. A cierta distancia, una pirámide se alzaba hacia el cielo. Cecil B. DeMille había reconstruido la ciudad del personaje bíblico Ramsés II... a escasos 150 kilómetros de Los Ángeles. Para conferir una dimensión gráfica igualmente imponente de la huida de los israelitas guiados por Moisés y la irrupción del ejército del faraón, fueron contratados 2.500 figurantes que, junto con 3.000 animales, se acomodaron en un poblado de tiendas de campaña. El lugar tenía el aspecto de campamento militar y contaba con todo tipo de infraestructuras (agua, teléfono, electricidad, espectáculos de *jazz* y actuaciones de música periódicas, una escuela e incluso un destacamento policial propio, que controlaba la prohibición de ingerir alcohol). DeMille había planeado hasta el detalle de proveer de comida *kosher* a los 250 judíos ortodoxos que desfilarían a la cabeza de la procesión que seguía a Moisés. Estaba convencido de que interpretarían el éxodo con gran entusiasmo. Cuando, durante las tomas, comenzaron a entonar canciones populares, se emocionó. La compra de dos sementales de pura raza para el carro de guerra del faraón casi le costó la película, pues expoliaba de buena manera la cuenta de los capitalistas. Pero llegó el día en el que todas las escenas estuvieron en sus correspondientes latas y el presupuesto acordado de 1 millón de dólares solo se había superado en un mínimo. Eso sí, no quedaba ni un céntimo para almacenar el entonces mayor decorado de la historia del cine, por lo que se desmontó y simplemente se enterró en la arena. En su autobiografía, DeMille bromea sobre el hecho de que en un futuro muy lejano los restos arqueológicos de las dunas de Guadalupe resultarían un descubrimiento interesante. Se equivocó en su estimación. Ya en 1983 tres entusiastas de la película, Peter Brosnan, Bruce Cardozo y Richard Eberhardt, comenzaron los trabajos para desenterrarlos, aunque no han podido concluirse por falta de dinero.

«Es la mejor película que se ha rodado. El espectáculo teatral de mayores proporciones de la historia. El mayor sermón jamás pronunciado sobre las tablas, que constituyen la base de todas las leyes.» *Photoplay Magazine*

moderna, DeMille encargó escribir un Guion a la joven autora e intérprete Jeanie Macpherson.

DeMille tenía una idea muy clara del aspecto que debían presentar las escenas del Antiguo Testamento. Se inspiró en una Biblia del Rey Jaime con ilustraciones de Gustave Doré. A comienzos de 1923 finalmente encargó a Paul Iribe que construyera los decorados al noroeste de Los Ángeles, sobre las dunas de Guadalupe: la ciudad de Ramsés II. Fueron los más espectaculares que se habían realizado jamás para una película. El cine bíblico y monumental, el género más taquillero de Hollywood, nació entre médanos.

Además de la monumentalidad del atrezo y del dominio demostrado en las escenas de masas, también causó sensación la novedosa técnica cinematográfica empleada en la película. Una nueva compañía, llamada Technicolor, ofreció a DeMille instalar una cámara adicional que podía grabar en un sistema nuevo de dos colores. Si le gustaban las tomas, podría comprarlas; si no, se destruirían sin más. DeMille ya tenía cierta experiencia en el colorido de imágenes con el procedimiento de Handschiegel, que empleó asimismo en una copia en nitro que hizo para sí mismo del prólogo, pero las imágenes de Technicolor también fueron de su agrado. La inserción esporádica de estas escenas cromáticas hizo resaltar la expresividad del contenido y fue un excelente medio de reflejar el material bíblico en la película. La representación natural de la realidad se asoció al blanco y negro, mientras que el color se relacionaba con lo artificial, los sueños, el ambiente.

1 Moisés recibe los diez mandamientos de la ley de Dios: Theodore Roberts como primer padre bíblico de los israelitas perseguidos y exiliados.

2 Antes de atravesar el mar Rojo: la parte bíblica de la película se rodó en un novedoso sistema de dos colores.

3 El gigantesco decorado montado en las dunas de Guadalupe y las costosas instalaciones de los figurantes hicieron de esta película una de las más caras de su tiempo.

4 Estelle Taylor como Miriam, la hermana de Moisés. DeMille rodó una película que constaba de un prólogo bíblico monumental y de una parte dramática ambientada en la actualidad.

Se han hecho correr ríos de tinta sobre el truco de la gelatina en la escena de la separación de las aguas del mar Rojo. Existen otras dos secuencias de la parte moderna que no resultan menos impactantes incluso en nuestros días. Una es el viaje vertiginoso de una de las protagonistas en un ascensor abierto que se eleva hacia el tejado de la iglesia —desde el punto de vista cinematográfico resuelto muy en la línea de la Nueva Visión fotográfica de la década de 1920—, y la otra es una escena criminal bastante comentada en la que la víctima, la amante, cae a causa de un disparo contra una gruesa cortina de terciopelo que se desprende de la barra poco a poco.

La crítica celebró sobre todo el prólogo bíblico. La parte con la historia moralista de los dos hijos distintos de una madre beata (Edythe Chapman), el astuto e intrigante Dan (Rod La Rocque) y el formal y creyente John McTavish (Richard Dix), quedó algo a la sombra del monumental prólogo. Al final conquista el corazón de la chica John, el honrado, mientras que Dan, el pecador, se estrella contra la costa rocosa. El público se sintió fascinado por la alternancia entre el bien y el mal, entre la simpatía espontánea y el rechazo precipitado. El hecho de que la madre McTavish muera precisamente ante el muro de una iglesia que se desmorona, desde el punto de vista formal parecida a la tabla de Moisés con los diez mandamientos que aparece en el prólogo, no molestó demasiado al público. Pero este no sabía tampoco de la carta de un tal F. C. Nelson ni de su lema.

SR

LA QUIMERA DEL ORO

THE GOLD RUSH

1925 - EE. UU. - 82 MIN. A 24 F / S / 72 MIN. (VERSIÓN SONORA)

DIRECTOR

CHARLES CHAPLIN (1889-1977)

GUION

CHARLES CHAPLIN

DIRECTOR DE FOTOGRAFÍA

ROLAND H. TOTHEROH

BANDA SONORA

CHARLES CHAPLIN, RICHARD WAGNER, PETER ILJITSCH TSCHAIKOWSKI
y NIKOLAI RIMSKI-KORSAKOW

PRODUCCIÓN

CHARLES CHAPLIN para CHARLES CHAPLIN PRODUCTIONS

REPARTO

CHARLES CHAPLIN (un solitario buscador de oro), MACK SWAIN
(Big Jim McKay), TOM MURRAY (Black Larson), GEORGIA HALE (Georgia),
BETTY MORRISSEY (amiga de Georgia), KAY DESLYS (amiga de Georgia),
JOAN LOWELL (amiga de Georgia), MALCOLM WAITE (Jack Cameron)
y HENRY BERGMAN (Hank Curtis)

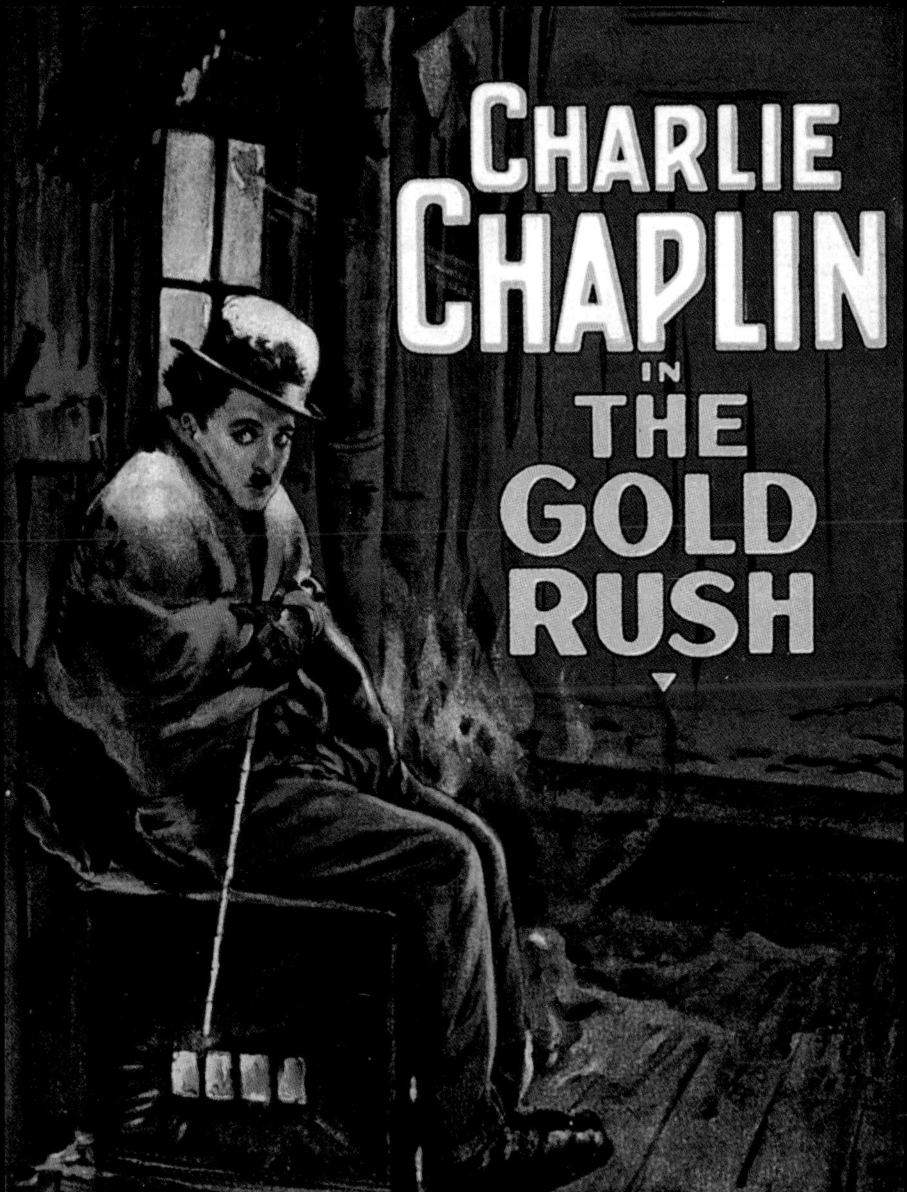
CHARLIE
CHAPLIN
IN
THE
GOLD
RUSH

«Con un movimiento de hombros y un gesto de su mano izquierda, Chaplin dice mucho más de lo que cualquier intérprete podría expresar con los ojos o la boca.»

Una tormenta de nieve mantiene atrapados en una cabaña aislada desde hace días a Charlot, el vagabundo (Charles Chaplin), y al furibundo buscador de oro Big Jim (Mack Swain). No tienen nada que comer, por lo que finalmente Charlot asa uno de sus zapatos y lo sirve con la misma delicadeza que si de un gran asado se tratase, lo cual no es óbice para que su compañero de infortunio lo confunda algo más tarde con un pollo y lo quiera devorar. Otra escena en torno a la mesa: nuestro insignificante héroe, que entretanto ha llegado a una ciudad de buscadores de oro, invita a Georgia, su amada (Georgia Hale), y sus amigas a cenar el día de fin de año. Las viandas, preparadas con gran cariño, resultan todo un éxito. Luego Charlot debe procurar algo de entretenimiento, por lo que toma dos tenedores con resolución y pincha un panecillo sobre cada uno. Pronto se encuentra entre las manos un cómico «par de piernas» con el que, para el asombro de todos,

lleva a cabo un imponente baile sobre la mesa. Al poco rato, el vagabundo despierta completamente solo. Las velas se han consumido. Georgia no se ha presentado a la cita. La maravillosa velada ha sido solo un sueño.

El cine ha mostrado pocas veces la ilusión por la comida y la pasión amorosa de una forma más impactante, conmovedora y grotesca que en esta conocida escena de *La quimera del oro*. El propio Charles Chaplin definía la película como una obra maestra. De hecho, con ninguna otra el gran cómico consiguió acercarse tanto a su ideal de comedia dramática universalmente comprensible como con esta. Los avatares de los protagonistas de la fiebre del oro que se desató en Alaska en 1898, a veces aventuras y a veces hechos estremecedores, sirvieron de inspiración a Chaplin. Con el viaje de su enjuto vagabundo, que con ingenuidad infantil cruza las despobladas y heladas regiones del norte de América, saliendo de una situación

GEORGIA HALE La actriz Georgia Hale (1905-1985) debe agradecer su papel cinematográfico más importante a un espinoso contratiempo: en un principio se había previsto que la por cierto desconocida Lita Grey encarnara el papel de hermosa camarera en *La quimera del oro*, pero cuando, durante el rodaje, la joven de 16 años anunció a Chaplin que esperaba un hijo suyo, además de verse obligado a casarse con ella, tuvo que buscar a una sustituta para que interpretara su papel. Chaplin se decidió por Hale, quien le había llamado la atención en su primera aparición en la gran pantalla en la película *The Salvation Hunters* (1924-1925), en la que Josef von Sternberg debutaba como director. Fue una decisión que resultaría de lo más acertada, pues Hale, con su atractiva mezcla de vulnerabilidad y de consciente feminidad, era la mujer soñada para el vagabundo de Chaplin. Su colaboración con el célebre cómico deparó a la antigua Miss Chicago un contrato con la Paramount. Durante la segunda mitad de la década de 1920 fue una de las estrellas juveniles más prometedoras del estudio, hasta que en 1928 la introducción de la pista sonora arruinó su carrera: la dirección del estudio consideró que tenía una voz poco apropiada para interpretar ese tipo de películas. Aunque Chaplin intentó contratarla para *Luces de la ciudad* (*City Lights,* 1931), las gestiones quedaron en meras tomas de prueba. La carrera de Hale culminó al lado de una superestrella masculina del todo distinta, con el papel principal en *El gran guerrero* (*The Lightning Warrior,* 1931), la última aparición del legendario pastor alemán Rin Tin Tin.aa

1 *El vagabundo rodeado* de hielo y nieve: *La quimera del oro* de Charles Chaplin es una de las grandes obras maestras del cine.

2 El hambre no se ha reflejado nunca más encarecida ni grotescamente en la pantalla que en la escena en la que Charlot y su compañero se sirven un zapato para comer.

3 Por regla general, el estilo de la cámara de Chaplin se tilda de poco original. Sin embargo, ¿quién ha sido capaz de plasmar mejor la soledad

4 En sus delirios de hambre, Big Jim (Mack Swain) toma al enjuto vagabundo por un delicioso pollo. Charlot debe reafirmarse constantemente ante hombres de superioridad física.

espeluznante para caer en otra, pone ante nuestros ojos toda la paleta de necesidades, debilidades y anhelos del ser humano. Y sobre todo hace hincapié en el carácter irrenunciable del amor y la solidaridad.

Si, por lo general, para el gusto actual las películas de Chaplin suelen resultar algo sentimentales, en *La quimera* *del oro* las aventuras, lo grotesco y lo melodramático están perfectamente proporcionados, de modo que la filmación no roza el sentimentalismo en ningún momento. La capacidad de pantomima de Chaplin constituye sin duda el eje central de la película. Su genial juego permitia no solo despertar las emociones sino también conferir a las situaciones

grotescas la mayor naturalidad. El hecho de que en la escena mencionada Charlot se le antoje de pronto a su compañero como un pollo gigante es fruto de sus alucinaciones a causa del hambre. Y esta transformación resulta plausible no solo por la perfección técnica con la que se rodó el truco, sino sobre todo porque con gran sutileza poco rato antes el vagabundo se mueve exactamente igual que un ave de corral: se inclina hacia delante como si picoteara el grano, agita las alas cuando se irrita o escarba la tierra con los pies. El sutil lenguaje corporal *chapliano* provoca asociaciones y nos invita a soñar con los ojos abiertos.

«*La quimera del oro* es un triunfo espectacular de Charles Chaplin tanto desde el punto de vista artístico como comercial y será un éxito de taquilla asegurado. Es la comedia más grande y más elaborada filmada jamás y durante algunos años será el éxito más destacado de su género.» *Variety*

5 En ninguna otra de sus películas consiguió Chaplin un equilibrio tan perfecto entre lo conmovedor, lo cómico y lo dramático como en *La quimera del oro*. En esta escena, Charlot intenta con artimañas arrebatar un hueso al sabueso del bandido Black Larson (Tom Murray).

6 Con el éxito triunfal de *La quimera del oro*, Chaplin, «el hombre más conocido del mundo», vivió el apogeo de su carrera. Después, sus problemas con los círculos americanos más conservadores no harían más que crecer.

A diferencia de su talento interpretativo, desde el punto de vista técnico las películas de Chaplin suelen tildarse de desfasadas por el enfoque estático y casi siempre frontal de la cámara. *La quimera del oro* sigue sorprendiendo por sus efectos especiales, que resultan convincentes aún en la actualidad. Por ejemplo, hay una escena asombrosa en la que una avalancha de nieve mata al brutal asesino Black Larson (Tom Murray). Igual de inolvidable es la secuencia en la que la pequeña cabaña es sacudida durante una tormenta nocturna, de modo que Charlot y su fornido compañero despiertan a la mañana siguiente sin saber que la mitad de la casa se eleva sobre un barranco, lo cual provoca un impresionante baileteo sobre un suelo inestable. Según nos muestra Chaplin, la vida es tan solo un baile grotesco y continuo sobre un terreno incierto. Solo la unión de las fuerzas permite alcanzar el equilibrio.   JH

EL ACORAZADO POTEMKIN

BRONENOSEC POTJOMKIN

1925 - URSS - 75 MIN.

DIRECTOR
SERGUÉI M. EISENSTEIN (1898-1948)

GUION
NINA AGADSHANOVA-SCHUTKO y SERGUÉI M. EISENSTEIN

DIRECTOR DE FOTOGRAFÍA
EDOUARD TISSÉ

MONTAJE
SERGUÉI M. EISENSTEIN

PRODUCCIÓN
GOSKINO

REPARTO
ALEXANDER ANTONOV (marinero Vakulinchuk), VLADIMIR BARSKY
(comandante Golikov), GRIGORI ALEXANDROV (teniente Giljarovski),
ALEXANDER LJOVSCHIN (oficial) y MIJAIL GORNOROV (marinero Matiushenko)

ХУДОЖЕСТВЕННЫЙ ФИЛЬМ   постановка СЕРГЕЯ ЭЙЗЕНШТЕЙНА
АВТОР СЦЕНАРИЯ Н. АГАДЖАНОВА   ОПЕРАТОР Э. ТИССЭ   КОМПОЗИТОР Н. КРЮКОВ
ПРОИЗВОДСТВО ГОСКИНО (1-я Ф-КА), 1925 г.   повторно озвучен в 1950 г. "МОСФИЛЬМ"

БРОНЕНОСЕЦ «ПОТЁМКИН»

«¡Camaradas, ha llegado la hora de actuar!»

Hay películas que, para conseguir en su patria la atención que merecen, primero tienen que dar un rodeo y celebrar el éxito en el extranjero. Sucedió con *El gabinete del doctor Caligari* (*Cabinet des Dr. Caligari,* 1919-1920, dirigida por Robert Wiene), que fue muy bien recibida en París y solo entonces fue reconocida en Berlín como una obra que abría nuevas perspectivas; o con los filmes posteriores de Werner Fassbinder, cuya fama en París, Londres y Nueva York precedió a su reconocimiento en Alemania. Sin embargo, el ejemplo paradigmático de ese rodeo pasando por el extranjero es la obra mayor de Serguéi M. Eisenstein, *El acorazado Potemkin,* que causó sensación en Berlín en los años veinte y, acto seguido, inició su marcha triunfal, primero por Europa y, a continuación, por la historia del cine. El filme sigue siendo uno de los clásicos canonizados, aparece en todas las listas preceptivas de las mejores películas de todos los tiempos y ha inspirado a generaciones enteras de estudiantes de cine.

Nadie podía imaginarlo cuando la cúpula de la joven Unión Soviética confió a Serguéi Eisenstein, que entonces tenía 27 años, el encargo de realizar una película en «memoria de las revueltas prerrevolucionarias del año 1905» (según la denominación del proyecto). Después de abandonar los estudios de ingeniería y trabajar en el teatro a las órdenes del gran innovador Karl Theodor Meyerhold, Eisenstein había llamado la atención de los funcionarios de la cultura con su primer largometraje, *La huelga* (*Statschka*, 1924). En principio, la historia de la sublevación en el acorazado *Potemkin* solo debía ser un episodio más, pero el tema se fue extendiendo y, al final, se prescindió de los demás episodios.

La película se estructura en cinco actos claramente separados: las deplorables condiciones de vida en el barco, el motín de los marineros contra los oficiales, la confraternidad de la población con la tripulación sublevada, la matanza de los cosacos rusos en las escaleras del puerto de

---

EL MONTAJE DE ATRACCIONES Serguéi M. Eisenstein, considerado uno de los directores más importantes de la historia del séptimo arte, también dejó una obra, no menos relevante,de teoría del cine. Para el cineasta revolucionario, la práctica de dirigir películas y la teoría del efecto fílmico no eran en absoluto temas completamente desvinculados, sino al contrario, las mitades inseparables y dialécticas de una misma cosa. En el centro de la teoría y de la práctica de Eisenstein se situaba el concepto de «montaje», palabra tomada en préstamo, y no por casualidad, del campo de la construcción, es decir, del trabajo en el sentido marxista.

El llamado «montaje de atracciones», que el cineasta desarrolló primero en el contexto de su trabajo en el teatro en la década de 1920, significaba para Eisenstein la colisión de imágenes completamente distintas; de la fuerza de ese choque debía surgir energía, así como otro nivel de significado. Eisenstein tomó el principio del choque y la sorpresa de las formas de diversión populares, como el circo o la feria. El ejemplo paradigmático de este tipo de montaje se encuentra en el primer largometraje del cineasta, *La huelga* (*Statschka,* 1924), la historia de una revuelta revolucionaria similar a la de *El acorazado Potemkin:* las imágenes de la sangrienta represión de una huelga se muestran alternadas con fotogramas de un animal que está siendo sacrificado. Posteriormente, Eisenstein seguiría desarrollando la idea hasta llegar al montaje intelectual, en el que el choque de conceptos debía provocar nuevos pensamientos.

«Es la gran cresta espumosa de una ola de pasión; pero una ola que no termina de romper. Como si la espuma quedara suspendida en el aire y siguiera brillando eternamente bajo el sol... Pero el ímpetu es grandioso... Aún más grandioso es cómo sigue brillando en el aire la gama de colores de una gloria irisada enorme, polícroma, celestial, que resplandece sobre el horizonte. Para llorar de tanta belleza.» *Film-Kurier*

multicultural barrio hamburgués de Schanzenviertel. Así pues, la película vive casi tanto de sus proyecciones como de las numerosas citas y transformaciones de las que ha disfrutado a lo largo de los años en la cultura popular. Da la impresión de que *El acorazado Potemkin* haya pasado por todas esas modulaciones y variaciones solo para celebrar un regreso aún más triunfal, por ejemplo, con la nueva banda sonora de los Pet Shop Boys, que se proyectó en el año 2004 en una pantalla instalada al aire libre en Trafalgar Square, o con una versión restaurada que se presentó en el año 2005 en diversos festivales. Quizás todas las citas y las transformaciones sean tan solo un rodeo más para regresar siempre a la propia película.

MH

«Es una gran película, lograda como pocas. [...] Está cimentada con ideología, calculada correctamente en todos los detalles, igual que el arco de un puente. Cuanto más fuertes son los golpes que descargan sobre ella, mejor es el sonido. Solo quienes la agiten con las puntas de los dedos enguantados, esos no oirán ni moverán nada.» *Walter Benjamin*

6 … y el dolor de una ciudadana de Odesa condensan los sucesos en iconos visuales.

7 Un hito en la historia del cine: el montaje de Eisenstein de la matanza perpetrada por los cosacos en las escaleras del puerto de Odesa.

EL MAQUINISTA DE LA GENERAL

THE GENERAL

1926-1927 - EE. UU. - 75 MIN.

DIRECTOR

BUSTER KEATON (1895-1966) y CLYDE BRUCKMAN (1894-1955)

GUION

AL BOASBERG, CHARLES HENRY SMITH, CLYDE BRUCKMAN y BUSTER KEATON,
basado en el relato *The Great Locomotive Chase: A History of the Andrews Railroad Raid
into Georgia in 1862* de WILLIAM PITTENGER

DIRECTOR DE FOTOGRAFÍA

DEVEREAUX JENNINGS y BERT HAINES

MONTAJE

SHERMAN KELL y BUSTER KEATON

PRODUCCIÓN

JOSEPH M. SCHENCK y BUSTER KEATON para
BUSTER KEATON PRODUCTIONS INC.

REPARTO

BUSTER KEATON (Johnnie Gray), MARION MACK (Annabelle Lee),
CHARLES HENRY SMITH (padre de Annabelle), FRANK BARNES (= RICHARD ALLEN)
(hermano de Annabelle), GLEN CAVENDER (capitán Anderson),
JIM FARLEY (general Thatcher), FREDERICK VROOM (general de los confederados),
JOE KEATON (general de la Unión), MIKE DONLIN (general de la Unión) y
TOM NAWN (general de la Unión)

«Hubo dos amores en su vida.»

Marietta, Georgia, 1861. Johnnie (Buster Keaton) tenía dos grandes pasiones: una locomotora de vapor con el orgulloso nombre de *La General* y su prometida Annabelle (Marion Mack). Un domingo en que, de punta en blanco, hace la corte a la joven en casa de los padres de ella, irrumpe la noticia de que los Estados del Sur han declarado la guerra a los del Norte. De inmediato, el padre (Charles Henry Smith) y el hermano (Frank Barnes) de la chica se enrolan de manera voluntaria en el ejército. Johnnie no se hace de rogar demasiado, pues sabe que sin el uniforme de los confederados no podría volver a dirigir la mirada a su amada. Para su desgracia no es aceptado, pues en su puesto de trabajo como maquinista de locomotora el joven resulta imprescindible. Pero para Annabelle no es más que un holgazán indigno de su amor. Sin embargo, Johnnie tendrá una oportunidad de demostrar su valía cuando los espías de los yanquis roben *La General* para sabotear el suministro de los Estados del Sur. Firmemente decidido, se lanza a la persecución del tren, primero a pie, luego en draisina, un velocípedo de rueda alta y finalmente incluso con otra locomotora, la *Texas*.

El maquinista de la General es la película más conocida de Buster Keaton y el propio cómico, el más famoso del cine mudo, la tenía por su mejor trabajo: era una comedia que consideraba absolutamente suya y que le había salido redonda, pues había sabido integrar un verdadero festival

JOSEPH M. SCHENCK Ninguna película podría contar una historia más peculiar que la de Joseph M. Schenck (1878-1961). Nacido en Rusia, en 1893 llegó a Nueva York, donde, junto con su hermano menor Nicholas, en pocos años pasó casi de la nada a ser el propietario de diversas droguerías. El extraordinario sentido comercial de ambos hermanos se inclinó muy pronto por el mundo del espectáculo. Compraron dos parques de atracciones y su éxito los puso en contacto con Marcus Loew, que en 1912 los hizo socios de su cadena de teatros de película y vodeviles, la que sería precursora de los legendarios estudios MGM de Hollywood.

Desde entonces, los Schenck se contaban entre la flor y nata del joven negocio del cine. En 1916, Joe se casó con la prometedora estrella de la pantalla Norma Talmadge. Y mientras que Nicholas permaneció en nueva York y unos años más tarde se convirtió en presidente de la Loew's Inc., la pareja se trasladó a Hollywood, donde Joe comenzó su propia carrera cinematográfica como productor independiente. Además de las películas de su esposa y sus hermanas Natalie y Constance, produjo largometrajes de Roscoe *Fatty* Arbuckle y Buster Keaton. Es destacable su ascenso a la dirección de United Artists, de la cual fue elegido presidente en 1927.

Pero eso no fue todo. En 1933 Schenck fundó, junto con Darryl F. Zanuck, la empresa 20th Century Pictures y, cuando en 1935 fusionó el estudio con la Fox Film Corporation, se convirtió en presidente del nuevo Major Studio y, con ello, en uno de los personajes más poderosos de Hollywood. No obstante, tanto poder afectó a su reputación. En 1941 le fue infligida una condena penitenciaria por fraude tributario y un asunto de soborno, pero gracias a la intercesión del presidente Truman fue rehabilitado más tarde. Cuando regresó a su vida profesional, Schenck asistió a la lenta caída del sistema del estudio y ofreció al viejo Hollywood a su última gran estrella como amigo y promotor de Marilyn Monroe. En 1953, Joseph M. Schenck obtuvo un Premio de la Academia por los servicios prestados a la industria cinematográfica durante tantos años.

2

1 El hombre que nunca ríe: Buster Keaton consiguió grandes efectos con una mímica mínima.

2 Johnnie (Buster Keaton) y su estimada locomotora: como en tantas otras películas de este genial cómico, la acción gira en torno a una máquina.

3 Persecución dramática: Keaton no escatimaba recursos para poner en escena las secuencias de acción.

«Hoy en día todo se toma a broma y es de esperar que cualquier día U. S. Grant y Robert E. Lee se arranquen con un charlestón. No es que lo hagan en *El maquinista de la General*, pero en su nueva comedia Buster Keaton bromea sobre la guerra civil de una forma francamente grotesca.»
Photoplay

4 Los esfuerzos de Keaton por transmitir autenticidad no se manifiestan
solo en el estilo de su cámara, más

propia de un documental, sino que
los figurantes eran soldados reales.

5 El cómico realizando acrobacias:
Keaton interpretaba en persona
incluso las escenas más peligrosas.

de ocurrencias grotescas en una trama emocionante. La
historia que narra se basa en un hecho real ocurrido durante la guerra de Secesión americana: la gran persecución
que tuvo lugar tras el ataque por sorpresa a una locomotora en los ferrocarriles Andrews en Georgia en 1862, que
conoció a través del escrito de William Pittenger titulado
*The Great Locomotive Chase: A History of the Andrews Rail-
road Raid into Georgia in 1862* y publicado en 1863. Si bien
trabajó la obra de forma muy libre con sus autores, a la
hora de reconstruir las circunstancias históricas dio gran
importancia a la autenticidad. Así, los trabajos de rodaje

se realizaron lejos de los estudios de Hollywood, en Oregón,
porque allí había instalaciones ferroviarias más adecuadas
y el paisaje resultaba un fondo muy atractivo y creíble para
la mencionada persecución. Para recrear el episodio con el
máximo realismo, Keaton no escatimó esfuerzos, incluso
hizo desplomarse un puente en llamas bajo la *Texas* y pre-
cipitó la locomotora en el lecho de un río. Esta puesta en
escena, que constituye el punto álgido de la película, pasa
por ser la más cara de toda la era del cine mudo.

La cuidadosa representación de los acontecimientos
relacionados con la guerra civil, que en no pocas ocasiones

6 El niño que el hombre lleva dentro: la seriedad con la que Johnnie desempeña su oficio es comparable a la de un niño inmerso en un juego.

7 ¿Qué es eso? Vistas estas escenas tan grotescas no es de extrañar que los surrealistas se sintieran fascinados por las películas de Keaton.

8 El voluntario impedido: la indolente pose de Johnnie no impide que sea rechazado en la oficina de inspección.

9 Al igual que ocurre en el caso de Charles Chaplin o de Harold Lloyd, la comicidad de Keaton también depende en gran medida en su

extraordinario dominio corporal: el viaje en el antiguo velocípedo de rueda alta fue un ejercicio más bien sencillo para este hijo de artistas.

«Un pedazo de celuloide absolutamente divertido sin números de risa espectaculares.» *Motion Picture Classics*

recuerda a las fotografías de Matthew B. Brady, contribuye sin duda al éxito de la película. Pero el trasfondo resultaba un material especialmente adecuado para la comicidad específica de Keaton. La locomotora de vapor, que forma parte del título, hace el papel de un segundo protagonista. De esa forma y como es común en las películas de Keaton, una máquina constituye el centro de la acción y a partir de ella, el cómico desarrolla sus gags. A diferencia de lo que ocurre en *El navegante* (*The Navigator*, 1924), en la cual interpreta al hijo de un millonario que se reencuentra a sí mismo en un trasatlántico desamparado, en *El maquinista de la General* la comicidad no radica en la desproporción entre el ser humano y la enorme máquina. Al contrario, la seguridad que muestra Johnnie frente al coloso de acero le hace parecer un tipo raro que vive en su propio mundo y que los adultos consideran un tunante sin oficio ni beneficio, aunque de hecho dé muestras de una extraordinaria ética profesional. Resulta muy ilustrativa la situación en la que, sumido en sus penas de amor, se acurruca en el mecanismo de propulsión de la locomotora sin darse

cuenta de que la máquina ha iniciado la marcha y lo desplaza arriba y abajo. Se trata de una escena de poesía típicamente *keatoniana* que pone de manifiesto de forma impresionante el dominio corporal del cómico, que, de haberse situado unos milímetros más atrás, a lo mejor habría sido atrapado por las ruedas del tren.

Con la misma naturalidad de sonámbulo con la que Keaton resuelve sus proezas, afronta Johnnie las situaciones más espeluznantes; el joven parece no ser consciente de la mayor parte de los peligros en los que incurre. En una ocasión, incluso introduce la cabeza en un cañón para investigar las causas de un bloqueo. El hecho de que la bola se dispare cuando Johnnie ya ha retirado la cabeza y, en lugar de derribar el tren, alcance por curiosas circunstancias su objetivo real, no parece asombrarle lo más mínimo. Así, finalmente el enjuto personaje de figura triste —de manera absurda pero consecuente— se convierte en un héroe de la guerra. Y, con ello, logra recuperar el corazón de su amada.

UB

METRÓPOLIS

METROPOLIS

1926 - ALEMANIA - 147 MIN.

DIRECTOR

FRITZ LANG (1890-1976)

GUION

THEA VON HARBOU, basado en su novela homónima

DIRECTOR DE FOTOGRAFÍA

KARL FREUND y GÜNTHER RITTAU

MONTAJE

FRITZ LANG

BANDA SONORA

GOTTFRIED HUPPERTZ

PRODUCCIÓN

ÉRICH POMMER para UFA

REPARTO

ALFRED ABEL (Johann Fredersen, alias Joh), GUSTAV FRÖHLICH (Freder Fredersen),
BRIGITTE HELM (María / robot), RUDOLF KLEIN-ROGGE (Rotwang),
FRITZ RASP (el flaco), THEODOR LOOS (Josaphat / Joseph),
ERWIN BISWANGER (N.º 11811), HEINRICH GEORGE (Groth),
OLAF STROM (Jan) y HANNS LEO REICH (Marinus)

METROPOLIS

DEGEN

«¿Dónde están los hombres, padre, cuyas manos levantaron esta ciudad? ¿A qué mundo pertenecen?»

Metrópolis se sitúa a la altura de las grandes obras maestras de los inicios del séptimo arte *Intolerancia* (*Intolerance,* 1916), de D. W. Griffith, y *El acorazado Potemkin* (*Bronenosec Potjomkin,* 1925), de Serguéi Eisenstein. El tema es también una revolución, aunque la extraordinaria importancia de la película no se debe al argumento, descaradamente trivial, sino a sus imágenes visionarias, que la convirtieron en el vademécum de la era industrial y en la precursora de la posmodernidad. En la transición del expresionismo alemán hacia la Nueva Objetividad, el filme narra y se desarrolla apoyándose en la arquitectura. Su emblema hasta la actualidad: la ciudad de Metrópolis sobre unos cerros, destacando en el cielo, atravesada por coches y aviones, dividida en dos zonas, una elevada para los gobernantes y otra situada en las profundidades para los obreros esclavizados, una megalópolis como imperio empresarial, construida sobre una sociedad de clases. Una enorme y nueva Torre de Babel domina la escenografía. En las profundidades, en la eterna oscuridad, un científico loco trabaja en el hombre-máquina, en el primer replicante, el primer *cyborg.* Las películas de ciencia ficción han echado mano de ese arsenal inagotable de sensaciones técnicas, desde *La novia de Frankenstein* (*Bride of Frankenstein,* 1935) o *Blade Runner* (1982) hasta *El quinto elemento* (*The Fifth Element,* 1997). Se trataba de ciencia ficción, como solo se le podía haber ocurrido en aquella época a Fritz Lang, el «arquitecto loco» del cine alemán. Una visita a EE. UU. le había inspirado la visión. Los rascacielos de Nueva York le habían parecido «espléndidas escenografías» y, como muchos alemanes en la turbulenta época de entreguerras, se sintió atraído y repelido a la vez ante su enormidad. El resultado fue un cuento futurista de

OTTO HUNTE Otto Hunte (1881-1960) se cuenta, junto Walter Reimann, Walter Röhrig y Rochus Gliese, entre los escenógrafos cinematográficos alemanes más importantes de los años veinte y treinta. Muchas grandes producciones de la UFA provocaron admiración gracias a sus decorados atmosféricos, en los que se veía la «primacía de la arquitectura» hecha realidad en el cine. En su crítica a *Metrópolis* (1926), Luis Buñuel consideraba un mérito de Hunte el haber relevado definitivamente al escenógrafo teatral. Veterano de la Primera Guerra Mundial, Hunte empezó su carrera como escenógrafo en el teatro, cosa que le llevó a tratar con los regidores alemanes más famosos de la época. En los ocho episodios de la película de género *La dueña del mundo* (*Die Herrin der Welt,* 1919), ya formaba equipo con sus geniales ayudantes Erich Kettelhut y Karl Vollbrecht. Fritz Lang contrató a los tres para la mayoría de sus películas alemanas, como *El doctor Mabuse* (*Dr. Mabuse, der Spieler,* 1921-1922, en dos partes), *Los nibelungos* (*Die Nibelungen,* 1922-1924, en dos partes), *Metrópolis* (1926), *Spione* (1927-1928) y *La mujer en la Luna* (*Frau im Mond,* 1928-1929), aunque en las dos últimas no participara Kettelhut. Además de esas memorables visiones futuristas y del pasado, también fue significativa su colaboración con Josef von Sternberg: en la historia costumbrista *El Ángel Azul* (*Der blaue Engel,* 1930), Hunte escenificó el contraste determinante entre los antros de corrupción y el bucolismo de una pequeña ciudad. En la exitosa comedia *El trío de la bencina* (*Die Drei von der Tankstelle,* 1930) también mostró instinto para reflejar la realidad cotidiana en Alemania. La excepcional carrera de Hunte siguió un curso típicamente alemán. Durante la época nacionalsocialista, su nombre apareció en algunas películas propagandísticas, como el filme antisemita de Veit Harlan *El judío Süss* (*Jud Süß,* 1940). Al final de la guerra, con *Los asesinos están entre nosotros* (*Die Mörder sind unter uns,* 1946), de Wolfgang Staudte, se puso de nuevo al servicio de la propaganda, esta vez antinazi. De 1948 a 1960, año en que murió, se dedicó únicamente a pintar cuadros de paisajes.

2

1 Perspectivas de vértigo: la ciudad-montaña de Metrópolis era una imagen alegórica y futurista de la modernidad.

2 Un soñador en las profundidades: Freder (Gustav Fröhlich) está conmocionado.

3 Adelantos técnicos: el inventor Rotwang hace un robot clonando a la buena María (Brigitte Helm).

4 El robot de Lang se convirtió en un icono de la modernidad y en figura publicitaria.

«*Metrópolis* es insuperable en cuanto a fuerza de imaginación. Otras obras herederas de su arquitectura, como *Blade Runner* o *Brazil*, no solo son inconcebibles sin *Metrópolis*, sino que realmente no van más allá que el clásico de Fritz Lang.» *Süddeutsche Zeitung*

lo más sombrío, una mezcla cruda de fantasía americana, crítica social moderna y ocultismo retrospectivo. En una visita a la ciudad de los trabajadores, Freder (Gustav Fröhlich) se da cuenta del sistema jerárquico que aplica su padre dictatorial, Joh Fredersen (Alfred Abel). Fascinado por el discurso de paz de la buena María (Brigitte Helm), se une a los obreros insatisfechos. Entretanto, el genial inventor Rotwang (Rudolf Klein-Rogge), también un maestro de la magia negra, crea un robot tomando a la heroína de modelo: María, la mala (también interpretada por Brigitte Helm). La lasciva vampiresa hace enloquecer a la juventud dorada masculina de la ciudad superior y seduce a los trabajadores para que se subleven. Lo que debía ser una venganza personal contra Fredersen acaba en catástrofe. El asalto a las máquinas provoca la inundación de la ciudad de los trabajadores y Metrópolis amenaza con

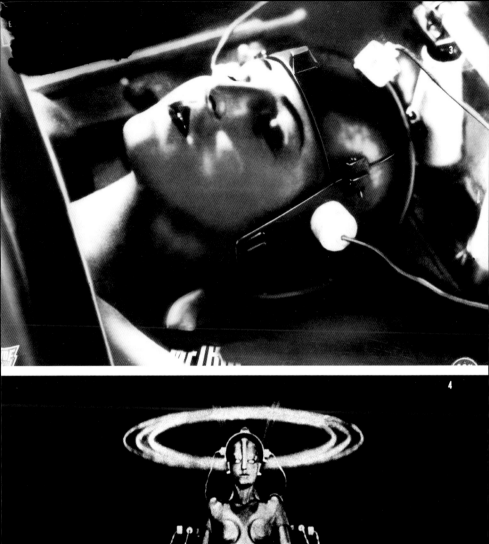

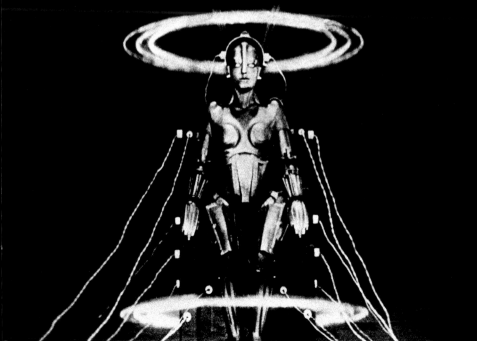

6

5 Rotwang parece una mezcla de Fausto y del doctor Frankenstein.

6 El amor de Freder y María se erige entre los bandos como símbolo de la reconciliación. De este modo, las metáforas, las alegorías y las comparaciones sustituyen el análisis social.

7 La manipulación de las masas: la falsa María, un sex-symbol artificial, hace perder la cabeza a los jóvenes de la ciudad superior.

8 Lucha de poderes: Fredersen (Alfred Abel) y Rotwang (Rudolf Klein-Rogge).

9 El simbolismo seudorreligioso es una de las características principales de un filme que se sirve de todas las ideologías.

«El mediador entre el cerebro y las manos ha de ser el corazón.»

Entretítulo: «Aforismo» de la película

hundirse. Pero el amor entre Freder y la buena María hace recobrar el sentido común a todos los bandos y el entendimiento asegura la continuidad de la colaboración social: «El mediador entre el cerebro y las manos ha de ser el corazón».

Hitler y su futuro ministro de Propaganda, Goebbels, quedaron impresionados con los magníficos decorados de la película y francamente entusiasmados con el modelo social que, arcaico y moderno a la vez, se basaba en una exaltación revolucionaria y en motivos seudorreligiosos. En cambio, a los críticos les molestó sobremanera la ingenua

disolución de unos extremos políticos tan marcados. H. G. Wells observó «una concentración inaudita de casi todas las tonterías, clichés y simplezas posibles». Luis Buñuel fue más benévolo: subyugado por la maestría arquitectónica de Lang, responsabilizó de la desmedida cursilería social de la película a la guionista Thea von Harbou. El reproche a la por aquel entonces esposa de Lang, que después sería miembro entusiasta del partido nazi, se mantiene con obstinación a pesar de las elocuentes reservas de Lang: «La tesis principal era de la señora Von Harbou, pero yo soy responsable al menos del 50 %, porque yo hice la película. En aquella

época, no estaba tan concienciado políticamente como ahora. No se puede hacer una película social diciendo que entre la mano y el cerebro está el corazón […] Quiero decir que, realmente, es un cuento. Pero a mí me interesaban las máquinas […]».

Con *Metrópolis,* Fritz Lang hizo realidad un sueño de ingeniero. No es el Guion, sino el ritmo de los pistones subiendo y bajando, los giros de las ruedas dentadas y el reloj de diez horas de Joh Fredersen lo que marca el compás. Para llevar ese sueño a la gran pantalla, el cine tuvo que convertirse en industria. Se rodó durante 310 días y 60 noches; gran parte de los seis millones de marcos del coste de la producción se gastó en 25.000 efectos especiales y las célebres escenas en las calles de la ciudad superior exigieron cuatro meses de trabajo. A esto hay que añadir que la maqueta de la metrópoli diseñada por el legendario escenógrafo Otto Hunte tuvo que ser filmada imagen a imagen. Todos y cada uno de los coches en miniatura se movían mediante la esmerada técnica del *stop-motion.* Los aviones y las columnas humanas se insertaron reflejándolos en espejos según el proceso Schüfftan. Y tuvieron que rascarse partes de la superficie

10 Como si fuera una virgen negra de la «edad eléctrica», la falsa María despliega fuerzas destructivas.

11 Arquitectura y cine: el gong de la ciudad de los obreros se creó a partir de modelos de Walter Gropius, el gran arquitecto de la Bauhaus.

13 Fritz Lang escenificó las masas de la época ante todo como ornamento.

12 Señal de peligro: las personas mueren como moscas en la máquina-ogro.

reflectora, según cálculos exactos, para poder filmar otros segmentos del modelo. El método desarrollado por el técnico de trucaje y director de fotografía Eugen Schüfftan también se aplicó en el «estadio de los hijos», que alcanzaba alturas gigantescas. La pesadilla de Freder en la que el robot María se convierte en un ogro se creó del mismo modo. Finalmente, no se puede imaginar la iconografía de ciencia ficción sin la formación de la mujer robot de Rotwang a partir de la figura de la Virgen, un acto de creación circundado por anillos de resplandor que oscilan arriba y abajo, en un primer intento de *morphing,* evidentemente, sin ayuda informática.

En el control de su criatura, Lang se comportó de forma similar al dictador Fredersen. Antes del rodaje de las escenas de inundación, los figurantes (un ejército de 3.600 extras) pasaron horas en el agua. Brigitte Helm tuvo que efectuar saltos peligrosos y luchar contra llamas auténticas cuando la falsa María encuentra su final en la hoguera.

El resultado en cifras fue deprimente. Después del glorioso estreno, la película se mantuvo poco tiempo en cartelera, el gran público no acudió. Seis meses después, el filme volvió a estrenarse en una versión acortada. La película solo recuperó una séptima parte de los costes de producción. Y, con ello, llevó al abismo a la productora UFA, así como a toda la industria cinematográfica alemana. A finales del año 1925, la UFA, la MGM y la Paramount acordaron una serie de medidas para regular la colaboración con vistas al aprovechamiento de las películas en los respectivos mercados nacionales. Sin embargo, el contrato, designado

como Parufamet, resultó decepcionante para la UFA, que esperaba acceder al mercado estadounidense. Frustrado por las discusiones públicas sobre los costos de producción, Lang abandonó el estudio, que pasó a ser dirigido por el editor nazi Alfred Hugenberg. La pérdida de calidad se haría dramáticamente perceptible en los años siguientes.

La película fue recortada varias veces para la exportación y dispersada a los cuatro vientos; a pesar de la excelente restauración actual, una cuarta parte se da por perdida. Hasta mucho después no se consumó la metamorfosis de fósil olvidado a admirado objeto de culto.

Giorgio Moroder sacó al mercado en 1984 una versión tipo videoclip, acortada, coloreada y con música pop de fondo. Aunque seguramente no fue del gusto de todos, sirvió para recuperar la inquebrantable fascinación de *Metrópolis.* La mezcla de estilos y planos temporales, de diseño industrial constructivista y *art déco,* de mística del Antiguo Testamento y creencias futuristas, así como el argumento errático entre el asalto bolchevique a las máquinas y una ideología criptofascista, dan lugar a un eclecticismo, sin duda testimonio de la época, que aún mantiene su actualidad.

PB

EL ÁNGEL AZUL

DER BLAUE ENGEL

1930 - ALEMANIA - 107 MIN.

DIRECTOR

JOSEF VON STERNBERG (1894-1969)

GUION

ROBERT LIEBMANN y JOSEF VON STERNBERG, basado en una
versión libre realizada por CARL ZUCKMAYER y KARL VOLLMOELLER
de la novela de HEINRICH MANN *Professor Unrat oder Das Ende eines Tyrannen*

DIRECTOR DE FOTOGRAFÍA

GÜNTHER RITTAU y HANS SCHNEEBERGER

MONTAJE

SAM WINSTON

BANDA SONORA

FRIEDRICH HOLLAENDER

PRODUCCIÓN

ERICH POMMER para UFA

REPARTO

EMIL JANNINGS (profesor Emmanuel Rath), MARLENE DIETRICH (Lola Lola),
KURT GERRON (Kiepert), ROSA VALETTI (Guste Kiepert), HANS ALBERS (Mazeppa),
REINHOLD BERNT (payaso), EDUARD VON WINTERSTEIN (director del liceo),
JOHANNES ROTH (Pedell), ROLF MÜLLER (alumno Angst),
ROLAND VARNO (alumno Lohmann), CARL BALHAUS (alumno Ertzum)
y ROBERT KLEIN-LÖRCK (alumno Goldstaub)

«De la cabeza a los pies, estoy hecha para el amor.»

El profesor Emmanuel Rath (Emil Jannings) dirige un severo regimiento. Docente en un instituto masculino de una pequeña ciudad, mortifica a sus estudiantes con su extrema pedantería. Por si esto fuera poco, el caballero chapado a la antigua pone un celo especial en recabar pruebas de la conducta inmoral de los jóvenes. Cuando se entera de que algunos de sus alumnos frecuentan *El Ángel Azul*, un cabaré del puerto, para ver a la cantante Lola Lola (Marlene Dietrich), visita el establecimiento. Pero en vez de pescar in fraganti a los estudiantes y así probar su inmoralidad, el profesor pierde la cabeza por la frívola mujer. Una pasión que acabará siendo su ruina.

El Ángel Azul de Josef von Sternberg está considerado el clásico del cine alemán por antonomasia, sobre todo porque supuso el nacimiento de un icono de la gran pantalla, el único que ha surgido del cine alemán: Marlene Dietrich. Es inolvidable la escena en que, con ligueros y sombrero de copa, canta su famosa canción «De la cabeza a los pies, estoy hecha para el amor» y, sentada en un barril, subraya la afirmación encogiendo la pierna izquierda seductoramente, mientras mira provocativa por encima del hombro desnudo. El erotismo consciente de esa legendaria pose se convertiría en el sello de la actriz. Y, aunque en su interpretación de Lola Lola todavía no irradia el aura de

KURT GERRON En *El Ángel Azul* (1930) es uno de los actores secundarios destacados, junto a Rosa Valetti y Hans Albers, que contribuyen decisivamente al encanto de la película. El papel del mago Kiepert, el jefe intrigante de la compañía de cabaré, estaba francamente hecho a medida para Kurt Gerron (1897-1944), un artista de talento y una de las figuras más llamativas, no solo por su estatura corpulenta, del cine y el teatro de la época de Weimar.

Gerron empezó su carrera a principios de los años veinte en el cabaré. A mediados de esa década debutó en el cine, donde al principio encarnó a tipos fortachones, aunque muy pronto interpretaría también personajes más sofisticados, a los que prestaba sus rasgos grotescos. A principios de los años treinta, Gerron no solo era uno de los rostros más conocidos del cine alemán por sus actuaciones en películas de éxito como *El trío de la bencina* (*Die Drei von Tankstelle,* 1930) y *Bomben auf Monte Carlo* (1931), sino que también inició una carrera muy prometedora como director teatral de comedias. Hijo de judíos, la subida al poder de Hitler le obligó a huir. Después de pasar por Francia y Austria, finalmente se instaló en Ámsterdam.

El destino de Gerron demuestra de forma estremecedora la barbarie de los nacionalsocialistas. Tras la invasión alemana de los Países Bajos, Gerron pasó por varios campos de concentración. Los nazis le obligaron a rodar un «documental» propagandístico sobre el campo de Theresienstadt, que debía disimular pérfidamente las condiciones de vida en aquel lugar. Al acabar el rodaje, Gerron, su esposa y los demás miembros del rodaje fueron deportados a Auschwitz, donde serían asesinados.

vampiresa sofisticada y perversa de sus posteriores películas dirigidas por Sternberg en Hollywood, sino más bien una sensualidad popular, a partir de entonces se encasilló en el papel de casquivana, prostituta o cantante de cabaré.

Al lado de la erótica Dietrich, palidecía incluso Emil Jannings, la insigne estrella del cine alemán de la época. Él era realmente quien debía haber conseguido que se prestara atención más allá de las fronteras al primer gran filme sonoro de la UFA. El hecho de que Jannings pudiera imponer la colaboración del director Von Sternberg demuestra hasta qué punto *El Ángel Azul* se realizó a medida del

«No solo las interpretaciones de Jannings y Dietrich son excelentes, sino que están apoyadas por un reparto competente poco común. La dirección de Sternberg es infinitamente superior a la de *Marruecos*, y la ambientación está mucho más lograda.» *The New York Times*

1 El papel de la lasciva Lola Lola cimentó la fama de Marlene Dietrich y selló su imagen de diosa erótica del cine.

2 Marlene Dietrich presenta las canciones, fuertes y deliciosas, de Friedrich Hollaender, con un encanto insolente inconfundible.

3 El magnífico reparto de *El Ángel Azul*, además de con Marlene Dietrich y Emil Jannings (derecha), cuenta con el joven Hans Albers (centro), que se convertiría en un legendario actor popular…

4 … y Kurt Gerron, desgraciadamente poco conocido en la actualidad, pero que fue una de las figuras más destacadas del cine alemán de su época. El fantástico comediante y director fue asesinado en Auschwitz en 1944.

gran actor: ambos cineastas se conocían de Hollywood, donde habían rodado juntos *La última orden* (*The Last Command*, 1927-1928), película que le reportó a Jannings el Óscar al mejor actor. El trabajo de dirección de Sternberg en *El Ángel Azul* fue ampliamente reconocido, entre otras cosas porque supo utilizar el sonido de forma convincente en la ambientación de las escenas, pero muchos críticos calificaron de anticuada la interpretación de Jannings.

Otras voces censuraron que la sátira social de Heinrich Mann, escrita entre 1904 y 1905, había perdido acritud en su adaptación al cine al convertirse en una tragedia individual. Sin embargo, lo que contrarresta esa tendencia es precisamente la interpretación expresiva de Jannings. Aunque el patetismo de la estrella solo se rompe con ironía en contadas ocasiones, su personaje de burgués dibuja un arquetipo. En eso, la actuación de Jannings se corresponde de manera extraordinaria con los decorados de la película, que remiten a la tradición del cine mudo expresionista en su estilización: bajo los tejados inclinados de la vieja ciudad tortuosa, el pequeño espíritu deformado por la fe en la autoridad encuentra su hogar ideal.

Y de esa forma, tanto más resulta el local nocturno un universo opuesto seductor. Cuando el profesor se desliza por las callejuelas oscuras hacia El Ángel Azul mientras las sirenas de niebla aúllan en el puerto, es como si

5 En realidad, Emil Jannings estaba destinado a ser la estrella del filme. Sin embargo, la recién llegada Marlene Dietrich le robó el protagonismo al gran actor, que ya había sido coronado con un Óscar.

6 La famosa novela social de Heinrich Mann dibujaba al profesor como un típico burgués de provincias en la Alemania de la época imperial.

7 Y Von Sternberg convirtió el argumento en un drama sobre la degradación y la propia humillación.

8 En El Ángel Azul, Marlene Dietrich cantaba que los hombres revoloteaban a su alrededor como las polillas en torno a la luz: tras rodar el filme, la actriz fue a Hollywood con Josef von Sternberg y se convirtió en la primera (y única hasta ahora) actriz internacional de Alemania.

«Guárdate de las rubias, pues tienen un no sé qué.»

Cita de la película: Lola Lola (Marlene Dietrich)

el buen ciudadano siguiera el canto de una sirena hasta el reino del subconsciente, donde se enfrentará a sus deseos más íntimos. De hecho, el caballero tirano resultará ser un masoquista inhibido, y acabará despertando nuestra compasión. Despojado de su vida burguesa y, por lo tanto, de su antigua posición de poder, se convierte en víctima de burlas y humillaciones sádicas, a las que le someten por igual sus antiguos alumnos y los personajes frívolos del cabaré y del ambiente del puerto.

Teniendo en cuenta esa escenografía repleta de frustración y crueldad, es natural interpretar *El Ángel Azul* como crítica a las relaciones sociales en Alemania pocos años antes de que los pequeñoburgueses desinhibidos ayudaran a los fascistas a alcanzar el poder. Pero la película sigue siendo fascinante sobre todo como obra maestra llena de matices de una época vital del cine alemán: una era dorada que acabaría para siempre poco después.

JH

«Lo que debe señalarse como valor principal e imperecedero de la magistral puesta en escena de Josef von Sternberg es la libertad absoluta del arte dramático. [...] Creemos haber topado por primera vez con un uso del lenguaje y del sonido sometido a reglas nuevas y originales en una obra maestra. ¡Todo un modelo!»

Lichtbild-Bühne

BAJO LOS TECHOS DE PARÍS

SOUS LES TOITS DE PARIS

1929-1930 - FRANCIA - 92 MIN.

DIRECTOR

RENÉ CLAIR (1898-1981)

GUION

RENÉ CLAIR

DIRECTOR DE FOTOGRAFÍA

GEORGES PÉRINAL y GEORGES RAULET

MONTAJE

RENÉ LE HÉNAFF y RENÉ CLAIR

BANDA SONORA

ARMAND BERNARD, ANDRÉ GAILHARD,
RAOUL MORETTI y RENÉ NAZELLES (canciones)

PRODUCCIÓN

FRANK CLIFFORD para SOCIÉTÉ DES FILMS SONORES TOBIS

REPARTO

ALBERT PRÉJEAN (Albert), POLA ILLÉRY (Pola),
EDMOND T. GRÉVILLE (Louis), BILL BOCKET (Bill),
GASTON MODOT (Fred), RAYMOND AIMOS (ladrón),
THOMY BOURDELLE (François), PAUL OLLIVIER (cliente)
y JANE PIERSON (mujer gorda)

«¿Vous parlez français?»

La primera película sonora de René Clair —según la publicidad, «el primer filme totalmente hablado y cantado de Francia»— narra una historia simple en un ambiente típico de postal, con pequeñas panaderías y tabernas llenas de humo donde músicos, artistas, prostitutas, carteristas y chanchulleros se sienten como en casa. Al principio, un atrevido movimiento oblicuo de cámara desciende desde los pintorescos tejados hacia la calle, hasta llegar a enfocar al cantante Albert (Albert Préjean), que ensaya su canción con todo el vecindario. La simbiosis de imagen y música es perfecta. Esto es París, cómo se canta y se ríe. Pero, entonces, el sonido se interrumpe de repente. El argumento romántico en torno al simpático músico callejero y Pola (Pola Illéry), la chica rumana, empieza como una película muda. Poco después, la música vuelve y todos entonan a su modo detrás de las ventanas la nueva canción, a la que nadie puede sustraerse: *Sous les toits de Paris.*

René Clair era uno de los muchos escépticos del cine sonoro, lo cual ya se percibe en el hecho de que la preciosa canción pronto acaba destrozando los nervios. El rechazo no era por principio y no tenía nada que ver con las dificultades técnicas, que apenas podían ocultarse en la fase de transición. Clair, igual que Chaplin o Eisenstein, temía que los diálogos entumecieran la expresión artística. En cambio, contemplaba la música y algunos sonidos

GEORGES PÉRINAL Junto a maestros como Gregg Toland, James Wong Howe, Edouard Tissé y Karl Freund, Georges Périnal fue uno de los directores de fotografía más prestigiosos e innovadores del mundo. Por eso, el operador participó de forma decisiva en algunas de las producciones pioneras más importantes, tanto del cine sonoro como del cine en color. Antiguo proyeccionista de cine, se dio a conocer por sus colaboraciones con René Clair, por ejemplo, en *Bajo los techos de París* (1929-1930) y en *Viva la libertad (À nous la liberté,* 1931). En el filme onírico y experimental *La sangre de un poeta* (*Le sang d'un poète,* 1930), de Jean Cocteau, tuvo que trabajar sobre todo con trucos de cámara asombrosos. No obstante, el verdadero punto fuerte de Périnal era la iluminación equilibrada y sin sombras de las escenas, que conseguían borrar la diferencia entre realismo y artificio. El productor Alexander Korda quedó especialmente impresionado. El cineasta húngaro llevó a Périnal a su país de acogida, Inglaterra, donde este rodaría algunos hitos del cine británico anterior a la Segunda Guerra Mundial. Películas como *La vida privada de Enrique VIII* (*The Private Life of Henry VIII,* 1933), *Rembrandt* (1936) y *Las cuatro plumas* (*The Four Feathers,* 1939) cimentaron su fama extraordinaria. El talento de Périnal se desplegó por completo con la introducción del tecnicolor. El espectáculo oriental, lleno de colorido, de *El ladrón de Bagdad* (*The Thief of Bagdad,* 1940) y la exquisita producción de Powell y Pressburger *Coronel Blimp* (*The Life and Death of Colonel Blimp,* 1943) forman parte de los filmes en tecnicolor más hermosos de todos los tiempos. Para entonces, el parisino había rechazado la oferta de establecerse con Korda en EE.UU. Entre sus últimas películas conocidas se cuentan *Un rey en Nueva York* (*A King in New York,* 1957), de Charles Chaplin, y *Buenos días, tristeza* (*Bonjour Tristesse,* 1957), de Otto Preminger. Georges Périnal murió en 1965 en Londres.

«Desde la graciosa panorámica por las azoteas (recreadas en estudio) de los créditos iniciales hasta las múltiples variaciones de la memorable canción, que se repite con insistencia, el encanto de la primera película sonora de Clair ha permanecido intacto. Incluso la leve impericia de la banda sonora medio sincronizada complementa las imágenes nostálgicas, casi anacrónicas. Esto, además de los decorados sobrios y elegantes de Lazare Meerson, la música tintineante de George van Parys y las interpretaciones cándidas [...], la convierten en una pequeña obra maestra.» *Time Out Film Guide*

1 La rumana Pola Illéry interpreta a la joven bohemia rumana Pola y, de vez en cuando, habla en su lengua materna.

2 En la magnífica escena inicial, la cámara desciende desde los tejados de París hasta el pequeño coro de Albert.

3 Tímido acercamiento: Albert (Albert Préjean) acompaña a Pola a casa.

4 El granuja de Fred (Gaston Modot) también tiene posibilidades.

5 Expectativas frustradas: el generoso Albert pasa una mala noche durmiendo en el suelo en su propia casa.

sueltos como un enriquecimiento. Al igual que hizo, por ejemplo, Fritz Lang en la misma época con *M, el vampiro de Düsseldorf* (*M / M – Eine Stadt sucht einen Mörder*, 1931), Clair se dedicó más a experimentar con el sonido en *Bajo los techos de París* que a preocuparse por una sincronización fluida con la imagen. Las canciones y los compases de acordeón, siempre presentes, recuerdan un musical. En cambio, los diálogos son extremadamente escuetos y, a menudo, solo sirven para introducir escenas mudas. En ellas, la música tapa las conversaciones realmente importantes o estas tienen lugar detrás de las ventanas. Invirtiendo este principio, Clair apaga la luz cuando Albert y Pola —la joven corresponde a su amor solo con titubeos— pasan la primera noche juntos. La discusión que mantienen por elegir el lado de la cama, acompañada por el crujido de las sábanas, solo se oye. En conjunto, la

película era idónea para burlar metódicamente las expectativas del público francés.

En Francia no quedaron convencidos con el experimento y se sintieron engañados con la «verdadera» película sonora. En cambio, primero en Alemania y después en todo el mundo, desde EE. UU. hasta Japón, el filme obtuvo el máximo reconocimiento. No obstante, este se basaba sobre todo en el magnífico trabajo de cámara que había realizado Clair con Georges Périnal, su director de fotografía durante años. Las cámaras motorizadas y bastante nuevas del cine sonoro fueron precisamente las que facilitaron la movilidad que confirió calidad lírica tanto a esta película como a otros trabajos de Clair.

En el filme, el argumento tiene en cierto modo el valor de un libreto de opereta y encaja perfectamente en una ciudad de París creada en los estudios por el famoso

6 La canción de *La Bohème*: con la venta de su canción, el cantante triste se gana el sustento.

7 Un amigo, un buen amigo: mientras Albert está en la cárcel, Louis (Edmond T. Gréville) cuida de Pola.

«En vez de limitarse a disfrutar de la técnica del sonido sincronizado, eligió utilizar el sonido solo cuando era necesario y no se contentó con lanzarse a los diálogos sin más. Clair expresó el significado del filme esencialmente en imágenes y únicamente recurrió a las palabras cuando servían de ayuda o evitaban largas explicaciones visuales.» *Motion Picture Guide*

escenógrafo Lazare Meerson. La felicidad de Albert con Pola durará poco. El joven va a parar a la cárcel por culpa de las maquinaciones del canalla de Fred (Gaston Modot), al que le ha quitado la chica. Cuando sale, Pola está viviendo con Louis (Edmond T. Gréville), su mejor amigo. La suerte, una ilusión gratuita, pero también la propia vida, decide en un final agridulce que Albert vuelva a ser un cantante solitario. Se trata de una historia romántica y melancólica, llena de ironía y chispa, como las que invariablemente se han relacionado con París. El amor, las canciones, el vino y las *baguettes* están siempre presentes; las chicas son las únicas que nunca saben con certeza cuál es su sitio. René Clair fue uno de los grandes directores de cine para los que la vida real y la ficticia no se excluían, sino que se necesitaban. *Bajo los techos de París* es la mejor expresión de esa creencia. PB

M, EL VAMPIRO DE DÜSSELDORF
M / M – EINE STADT SUCHT EINEN MÖRDER

1931 - ALEMANIA - 117 MIN. (versión original) /
108 MIN. (versión restaurada)

DIRECTOR

FRITZ LANG (1890-1976)

GUION

THEA VON HARBOU y FRITZ LANG

DIRECTOR DE FOTOGRAFÍA

FRITZ ARNO WAGNER

MONTAJE

PAUL FALKENBERG

PRODUCCIÓN

SEYMOUR NEBENZAHL y ERNST WOLFF para NERO-FILM AG

REPARTO

PETER LORRE (Hans Beckert, asesino), ELLEN WIDMANN (señora Beckmann),
INGE LANDGUT (Elsie Beckmann), OTTO WERNICKE (Karl Lohmann, inspector de policía),
THEODOR LOOS (Groeber, inspector de policía), GUSTAF GRÜNDGENS (Schränker),
FRIEDRICH GNASS (Franz, ladrón), THEO LINGEN (timador),
RUDOLF BLÜMNER (defensor de Beckert)
y GEORG JOHN (vendedor de globos ciego)

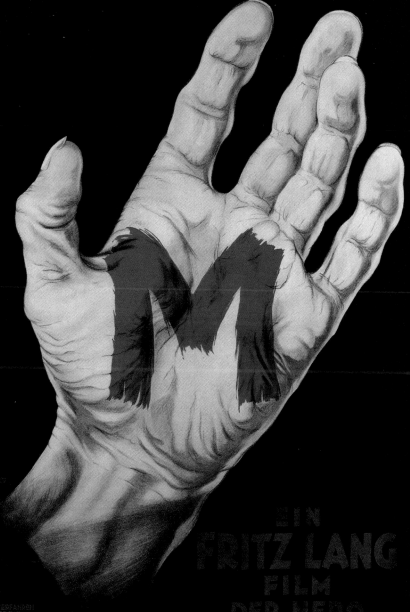

TONVERFAHREN
TOBIS
KLANGFILM

 VERLEIH: VER. STAR-FILM G·M·B·H

EIN
FRITZ LANG
FILM
DER NERO

«¡Esa bestia no tiene derecho a la vida. Hay que suprimirla. Tiene que ser ajusticiada sin piedad, sin misericordia de ninguna clase!»

La ciudad en estado de excepción: unos muchachos fornidos llevan a rastras a un afable viejo a la policía; una esquina más allá, una multitud de transeúntes furiosos se lanza sobre un hombre a quien el revisor ha echado del autobús por no llevar billete. ¿Qué ocurre? Un infanticida está haciendo de las suyas desde hace ocho meses, pero no hay pistas del criminal. El ambiente es de extrema tensión. Todos son sospechosos. El asesino acaba de golpear de nuevo; llevó a un descampado a la pequeña Elsie Beckmann (Inge Landgut) atrayéndola con un globo de colores. Y en una carta abierta publicada en la prensa anuncia que aún no ha acabado…

En esa situación, el inspector de policía Lohmann (Otto Wernicke) convoca a sus colegas para tratar el tema. La idea de investigar a todos los pacientes dados de alta después de recibir tratamiento psiquiátrico en los últimos años pondrá a los agentes sobre la pista de Hans Beckert

(Peter Lorre): un subarrendatario discreto que cada día pasea por la ciudad hasta que encuentra a una niña lo bastante confiada como para seguirlo a cambio de una golosina o de un juguete.

Pero los policías no son los únicos que persiguen al asesino. A la organización criminal Ring también le interesa que las cosas vuelvan a la normalidad lo más deprisa posible para que cesen las constantes redadas. Así, además de los criminólogos, también Schränker (Gustaf Gründgens), «el mejor hombre entre Berlín y San Francisco», ha convocado un gabinete de crisis. Todos los mendigos y los rateros deberán observar cada uno de los rincones de la ciudad. Al final, Beckert se delata por una tonada que silba inevitablemente siempre que los instintos asesinos despiertan en él. Un vendedor de globos ciego (Georg John) lo reconoce por esa melodía. Y señalado con una «M» escrita con tiza en su hombro, el asesino no puede

PETER LORRE Ladislav Loewenstein, nacido en Hungría en 1904, empezó a estudiar banca al terminar la escuela, pero interrumpió su formación para convertirse en actor con el nombre artístico de Peter Lorre (una pequeña modificación de la palabra *Rolle*, que significa «papel»). Después de unos años difíciles consiguió algún contrato en teatros de Viena y Zúrich, e interpretó su primer pequeño papel cinematográfico en *Die verschwundene Frau* (1928-1929). Con su personaje del infanticida Hans Beckert en *M, el vampiro de Düsseldorf* (1931) de Fritz Lang consiguió triunfar como actor de cine. No pudo proseguir por mucho tiempo su carrera artística en Alemania y emigró a EE.UU. en 1935, después de pasar temporadas en Austria, Francia e Inglaterra, donde interpretó algunos papeles importantes en películas como *El hombre que sabía demasiado* (1934) de Alfred Hitchcock.
En Hollywood se consolidó su perfil para encarnar personajes de personalidad patológica, a lo que parecía predestinado por su pequeña complexión, su cara aniñada y sus ojos saltones. Marcó pautas impresionantes con pequeños trabajos en muchos clásicos: por ejemplo, en *El halcón maltés* (1941), *Arsénico… por compasión* (1942-1944) o *Casablanca* (1942). Incluso tuvo su propia serie de películas B interpretando al agente secreto Mr. Moto. Sin embargo, insatisfecho con el desarrollo de su carrera, en 1949 regresó a Alemania, donde realizó el drama *Der Verlorene* (1950-1951), del que fue director, autor y protagonista. Al no conseguir el reconocimiento esperado por ese análisis del nacionalsocialismo, Lorre regresó a EE.UU., donde trabajó en el cine y la televisión hasta que le alcanzó la muerte en 1964.

sacudirse de encima a sus perseguidores. Lo encuentran en el desván de un edificio de oficinas en el que se ha refugiado, y lo trasladan a su cuartel general para procesarlo.

En *Metrópolis* (1926), Fritz Lang ya había plasmado la imagen de una sociedad y su cultura urbana, en que las capas superiores y las inferiores están rigurosamente separadas: en tanto que una minoría privilegiada se entrega a los placeres en las azoteas ajardinadas de unos rascacielos enormes, las legiones anónimas de los obreros pasan su triste existencia en bloques de alquiler situados

«Solo era cuestión de tiempo que alguien llevara a la gran pantalla la problemática surgida de los grandes procesos contra asesinos en serie como Haarmann, Großmann o Kürten. Es, si se quiere, una suerte que fuera precisamente Fritz Lang quien se atreviera a tocar el tema, puesto que así quedó garantizado que un asunto tan difícil se trataría con la delicadeza necesaria y el tacto indispensable.» *Filmwelt*

1 Hans Beckert (Peter Lorre) descubre la «M» en su espalda: empieza la cacería final.

2 Beckert atrae a sus víctimas fuera de la ciudad con golosinas o juguetes.

3 Una especialidad del director Fritz Lang: la fusión de masas de gente y arquitectura para formar grandes cuadros vivientes.

4 Beckert queda atrapado en la buhardilla de un edificio de oficinas.

bajo tierra. En *M, el vampiro de Düsseldorf,* esa coyuntura aparece en cierto modo vinculada a un marco contemporáneo social. La ciudad ya no es una imagen futurista, sino la urbe de nuestros días con todas las manifestaciones típicas de la modernidad, bloques de pisos de alquiler, industrias, el tráfico de la gran ciudad y bulevares llenos de escaparates. Asimismo, en esta película también hay algo así como un mundo subterráneo: en el reverso de la superficie visible se encuentran las organizaciones criminales que tienen el mismo interés que las instituciones públicas en atrapar al psicópata. Lang estaba tan entusiasmado con la idea de que los delincuentes buscaran por su cuenta al asesino, para que de este modo la policía redujera su actividad, que le angustiaba que alguien pudiera quitársela. Así pues, igual que en *Metrópolis,* en este caso también se trataba de crear una situación en la

5 Schränker y sus hombres hacen avanzar a empellones a Beckert, que parece una pieza de caza asustada.

6 Últimas resonancias del expresionismo en el nuevo realismo: Elsie

Beckmann (Inge Landgut) y la sombra amenazadora del asesino.

7 El vendedor de globos ciego (Georg John) identifica a Beckert.

8 Con su conmovedora interpretación, Lorre pasó a ser un actor de carácter; la locura que emana de su rostro infantil se convirtió en su seña de identidad.

> **«En esta película aparece todo lo que la censura, aun en su variante más inofensiva, acostumbra a cortar: el asesino se mete la mano en el bolsillo y afila el cuchillo; una escena no puede ser más sádica. Se hace burla del Estado y se trata de heroicas a las organizaciones criminales.»** *Die Weltbühne*

que el mundo «subterráneo» y el mundo «superior» llegaran a un acuerdo.

Para realizar esta película opresiva, el director optó por un lenguaje visual que dejaba bien claro el carácter de modelo de su concepción social. La cámara muestra a toda pantalla una y otra vez planos de la ciudad y de diversos edificios, huellas digitales o incluso textos escritos a mano por el asesino; con estos «planos», la sociedad se crea imágenes de su mundo y luego busca en ellas pistas para encontrar al asesino: ¿dónde está escondido?, ¿qué trazo de su letra manuscrita delata el trastorno mental? ¿qué sinuosidad destaca en sus huellas dactilares? Seguramente, el hecho de que Lang determine que el demente criminal busque refugio en el desván no es una casualidad. Aunque reprima sus instintos asesinos es real y forma parte del todo, igual que los trastos olvidados en la buhardilla. En este sentido, el cuerpo del asesino y la arquitectura de la ciudad muestran rasgos análogos.

Cuando el «juez», que no es otro que el hampa reunida, acusa a Beckert, este se abre por fin: en un monólogo conmovedor, habla de la voz interior que le obliga a matar. Más de uno de los que escuchan se reconoce en la descripción que el perturbado hace de su propia persona. Así, su «abogado defensor» (Rudolf Blümner) exige que se reconozca la enajenación mental del acusado y que sea entregado a las autoridades. Pero la jauría enfurecida, encabezada por Schränker, acalla la defensa con su griterío.

En el vacío de valores de la República de Weimar, sacudida por la crisis económica y los disturbios políticos, un brazo fuerte y una voz atronadora que prometen mano dura suponen una alternativa atractiva para la sociedad anónima de la gran ciudad, que precisamente encierra el peligro de que un asesino desequilibrado actúe al amparo de ese anonimato. En este sentido, *M, el vampiro de Düsseldorf* es asimismo un retrato de la situación alemana en vísperas de la toma del poder por parte de los nacionalsocialistas. El final, en el que unos policías llegan a tiempo de salvar a Beckert del linchamiento para que comparezca ante un tribunal civil, es prueba del voto de Lang por el orden constitucional.

EP

SOPA DE GANSO

DUCK SOUP

1933 - EE. UU. - 68 MIN.

DIRECTOR

LEO MCCAREY (1898-1969)

GUION

BERT KALMAR, HARRY RUBY,
ARTHUR SHEEKMAN y NAT PERRIN

DIRECTOR DE FOTOGRAFÍA

HENRY SHARP

MONTAJE

LEROY STONE

BANDA SONORA

HARRY RUBY y BERT KALMAR

PRODUCCIÓN

HERMAN J. MANKIEWICZ para
PARAMOUNT PICTURES

REPARTO

GROUCHO MARX (Rufus T. Firefly), HARPO MARX (Pinky),
CHICO MARX (Chicolini), ZEPPO MARX (teniente Bob Roland),
MARGARET DUMONT (señora Teasdale), RAQUEL TORRES (Vera Marcal),
LOUIS CALHERN (embajador Trentino), EDMUND BREESE (Zander),
CHARLES MIDDLETON (fiscal) y EDGAR KENNEDY (vendedor de limonada)

«—¿Quiere ser un escándalo público? —¿Cuánto ganaría?»

Este breve diálogo entre el recién elegido presidente de Freedonia, Rufus T. Firefly (Groucho Marx), y el espía Chicolini (Chico Marx), que se ha disfrazado de vendedor de cacahuetes, describe a la perfección la misión de los hermanos Marx en esta cinta. *Sopa de ganso* es un golpe mortal a la ingenua ilusión de que existen el orden público y los ciudadanos responsables de sus actos.

Todos los habitantes de este pequeño Estado son iguales, libres pero completamente arruinados. Únicamente la señora Teasdale (la inamovible Margaret Dumont en uno de sus papeles característicos), viuda de un banquero, tiene un par de millones ahorrados, que invertirá en su devastado país si Firefly acepta asumir la presidencia. De algún modo, este fanfarrón casquivano de enorme bigote pintado y aficionado a los puros ha conseguido ganarse la simpatía de la enérgica dama al borde de un ataque de nervios. Sin embargo, para lograr una debacle a escala nacional, incluso un experto en lanzar injurias tan eficiente como Firefly necesita refuerzos.

El diálogo que comentábamos continúa más o menos así: «¿Tiene una autorización?» «Yo no, pero mi perro sí.» A la vista de estas credenciales, a Chicolini le ofrecen inmediatamente un puesto: «¿Le apetecería trabajar en la venta?» «No, no me gusta la menta. ¿Tiene más sabores?». Hay que destacar que todas estas citas se pronuncian en un único minuto y que los hermanos Marx no tienen ninguna dificultad para mantener este ritmo durante los restantes 67.

SÁTIRAS SOBRE LA GUERRA Al contrario que las parodias de serie B sobre temas militares, que a menudo se centran en la formación de los nuevos reclutas y cuyo objetivo suele ser empequeñecer la condición del soldado, las sátiras sobre la guerra acostumbran a adoptar una clara postura antimilitarista. Por ejemplo, los hermanos Marx pusieron de manifiesto en *Sopa de ganso* (1933) que el origen del conflicto bélico suele ser la presunción y la arbitrariedad de los políticos. En una de las cintas más famosas de este género, *Teléfono rojo. ¿Volamos hacia Moscú?* (1963), Stanley Kubrick retrató la guerra como el resultado de una alianza sacrílega e incontrolable entre científicos trastocados y militares sin escrúpulos. Incluso los soldados que dirigen la guerra se convierten en blanco de las burlas de directores como Richard Lester, que hizo de las suyas en *Cómo gané la guerra* (1967), protagonizada por John Lennon. El fracaso personal desvela la absurdidad de la guerra: es imposible que los comportamientos inhumanos que se producen en los conflictos armados saquen lo mejor de la gente, más bien al contrario. No sorprende que sea precisamente en tiempos de guerra cuando se filme un número especialmente elevado de sátiras antibelicistas, si bien estas no suelen girar en torno a los acontecimientos contemporáneos sino a enfrentamientos pasados. Dos buenos ejemplos de este hecho lo constituyen *M.A.S.H* (1969), película ambientada en un hospital de campaña durante el conflicto bélico de Corea que Robert Altman rodó en tiempos de la guerra del Vietnam y en la que se da una visión satírica del horror reinante, y *Trampa-22* (1970), de Mike Nichols, en la que se muestra el discutible comportamiento de las tropas aliadas en Italia durante la Segunda Guerra Mundial.

1 ¿A quién podría insultar ahora? Rufus T. Firefly (Groucho Marx), presidente y vergüenza del país, cavila sobre su próxima fechoría.

2 Los pedantes y fanfarrones no tienen nada que hacer con Chicolini (Chico Marx) y Pinky (Harpo Marx). Para todos los demás se aplica la máxima de que solo el caos es realmente humano.

3 ¡Que viva la desfachatez! El vendedor de limonada no tiene ni idea de con quién tiene que vérselas…

4 «Nos pusimos a trabajar en seguida, y en menos de una hora le perdimos la pista.» Si alguien contrata a los hermanos Marx como espías no debe extrañarse de que después le desaparezca buena parte de su vestuario.

5 «Espera, te traeré un vaso de agua.» Margaret Dumont interpreta en esta ocasión a la señora Teasdale, viuda de un banquero, tan ansiosa por conseguir notoriedad y encontrar pareja que sucumbe a la ofensiva romántica de Groucho.

«El último presidente por poco arruina al país. Si pensáis que este país va mal, ya veréis lo que yo hago.» *Cita de la película: himno de Freedonia*

Únicamente Pinky (Harpo Marx), el compañero mudo (aunque no precisamente silencioso) de Chicolini, consigue superar a todos los demás con su correspondiente ración de locura. Armado con una bocina y unas tijeras consigue incluso meter a sus hermanos en los bolsillos que no parecen tener fondo y de los que, en caso necesario, es capaz de sacar hasta un soplete encendido. Todo aquel que sea tan imprudente como para acercarse a esta risueña «arma de destrucción masiva» perderá enseguida

gran parte de su vestidura, por no hablar de sus nervios. Pinky es especialmente aficionado a poner histéricas a las personas que le rodean ofreciéndoles la pierna en el momento más inesperado para que se la estrechen.

Este gesto, una interpretación característica de los Marx de la expresión inglesa *You're pulling my leg* (Me tomas el pelo), pone de manifiesto la actuación enérgica y caótica de los hermanos. La renuncia a cualquier tipo de comunicación coherente y la tenaz negativa a tomarse

6 *Sopa de ganso* fue la última película en la que participó Zeppo Marx (segundo desde la izquierda), que aquí interpretó al teniente Bob Roland. En las primeras cinco cintas de los Marx encarnaba al héroe romántico, un personaje en el polo opuesto de sus ruidosos hermanos. Por lo que parece, en la vida real Zeppo era bastante grosero pero extraordinariamente gracioso, lo que pone una vez más de manifiesto la típica lógica de los Marx.

7 ¡Quien no se ría, recibirá un tiro! Los hermanosno se detendrán mientras quede piedra sobre piedra.

nada ni a nadie en serio son su respuesta al mutismo de los obcecados poderosos y al alto concepto que estos tienen de sí mismos. Desde su punto de vista, la guerra real es únicamente la continuación de la locura reinante con otros medios.

La lucha entre los vendedores de cacahuetes y los de limonada, una de las escenas más divertidas de la historia del cine, lo ejemplifica claramente: en este tipo de confrontaciones no hay ningún ganador... aparte de aquellos que se sobreponen a la triste realidad gracias a la risa. Como vemos, el consuelo es que al final todo el mundo queda como un verdadero imbécil.

Diálogos como este también resultan muy reconfortantes: «Si le encuentran está perdido» «¡Qué tontería! ¿Cómo voy a estar perdido si me encuentran?». En 1933,

en el momento culminante de la crisis económica mundial, las frases de este tipo venían seguramente muy bien al público. A pesar de ello, el último filme que los Marx rodaron con la Paramount fue un fracaso comercial. Está claro que Irving Thalberg, productor de la MGM, tenía toda la razón cuando poco después exigió a los hermanos que sus películas tuvieran menos números cómicos y más argumento.

Para muchos seguidores de los Marx, su primera cinta para la MGM, *Una noche en la ópera* (1935), es también su mejor obra. No obstante, para los que prefieren ver a Groucho, Harpo y Chico convertidos en un torbellino ruidoso, despiadado, sobreactuado y divertidísimo, *Sopa de ganso* es el punto culminante de su trayectoria.

SH

KING KONG

1933 - EE. UU. - 100 MIN.

DIRECTOR

MERIAN C. COOPER (1893-1973)
y ERNEST B. SCHOEDSACK (1893-1979)

GUION

MERIAN C. COOPER, EDGAR WALLACE,
JAMES ASHMORE CREELMAN y RUTH ROSE

DIRECTOR DE FOTOGRAFÍA

EDWARD LINDEN, J. O. TAYLOR, VERNON L. WALKER y KENNETH PEACH

MONTAJE

TED CHEESMAN

BANDA SONORA

MAX STEINER

PRODUCCIÓN

MERIAN C. COOPER y ERNEST B. SCHOEDSACK para RKO

REPARTO

FAY WRAY (Ann Darrow), ROBERT ARMSTRONG (Carl Denham),
BRUCE CABOT (John Driscoll Jack), FRANK REICHER (capitán Englehorn),
SAM HARDY (Charles Weston), NOBLE JOHNSON (jefe nativo),
STEVE CLEMENTE (brujo), JAMES FLAVIN (Briggs, segundo de a bordo),
VICTOR WONG (Charlie) y LYNTON BRENT (periodista)

«La bella ha matado a la bestia.»

En *King Kong* se mezclan elementos del cine de expediciones científicas y del cine de terror. Uno de los protagonistas, Carl Denham (Robert Armstrong), es un célebre cineasta de documentales de animales. Todavía están buscando a una actriz para un viaje a las Indias Orientales; el director no quiere revelar el destino exacto, pero en el Nueva York de la época de la Gran Depresión enseguida encuentran a una desesperada, Ann Darrow (Fay Wray). Al cabo de seis semanas llegan por fin al misterioso destino; entre una niebla espesa se perfila una isla tropical con arrecifes de roca escarpados y una montaña con forma de calavera. Un muro alto separa la tierra en dos mitades: a un lado viven los humanos; al otro, un ser que, según la superstición, no es hombre ni animal. Se trata de King Kong,

un gorila enorme al que los isleños aplacan ofreciéndole sacrificios de mujeres. El primate también raptará a Ann, de la que se ha enamorado perdidamente. Al otro lado de la gran muralla hay una selva espectacular, y Jack Driscoll (Bruce Cabot), el novio de Ann, solo podrá salvar a su amada después de que gran parte de la tripulación haya muerto en numerosas luchas contra los dinosaurios. Carl Denham lanza bombas de gas que narcotizan a King Kong y hacen posible trasladar al animal por barco hasta la jungla de la gran ciudad, Nueva York. En Broadway, los carteles publicitarios anuncian finalmente al gorila como objeto de exhibición espectacular. Pero cuando enfrentan al gigante a la tormenta de *flashes* de la prensa, el gorila escapa, vuelve a raptar a Ann y se refugia en lo alto del

STOP-MOTION (PARADA DE CÁMARA) La técnica de la parada de cámara *(stop-motion)* es uno de los inventos más antiguos del cine. Desde la década de 1910, Ladislaw Starewicz (1882-1965), que trabajó en la antigua URSS y en Francia, realizó películas exclusivamente con la ayuda de esa técnica de animación; se colocaban unas marionetas estáticas en un decorado con fondos pintados y se las filmaba paso a paso en fotogramas individuales, después de que Starewicz las cambiara de pose entre imagen e imagen. Aunque estas tomas siguen mostrando una perfección casi nunca más alcanzada y convencen sobre todo por el paso fluido de unas a otras, *King Kong* (1933) o el equipo de pintores de fondos, modelistas y técnicos de Willis O'Brien son los responsables del gran triunfo en el mundo del cine de la técnica llamada *stop-motion*. La parada de cámara se fue perfeccionando con el transcurso de los años; son famosos, sobre todo, los efectos especiales de Ray Harryhausen para películas como *Jasón y los argonautas* (1963). Algunas películas de épocas más recientes, por citar algunas, *Una gran excursión* (1988-1989) o *Pesadilla antes de Navidad* (1993), se basan por entero en muñecos animados; esta estética ha sido emulada digitalmente en películas animadas por ordenador como, por ejemplo, *Toy Story* (1995).

«Imagínense una bestia de 15 metros de altura, con una chica en su garra, escalando el Empire State Building [...] tratando de agarrar unos aviones, cuyos pilotos disparan ráfagas de ametralladora al cuerpo del monstruo.» *The New York Times*

1 A menudo se ha interpretado el mito de King Kong como la encarnación de una sexualidad animal.

2 El insólito animal salva a Ann Darrow de muchos peligros.

3 Aunque aquí la proteja Robert Armstrong, en el papel de Carl Denham, Fay Wray ya se había convertido en la «reina de los gritos».

Empire State Building, donde una escuadrilla de aviones armados acaba rápidamente con la vida del fantástico animal.

King Kong fue un gran éxito de taquilla. Los animales antediluvianos que salen en la película despertaron asociaciones en el público de la época con la película de cine mudo *El mundo perdido* (1924-1925); además, en los años treinta, las versiones populares de la teoría de la evolución eran muy apreciadas. Así pues, Fay Wray, teñida

de rubio a propósito para esta película, puede ser calificada de eslabón entre la bestia negra prehistórica y la civilización occidental, representada como superior. El filme toca el tema de la mirada a otras sociedades; Carl Denham aparece como un colonialista arrogante cuando intenta filmar el ritual secreto de los habitantes de la isla, que aparecían ataviados a modo de estereotipo con pinturas, faldillas de corteza, conchas o cáscaras de coco, y que, de manera significativa, estaban interpretados por

4 Sacrificios humanos: la mujer blanca como pantalla de proyección de fantasías colonialistas.

5 En esta foto publicitaria no hay quien detenga al gorila gigante enamorado.

6 El ejército se retira después de matar a King Kong.

actores afroamericanos. Aunque de ese modo se fusionan América y África, la imagen de King Kong encadenado evoca sobre todo la historia de la esclavitud asociada a Norteamérica y las exposiciones étnicas que se organizaban en Nueva York: en la película, la piel negra y el carácter salvaje son sinónimos. Al final de esta propaganda colonial, EE.UU. (simbolizado en el Empire State Building, concluido en 1931, y en la técnica armamentística moderna) triunfa sobre el gigantesco animal. No obstante, *King Kong,* cuyos directores, Merian C. Cooper y Ernest B. Schoedsack, ya habían producido películas etnográficas en los años veinte, presenta la mirada a mundos lejanos como un acontecimiento mediático artificial: Denham hace que su actriz principal ensaye la «actuación» a bordo del barco, igual que se hacía en los filmes documentales en los que participaban actores que, siguiendo sus fantasías, ponían en escena otras culturas o incluso animales salvajes con la ayuda de disfraces de mono. El extranjero solo existe en la cabeza de Denham.

PLB

TIEMPOS MODERNOS
MODERN TIMES
1936 - EE. UU. - 87 MIN.

DIRECTOR
CHARLES CHAPLIN (1889-1977)

GUION
CHARLES CHAPLIN

DIRECTOR DE FOTOGRAFÍA
ROLAND H. TOTHEROH e IRA H. MORGAN

MONTAJE
WILLARD NICO

BANDA SONORA
CHARLES CHAPLIN

PRODUCCIÓN
CHARLES CHAPLIN para CHARLES CHAPLIN PRODUCTIONS y UNITED ARTISTS

REPARTO
CHARLES CHAPLIN (obrero), PAULETTE GODDARD (la chica),
HENRY BERGMAN (propietario del café), STANLEY SANDFORD (Big Bill / obrero),
CHESTER CONKLIN (mecánico), HANK MANN (ladrón),
LOUIS NATHEAUX (ladrón), STANLEY BLYSTONE (padre de la chica),
AL ERNEST GARCIA (jefe de la fábrica) y SAMMY STEIN (capataz)

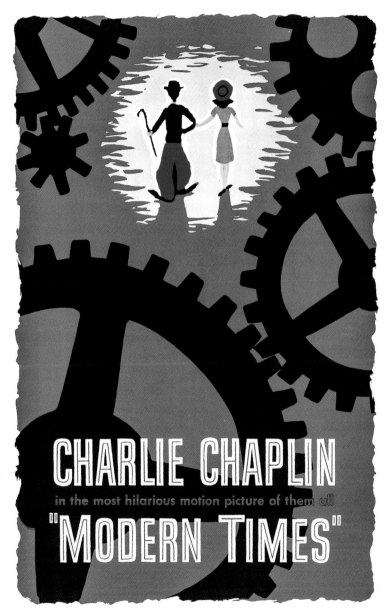

CHARLIE CHAPLIN

in the most hilarious motion picture of them all

"MODERN TIMES"

WRITTEN, DIRECTED AND PRODUCED BY CHARLES CHAPLIN • RELEASED THRU LOPERT FILMS, INC.

«¡Se bella pui satore, je notre so catore, Je notre qui cavore, je la qu', la qui, la quai!»

Un rebaño de ovejas cruza la gran pantalla. Fundido. Un grupo de obreros entra a riadas en la fábrica. Uno de ellos es Charlot (Charles Chaplin). El pequeño vagabundo de antaño trabaja ahora en una cadena de montaje. Aprieta tuercas sometido a un ritmo implacable. Cuando aceleran el compás no puede seguirlo. La máquina lo engulle. Y cuando vuelve a escupirlo, Charlot no está en sus cabales: como si estuviera en trance, ajusta narices y botones con las llaves de tuerca, y en un *ballet* alocado lleva la fábrica al caos. Al final, lo atrapan y lo envían a un psiquiátrico.

Cuando irrumpió la era del cine sonoro en 1927, Charles Chaplin fue probablemente el enemigo más declarado de las películas habladas. Pensaba que el lenguaje destruía la universalidad del cine. Y aunque el avance triunfal del sonido no se detuvo, en 1936 Chaplin llevó a la gran pantalla *Tiempos modernos*, un filme que no era mudo, pero aún menos hablado. Y es que el célebre cómico hizo que sus actores actuaran sin palabras y utilizó el sonido únicamente para la música y los ruidos agresivos, como el fragor de las máquinas o las órdenes del jefe de la fábrica que retumbaban desde grandes pantallas. Una indirecta al cine hablado que Chaplin equiparaba de este modo al absurdo de la época. Esa concepción poco convencional del sonoro contribuye sin duda a que *Tiempos modernos* se cuente entre las obras maestras intemporales del cine. Como ningún otro personaje cinematográfico, el vagabundo de Chaplin le presta una figura cómica y conmovedora al drama existencial del ser humano en una realidad deshumanizada. El pequeño hombre se ve lanzado sin culpa alguna a un mundo industrializado donde las máquinas no hacen más fácil la vida a los trabajadores, sino que los convierten en máquinas al servicio exclusivo de la obtención de beneficios.

No obstante, *Tiempos modernos* también es claramente una película de su tiempo, la época de la Gran Depresión. A diferencia de lo que hiciera en filmes anteriores, Chaplin muestra la miseria sin matices pintorescos. A veces, la cámara capta los escenarios pobres con una

PAULETTE GODDARD Jean Cocteau la calificó en una ocasión de «pequeña leona con melena salvaje y uñas exquisitas». En este aspecto, el papel de vagabunda vivaracha de *Tiempos modernos* (1936) estaba hecho a medida para Paulette Goddard (1911-1990), lo que probablemente también se debiera a que ella y Chaplin eran pareja en aquella época. La actriz se crió en condiciones de pobreza en Nueva York. Ambiciosa y con talento, a los 14 años ya era una chica Ziegfeld. Dos años después se casó con un *playboy* rico, se divorció y se fue a Hollywood. Allí interpretó pequeños papeles hasta que conoció a Chaplin en 1932. *Tiempos modernos* la hizo famosa, aunque su supuesto «concubinato» con Chaplin (de hecho, parece ser que se casaron en 1936) no favoreció precisamente su carrera. Se cuenta que David O. Selznick no la contrató para el papel de Escarlata en *Lo que el viento se llevó* (1939) porque temía la publicidad negativa. Después de rodar *El gran dictador* (1940), Chaplin y Goddard se divorciaron, y la actriz se convirtió en los años siguientes en una estrella popular de la comedia y el musical de la productora Paramount. Su interpretación de enfermera en *Sangre en Filipinas* (1942) de Mark Sandrich le reportó una candidatura al Óscar. Sin embargo, fue más interesante su papel de protagonista en *Memorias de una doncella* (1946) de Jean Renoir. Después, Goddard se dedicó cada vez más al teatro, antes de establecerse en Suiza a mediados de los años cincuenta y casarse con el escritor alemán Erich Maria Remarque. A partir de entonces solo se pudo ver a la actriz en el cine en contadas ocasiones.

1 Un cómico trabajando en serio: en la década de 1930, las películas de Chaplin fueron cada vez más críticas. Después de *Tiempos modernos*, el cineasta se vio expuesto al odio creciente de los círculos conservadores estadounidenses.

2 La vida como lucha por la supervivencia: las condiciones en la cárcel se diferencian a lo sumo en grado…

3 … de las de la fábrica. Tanto en un sitio como en otro se despoja a la gente de su individualidad.

4 Al ritmo de la máquina: una visita a la fábrica de automóviles de Detroit le dio a Chaplin la idea de rodar una película sobre la monotonía del trabajo en cadena.

5 Fuera de control: la motricidad de Charlot sigue el ritmo del trabajo incluso a la hora de comer.

sobriedad casi documental, y en otras ocasiones el cineasta plasma también las tensiones políticas de la época. En una escena, Charlot recoge un banderín de señalización que ha caído de un camión. Cuando detrás de él gira la esquina un grupo de manifestantes, la policía lo toma por el líder de la protesta y lo mete en la cárcel. Estas escenas reforzaron en su tiempo la fama de Chaplin de hombre de izquierdas y, con ello, también la enemistad de los círculos conservadores estadounidenses, que consideraron sospechoso al británico desde entonces. Pero, en realidad, la postura que adopta el filme no es tanto socialista como profundamente humanista. Porque ni Charlot conoce el significado de la bandera roja que sostiene en las manos ni su baile en la fábrica es un acto consciente de sabotaje, sino que se ejecuta en plena pérdida de conocimiento de un ingenuo cuyo cuerpo se rebela. *Tiempos*

> **«Para aquellos que aún desconozcan la película, lo primero que se debe decir de *Tiempos modernos* es que es muy divertida y, en ocasiones, incluso hilarante.»**
> *San Francisco Chronicle*

«He ido a ver muchísimas películas, y no consigo recordar la última vez que oí al público aplaudir al final de una proyección; pero en esta ocasión lo hizo. Y las conversaciones de después en los pasillos, en el vestíbulo y en la cola del aparcamiento eran verdaderamente entusiastas. Puede que muchas de esas personas no hubieran visto demasiadas cosas de Chaplin antes, o simplemente que estuvieran muy contentas de descubrir que el paso del tiempo no había disminuido la genialidad especial del hombre.» *Chicago Sun-Times*

7

6 Personas en el engranaje: en otra secuencia fantástica, a Charlot incluso se lo traga la máquina.

7 Perseguidos por el sistema: a Charlot y la chica (Paulette Godard), la vida solo les depara algunos momentos de respiro.

8 *Tiempos modernos* es una película sonora, pero sin diálogos: Chaplin se mantenía fiel a su concepción del cine como arte de la pantomima. No obstante, poco antes del final, hace cantar a su vagabundo: una canción en un esperanto inventado y sin sentido.

modernos tampoco convierte al vagabundo en un proletario con conciencia de clase. Ataviado como siempre con unos pantalones anchos, un frac estrecho, zapatos viejos, bigotito, sombrero de hongo y bastón, sigue fiel al dandi vestido de andrajos que saborea cualquier espacio libre y en primer lugar se cuida a sí mismo.

De nuevo en la calle, Charlot encuentra a una joven huérfana (Paulette Goddard) que ha robado una barra de pan. Ambos huyen de la policía y sueñan juntos con un futuro mejor: una casita en el campo, donde basta con estirar la mano para alcanzar unas uvas o un vaso de leche que llena una vaca servicial. Para lograr esos objetivos paradisiacos, Charlot incluso acepta volver a trabajar. Pero todos los intentos acaban en desastre, tanto da si trabaja de vigilante nocturno o de peón.

Con Paulette Goddard, su compañera sentimental en aquella época, Chaplin colocó junto a su héroe a una figura casi igual a él, una especie de vagabunda femenina. La película saca su postura optimista al final de esa vida en común. Así, Charlot incluso acaba rompiendo su mutismo por la chica: empujado por ella, actúa cantando en un salón de baile. Y como no consigue memorizar todo el texto se inventa en el escenario una canción en esperanto sin sentido, cuyo significado solo se descubre gracias a la gesticulación. Parece que con esa canción Chaplin llegaba a un acuerdo con el cine sonoro. Con ello concluyó la época de su vagabundo. Pero en el último mutis del pequeño hombre queda algo de consuelo: por primera vez, no se aleja por la carretera solo, sino cogido de la mano de una chica. UB

LA GRAN ILUSIÓN
LA GRANDE ILLUSION
1937 - FRANCIA - 114 MIN.

DIRECTOR
JEAN RENOIR (1894-1979)

GUION
CHARLES SPAAK y JEAN RENOIR

DIRECTOR DE FOTOGRAFÍA
CHRISTIAN MATRAS

MONTAJE
MARGUERITE RENOIR

BANDA SONORA
JOSEPH KOSMA

PRODUCCIÓN
FRANK ROLLMER y ALBERT PINKOVITCH para
R.A.C. – RÉALISATIONS D'ART CINÉMATOGRAPHIQUE

REPARTO
JEAN GABIN (Maréchal), PIERRE FRESNAY (De Boeldieu),
ERICH VON STROHEIM (Von Rauffenstein), DITA PARLO (Elsa),
MARCEL DALIO (Rosenthal), JULIEN CARETTE (actor),
GASTON MODOT (ingeniero), JEAN DASTÉ (maestro),
JACQUES BECKER (oficial inglés) y GEORGES PÉCLET (soldado francés)

JEAN GABIN
PIERRE FRESNAY
et
ERIC VON STROHEIM
dans

LA GRANDE ILLUSION

adaptation et dialogues de
JEAN RENOIR et **CHARLES SPAAK**
Musique de **KOSMA**
avec **DALIO**

Un film de
JEAN RENOIR

ETABL DELATTRE IMPRIMEUR PARIS 1937

«Las fronteras las dibujan los hombres. A la naturaleza le da igual.»

El avión en el que viajan el capitán De Boeldieu (Pierre Fresnay), un oficial de alta cuna, y el alférez Maréchal (Jean Gabin), de origen proletario, es abatido durante la Primera Guerra Mundial. En el barracón del campo de prisioneros alemán en el que están recluidos, los dos franceses deben convivir con un grupo variopinto de compatriotas que, a pesar de las diferencias de clase, forman una piña, lo que se pone de manifiesto sobre todo en la construcción de un túnel para escapar. Sin embargo, antes de que puedan utilizarlo, los hombres son trasladados a otro campo. Finalmente, tras el fracaso de varios intentos de huida más, Maréchal y De Boeldieu terminan en la prisión de una fortaleza. El comandante al cargo, Von Rauffenstein (Erich von Stroheim), trata con respeto a De Boeldieu debido a su condición de aristócrata. No obstante, este, en lugar de disfrutar de los privilegios que se le ofrecen durante su cautiverio, decide ayudar a escapar a Maréchal y a su camarada judío, Rosenthal (Marcel Dalio). Así, provoca un tumulto para distraer la atención de los guardias y obliga

a Von Rauffenstein a dispararle. De Boeldieu muere, pero Maréchal y Rosenthal logran huir.

En 1937, año del estreno de *La gran ilusión*, se intuía que una nueva guerra mundial era una posibilidad muy real. Como consecuencia, Renoir no solo tocó la fibra sensible del público, sino que también llamó la atención de la clase política. El mensaje pacifista de la película hizo que fuera prohibida en los países dominados por regímenes fascistas. El ministro de propaganda nazi, Goebbels, llegó a calificar al director de «enemigo cinematográfico número 1». Por el contrario, Franklin D. Roosevelt defendió la cinta con vehemencia. Según el presidente de EE. UU., todo demócrata debería verla. De hecho, *La gran ilusión* es uno de los pocos filmes antibelicistas que realmente merecen este calificativo. Uno de los motivos es que no tiene lugar en el frente propiamente dicho, con lo que puede distanciarse de los motivos visuales y estereotipos disonantes que suelen imperar en ese escenario. Renoir se negó a atrapar al espectador mediante una ilusionista

MARCEL DALIO Era bajito, moreno, vivaz y elegante, lo que le hacía parecer predestinado a interpretar papeles como el de Rosenthal, el hijo de un banquero judío, en *La gran ilusión* (1937). Sin embargo, Marcel Dalio (1900-1983), judío nacido en París de padres rumanos, era totalmente capaz de superar este estereotipo, como demostró en otra obra maestra de Jean Renoir. En *La regla del juego* (1939) destacó en el papel del vanidoso y sensible señor De la Chesnaye. Aunque durante los años treinta Dalio fue uno de los rostros más destacados del cine francés y actuó en películas tan célebres como *Pepe le Moko* (1936-1937), de Julien Duvivier, o *Mollenard* (1937), de Robert Siodmak, *La regla del juego* le brindó la oportunidad de interpretar el único papel protagonista realmente importante de su carrera. En 1940 se exilió huyendo de los nazis, lo que sin lugar a dudas le salvó la vida puesto que el ejército invasor llegó a utilizar su retrato en sus campañas antisemitas. Dalio se trasladó a Hollywood, donde compartió el destino de tantos otros profesionales del cine emigrados. Apareció como actor secundario en películas antinazis en las que casi siempre asumía el personaje de francés cultivado de fuerte acento. Es el caso del crupier que interpretó en *Casablanca* (1942), de Michael Curtiz, o del propietario del bar en *Tener y no tener* (1944), de Howard Hawks, en la que volvió a coincidir con Bogart. Finalizada la guerra, Dalio trabajó a ambos lados del Atlántico, pero participó en pocos filmes cuya calidad estuviera a la altura de su talento. El actor demostró que sabía tomarse a broma su propia imagen en varios largometrajes, entre ellos *Las locas aventuras de Rabbi Jacob* (1973), que protagonizó junto a Louis de Funès.

lluvia de acero. Además de renunciar al espectáculo de la guerra, el director tampoco estuvo muy interesado en el potencial de la historia para poner al público en tensión. El material llamó la atención del cineasta por otro motivo: porque le ofrecía la oportunidad de mostrar su visión del mundo. En ella, las barreras entre clases se difuminaban, y las fronteras entre los países y los conflictos derivados de ellas parecían totalmente arbitrarios.

De este modo, Renoir prácticamente diseñó el microcosmos del barracón del campo de prisioneros para que estuvieran representados todos los estamentos sociales.

«Jean Renoir narra su historia [...] de un modo extremadamente equilibrado. Entre los soldados no hay ningún malvado, ni siquiera entre los alemanes. En cierta manera, todos son víctimas prisioneras de sus circunstancias. [...] Renoir no destaca las diferencias existentes entre las nacionalidades sino entre las clases sociales. Para descubrir el carácter de los hombres no hay que fijarse en su uniforme sino en su forma de bostezar o en si llevan guantes blancos.» *die tageszeitung*

4

1 Juntos en la huída: el obrero Maréchal (Jean Gabin, izquierda) y Rosenthal (Marcel Dalio), hijo de un banquero judío. Entre otros motivos, esta amistad llevó a Goebbels a calificar *La gran ilusión* de «enemigo cinematográfico número 1».

2 Un estudio sociológico: no importa si uno es proletario, noble, negro o acaudalado burgués de origen judío. En prisión todos se sientan a la misma mesa como hermanos.

3 Renoir confió el papel de Von Rauffenstein a su admirado Erich von Stroheim, el excéntrico director y actor afincado en Hollywood. Este se lo agradeció realizando una de sus mejores interpretaciones.

4 Jean Gabin ya era una de las principales estrellas del cine francés antes de protagonizar *La gran ilusión*. De hecho, Renoir encontró productor para su proyecto gracias al apoyo del actor.

Así, las circunstancias hacen que Maréchal, De Boeldieu, un ingeniero, un maestro algo ingenuo, el hijo de un banquero judío y un actor tengan que aliarse. Lo más sorprendente es que el esquema al que responde esta repartición de personajes casi pasa desapercibido. Más bien al contrario, el grupo resulta refrescantemente vital y absolutamente verosímil, incluso en los momentos en que se subrayan las sutiles diferencias que delatan las distintas procedencias sociales de sus miembros. En ningún momento quedan reducidos a simples estereotipos ni se realizan retratos psicológicos superficiales. La puesta en escena de Renoir permite que los intérpretes tengan espacio y tiempo para

5 Un amor que no entiende de bandos: el soldado francés Maréchal y Elsa (Dita Parlo), la campesina alemana.

6 De Boeldieu (Pierre Fresnay) distrae la atención de los guardias para que sus camaradas puedan huir.

7 Nobleza obliga: Renoir puso en escena la amistad entre Von Rauffenstein y De Boeldieu como una trágica historia de amor.

8 El amor de Renoir por la interpretación se pone de manifiesto en el fantástico reparto de *La gran ilusión*, que cuenta con actores tan soberbios como Carette, Dalio, Modot y Gabin.

actuar. Aunque sus interpretaciones resulten a menudo forzadas, esto responde sin lugar a dudas a un objetivo. Uno de los misterios del trabajo del cineasta es que su evidente simpatía por el oficio interpretativo hace que su obra rebose vida. A pesar de que *La gran ilusión* se considere un clásico del realismo cinematográfico, la película se permite un momento exagerado que, sin embargo, no culmina de un modo estereotipado. Como vemos, Renoir se vale de las situaciones grotescas para poner de manifiesto la absurdidad de la guerra sin perturbar por ello el ritmo de la película. En un momento dado, un soldado se prueba un vestido de mujer para hacer un número teatral y sus camaradas reaccionan ante esta miserable imitación de feminidad con un silencio perplejo.

La película se adentra sorprendentemente en el melodrama a través de la relación entre Von Rauffenstein y De Boeldieu. Renoir la enfoca como una historia de amor con final trágico; cuando el francés muere tiroteado, el alemán coloca una flor —la única que hay en la fortaleza— sobre el cadáver. Este gesto cargado de patetismo no es únicamente un regalo del director a su protagonista, Erich von Stroheim, el gran director de películas mudas, sino que también simboliza el vínculo íntimo que une a los miembros de la misma clase social por encima de las fronteras nacionales.

Al igual que en *La regla del juego* (1939), Renoir retrata la aristocracia como una especie en peligro de extinción. Sin embargo, las demás clases sobreviven. No es casual que, cuando Maréchal, el obrero de la siderurgia, y Rosenthal, el adinerado burgués judío, cruzan juntos la frontera suiza cubierta por la nieve, la escena recuerde al célebre final de *Tiempos modernos* (1936) de Chaplin. El mensaje es claro: esta inusual pareja no tiene cabida en el gélido mundo real. Su amistad no es más que una hermosa y gran ilusión.

JH

«**Desde la primera hasta la última imagen, el interés no solo no decae sino que va *in crescendo*. El filme está orquestado, bien dirigido. De él se extrae una desacostumbrada impresión de realismo potente, conmovedor, libre de todo clasicismo y de toda ortodoxia.**» *Cinémonde*

LO QUE EL VIENTO SE LLEVÓ ♀♀♀♀♀♀♀♀

GONE WITH THE WIND

1939 - EE. UU. - 222 MIN. (versión original) /
238 MIN. (versión restaurada)

DIRECTOR

VICTOR FLEMING (1883-1949)

GUION

SIDNEY HOWARD, basado en la
novela homónima de MARGARET MITCHELL

DIRECTOR DE FOTOGRAFÍA

ERNEST HALLER

MONTAJE

HAL C. KERN y JAMES E. NEWCOM

BANDA SONORA

MAX STEINER

PRODUCCIÓN

DAVID O. SELZNICK para SELZNICK
INTERNATIONAL PICTURES

REPARTO

CLARK GABLE (Rhett Butler), VIVIEN LEIGH (Escarlata O'Hara),
LESLIE HOWARD (Ashley Wilkes), OLIVIA DE HAVILLAND (Melania Hamilton),
THOMAS MITCHELL (Gerald O'Hara), BARBARA O'NEIL (Ellen O'Hara),
EVELYN KEYES (Suellen O'Hara), ANN RUTHERFORD (Carreen O'Hara),
HATTIE MCDANIEL (Mami), OSCAR POLK (Pork), BUTTERFLY MCQUEEN (Prissy),
RAND BROOKS (Charles Hamilton), CARROLL NYE (Frank Kennedy)
y LAURA HOPE CREWS (tía Pittypat Hamilton)

PREMIOS DE LA ACADEMIA DE 1939

ÓSCAR a la MEJOR PELÍCULA (David O. Selznick), al MEJOR DIRECTOR (Victor Fleming),
a la MEJOR ACTRIZ (Vivien Leigh), a la MEJOR ACTRIZ SECUNDARIA (Hattie McDaniel),
al MEJOR GUION ADAPTADO (Sidney Howard), a la MEJOR FOTOGRAFÍA
(Ernest Haller y Ray Rennahan), al MEJOR MONTAJE (Hal C. Kern y James E. Newcom)
y a los MEJORES DECORADOS (Lyle R. Wheeler)

DAVID O. SELZNICK'S PRODUCTION OF MARGARET MITCHELL'S

"GONE WITH THE WIND"

STARRING

CLARK GABLE
VIVIEN LEIGH
LESLIE HOWARD OLIVIA de HAVILLAND

DIRECTED BY   SCREEN PLAY BY   RE-RELEASED BY   Music by
A SELZNICK INTERNATIONAL PICTURE · VICTOR FLEMING · SIDNEY HOWARD · METRO-GOLDWYN-MAYER INC. · Max Steiner

STEREOPHONIC SOUND · METROCOLOR ® MGM

«Realmente... mañana será otro día.»

Queda claro desde los mismos títulos de crédito: la película más querida por el público de todos los tiempos, la mayor de las grandes epopeyas, es un melancólico canto del cisne sobre la vida en el Viejo Sur, sus valores destruidos por la guerra de Secesión y el «hermoso» mundo de señores y esclavos en el que los caballeros todavía competían por los favores de orgullosas mujeres. Al menos este era el retrato que hacía Margaret Mitchell en su novela, por la que el productor David O. Selznick pagó en 1936 la increíble suma de 50.000 dólares. El libro llevaba solamente un mes en el mercado, pero la singular campaña publicitaria que Selznick puso en marcha para su prestigioso proyecto lo convertiría en *best seller*. Parte del plan consistía en convertir la elección de la protagonista en un espectáculo mediático a pesar de que la decisión se había tomado hacía mucho. La Escarlata de Selznick sería Vivien Leigh, una inglesa prácticamente desconocida que se pondría en la piel de la arrogante belleza sureña que pasa enormes vicisitudes por su amor verdadero por el hombre equivocado y por salvar su hogar, Tara. Cuando termina la guerra y la reconstrucción, se ha deshecho de tantos maridos como Selznick de otros tantos directores. Así, George Cukor abandonó el proyecto por sus diferencias personales con la estrella masculina, Clark Gable, y Victor Fleming tuvo que ceder el mando temporalmente a Sam Wood debido a una crisis de agotamiento. Un precio pequeño para más de tres horas y media de entretenimiento de primera.

Este melodrama sureño rodado a todo color gira en torno a Escarlata O'Hara. La mimada hija del propietario de una plantación está enamorada de un hombre que es exactamente lo opuesto a ella, Ashley Wilkes (Leslie Howard), un soñador de escasas habilidades. Hasta poco antes de que termine la película, Escarlata seguirá suspirando por él pese al armónico matrimonio de Ashley con su prima Melania (Olivia de Havilland) y de los intentos de aproximación del cínico y provocador Rhett Butler (Clark Gable). A pesar de que Rhett descubre la naturaleza taimada de Escarlata a primera vista, se equivoca en un aspecto crucial: ella sabe exactamente lo que quiere. Aunque llega a casarse con él, no le dará ningún poder sobre su sexualidad. Por ese motivo, se gana la admiración incondicional de Melania aunque Rhett, su equivalente masculino, le dedique una burlona frase tan propia de él como «Francamente, querida, eso no me importa». Probablemente, los hombres y las mujeres no miren esta película con los mismos ojos.

Hoy en día, la trama romántica se nos antoja trivial y su enfoque condescendiente de la esclavitud, cuestionable. Sin embargo, *Lo que el viento se llevó* sigue contando con dos personajes «reales». Para empezar, la propia Escarlata, una mujer con defectos que, más allá de consideraciones

CLARK GABLE Clark Gable nació en 1901 no como *sex symbol*, sino como hijo de un buscador de petróleo autónomo de Ohio. Tras diversos trabajos eventuales, descubrió su amor por el teatro. Tras recibir formación de su primera esposa, la actriz Josephine Dillon, 17 años mayor que él, en 1930 firmó un contrato con la MGM. El estudio creó su famosa imagen de hombre viril. Por lo que parece, los canallas orejones con bigote eran el ideal masculino de los años treinta. Sin embargo, la carrera de Gable no arrancó realmente hasta que fue cedido a un estudio mucho menor, la Columbia, para participar en una producción de la que nadie esperaba demasiado, *Sucedió una noche* (1934) de Frank Capra, una comedia que se convirtió en un éxito inesperado y le valió su primer Óscar. Seguirían grandes personajes en cintas de aventuras junto a Jean Harlow y Myrna Loy. Su participación en *Rebelión a bordo* (1935) como el alférez Fletcher Christian fue otro momento culminante de su trayectoria. Cuando David O. Selznick necesitó un Rhett Butler para *Lo que el viento se llevó* (1939), nadie cuestionó la elección del actor. No obstante, el destino le tenía reservada una dura prueba, la muerte de su tercera esposa, Carole Lombard, en un accidente de aviación en 1942. A raíz de esto, el «rey de Hollywood» cayó en la depresión. A pesar de ser ya un hombre maduro, se alistó en el ejército y, entre otras cosas, participó en bombardeos sobre Alemania. Tras la guerra se había convertido en una respetada reliquia de tiempos pasados. Su último gran papel fue en *Vidas rebeldes* (1960), de John Huston. Las temerarias escenas a caballo, para las que se negó a utilizar un doble, fueron demasiado para él. Clark Gable falleció dos días después de finalizar el rodaje de un ataque al corazón.

«*Lo que el viento se llevó* presenta una visión sentimental de la guerra civil estadounidense, en la que el "Viejo Sur" ocupa el lugar de Camelot y el objetivo del conflicto no es tanto vencer a la Confederación y acabar con la esclavitud como dar a Escarlata O'Hara su justo castigo. Pero hace años que somos conscientes de ello: la nostalgia enfermiza forma parte indisoluble del territorio. Sin embargo, con el 60 aniversario de la cinta a la vuelta de la esquina, sigue siendo legendaria por el simple hecho de que cuenta una buena historia y lo hace maravillosamente bien.»

Chicago Sun-Times

1 Era indiscutible que el papel de Rhett Butler iba a recaer en Clark Gable, el gran ídolo sexual de los años treinta.

2 Egoísmo y pasión: a pesar de sus múltiples desacuerdos, Rhett y Escarlata son muy parecidos. Sus cínicas peleas han servido de munición a generaciones enteras de matrimonios.

3 Melania, que no goza de buena salud, puede contar con la ayuda de Escarlata… siempre que no se trate de Ashley.

4 Un matrimonio perfecto: Melania (Olivia de Havilland) y Ashley (Leslie Howard) son felices sumidos en la monotonía.

5 El Sur nunca volverá a ser lo que era. Escarlata en Tara, el lugar donde pasó su despreocupada juventud.

sobre el bien y el mal, consigue que el público se identifique con ella y no con la siempre bondadosa Melania. El otro es, como no podría ser de otra manera, Mami (Hattie McDaniel), la resuelta nodriza de Escarlata, que inspira más respeto que el resto del reparto junto. La actriz Hattie McDaniel obtuvo un Óscar por este papel, lo que la convirtió en la primera intérprete de color en alzarse con el trofeo. De la guerra civil no se presenta precisamente una versión edulcorada. Son famosas sobre todo las imágenes de color rojo intenso de la ciudad de Atlanta en llamas y la secuencia rodada desde una grúa en la que se nos muestra un enorme hospital de campaña, permitiéndonos observar un cuadro viviente repleto de cuerpos debilitados y horribles mutilaciones. Estas imágenes ponían el dedo en la llaga de un trauma de la sociedad estadounidense, motivo por el cual las epopeyas sobre la guerra civil se consideraban veneno

1

«A Dios pongo por testigo... ¡A Dios pongo por testigo de que no lograrán aplastarme! Viviré por encima de todo esto y, cuando haya terminado, nunca volveré a saber lo que es hambre. No..., ni yo ni ninguno de los míos. Aunque tenga que estafar, que ser ladrona o asesinar. ¡A Dios pongo por testigo que jamás volveré a pasar hambre!»

Cita de la película: Escarlata O'Hara (Vivien Leigh)

para la taquilla. Así, todos los miembros del equipo de producción, a excepción del propio Selznick, pensaban que la cinta sería un fracaso.

La vinculación entre el destino de los personajes y los acontecimientos históricos, el reparto repleto de estrellas y una clara dramaturgia de base cromática —el verde se identifica con Escarlata, el negro, con Rhett y el amarillo ceniza, con Ashley— establecieron las pautas del género. Sin embargo, esta producción, que costó cuatro millones de dólares, no marcó el inicio de una nueva época cinematográfica, sino el final. Si, a pesar de las circunstancias que rodearon su creación, *Lo que el viento se llevó* sigue convenciendo como obra de arte global es solamente gracias a su padre espiritual, David O. Selznick, el director-productor por excelencia, que mantuvo las riendas firmemente sujetas y se enfrentó tanto a sus directores como a la ingente cantidad de guionistas. Así, por ejemplo, declaró tener la película en la cabeza fotograma a fotograma y organizó el montaje sin contar con ninguno de los directores. El «maravilloso» mundo de *Lo que el viento se llevó* es también un retrato onírico de un tiempo sin sindicatos ni derechos de intervención. El largometraje obtuvo ocho premios Óscar y hasta el momento ha generado unos beneficios de aproximadamente 200 millones de dólares, lo que lo convierte en uno de los de más éxito de todos los tiempos.   PB

6 El aventurero Rhett cultiva su independencia masculina más allá de las normas sociales.

7 El rojo fuego del Sur: Vivien Leigh fue escogida para interpretar a la taimada Escarlata, desbancando así a otras actrices mucho más conocidas.

8 Amor auténtico por el hombre equivocado: Ashley (Leslie Howard) sabe que nunca podrá satisfacer las exigencias de Escarlata. El último intento de ella por convencerle de su amor se salda con un sonoro fracaso. El hombre, esclavo de la melancolía, prefiere vivir apartado del mundo.

9 La huida de Atlanta: la guerra civil se describe como una lucha épica por la supervivencia en la que todo el mundo debe echar mano de sus recursos. Escarlata toma las riendas de su destino.

10 Incluso el rojo de las llamas que destruyen Atlanta se integra dentro de la dramaturgia cromática clásica que domina la película. El sueño del Sur ha sido definitivamente destruido. Solo queda la tierra quemada... y el color verde de la esperanza.

11 *Escarlata* ha prometido no volver a pasar ni hambre ni sed y luchar por Tara hasta el final. Su fuerza de voluntad también ayudará a otras personas.

FANTASÍA ♟♟

FANTASIA

1940 - EE. UU. - 120 MIN.

DIRECTOR

SAMUEL ARMSTRONG (1893-1976) [segmentos 1 y 2],
JAMES ALGAR (1912-1998) [segmento 3], BILL ROBERTS, PAUL SATTERFIELD [segmento 4],
HAMILTON LUSKE (1903-1968), JIM HANDLEY, FORD BEEBE (1888-1978) [segmento 5],
T. HEE (1911-1988), NORMAN FERGUSON (1902-1957) [segmento 6]
y WILFRED JACKSON (1906-1988) [segmento 7]

GUION

LEE BLAIR, ELMER PLUMMER, PHIL DIKE [segmento 1], SYLVIA MOBERLY-HOLLAND,
NORMAN WRIGHT, ALBERT HEATH, BIANCA MAJOLIE, GRAHAM HEID [segmento 2],
PERCE PEARCE, CARL FALLBERG [segmento 3], WILLIAM MARTIN, LEO THIELE, ROBERT
STERNER, JOHN MCLEISH [segmento 4], OTTO ENGLANDER, WEBB SMITH,
ERDMAN PENNER, JOSEPH SABO, BILL PEET, VERNON STALLINGS [segmento 5],
CAMPBELL GRANT, ARTHUR HEINEMANN Y PHIL DIKE [segmento 7]

DIRECTOR DE FOTOGRAFÍA

MAXWELL MORGAN y JAMES WONG HOWE

BANDA SONORA

JOHANN SEBASTIAN BACH [segmento 1], PETER ILICH TCHAIKOVSKY [segmento 2],
PAUL DUKAS [segmento 3], IGOR STRAVINSKY [segmento 4],
LUDWIG VAN BEETHOVEN [segmento 5], AMILCHARE PONCHIELLI [segmento 6],
MODEST MUSSORGSKY y FRANZ SCHUBERT [segmento 7]

PRODUCCIÓN

WALT DISNEY para WALT DISNEY PICTURES

SPRECHER

LEOPOLD STOKOWSKI (interpretándose a sí mismo), DEEMS TAYLOR (narrador)
y WALT DISNEY (voz de Mickey Mouse)

ACADEMY AWARDS 1941

ÓSCAR HONORÍFICO por los EXTRA-ORDINARIOS LOGROS CONSEGUIDOS
EN LA UTILIZACIÓN DEL SONIDO EN UNA PELÍCULA DE ANIMACIÓN
(Walt Disney, William E. Garity y J. N. A. Hawkins) y por los EXTRAORDINARIOS
LOGROS EN LA CREACIÓN DE UNA NUEVA FORMA DE VISUALIZACIÓN DE LA MÚSICA
(Leopold Stokowski y su equipo).

Walt Disney's
TECHNICOLOR FEATURE TRIUMPH
FANTASIA
with
Stokowski
Distributed by RKO Radio Pictures, Inc.

«¡Felicidades a ti, Mickey!»

Una película de dos horas de duración con algunos fragmentos de imágenes abstractas en torno a piezas de música clásica… Incluso hoy en día sería un proyecto artístico temerario. En el año 1940, cuando hacía muy poco que Walt Disney había creado las pautas de los largometrajes de dibujos animados con *Blancanieves y los siete enanitos* (1937) y *Pinocho* (1940), la película, que recibió el nombre de *Fantasía,* fue el equivalente de una acción suicida.

La idea de crear una cinta de animación sobre la base de una música concreta ya había sido desarrollada por Disney y el director musical de su estudio, Carl W. Stalling, en 1929. Unos diez años después, el director titular de la orquesta sinfónica de Filadelfia, Leopold Stokowski, propuso al primero reunir varios de estos cortometrajes, denominados *Sinfonías bobas,* en una cinta musical. En un principio, Disney tenía previsto actualizar periódicamente el trabajo resultante con nuevas piezas, de modo que *Fantasía* fuera un escaparate de los avances más recientes en las técnicas de animación y los recursos artísticos de sus dibujantes. En realidad, el estudio no pudo materializar este propósito hasta 1999 con *Fantasía 2000.*

LAS «SINFONÍAS BOBAS» *Fantasía* (1940) no fue la primera cinta de Walt Disney en la que las imágenes mantenían una relación muy estrecha con su banda sonora. De hecho, en la serie de cortometrajes conocidos como «sinfonías bobas» (1929-1939), esta comunión se llevó a cabo en sentido inverso, puesto que los dibujos estaban supeditados a la música. La idea surgió a finales de los años veinte de la mano de Carl W. Stalling, el director musical de los estudios Disney, quien anteriormente había sido pianista de películas mudas del estudio. *La danza macabra,* con dibujos de Ub Iwerks y composición del propio Stallings a partir de una pieza de Edvard Grieg, marcó el inicio de la saga en 1929. *Árboles y flores* (1932) fue el primer filme de dibujos animados producido con la novedosa técnica de tres colores, lo que le valió el Óscar a la mejor película de animación. En su intento de convertir el género en una forma artística independiente, Disney no se valió únicamente de la música sino también de toda una serie de técnicas destinadas a dotar de vida a sus dibujos. Al mismo tiempo, con el inicio del cine sonoro, hizo lo posible por combinar con éxito las imágenes en movimiento con el acompañamiento musical. En los años siguientes, la serie de cortometrajes sirvió de banco de pruebas de los dibujantes y las nuevas técnicas de dibujo. Incluso diversos personajes de Disney que hoy en día son famosos en todo el mundo, como el Pato Donald, surgieron de estos cortometrajes. La última «sinfonía boba», *El patito feo* (1939), una versión del cuento de Hans Christian Andersen, fue también distinguida con un Óscar. Aquel mismo año *Fantasía* fue al mismo tiempo la culminación y el punto y final de la exitosa saga y también se alzó con una estatuilla dorada.

«Ayer, el esperado estreno mundial de *Fantasía,* de Disney, en el Broadway Theatre hizo historia. Como casi todo el mundo que estuvo presente, creemos que el astuto y gruñón padre de Mickey Mouse, Blancanieves y tantos otros adorables personajes de dibujos animados ofrece esta vez un producto que lanza por la borda las fórmulas convencionales y descubre hábilmente un sinfín de nuevas posibilidades para aquellos que tengan la suficiente inventiva. Podemos constatar que *Fantasía* es una gran película.»

The New York Times Directory of the Film

2

1 Un ratón de pequeño tamaño pero gran complicación técnica: los estudios Disney utilizaron en *Fantasía* todo un derroche de trucos visuales para acompañar los fragmentos de música clásica.

2 Los espíritus que invoco: Mickey Mouse en la que probablemente sea su aparición más célebre como aprendiz de mago que provoca una catástrofe por pura pereza.

3 Arte culto y cultura popular se dan la mano. En el proyecto se contó con el asesoramiento musical y la batuta de Leopold Stokowski, director de la orquesta filarmónica de Filadelfia.

El espectador se adentra en este experimento cinematográfico con la delicada *Tocata y fuga* de Bach. Al principio, la orquesta viene representada por un juego de sombras multicolores, varios instrumentos estilizados marcan la transición al mundo gráfico mientras que elementos de la naturaleza como nubes u olas ilustran el sonido, hasta que finalmente la visualización de la música pasa a ser totalmente abstracta. Las imágenes, que recuerdan parcialmente a Kandinsky, se crearon con la ayuda de un cineasta vanguardista alemán, Oskar Fischinger, que anteriormente ya había rodado cortometrajes abstractos. Las razones de que un desilusionado Fischinger abandonara la Disney poco después se hacen patentes en la siguiente secuencia de *Fantasía:* la *suite* de *Cascanueces* se acompaña con un *ballet* de hadas y finalmente son unos hongos quienes interpretan la obra de Tchaikovsky. En lugar de representar visualmente la música con formas abstractas, esta se ilustra superando en muchos casos la frontera de la cursilería, algo que no se limita a este fragmento.

La secuencia principal de la cinta —la más famosa— es la aparición de Mickey Mouse como aprendiz de mago, que vuela sobre una escoba mágica al ritmo de una pieza de Paul Dukas. El ratón pierde el control de la escoba, la pantalla acaba inundándose de agua y el mago debe intervenir. La variedad artística que permite la utilización del elemento acuático ofreció a los dibujantes de la Disney un sinfín de posibilidades de demostrar sus habilidades.

El equipo del estudio utiliza *Le Sacre du Printemps,* de Strawinsky, para poner en escena la historia de la Tierra, desde sus inicios cósmicos (y aquí vuelve a recuperarse necesariamente el estilo abstracto) hasta la era de los dinosaurios. Tras la fantástica representación de las fuerzas primigenias que dieron lugar a la aparición de la vida,

4 Las piezas musicales se ilustran con formas abstractas y todo tipo de fantasiosos seres de fábula.

5 En Europa se consideró que la idea de Disney trivializaba la herencia cultural del Viejo Continente.

6 «¡Abracadabra!» El aprendiz de mago se mete en líos.

7 Para la *Pastoral* los dibujantes utilizaron un cromatismo sofisticado.

las escenas de caza en el reino de los monstruos prehistóricos resultan bastante triviales.

Tras un interludio humorístico, en el que distintos tonos se representan visualmente mediante un trazo en movimiento, la *Pastoral* de Beethoven ameniza las aventuras de los divinos habitantes del Olimpo, donde acompañan a los romances de los centauros, representados con formas simbólicas. La extrema libertad con que se interpretó esta partitura, así como la de Strawinsky, levantó algunas ampollas entre los melómanos. Por su parte, la *Danza de las horas* de Ponchielli es interpretada con un enfoque paródico por un *ballet* de animales formado por cocodrilos e hipopótamos.

La película termina con *Noche en la árida montaña*, de Mussorgsky, y el *Ave María* de Schubert. La fusión entre dos piezas tan distintas da como resultado una de las secuencias más destacadas, tanto desde el punto de vista técnico como artístico, de la cinta. El Príncipe de las Tinieblas recluta a sus asistentes demoniacos al ritmo de las notas de Mussorgsky, mientras que Schubert supone un contrapunto a esta puesta en escena lóbrega y dramática marcada por elementos visuales expresionistas: las almas salvadas, representadas como una procesión de farolillos, desfilan por un paisaje cubierto de nubes.

Fantasía fue un fracaso de público. Los defensores de la alta cultura la consideraron un ultraje a la música mientras que el gran público creía que se le exigía demasiado, incluso después de haber eliminado más de 40 minutos de metraje. El sueño de conjugar la cultura popular con la elitista no triunfó. El creador estaba convencido de que «lo más importante para la formación es la libertad de creer en lo que uno elige, y leer, pensar y decir lo que se desee». Con *Fantasía*, Walt Disney supo dar una expresión artística a esta idea. SH

«Nuestra fe en la capacidad de discernimiento de las personas de a pie nos ha llevado a crear una forma de entretenimiento tan radicalmente nueva como *Fantasía*. Hemos pensado que si gente tan sencilla como nosotros puede disfrutar de esta forma de visualizar la denominada música clásica, el gran público también lo hará.» *Walt Disney en: Robert D. Feild, The Art of Walt Disney*

CIUDADANO KANE ♟

CITIZEN KANE

1941 - EE. UU. - 119 MIN.

DIRECTOR

ORSON WELLES (1915-1985)

GUION

HERMAN J. MANKIEWICZ y ORSON WELLES

DIRECTOR DE FOTOGRAFÍA

GREGG TOLAND

MONTAJE

ROBERT WISE

BANDA SONORA

BERNARD HERRMANN

PRODUCCIÓN

ORSON WELLES para MERCURY PRODUCTIONS INC. Y RKO

REPARTO

ORSON WELLES (Charles Foster Kane), JOSEPH COTTEN (Jedediah Leland),
DOROTHY COMINGORE (Susan Alexander Kane), AGNES MOOREHEAD (Mary Kane),
RUTH WARRICK (Emily Kane), RAY COLLINS (James W. Gettys),
ERSKINE SANFORD (Herbert Carter), EVERETT SLOANE (señor Bernstein),
WILLIAM ALLAND (Jerry Thompson), PAUL STEWART (Raymond)
y GEORGE COULOURIS (Walter Parks Thatcher)

PREMIOS DE LA ACADEMIA DE 1941

ÓSCAR al MEJOR GUION ORIGINAL (Herman J. Mankiewicz y Orson Welles)

«Rosebud...»

Tras el fallecimiento de Charles Foster Kane, el magnate de la prensa, se le dedica un retrato biográfico al estilo de los noticieros semanales que se realizan en EE. UU. Durante la proyección de prueba, el productor se muestra insatisfecho. El material no es suficiente para que el público se haga una idea clara de la vida que ha llevado Kane: «No sabemos quién era realmente». Quizá «Rosebud», la enigmática palabra que el difunto ha pronunciado justo antes de morir, sea la clave. El reportero Thompson (William Alland) se pone manos a la obra. Su labor consistirá en resolver el misterio tras conversar con las personas más cercanas al fallecido.

La película de Welles reúne los recuerdos de cinco allegados a Kane en una serie de *flash-backs*. Los grandes momentos y los acontecimientos más relevantes de su trayectoria se escenifican punto por punto y se complementan mediante los comentarios de los narradores. De niño vivió en un entorno desfavorecido y su madre (Agnes Moorehead) decidió asignarle un tutor tras conseguir súbitamente una gran fortuna. La misión de este era darle una educación privilegiada en escuelas de élite. Años después, el joven e impetuoso Kane (Orson Welles) se convirtió en editor de un periódico y construyó un imperio periodístico

que, finalmente, perdería. A medida que el filme avanza, descubrimos el fracaso del magnate cuando intenta hacer realidad su ambición de ostentar el cargo de gobernador, asistimos al desmoronamiento de sus dos matrimonios y somos testigos de su apasionada dedicación al coleccionismo de arte —que se limita a la pura y simple posesión—, y del desmesurado orgullo que le lleva a construir Xanadu, el enorme y absurdo castillo en el que morirá solo y amargado. François Truffaut elogió esta película con las siguientes palabras: «Un canto a la juventud y una reflexión sobre la vejez; un ensayo sobre la presunción que inspira todas las aspiraciones humanas y, al mismo tiempo, un poema sobre la decadencia. Como trasfondo, una mirada sobre la soledad que sufren las personas extraordinarias».

Para Thompson, el periodista, y para todos los demás implicados, el significado de «Rosebud» seguirá siendo la «pieza que falta en el rompecabezas». No obstante, a los espectadores se nos concede un privilegio: echar un vistazo a un montón de cachivaches aparentemente sin valor que tras la muerte de Kane están condenados a la hoguera. «Rosebud» es la marca de un trineo que pronto quedará reducido a cenizas y que el pequeño Charles había utilizado para golpear a su tutor y evitar separarse de su madre. La

---

ORSON WELLES Este director y actor nacido en 1915 ya se había hecho un nombre en el mundillo teatral cuando en 1938 se emitió su versión radiofónica de *La guerra de los mundos*, de H. G. Wells. La lectura dramatizada de la obra hizo cundir el pánico en Nueva York y lanzó a la fama a Welles, quien logró un contrato con la RKO que le garantizaba una serie de privilegios extraordinarios para rodar su primer gran largometraje, *Ciudadano Kane* (1941). Siguieron otros proyectos, como *El cuarto mandamiento* (1942), si bien cabe destacar que los decepcionantes resultados de taquilla de su ópera prima le privaron del derecho de controlar el montaje final de esta película. A continuación, llegaron diversas cintas que terminarían otros directores, quedarían inacabadas o denotarían la influencia del estudio. Entre estas destaca *Sed de mal* (1958), su célebre homenaje al cine negro. Ante esta situación, Welles dedicó sus esfuerzos a un filme de bajo presupuesto, la adaptación cinematográfica de su producción teatral de *Macbeth* (1948). Siguieron otras dos películas basadas en Shakespeare, como *Otelo* (1952), que le valió la Palma de Oro del Festival Internacional de Cine de Cannes de 1952. A partir de 1948 trabajó en repetidas ocasiones en Europa, donde ejerció de director y de actor, básicamente en filmes de otros realizadores como Claude Chabrol, Fred Zinnemann y Serguéi Bondartchuk. A pesar de que ya había interpretado a Kane, se le recuerda sobre todo por su aparición como Harry Lime en *El tercer hombre* (1949), de Carol Reed. En 1975 recopiló un gran número de trabajos que había realizado a partir de 1960 para el cine y la televisión en *F de falso*, un filme de episodios sobre grandes falsificadores en el que se reflexionaba sobre la pasión que el propio director sentía por la charlatanería. Welles falleció en 1985 en Los Ángeles.

1 Charles Foster Kane (Orson Welles) se presenta a las elecciones.

2 Tras el fracaso electoral: Kane y Leland (Joseph Cotten), su compañero de fatigas.

3 Adiós al hogar. La madre de Kane le entrega a su nuevo tutor, Thatcher (George Coulouris).

4 La estética de la profundidad de campo: Kane escucha a su futura

segunda esposa mientras ella toca el piano.

5 «Voten a Kane como gobernador.» El señor Leland durante la campaña electoral.

palabra simboliza la pérdida de la infancia. Sin embargo, este descubrimiento no se convierte en la única clave de la personalidad de Kane, motivo por el cual el crítico de *The New York Times* —entre otras voces desfavorables al filme—, escribió, tras asistir al estreno, que la película no ofrecía «un retrato claro del personaje y sus motivaciones».

A pesar de todo, este pretendido «fallo» parece ser intencionado y ha contribuido considerablemente a cimentar el legendario prestigio de la película. Desde el punto de vista del discurso actual sobre el carácter constructivista de los relatos biográficos, el enfoque desde diversas perspectivas que nos ofrece el filme responde a un concepto revolucionario. Dado que el personaje de Kane se describe de un modo subjetivo a partir de recuerdos fraccionarios y a menudo totalmente antagónicos, y que no se nos facilita una «verdad» que permita unir los fragmentos, la cinta debe entenderse como una reflexión sobre el carácter subjetivo de la permanencia de la memoria colectiva.

«Con ocasión del primer centenario del nacimiento del cine, prestigiosos directores y productores de todo el mundo proclamaron *Ciudadano Kane*, de Orson Welles, la mejor película de todos los tiempos.» *Frankfurter Allgemeine Zeitung*

6 Un puzle como símbolo de las acciones sin sentido: Susan Alexander (Dorothy Comingore), la segunda mujer de Kane, se siente sola en Xanadu.

7 Kane confiesa a su primera esposa, Emily Norton (Ruth Warrick), hasta qué punto la admira.

8 La denuncia como arma electoral: los adversarios de Kane utilizan a Susan Alexander para ponerle en una situación comprometida.

9 Una reprimenda. El antiguo tutor de Kane, Walter Parks Thatcher, critica la poco ortodoxa política empresarial de su ex pupilo.

10 Celebrando la victoria en la redacción del diario *Inquirer*: el jefe y sus colaboradores, Leland y Bernstein (Everett Sloane).

Los recursos visuales de la película también son dignos de tenerse en cuenta. El ambiente cargado de misterio se consigue gracias a una fotografía agresiva; con ella se crea una gran variedad de siluetas y en un primer momento se ocultan los rostros, que de todos modos solo llegan a apreciarse parcialmente. Pero esto no es todo: estamos ante un filme cuya marcada estilización se basa en las perspectivas extremas y su predilección por los simbolismos visuales, como por ejemplo las rejas que limitan el universo de Xanadu con las que empieza y termina el metraje. No obstante, la cinta de Welles se considera sobre todo precursora de la estética basada en la profundidad de campo. Muchas de las escenas no responden a un planteamiento clásico en el que enfoques individuales dirigen la mirada del espectador mediante el encuadre y el montaje. En realidad, se trata de un único enfoque inmóvil que gira continuamente, de modo que se estimula al espectador a centrar su atención en la profundidad del espacio mediante los movimientos de los actores. Se hace hincapié simultáneamente en personajes u objetos situados en primer plano y en acciones que tienen lugar en segundo, una de las innovaciones estilísticas más destacadas que Welles celebra abnegadamente en algunos momentos. En palabras de un admirado André Bazin: «Gracias a la profundidad del objetivo, Welles logró devolver a la realidad una continuidad perceptible». JS

«Es cínica, irónica, opresiva en ocasiones y tan realista como una bofetada. Además, respira más vitalidad que otras 15 películas que podamos nombrar juntas.» *The New York Times*

SER O NO SER

TO BE OR NOT TO BE

1942 - EE. UU. - 99 MIN.

DIRECTOR

ERNST LUBITSCH (1892-1947)

GUION

EDWIN JUSTUS MAYER y MELCHIOR LENGYEL

DIRECTOR DE FOTOGRAFÍA

RUDOLPH MATÉ

MONTAJE

DOROTHY SPENCER

BANDA SONORA

WERNER R. HEYMANN

PRODUCCIÓN

ERNST LUBITSCH para ROMAINE
FILM CORPORATION

REPARTO

CAROLE LOMBARD (Maria Tura), JACK BENNY (Joseph Tura),
ROBERT STACK (teniente Stanislav Sobinski), STANLEY RIDGES (profesor Alexander Siletsky),
SIG RUMAN (coronel Ehrhardt), FELIX BRESSART (Greenberg), TOM DUGAN (Bronski),
CHARLES HALTON (Dobosh), HENRY VICTOR (Schultz) y LIONEL ATWILL (Rawitch)

Alexander
KORDA
presents

Carole
LOMBARD

Jack
BENNY

Ernst
LUBITSCH'S
COMEDY

TO BE or
NOT to BE

Produced and Directed by ERNST LUBITSCH
RELEASED THRU UNITED ARTISTS

with
ROBERT STACK
FELIX BRESSART
LIONEL ATWILL
STANLEY RIDGES
SIG RUMAN
original story by
Ernst Lubitsch and
Melchior Lengyel
screenplay by
Edwin Justus Mayer

«—¿Brindamos por una guerra relámpago? —Yo prefiero un asedio lento.»

¿Qué se le permite a la sátira? Todo, siempre y cuando no ofenda al *Führer*. Al menos así lo ve el gobierno polaco cuando se apresura a prohibir el estreno de la nueva obra del Teatro Polski de Varsovia. Una parodia sobre Hitler titulada *Gestapo* no parece ser muy buena idea en agosto del año 1939. Al cabo de un mes, esos escrúpulos son inútiles: Hitler ha invadido Polonia a pesar de todo. Ahora, los nazis asumen la dirección y Polonia es su escenario.

En esas tablas, la compañía tiene la oportunidad de representar finalmente los papeles que había ensayado. Aunque esta vez actúan para salvar la vida. Para eliminar a un espía —y porque a la estrella femenina Maria Tura (Carole Lombard) se le ha ocurrido liarse con Sobinski (Robert Stack), un miembro de la Resistencia enamorado de ella—, los actores se ponen el uniforme del enemigo. El marido de Maria, el vanidoso intérprete de Hamlet Joseph Tura (Jack Benny), se convierte en el jefe de las SS Ehrhardt para tenderle una trampa al espía Siletsky. Después de un atentado realizado con éxito, asume el papel de Siletsky y se reúne en el cuartel de la Gestapo con el auténtico Ehrhardt (Sig Ruman). El comparsa Bronski (Tom Dugan) también consigue su gran escena interpretando a Adolf Hitler. Con todas esas maniobras de engaño embrolladas, la situación es tan grave en todo momento que una simple barba postiza puede decidir la vida o la muerte de una persona o, como diría Hamlet, el ser o no ser. Al final, Tura consigue salvarse a sí mismo y a sus compañeros… afeitando de verdad a un muerto de una manera que pone los pelos de punta.

¿Qué se le permite a la sátira? Actualmente, la opinión casi unánime es que *Ser o no ser* muestra al gran Ernst Lubitsch en el punto culminante de su arte. La repercusión fue muy diferente cuando se estrenó la película. Pisar arenas movedizas le condujo a la mayor catástrofe de su carrera. Se dijo que el director alemán se burlaba del sufrimiento del pueblo polaco. Desde el inicio del rodaje hasta el primer pase previo, las circunstancias habían cambiado radicalmente. La dimensión de las campañas aniquiladoras de Hitler ya no pasaba desapercibida. EE. UU. había entrado en guerra. Si Charles Chaplin con *El gran dictador* (1940) todavía había chocado con el desinterés absoluto, 1942 no era el momento de sátiras sobre nazis saludando a taconazos y bramando «Heil, Hitler».

CAROLE LOMBARD El estreno de *Ser o no ser* (1942) no solo se vio ensombrecido por la evolución de la Segunda Guerra Mundial. Poco antes, Carole Lombard, la actriz principal, moría en un accidente de avión durante una campaña de propaganda para vender bonos de guerra. Con la actriz de 33 años, Hollywood perdió a una de sus estrellas más grandes y mejor pagadas. Descubierta mientras jugaba a baloncesto en la calle, Jane Alice Peters, nacida en 1908, interpretó sus primeros papeles en el cine a los 13 años. En la década de 1920 tuvo éxito actuando en melodramas insulsos y *westerns*, y se esforzó por conseguir cambiar al cine sonoro. En 1926 sufrió un accidente de coche que le dejó una cicatriz en la cara, aunque no se apreciaba gracias a la cirugía plástica y el maquillaje. Dotada por igual de ingenio y elegancia, finalmente Lombard consiguió triunfar. A las órdenes de Howard Hughes se convirtió en la «reina de la comedia de enredo» con *La comedia de la vida* (1934). Cosechó su primera candidatura al Óscar por *Al servicio de las damas* (1936), donde actuaba junto a su ex marido William Powell, con el que había estado casada hasta el año 1933. El punto culminante de su breve carrera fueron la película de Hitchcock *Matrimonio original* (1941) y la sátira antinazi de Lubitsch *Ser o no ser*. Estuvo casada con Clark Gable desde el año 1939.

1 Todo queda entre actores: Maria Tura (Carole Lombard) y su frustrado esposo Joseph Tura (Jack Benny).

2 El profesor Siletsky (Stanley Ridges) se ha dado cuenta: no es obligatorio que en cada uniforme haya un nazi.

3 A las órdenes del director de teatro Dobosh (Charles Halton), el vanidoso Tura actúa para salvar su vida.

4 Tura está desesperado: justo cuando empieza a recitar el monólogo de Hamlet, un espectador abandona la sala.

5 Jugando con el pavor: el falso Hitler (Tom Dugan) sorprende al auténtico Ehrhardt (Sig Ruman) con María.

6 Ensayo general desbaratado: Hitler ha invadido Polonia. A partir de ahora, se tratará de ser o no ser.

Lubitsch reaccionó frente a los drásticos reproches escribiendo cartas a los críticos. Su película se dirige exclusivamente contra los nazis y su ridícula ideología, así como contra aquellos actores que siempre seguían siendo actores por muy peligrosa que fuera la situación. Con ello se refería a los intelectuales de su época, a gente como Tura, que con su afán de notoriedad siempre lo ponía todo en peligro. El falso Siletsky le pregunta al auténtico Ehrhardt si conoce al «gran, grandísimo actor» Tura. El gordo oficial le responde que sí, que lo que el actor había hecho con Shakespeare es lo que estaban haciendo ellos en ese momento con Polonia. Con esa clase de frases ingeniosas, Lubitsch reproduce a la perfección la jerga cínica de los nacionalsocialistas, a los que, todo hay que decirlo, los actores saben imitar con no menos perfección. Después de todo, tienen cosas en común. La tragedia consiste en

que alguien como Ehrhardt, que firma sentencias de muerte con la pluma, también podría ser un crítico de teatro pasable.

El espanto que al judío alemán Lubitsch le provocaba una pandilla de malos actores que tenía dominada a media Europa se percibe en todo momento. Y él tan solo puede defenderse con ayuda del humor. En algunas escenas, a menudo dispuestas a modo de reflejo, el director ejecuta un doble juego peligroso en torno a asesinos y víctimas, teatro y vida, apariencia y realidad, barbas verdaderas y postizas, en torno a la risa o el llanto, donde una dosis adecuada de egoísmo y vanidad asegura la supervivencia. Lubitsch gana la partida acercándose al bueno de Greenberg, el pequeño actor judío al que tanto le gustaría interpretar a Shylock: «La carcajada sería enorme». Y nunca hay que despreciar una buena carcajada.   PB

«En su comedia *Ser o no ser*, Ernst Lubitsch deja a los nazis a la altura del betún. Los representa brutales, hipócritas, cobardes y tontos hasta la médula, todos en papeles secundarios explosivos. Es como si Lubitsch hubiera pensado: "Ya que no podemos matar de risa a los nazis, tengamos coraje y, al menos, burlémonos de ellos".» *die tageszeitung*

CASABLANCA ♟♟♟

1942 - EE. UU. - 102 MIN.

DIRECTOR

MICHAEL CURTIZ (1888-1962)

GUION

JULIUS J. EPSTEIN, PHILIP G. EPSTEIN y HOWARD KOCH, basado en la obra de teatro
Everybody Comes to Rick's de MURRAY BURNETT y JOAN ALISON

DIRECTOR DE FOTOGRAFÍA

ARTHUR EDESON

MONTAJE

OWEN MARKS

BANDA SONORA

MAX STEINER

PRODUCCIÓN

HAL B. WALLIS para LOEW'S INC.
y WARNER BROS.

REPARTO

HUMPHREY BOGART (Rick Blaine), INGRID BERGMAN (Ilsa Lund Laszlo),
PAUL HENREID (Victor Laszlo), CLAUDE RAINS (prefecto de la policía Louis Renault),
CONRAD VEIDT (mayor Strasser), SYDNEY GREENSTREET (señor Ferrari),
PETER LORRE (Guillermo Ugarte), DOOLEY WILSON (Sam), S. Z. SAKALL (Carl),
MADELEINE LEBEAU (Yvonne), JOY PAGE (Annina Brandel) y CURT BOIS (carterista)

PREMIOS DE LA ACADEMIA DE 1943

ÓSCAR a la MEJOR PELÍCULA (Hal B. Wallis), al MEJOR DIRECTOR (Michael Curtiz)
y al MEJOR GUION (Julius J. Epstein, Philip G. Epstein y Howard Koch)

«Louis, presiento que este es el comienzo de una hermosa amistad.»

Casablanca en plena Segunda Guerra Mundial: la ciudad del desierto marroquí es la plaza más avanzada de la Francia no ocupada, un lugar de encuentro de refugiados encallados, rateros, traficantes, jugadores y borrachos de todas las razas y nacionalidades. Todos se encuentran en el Rick's Café Américain, la primera dirección a la que hay que dirigirse para conseguir el ansiado visado de salida hacia América. Allí suceden dramas humanos todas las noches. Pero el dueño, el rudo y cínico Rick Blaine (Humphrey Bogart), se mantiene al margen de todo: «Yo no me juego el cuello por nadie». Y, entonces, pasa. De todos los tugurios del mundo, ella tiene que ir precisamente al suyo: Ilsa Lund (Ingrid Bergman), que lo dejó

plantado en París el día de la entrada de las tropas alemanas. Y no está sola. El hombre que la acompaña es el célebre líder de la Resistencia Victor Laszlo (Paul Henreid). Rick tiene que decidirse. Por una casualidad, está en posesión de unos salvoconductos que les facilitarían la huida. ¿Consumará su gran amor o cumplirá su deber patriótico?

Una de las frases más famosas de la historia del cine no aparece ni una sola vez en *Casablanca*: «Tócala otra vez, Sam». Sin embargo, a veces son esas citas llamadas apócrifas las que mejor definen una película. Siempre nos gustaría volver a ver esa vieja historia de amor, saborear su recuerdo como si fuera la última vez. Para la pareja de ensueño de Bogart y Bergman era la última vez, para los

MICHAEL CURTIZ Para muchos críticos de su trabajo, *Casablanca* (1942) fue un acierto casual. Consideran a Michael Curtiz únicamente como un buen director de estudio que realizaba películas en cadena para la Warner Brothers. Pero esas obras, casi un centenar, se cuentan entre los mejores y más provechosos filmes de la productora. En los casi 30 años que estuvo en la Warner, Curtiz creó clásicos como *El capitán Blood* (1935), *Robin de los bosques* (1938), *Yanqui Dandy* (1942) y *Alma en suplicio* (1945). Igual que muchos de sus actores en *Casablanca*, Michael Curtiz, nacido en Budapest con el nombre de Mihály Kertèsz, también provenía del Imperio austrohúngaro. En 1919, siendo ya un director de cine experimentado, se estableció en Viena. Tras numerosos éxitos, Harry Warner le ofreció un contrato en el año 1926. El húngaro no se hizo de rogar. Y, desde Europa, llevó a Hollywood algo que también se reconoce en *Casablanca*, su amor por la luz y las sombras, un estilo muy visual que bien podría atribuirse a un problema de comunicación: su inglés era tan malo como antes su alemán. Los actores, entre los que era poco popular por su vena autocrática, no se reprimían a la hora de contar anécdotas sobre su célebre «curticismo». Aunque bien les que les gustaba participar del éxito. Cuando lo despidieron de la Warner en 1954, su fama se eclipsó rápidamente. Con *Navidades blancas* (1954) y *No somos ángeles* (1955) logró realizar aún dos favoritas del gran público; *King Creole, el barrio contra mí* (1958) fue, junto con el filme *El rock de la cárcel* (1957), una de las películas más logradas de Elvis Presley. Curtiz falleció en 1962 en Hollywood a causa de un cáncer.

«He visto la película una y otra vez, año tras año, y nunca me ha resultado demasiado familiar. Pasa igual que con mis discos favoritos: cuanto más los escucho, más me gustan. El cine en blanco y negro no ha envejecido tanto como el filmado en color. Los diálogos son tan parcos y cínicos que no han quedado anticuados.» *Chicago Sun-Times*

1 La estrella de culto Humphrey Bogart en el papel de Rick Blaine, dueño de un bar y hombre con un turbio pasado.

2 El señor Ferrari (Sydney Greenstreet) quiere comprar el Café Américain de Rick: ¡ni soñarlo!

3 ¿Una botella de Vichy? El prefecto de la policía Renault (Claude Rains, derecha) y el mayor Strasser (Conrad Veidt).

4 A Rick no le interesa hacer negocios con Ugarte (Peter Lorre).

5 En la «sala de espera de las naciones», Sam (Dooley Wilson) toca la vieja canción.

cinéfilos del mundo fue el inicio de una hermosa amistad. Algunos fragmentos de los diálogos son ya clásicos en todo el mundo: «Por todos nosotros», «Arreste a los sospechosos», «Siempre nos quedará París». La simbiosis que se creó entre el público y la película empezó ya con un reparto internacional. De los 14 papeles que se mencionan en los créditos iniciales, solo tres están interpretados por actores estadounidenses; los demás los interpretan en su mayoría emigrantes en el exilio: nadie tuvo que disimular su acento. Claude Rains en el papel de Renault, el prefecto de la policía corrupto que despierta simpatías, Peter Lorre como el empalagoso encubridor Ugarte o Conrad Veidt interpretando al sombrío mayor nazi Strasser: todos ellos dejaron su sello en una película que no solo marcó el inicio del culto a Bogart. Para ser precisos, *Casablanca* fue la primera película de culto.

«En conjunto, es grandiosa, pero lo que hace que *Casablanca* funcione tan bien es la pasión entre Rick e Ilsa. Rick ha resultado terriblemente herido y se ha montado la vida para evitar que vuelvan a lastimarlo. Ilsa ha enterrado el pasado común y se ha resignado a apoyar lealmente a su esposo. Todos sabemos que su amor se encuentra sumergido, aunque todavía muy vivo. Y cuando aumenta la presión para que el marido de Ilsa se vaya de Casablanca y continúe su trabajo en EE. UU., ella y Rick se enfrentarán a decisiones terribles.» *Apollo Movie Guide*

6 Encuentro no deseado: Rick e Ilsa (Ingrid Bergman) ya se habían mirado antes a los ojos.

7 El pequeño encubridor Ugarte suplica ayuda. Pero se equivoca pidiéndosela a Rick: «Yo no me juego el cuello por nadie».

8 En Casablanca se hacen buenos negocios con la desgracia de los refugiados.

9 Renault no ve ningún motivo para detener a Victor Laszlo (Paul Henreid).

Una película de culto se distingue porque es mejor cada vez que la vemos. La primera vez se nos escapan muchas cosas en el barullo de gente del Rick's Café. El amor perdido en París se desvela poco a poco y la historia triangular se desarrolla lentamente, de la mano de indirectas maliciosas y miradas alteradas. La compleja geometría se muestra en la célebre batalla de himnos: en un rincón del café, los nazis vociferan su *Die Wacht am Rhein;* en el otro, Laszlo exhorta a los músicos a tocar *La marsellesa;* con un movimiento de cabeza apenas perceptible, Rick da su

10 Un clásico: la escena de despedida más famosa de la historia del cine, con los sospechosos habituales.

11 Desgraciadamente, solo los antecedentes de una pareja de ensueño cinematográfica: la prometedora historia de amor de Rick e Ilsa en París se revela poco a poco al público.

> **«Dirigida e interpretada con una perfección indescriptible, sigue siendo el ejemplo más impresionante de las virtudes perdidas del cine de estudio estadounidense.»** *Die Zeit*

conformidad a la orquesta; en un instante, toda la sala sucumbe al patriotismo y aplasta cantando a los nazis. En esta secuencia, el director Michael Curtiz muestra toda su capacidad para captar la emoción de una escena con una economía minimalista. Laszlo pone la idea. Rick da el tono. Ilsa, entre uno y otro, disfruta en silencio del momento.

El guion, escrito por los hermanos Epstein y Howard Koch, está rodeado de leyendas de la historia del cine. Julius J. y Philip G. Epstein desarrollaron la trama policiaca con unos diálogos que despuntaban por su laconismo y su concisión hasta que, durante el rodaje, les reclamaron para colaborar en el proyecto propagandístico de Frank Capra

Why We Fight (1942-1945): como es sabido, nadie le daba mayor importancia a *Casablanca*. Koch se ocupó entonces del contenido emotivo e ideológico del argumento. En el plató reinaba el caos más absoluto. Al parecer, Ingrid Bergman no supo hasta el final con cuál de los dos hombres se iría. La incertidumbre, que se percibe en todo momento, encajaba con la época. En la lucha contra el mal, el mundo se aseguraba de sus valores. Rick hace subir a Ilsa y Laszlo al avión; el idealismo político vence al egoísmo del amor. Por algo *Casablanca* es también la mejor película propagandística de todos los tiempos.

PB

EL SUEÑO ETERNO

THE BIG SLEEP

1946 - EE. UU. - 114 MIN.

DIRECTOR

HOWARD HAWKS (1896-1977)

GUION

WILLIAM FAULKNER, JULES FURTHMAN y LEIGH BRACKETT,
basado en la novela homónima de RAYMOND CHANDLER

DIRECTOR DE FOTOGRAFÍA

SID HICKOX

MONTAJE

CHRISTIAN NYBY

BANDA SONORA

MAX STEINER

PRODUCCIÓN

HOWARD HAWKS para FIRST NATIONAL PICTURES
INC. y WARNER BROS.

REPARTO

HUMPHREY BOGART (Philip Marlowe), LAUREN BACALL (Vivian Rutledge),
MARTHA VICKERS (Carmen Sternwood), JOHN RIDGELY (Eddie Mars),
CHARLES WALDRON (general Sternwood), SONIA DARRIN (Agnes),
REGIS TOOMEY (Bernie Ohls), ELISHA COOK, JR. (Jones), BOB STEELE (Canino),
LOUIS JEAN HEYDT (Joe Brody), CHARLES D. BROWN (Norris),
DOROTHY MALONE (empleada de la librería), JOY BARLOW (taxista)
y PEGGY KNUDSEN (Mona Mars)

A WARNER HIT!!!

HUMPHREY

BOGART

The picture they were born for!

AND

LAUREN

BACALL

"THE BIG SLEEP"

HOWARD HAWKS
PRODUCTION

MARTHA VICKERS · DOROTHY MALONE

MUSIC BY MAX STEINER · SCREEN PLAY BY WILLIAM FAULKNER, LEIGH BRACKETT & JULES FURTHMAN · FROM THE NOVEL BY RAYMOND CHANDLER · A WARNER BROS.–FIRST NATIONAL PICTURE

«Caramba, caramba. Tantas armas en la ciudad y tan pocos cerebros.»

El anciano general Sternwood (Charles Waldron) encarga al detective privado Marlowe (Humphrey Bogart) que resuelva un caso de chantaje en el que está implicada su frívola hija Carmen (Martha Vickers). Sus pesquisas llevan al investigador a descubrir la pista de un complot asesino en el que la atractiva Vivian (Lauren Bacall), la otra hija de Sternwood, parece desempeñar un turbio papel. Cuando Marlowe se enamora de la chica, se convierte en objetivo de un gánster celoso.

Este breve esbozo de la historia puede ocultar un tanto el hecho de que *El sueño eterno* carece de una trama lineal y bien definida, un rasgo quizá más acentuado en este caso que en cualquier otro clásico de Hollywood. Es legendaria la anécdota que recoge la discusión entre el director, Howard Hawks, y el protagonista, Humphrey Bogart, acerca de la muerte de uno de los personajes, del cual no estaba claro si había sido asesinado o se había suicidado. Hawks consultó a Raymond Chandler, autor de la novela en la que se basa el guion, quien tampoco fue capaz de llegar a una conclusión definitiva.

Aunque la primera versión de *El sueño eterno* presentaba una escena que arrojaba algo de luz sobre la historia, se eliminó del montaje final porque los espectadores de los pases previos reaccionaban negativamente ante la misma. Esta decisión no solo contribuyó a acelerar todavía más el vertiginoso ritmo narrativo que caracterizaba a Hawks: también hizo que el argumento pareciera aún más laberíntico. La película parece negar al espectador la posibilidad de llegar a ningún conocimiento objetivo, con lo que trastoca por completo el patrón del cine negro clásico. Así, el desarrollo de la historia no viene determinado por la presentación y el esclarecimiento de un caso espinoso sino por la descripción atmosférica de un universo absolutamente criminal.

En esta jungla de traición, asesinato y perversión, tan típica del cine negro, Marlowe destila la soledad de un héroe existencialista. Su agilidad mental, su instinto certero y la impasibilidad propia de un tipo duro le permiten moverse con seguridad en un terreno peligroso. Sin embargo, el personaje no nos resulta atractivo únicamente por

DOROTHY MALONE Aunque su intervención en *El sueño eterno* (1946) dura poco más de tres minutos, resulta memorable. Dorothy Malone, nacida en Chicago en 1925, interpreta a la seductora empleada de la librería Acme, en la que Marlowe entra únicamente para obtener información. Sin embargo, cuando ella se quita las gafas, se suelta el pelo y cierra la puerta de la tienda, el detective cambia de planes y decide quedarse toda la tarde… para beber whisky. A pesar de la fama de esta escena junto a Bogart y su evidente potencial, Malone tuvo que esperar casi diez años para convertirse durante un breve periodo en una de las principales actrices de Hollywood. Cabe destacar que, mientras tanto, participó en otros proyectos, en una serie de *westerns* que no han pasado a la historia. El momento álgido de su carrera viene marcado por dos de los mejores largometrajes de Douglas Sirk: *Ángeles sin brillo* (1957) y, sobre todo, el maravilloso melodrama *Escrito sobre el viento* (1956), en el que encarnó a la hija ninfómana de un magnate texano del petróleo. Este papel no solo le valió un Óscar a la mejor actriz secundaria sino que ejerció una influencia notable en su futura trayectoria profesional, que discurrió por derroteros francamente decepcionantes si tenemos en cuenta sus posibilidades como actriz. Así, en los años siguientes Malone se especializó en personajes femeninos con una clara tendencia a llevar una vida licenciosa en películas a menudo mediocres. Una de las excepciones la constituye el *western El último atardecer* (1961), de Robert Aldrich. Durante la década de 1960, la artista obtuvo una gran popularidad como estrella de la serie televisiva *Peyton Place* (1964-1969), un trabajo que, por cierto, no era precisamente un *tour de force* interpretativo. Aunque continuó haciendo cine, sus apariciones se volvieron muy irregulares. La última ocasión (por el momento) de verla en la gran pantalla nos la brindó su colaboración en *Instinto básico* (1992), de Paul Verhoeven.

su sangre fría. Si el Bogart de *El sueño eterno* logra erigirse en el ideal del detective cinematográfico, superando así su interpretación del cínico fisgón Sam Spade de *El halcón maltés* (1941), se debe sobre todo a la integridad que rezuma. La forma decidida en la que celebra su incorruptibilidad, un rasgo que se expresa con más claridad que en la novela, nos permite intuir que su actitud no solo responde a motivos éticos sino también estéticos. Indudablemente, Marlowe no se hace ilusiones sobre las escasas consecuencias que puedan tener sus acciones, pero es consciente de la belleza de su estilo… y del efecto que tiene sobre las mujeres.

Vivian: «¿Cómo la has encontrado?». Marlowe: «No la he encontrado».Vivian: «Bueno, pues ¿cómo...».Marlowe: «Yo no he estado aquí, tú no me has visto y ella ha estado en casa toda la noche».

Cita de la película: Vivian (Lauren Bacall) y Philip Marlowe (Humphrey Bogart)

4

1 Una pareja de ensueño, tanto en el cine como en la vida real: Bogart y Bacall se casaron al terminar el rodaje de esta cinta.

2 Una mujer *sexy*: la breve pero memorable aparición de Dorothy

Malone como seductora encargada de una librería.

3 El invernadero del general Sternwood (Charles Waldron, derecha) es un anticipo de la jungla urbana en la que Marlowe deberá adentrarse.

4 ¿Quién es aquí el jinete? El diálogo lleno de indirectas que mantienen Marlowe y Vivian convierte esta escena, que se incluyó en el montaje con posterioridad, en el momento de mayor frivolidad del filme.

Al contrario de lo que cabe esperar de un filme de su género, el punto fuerte de *El sueño eterno* no es tanto la acción como las frívolas disputas dialécticas, que Bogart adorna con toda una serie de descaradas galanterías como si se tratara de una comedia romántica de Hawks. El hecho de que asuma su estatus de protagonista de la película con cierta ironía consigue que su personaje nos resulte todavía más atractivo. Así, cuando la lasciva Carmen intenta romper

el hielo con la frase «No es usted muy alto, ¿verdad?», Marlowe responde: «Bueno, yo hice lo que pude».

Evidentemente, en la cinta de Hawks las pistolas son una más de las armas de las que disponen las mujeres. De hecho, parece que la verdadera lucha no se libre entre el bien y el mal sino entre ambos sexos. Este pulso no tiene por qué excluir el romanticismo: la situación puede ser un estupendo detonante del mismo, algo que la pareja

5 Una belleza peligrosa: otro de los atractivos de la película es la presencia de Martha Vickers, que interpreta a una ninfómana asesina. Hawks deseaba convertir a la actriz en una estrella.

6 El carácter laberíntico de la trama se demuestra, entre otras cosas, en la dudosa figura de Eddie Mars (John Ridgely, centro), quien al final se revela como el villano y muere de un tiro, todo ello sin ninguna razón evidente.

7 En una de las escenas más impresionantes de la cinta, Marlowe debe contemplar cómo envenenan a Harry Jones (Elisha Cook, Jr., centro), un inofensivo sabueso, sin poder hacer nada por evitarlo.

> **«Los personajes de Chandler se han trasladado a la gran pantalla con un gran vigor gracias a la producción y dirección de Howard Hawks. Durante la mayor parte del tiempo, la brutalidad, la acción y la tensión en grandes cantidades están garantizadas.»** *Variety*

protagonista no duda en utilizar. Como ya sucedió en *Tener y no tener* (1944), del mismo director, Bogart encuentra su contrapunto perfecto en Lauren Bacall. La manifiesta tensión sexual existente entre ambos actores contribuyó indiscutiblemente a la consistencia de la película. Los instantes en los que la actitud fría que mantienen se rompe de improviso pertenecen al catálogo de «momentos mágicos» de la historia del cine.

La que probablemente sea la escena más memorable de la pareja no estaba prevista inicialmente. La dirección del estudio, considerando que no se estaba aprovechando suficientemente el potencial de las dos estrellas, presionó al director para que incluyera una conversación cargada de equívocos: Bogart intenta seducir a Bacall con la frase «No sé hasta dónde puede usted llegar». La respuesta de ella: «Depende mucho de quién sea el jinete». En el cine hollywoodense de los cuarenta difícilmente puede encontrarse una insinuación sexual más directa.

JH

LA BELLA Y LA BESTIA

LA BELLE ET LA BÊTE

1946 - FRANCIA - 96 MIN.

DIRECTOR

JEAN COCTEAU (1889-1963)

GUION

JEAN COCTEAU, basado en el cuento homónimo de
JEANNE-MARIE LEPRINCE DE BEAUMONT

DIRECTOR DE FOTOGRAFÍA

HENRI ALEKAN

MONTAJE

CLAUDE IBÉRIA

BANDA SONORA

GEORGES AURIC

PRODUCCIÓN

ANDRÉ PAULVÉ para DISCINA

REPARTO

JEAN MARAIS (la Bestia / el príncipe / Avenant), JOSETTE DAY (Bella),
MARCEL ANDRÉ (padre de Bella), MILA PARÉLY (Felicity), NANE GERMON (Adelaide),
MICHEL AUCLAIR (Ludovic) y RAOUL MARCO (usurero)

ANDRÉ PAULVÉ
PRÉSENTE

UN FILM DE

Jean Cocteau

JEAN MARAIS
JOSETTE DAY
dans

la BELLE et la BÊTE

HISTOIRE, PAROLES, MISE EN SCÈNE DE JEAN COCTEAU D'APRÈS LE CONTE DE MADAME LEPRINCE DE BEAUMONT
illustré par
CHRISTIAN BÉRARD
avec
MILA PARELY, NANE GERMON, MICHEL AUCLAIR et MARCEL ANDRÉ
CONSEILLER TECHNIQUE: R. CLÉMENT   MUSIQUE DE GEORGES AURIC   DIRECT. DE PRODUCT. ÉMILE DARBON
UNE SUPERPRODUCTION ANDRÉ PAULVÉ

LA BELLA Y LA BESTIA

«Mi corazón es bueno, pero yo soy un monstruo.»

Mientras Bella (Josette Day) trabaja en la granja de su padre (Marcel André), un hombre de pocos recursos, sus vanidosas hermanas (Mila Parély y Nane Germon) se ocupan de buscar un príncipe casadero. Por su parte, el hermano (Michel Auclair) es un holgazán que malgasta el tiempo tirando al arco con su amigo Avenant (Jean Marais). Este último es un chico atractivo al que le gustaría casarse con Bella pero ella prefiere quedarse con su padre. En una ocasión, este vuelve a casa —una vez más, sin lograr llevar un negocio a buen puerto— y se pierde en el bosque, con lo que se ve obligado a pasar la noche en un tenebroso castillo. Por la mañana corta una rosa del jardín, lo que desencadena la ira del propietario, una bestia (papel también interpretado por Jean Marais) mitad hombre mitad animal que, como compensación, exige la vida del infeliz... o la de una de sus hijas. El hombre, decidido a morir, dispone de tres días para despedirse de su familia.

No obstante, antes de que pueda volver a partir para expiar su culpa, Bella cabalga hacia el castillo de la Bestia dispuesta a ocupar su lugar.

«Érase una vez...»: Jean Cocteau utiliza esta fórmula clásica como introducción a su versión de *La bella y la bestia,* el célebre cuento de Jeanne-Marie Leprince de Beaumont. Tres palabras que desde tiempo inmemorial animan al público a abrirse a lo irracional y que siempre parecen prometer la posibilidad de sumergirnos en un mundo sencillo rebosante de belleza y, al mismo tiempo, lleno de atrocidades. La película de Cocteau cumple la promesa maravillosamente, puesto que aborda el material literario con una imaginación tan surrealista como personal.

Como cineasta, Cocteau se consideraba ante todo un poeta surrealista. No obstante, a diferencia de su película anterior, *La sangre de un poeta* (1930), que todavía

JEAN COCTEAU Diseñador de escenografías, escritor de poemas, novelas y dramas, director de escena de *ballets,* dibujante, pintor... Jean Cocteau (1889-1963) veía en el cine únicamente uno más de los muchos medios que le permitían expresarse como poeta y seguidor del movimiento surrealista. Si bien su obra cinematográfica resulta comparativamente escasa precisamente por este motivo, esta versatilidad se refleja de un modo fascinante en sus filmes. La primera cinta del realizador que se conserva, *La sangre de un poeta* (1930), revela su proximidad al movimiento vanguardista y se asemeja en muchos aspectos a los trabajos de juventud de Buñuel. En esta película, que contiene una serie de fantásticos efectos especiales, Cocteau se entrega a una reflexión íntima sobre la existencia del artista y el origen de la inspiración, un tema que retomaría en *Orfeo* (1949) y en su último proyecto, *El testamento de Orfeo* (1959-1960). Estas tres cintas conforman una trilogía. Sin lugar a dudas, el largometraje preferido del director es *La bella y la bestia* (1946), en el que logró trasladar a la gran pantalla un célebre cuento mediante poesía visual surrealista y grandes dosis de magia. El protagonista masculino de la cinta fue Jean Marais, compañero sentimental de Cocteau durante muchos años que apareció en todas sus películas. El actor también participaría en las versiones cinematográficas —mucho menos conocidas— de las obras teatrales del director, *El águila de dos cabezas* (1948) y *Los padres terribles* (1948). Asimismo, Cocteau escribió una serie de guiones que dieron pie a filmes de tanta calidad como *Las damas del bosque de Bolonia* (1944-1945) de Robert Bresson, *Los chicos terribles* (1950) de Jean-Pierre Melville y *Thomas, el impostor* (1964) de Georges Franju.

1 Bella tanto por dentro como por fuera: Bella (Josette Day) simboliza la pureza de una verdadera princesa de cuento.

2 ¿Es solo un sueño? La Bestia (Jean Marais) aparece aquí como la fantasía erótica de la chica inconsciente.

3 Entre el instinto y la ternura: Jean Marais es un monstruo trágico y enamorado.

4 Un rostro abominable: la sorprendente naturalidad de la máscara de la Bestia nos sigue dejando anonadados.

denotaba una influencia más clara de la vanguardia de los años veinte, *La bella y la bestia* se ajusta a las convenciones del cine narrativo. Quizá el hecho de que René Clément estuviera a su lado en calidad de codirector se deba también a la novedad que esta forma de relato lineal suponía para Cocteau.

Entre las características de la poesía del realizador se cuenta la presencia de lo sobrenatural en la vida cotidiana.

En la cinta que nos ocupa, la referencia visual de Cocteau para retratar el día a día de los personajes es la pintura holandesa del siglo XVII. Para las imágenes de la granja paterna, recomendó al director de fotografía, Henri Alekan, que se inspirara, entre otros, en los cuadros de Vermeer. De hecho, la intención no era reproducir exactamente aquellas escenas sino captar la luz, la disposición espacial y la postura de las personas. En el estilo poético de Alekan puede reconocerse claramente la influencia pictórica.

Por el contrario, para el castillo y sus alrededores, el referente fueron las sombrías ilustraciones que Gustave Doré había realizado para los cuentos de Perrault, así como la obra de otros artistas especializados en el género fantástico. El director supo integrar hábilmente sus mágicos recursos cinematográficos y visiones surrealistas en estos mundos sobrenaturales. En varias ocasiones utilizó secuencias proyectadas en sentido inverso para conseguir efectos desconcertantes. Otra idea tan sencilla como

«Es una de las películas más mágicas de la historia. Antes de la invención de los efectos especiales por ordenador y la caracterización moderna, estamos ante una fantasía que cobra vida gracias a trucajes y sorprendentes efectos. El resultado: una Bestia que se siente sola como un hombre e incomprendida como un animal.» *Chicago Sun-Times*

5 Un físico hermoso, un corazón malvado: las hermanas de Bella (aquí vemos a Mila Parély) ocultan al monstruo en su interior.

6 El lenguaje visual de la película de Cocteau se inspira en la pintura holandesa…

7 … y en los clásicos del arte fantástico.

8 La inspiración de Cocteau: Jean Marais —que aquí aparece caracterizado de príncipe— era el compañero sentimental y el actor preferido de este gran maestro del surrealismo.

«En este novedoso largometraje, Jean Cocteau ha conseguido establecer puntos de contacto entre el surrealismo y el realismo, entre la ilusión y la realidad.» *Allgemeine Zeitung*

efectiva la constituyen los candelabros sujetos a la pared mediante brazos humanos o los rostros de las cariátides, que siguen a los personajes con la mirada. Un momento especialmente hermoso es la escena en la que Bella flota por los largos pasillos como si fuera un hada.

Algo más tarde se demuestra que las referencias a obras pictóricas también permiten interpretar la película a un nivel más profundo. Al ver a la Bestia, Bella se desmaya. Mientras el engendro la lleva a su dormitorio, su postura recuerda a la que adopta la mujer que sueña en el célebre cuadro de Füssli, *Pesadilla*. El paralelismo revela que, en opinión de Cocteau, el monstruo no es el único que siente deseo: en realidad, él mismo debe entenderse como la fantasía erótica de Bella.

Al final, Avenant muere porque, en su intento de liberar a Bella y apropiarse del tesoro de la Bestia, se da de bruces con el principio de lo extraordinario. Al mismo tiempo, la Bestia también fallece y se transforma en un príncipe con los rasgos de Avenant gracias al amor de Bella. A pesar de ser un final feliz realmente adecuado para un cuento, transmite una vaga melancolía, puesto que el director nos permite intuir que la chica ha amado realmente a la Bestia. El hermoso príncipe nunca podrá sustituirla.   UB

ENCADENADOS

NOTORIOUS

1946 - EE. UU. - 101 MIN.

DIRECTOR

ALFRED HITCHCOCK (1899-1980)

GUION

BEN HECHT

DIRECTOR DE FOTOGRAFÍA

TED TETZLAFF

MONTAJE

THERON WARTH

BANDA SONORA

ROY WEBB

PRODUCCIÓN

ALFRED HITCHCOCK para RKO

REPARTO

CARY GRANT (T. R. Devlin), INGRID BERGMAN (Alicia Huberman),
CLAUDE RAINS (Alexander Sebastian), LOUIS CALHERN (Paul Prescott),
LEOPOLDINE KONSTANTIN (Anna Sebastian), REINHOLD SCHÜNZEL (doctor Anderson),
MORONI OLSEN (Walter Beardsley), IVAN TRIESAULT (Eric Mathis),
ALEX MINOTIS (Joseph) y WALLY BROWN (Señor Hopkins)

CARY
GRANT

INGRID
BERGMAN

in ALFRED HITCHCOCK'S

Notorious!

with **CLAUDE RAINS**

LOUIS CALHERN · MADAME LEOPOLDINE KONSTANTIN

Directed by **ALFRED HITCHCOCK**   Written by BEN HECHT

R K O
RADIO
PICTURES

«—Nuestro amor es bastante extraño. —¿Por qué? —Porque a lo mejor tú no me quieres.»

El gran amor en mayúsculas se expresa a través de la renuncia. Así fue en *Casablanca* (1942) entre Humphrey Bogart e Ingrid Bergman, y así sería cuatro años después en *Encadenados*, un *thriller* psicológico con el sello de Hitchcock que convirtió a Ingrid Bergman en un icono indiscutible. También en esta ocasión, la guerra actúa de trasfondo de una relación a tres bandas con tintes trágicos. La estrella sueca interpreta a Alicia Huberman, una estadounidense hija de un espía nazi alemán que, por amor a un agente secreto de su país, Devlin (Cary Grant), decide casarse con otro. Alicia debe dejar atrás su pasado de chica despreocupada para descubrir lo que sucede en la casa del nazi Alexander Sebastian (Claude Rains), que ha huido a Suramérica. Cuando Alicia sigue la pista de una enorme cantidad de uranio de contrabando, la casa se convertirá en una trampa mortal para ella, puesto que su desengañado marido la irá envenenando poco a poco con arsénico. En el último minuto, Devlin llegará para salvarla.

Encadenados es un impresionante ejemplo de la teoría de Hitchcock sobre el MacGuffin (elemento que motiva la historia pero que resulta perfectamente prescindible). El hecho de que el detonante de la trama sea uranio, necesario para la construcción de armas atómicas, es absolutamente secundario para esta atemporal historia

INGRID BERGMAN La actriz rodó tres películas con Alfred Hitchcock: *Recuerda* (1945), *Encadenados* (1946) y *Atormentada* (1949). Fue la primera de las grandes actrices del equipo habitual del director, «cargo» que también ostentarían Grace Kelly y Tippi Hedren. A pesar de que el cineasta se sintió enormemente defraudado cuando Bergman decidió dar por terminada su colaboración, ambos mantuvieron una estrecha amistad hasta la muerte del británico.
Hitchcock no era el único: la excepcional artista, nacida en Estocolmo en 1915, tenía el mundo a sus pies. Era la quintaesencia de la belleza natural, a la que cabía sumar una presencia de enorme nobleza y una profesionalidad sin par. El productor David O. Selznick descubrió a la estrella sueca en 1938. Poco tiempo después de llegar a Hollywood ya podía permitirse rodar solo una película por año. Así, uno tras otro, fueron apareciendo clásicos como *Casablanca* (1942), *Por quién doblan las campanas* (1943) y *Luz que agoniza* (1944). Sin embargo, su reputación intachable se tornó pronto en un aura de perdición, puesto que, durante la filmación de *Stromboli* (1949), se enamoró del director Roberto Rossellini y abandonó a su esposo e hijos. La actriz sería anatemizada por la opinión pública hasta que, años después, su papel en *Anastasia* (1956) le valió su segundo Óscar. En los años siguientes, Ingrid Bergman participó tanto en proyectos europeos como estadounidenses, y disfrutó de triunfos tardíos gracias a *Sonata de otoño* (1978), de Ingmar Bergman, y su interpretación de la primera ministra israelí Golda Meir en el telefilme *Una mujer llamada Golda* (1982). Ingrid Bergman falleció en Londres en 1982 a la edad de 67 años. De su matrimonio con Rossellini nació la también actriz Isabella Rossellini.

de amor. De hecho, al visionario director se le ocurrió la idea por casualidad en 1944, un año antes del lanzamiento de la primera bomba atómica sobre la ciudad de Hiroshima.

Un factor determinante en esta cinta es la economía dramática de Hitchcock, que aprovecha las coincidencias estructurales de las películas de espías y las románticas. En ambos casos, la tensión se deriva de la lucha por la confianza, acechan la traición y la deslealtad, y es necesario guardar ciertos secretos, que se revelarán en el momento adecuado. Así, el director permite a los espectadores intuir que Devlin está enamorado de Alicia, mientras que ella, por el contrario, sufre a causa de dos hombres: por un lado, debe acostarse con Sebastian, que la abruma con su confianza sin límites; por el otro, debe soportar la frialdad con que la trata Devlin, el cual reacciona ante el servicio patriótico que ella se ha impuesto con manifiesto sarcasmo. Estamos ante el clásico conflicto entre el amor y la obligación, en el cual Ingrid Bergman reviste la inclinación al sacrificio de Alicia, que solo parece debilidad visto desde fuera, de un fervor estremecedor. En contraposición, Devlin, el personaje de Grant, se presenta casi como un MacGuffin erótico. Sebastian, el nazi, ama realmente a Alicia y, por tanto, vive la traición como una experiencia trágica que nos lo hace incluso simpático. Se trata de un extraordinario ejemplar de bribón complejo a lo Hitchcock, que solía tratar a este tipo de personajes con una gran compasión. Al igual que le sucedió a Bogart en *Casablanca,* el actor Claude Rains, más bien bajito, tuvo que subirse a unas tablas de madera para poder aparecer en pantalla junto a la altísima sueca.

2

3

1 Por una vez, las apariencias no engañan: Cary Grant e Ingrid Bergman se dan el «beso cinematográfico más largo de todos los tiempos».

2 Cuando, finalmente, Devlin llega para salvar a Alicia casi es demasiado

tarde: su marido pretendía envenenarla poco a poco con arsénico.

3 El sospechoso agente secreto Devlin involucra a una enamorada Alicia en sus planes.

4 Con una siniestra jugada, Devlin convierte a Alicia en espía contra su voluntad. Por amor, ella aceptará su destino… y se casará con otro.

> **«*Encadenados*, de Alfred Hitchcock, es la expresión más elegante del estilo visual del maestro, del mismo modo que *De entre los muertos* constituye la expresión más perfecta de sus obsesiones. La película presenta algunas de las tomas más efectivas de su obra […] y todas ellas conducen a los grandiosos pasajes finales, en los que dos hombres descubren hasta qué punto estaban equivocados.»** *Chicago Sun-Times*

La complejidad de la trama contrasta con la transparencia del estilo narrativo. Algunos de los recursos utilizados han pasado a la historia del cine. Destaca, por ejemplo, el sugestivo simbolismo de los líquidos aplicado a Alicia: ese elemento aparece siempre en relación directa con el sufrimiento del personaje, desde su autoinfligida intoxicación etílica al intento de asesinato con arsénico. La resaca que experimenta tras la noche que ha pasado bebiendo con Devlin se expresa mediante un giro de 180 grados sobre el eje de la imagen. Así, el espectador sabe que Alicia está ebria y que Devlin es un personaje turbio. Más adelante, Hitchcock llama nuestra atención

5 El propio Devlin es también una marioneta al servicio de la CIA y su frialdad no es más que una fachada profesional. Alicia sigue sin sabernada: solo la cámara revela los verdaderos sentimientos de él.

6 El atómico engaño de las etiquetas: en la bodega de Sebastian, los agentes descubren un misterioso polvo.

7 Ingrid Bergman trabajó en tres ocasiones para Hitchcock y Cary Grant, en cuatro. Sin embargo, *Encadenados* fue la única película

del británico que protagonizaron juntos.

8 El niño de mamá se ha enamorado: Claude Rains interpreta al nazi Alex Sebastian, uno de los mejores ejemplos del canalla polifacético tan típico

una y otra vez sobre la llave de la bodega en la que está escondido el uranio. Y no podemos olvidar el «beso cinematográfico más largo de la historia» entre Grant y Bergman: tres minutos en total. A pesar de esto, Hitchcock tuvo que interrumpir la secuencia continuamente en el montaje final, puesto que el Production Code solo autorizaba tres segundos seguidos.

Encadenados es probablemente el filme más romántico del director británico. Sin embargo, la tensión sexual subyacente permite anticipar algunos de los rasgos estilísticos que desarrollaría en el futuro, presentes por ejemplo en el inusual y sin embargo lógico final, en el que Alicia y Devlin logran escapar. El pobre Sebastian emprende un camino opuesto: la muerte.   PB

«No se recuerda una escena de amor más sobresaliente [...] que el derroche de besuqueos y carantoñas que intercambian los protagonistas de esta cinta. Con todo, Ingrid Bergman expresa una emoción real y llena de matices. La integridad de su carácter es el puntal que sustenta la película.» *The New York Times*

EL TESORO DE SIERRA MADRE ⚊⚊⚊

THE TREASURE OF THE SIERRA MADRE

1947 - EE. UU. - 126 MIN.

DIRECTOR

JOHN HUSTON (1906-1987)

GUION

JOHN HUSTON, basado en la novela
homónima de B. TRAVEN

DIRECTOR DE FOTOGRAFÍA

TED D. MCCORD

MONTAJE

OWEN MARKS

BANDA SONORA

MAX STEINER

PRODUCCIÓN

HENRY BLANKE para WARNER BROS.

REPARTO

HUMPHREY BOGART (Fred C. Dobbs), WALTER HUSTON (Howard),
TIM HOLT (Bob Curtin), BRUCE BENNETT (James Cody),
BARTON MACLANE (Pat McCormick), ALFONSO BEDOYA (Sombrero Dorado),
JOHN HUSTON (americano con traje blanco), ROBERT BLAKE (joven con boletos de lotería),
JOSÉ TORVAY (Pablo) y MARGARITO LUNA (Pancho)

PREMIOS DE LA ACADEMIA DE 1948

ÓSCAR al MEJOR DIRECTOR (John Huston), al MEJOR GUION ADAPTADO
(John Huston) y al MEJOR ACTOR SECUNDARIO (Walter Huston)

«Adiós, montaña. Y gracias.»

Howard (Walter Huston), ya maduro y con una gran experiencia, lo sabe perfectamente: «El oro en sí no vale nada como no sea para hacer joyas y dientes». Aunque lleva toda la vida buscando el metal precioso por todo el mundo, no se ha hecho rico. «Sé lo que hace el oro en el alma de los hombres», dice en una mugrienta pensión a Dobbs (Humphrey Bogart) y a Curtin (Tim Holt), dos peones que se han quedado en el pueblo mexicano de Tampico y están de nuevo sin blanca por culpa de McCormick (Barton MacLane), un turbio hombre de negocios que les ha estafado. A pesar de todo, los ojos de Howard brillan cuando habla de buscar oro. Por este motivo, cuando Dobbs y Curtin deciden asociarse y dedicarse a esta actividad para salir de la situación desesperada en la que se hallan, él solicita de inmediato participar. Los tres se marchan en dirección a un rincón impracticable del país, Sierra Madre, pues Howard piensa que allí encontrarán lo que buscan.

Howard es el jefe de la expedición porque tiene los conocimientos necesarios para que la misión llegue a buen puerto. No obstante, le da mucha importancia al hecho de que todo el mundo se lleve bien: sabe perfectamente que el éxito depende de la confianza mutua. Si esta se rompe, el descubrimiento de oro puede derivar en una situación mortífera. Parece que el resplandeciente metal carcome el sentido común de las personas y nubla su razón. Curtin es el más inocente de los tres pero tiene unos fuertes valores morales. Por el contrario, Dobbs, un auténtico fanfarrón, tiene una tendencia exagerada a sospechar de los demás. Se imagina todas las circunstancias que pueden propiciar una posible emboscada. Le han engañado tantas veces que ahora ve indicios de conspiración hasta en la más simple y amistosa de las conversaciones de sus compañeros. Los tres socios encuentran oro, muchísimo oro. El drama está servido.

El director, John Huston, que aparece en tres breves escenas de la película interpretando a un rico norteamericano vestido de blanco, había descubierto antes de la Segunda Guerra Mundial la novela del mismo título

---

B. TRAVEN ¿Quién fue el misterioso B. Traven? Ni siquiera las obras de referencia especializadas se ponen de acuerdo al respecto. Sabemos con certeza que quiso mantenerse en el anonimato desde que obtuvo sus primeros éxitos literarios a principios de los años treinta hasta su muerte. Llegó a cambiarse el nombre en varias ocasiones. El periodista británico W. Wyatt estaba convencido de que tras este seudónimo se ocultaba Albert Otto Maximilian Feige, un alemán nacido en 1882 en Schwiebus, una población cercana a Fráncfort del Óder. La biografía de B. Traven que escribió Rolf Recknagel en 1966 (publicada en 1982 en Leipzig) identifica al autor con el muniqués Ret Marut, antiguo editor de la revista anarcosocialista *Der Ziegelbrenner*. Este nombre también era un alias. Asimismo tenemos constancia de que, tras la Primera Guerra Mundial, Traven, que por entonces se hacía llamar Berick T. Torsvan, huyó a México después de pasar por diversos lugares. Allí supo utilizar hábilmente la posibilidad que se le ofrecía de borrar por completo su antigua identidad e inició su carrera de escritor. Por lo que parece, adquirió la nacionalidad mexicana en 1941 con el nombre de Hal Croves. Traven es autor de angustiosas novelas de contenido crítico con la sociedad como *El barco de la muerte* (1926), *Los recolectores de algodón* (1926), *La rebelión de los colgados* (1936) y *El tesoro de Sierra Madre* (1927), que John Huston adaptó para la gran pantalla. Su obra, de tono extremadamente recalcitrante y estilo metafórico, es una crítica social teñida de existencialismo que ataca la inhumanidad y la brutalidad imperantes. Mientras preparaba *El tesoro de Sierra Madre* (1947), John Huston conoció a un tal Hal Croves en México. El hombre se presentó como agente de B. Traven pero, más adelante, el cineasta se mostró convencido de haberse reunido con el propio escritor. La viuda de este, Rosa Elena Luján, confirmó tras la muerte de su esposo, acaecida el 26 de marzo de 1969, que se trataba del anarquista alemán Ret Marut, que había desempeñado un papel nada despreciable en la República Comunista de Baviera.

1 La confianza mutua es el auténtico tesoro. Curtin (Tim Holt) se da cuenta de que su compañero Dobbs es capaz de todo con tal de evitar que le tomen el pelo.

2 Un chico ofrece un boleto de lotería a Dobbs (Humphrey Bogart), que sueña con un futuro mejor.

3 La partida de unos viajeros en pos de una supuesta fortuna. Dobbs, Howard (Walter Huston) y Curtin todavía conforman un grupo aparentemente inseparable.

4 Dobbs pierde progresivamente el sentido de la realidad. Howard intuye que el acuerdo entre los tres amigos está en peligro.

5 Curtin y Dobbs se dan cuenta de que el anciano Howard les saca mucha ventaja.

publicada por el misterioso B. Traven en 1927. El texto le fascinó. Sin embargo, fue llamado a filas y todos sus planes profesionales quedaron aplazados. Tuvo que esperar al final del conflicto bélico para recuperar el proyecto. Para el realizador era importante disimular el origen literario de la historia: los diálogos le parecían demasiado prolijos, la trama era desbordante y el conjunto resultaba excesivamente metafórico. Huston se centró sobre todo en el desarrollo de los personajes y en la plasmación de los abismos de la mente humana. La película debía describir la transformación gradual de la confianza mutua en recelo extremo. El director viajó a México para buscar las

«*El tesoro de Sierra Madre* es una sencilla película de aventuras, si bien la odisea se convertirá de un modo igualmente sencillo en la aventura de vivir en un territorio inhóspito.» *Neue Zürcher Zeitung*

«*El tesoro de Sierra Madre* fue una de las primeras películas estadounidenses que se rodó casi por completo en exteriores situados fuera del país. Tampico, en México, fue el punto de partida pero Huston deseaba llevar a su equipo lo más lejos posible de la civilización, lo que para Bogart era cualquier sitio desde el que no se pudiera ir en coche al restaurante de Mike Romanoff para tomar una copa. "John quería que todo fuera perfecto", dijo.» *moviediva*

6 Los bandidos mexicanos fingen afabilidad e inocencia. Dobbs hace bien en desconfiar de ellos.

7 Sin la experiencia de Howard, Dobbs y Curtin no llegarían lejos. El director, John Huston, eligió a su padre, Walter, para interpretar este papel, y su progenitor le correspondió con una actuación maravillosa. Padre e hijo salieron triunfadores en la gala de los Óscar de 1949.

localizaciones apropiadas, puesto que deseaba realizar el mayor número posible de tomas en escenarios reales.

El filme retrata claramente el aislamiento que sufren los tres buscadores de oro durante meses, a solas con su imaginación. Estos caballeros de fortuna, cada día más maltrechos, están rodeados solo de rocas, polvo, calor y cactus. El padre de Huston, Walter, que fue galardonado con un Óscar por su interpretación en esta película —el propio John obtuvo dos de estas preciadas estatuillas, las correspondientes al mejor director y al mejor guion adaptado—, se vio obligado a renunciar a sus prótesis dentales a petición del hijo, que deseaba que el viejo Howard resultase lo más auténtico posible. Además, Walter Huston hablaba a toda velocidad: a un ritmo endiablado y sin equivocarse. Sus digresiones filosóficas sobre el oro y el efecto que tiene sobre las personas son más valiosas que el propio metal.

Howard es el más humano de los tres personajes. Vive según una máxima: no puede pedirle a la vida más de lo que esta quiera dar. Cuando, al final, el viento disperse en polvo todo el oro que tanto esfuerzo les ha costado encontrar, estalla en una sonora carcajada: «El oro ha vuelto a donde lo encontramos». La naturaleza no se rige por normas morales pero esto no impide a Howard considerar el drama de la pérdida como una inteligente y divertidísima broma. Su risa es tan liberadora como renovadora, es un sonido que aleja la amenaza de la muerte e invita a obtener el máximo partido de la vida. Más importante que la riqueza es la felicidad de las personas que se saben parte de un grupo basado en la confianza. En su obra *A puerta cerrada* (1944) Jean Paul Sartre sentenciaba: «El infierno son los demás». Poco antes de iniciar el rodaje de esta cinta, Huston había puesto en escena este texto del autor francés en Nueva York. SR

LADRÓN DE BICICLETAS ♟

LADRI DI BICICLETTE

1948 - ITALIA - 88 MIN.

DIRECTOR

VITTORIO DE SICA (1902-1974)

GUION

CESARE ZAVATTINI, ORESTE BIANCOLI, SUSO CECCHI D'AMICO, ADOLFO FRANCI,
GERARDO GUERRIERI y VITTORIO DE SICA, basado en la novela
homónima de LUIGI BARTOLINI

DIRECTOR DE FOTOGRAFÍA

CARLO MONTUORI

MONTAJE

ERALDO DA ROMA

BANDA SONORA

ALESSANDRO CICOGNINI

PRODUCCIÓN

VITTORIO DE SICA y GIUSEPPE AMATO para PRODUZIONI DE SICA

REPARTO

LAMBERTO MAGGIORANI (Antonio Ricci), ENZO STAIOLA (Bruno),
LIANELLA CARELL (Maria Ricci), GINO SALTAMERENDA (Baiocco),
IDA BRACCI DORATI (señora Santona), VITTORIO ANTONUCCI (ladrón),
ELENA ALTIERI (dama), GIULIO CHIARI (mendigo),
MICHELE SAKARA (miembro de una organización caritativa)
y FAUSTO GUERZONI (actor aficionado)

PREMIOS DE LA ACADEMIA DE 1949

ÓSCAR a la MEJOR PELÍCULA EXTRANJERA (Vittorio de Sica)

Ladri di biciclette

PRODUZIONE P. D. S. UN FILM DI **VITTORIO DE SICA**

«Se vive y se sufre.»

Solo un milagro podría arreglar la situación. Antonio (Lamberto Maggiorani) ha buscado su bicicleta robada por toda Roma, ha registrado los rastrillos y ha presentado una denuncia a la policía. Todo ha sido en vano. Sin la bicicleta, que ha conseguido a cambio de empeñar sus últimas sábanas, perderá su trabajo, consistente en pegar carteles, y como consecuencia el salario que él y su pequeña familia necesitan con tanta urgencia. Los nervios incluso le han llevado a abofetear a su hijito Bruno (Enzo Staiola), quien no ha desfallecido ni un segundo en la búsqueda de la bicicleta. Padre e hijo entran en una *trattoria* y se dan una comilona. En ese momento, Antonio tiene una idea.

Ambos se dirigen a la calle de la Paja. En el primer piso vive la señora Santona (Ida Bracci Dorati). Al menos una docena de personas esperan para solicitar su ayuda. La imponente mujer está sentada en una butaca junto a una enorme cama. Lleva un batín de color claro. Su hija le lleva un café, que ella remueve con una cucharilla. Bruno aprovecha esta pausa para arrastrar a su vacilante padre hasta la silla libre colocada ante la señora. Entre susurros,

VITTORIO DE SICA Si las comedias le convirtieron en una estrella, la última etapa de su carrera estuvo marcada por los melodramas. Entre sus primeras y sus últimas obras, trabajos como *El limpiabotas* (1946), *Ladrón de bicicletas* (1948) y *Umberto D.* (1951) le sirvieron para dejar huella en el neorrealismo italiano. Vittorio de Sica fue una de las principales personalidades del cine de su país como actor y como director.

Nacido en 1902, creció en Nápoles. Para contribuir a mantener a su familia, estudió contabilidad a pesar de haber descubierto muy pronto su talento para el teatro. En 1932 dio el salto definitivo del escenario a la gran pantalla con *¡Qué sinvergüenzas son los hombres!*, una comedia de Mario Camerini en la que creó el papel de joven lleno de vida que tantas veces repetiría a lo largo de su trayectoria. Convertido en uno de los actores más populares de Italia, a principios de los años cuarenta comenzó a dirigir sus propias películas. Su estrategia era actuar en cintas de calidad dudosa con el objetivo de lograr financiación para sus propios proyectos, más ambiciosos. Realizó también filmes que no se adscribían al movimiento neorrealista, entre los cuales destacan los que dirigió para el lucimiento de una estrella como Sophia Loren: la actriz obtuvo un Óscar por el largometraje de De Sica *Dos mujeres* (1960) y protagonizó la película de episodios *Ayer, hoy y mañana* (1963), que le valió al director el Premio de la Academia a la mejor cinta extranjera. Fue el tercer galardón de este tipo para el realizador, tras los obtenidos por *Ladrón de bicicletas* y *El limpiabotas*. Más adelante volvería a alzarse con este trofeo por *El jardín de los Finzi Contini* (1970), una coproducción italo-germana sobre las vicisitudes de una familia judía en la época fascista. Cabe destacar que De Sica abordó este tema en diversas ocasiones.

Vittorio de Sica fue un vividor y un idealista que supo utilizar su popularidad para sacar a la luz los problemas de las personas que viven en las sombras de la sociedad. El cineasta, que actuó en más de 150 películas y dirigió más de 30, falleció en 1974 en Francia, su segunda patria. Es recordado sobre todo como humorista y humanista.

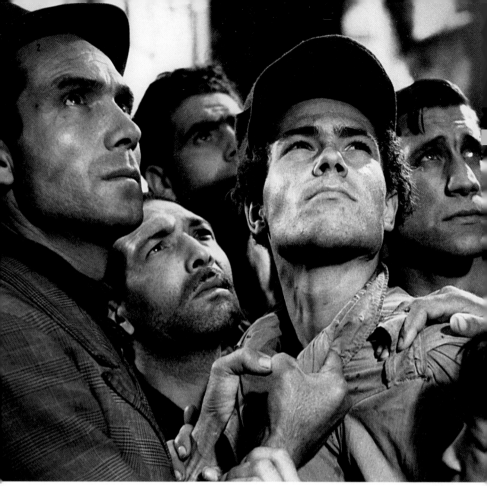

1   Antonio Ricci (Lamberto Maggiorani, segundo por la derecha) y su hijo Bruno (Enzo Staiola). Aunque logran encontrar al ladrón de la bicicleta, no tienen pruebas, para acusarle.

2   Al finalizar el rodaje, Lamberto Maggiorani volvió a la fábrica de armas en la que trabajaba anteriormente. Cuando la empresa cerró, intentó en vano abrirse paso de nuevo en la industria cinematográfica.

3   La bicicleta, recién retirada de la casa de empeños. Maria (Lianella Carell), la esposa de Antonio, opina que tener trabajo es más importante que dormir con sábanas.

Antonio le explica su desgracia. Ella le hace una enigmática advertencia: o encuentra la bicicleta en seguida, o no la encontrará jamás. En la calle, justo delante de la casa de la señora, Antonio y Bruno se tropiezan con el ladrón de la bicicleta que tantas horas llevan buscando y se encaran con él.

     La principal característica de *Ladrón de bicicletas* es su sencillez clásica, lo que probablemente sea el motivo de su manifiesta belleza. Al menos esta es la conclusión a la que llegó el francés André Bazin, famoso teórico del cine, en 1951. En su opinión, al renunciar a plasmar una historia espectacular, el director logró abrir los ojos del público a un espectáculo totalmente distinto: la realidad. Un hombre solo recorre la calle y el espectador no puede sino sorprenderse ante la soltura de su caminar. Bazin vio en *Ladrón de bicicletas* la expresión definitiva del neorrealismo italiano, el influyente movimiento que revolucionó el cine en la segunda mitad de la década de 1940.

El principal objetivo de los defensores de esta corriente era captar la realidad del modo más auténtico posible. Para ello, rodaban en localizaciones originales y trabajaban con actores no profesionales. Vittorio de Sica y el guionista Cesare Zavattini crearon su propio método para retratar la vida cotidiana. Si otros cineastas intentaban realizar películas documentales, ellos se propusieron mostrar el verdadero rostro de la vida cotidiana a través de una especie de exageración poética. Si el objetivo de los demás era establecer una separación entre el espectador y los acontecimientos retratados en la gran pantalla para potenciar la reflexión, De Sica y Zavattini conseguían implicarle mediante la empatía y la emoción.

La sinceridad y la simpatía con la que abordan sus personajes pueden percibirse desde el punto de vista formal. A pesar de que cada vez se siente más desesperado, el

«El director, Vittorio de Sica, crea una melodía sobre los seres humanos a partir de un acorde básico, el retrato social, y toques de gran agudeza. Con ello no solo ha demostrado su talento artístico sino también que tiene corazón. Desde *El chico*, de Chaplin, ningún otro niño nos había emocionado tanto en la gran pantalla.» *Stuttgarter Zeitung*

«El gran logro de De Sica, al que hasta ahora nadie se ha acercado siquiera, es desarrollar una dialéctica cinematográfica capaz de superar la contradicción entre una trama teatral y los acontecimientos tal y como son. Desde este punto de vista, *Ladrón de bicicletas* es uno de los primeros ejemplos de cine puro, sin actores, sin historia y sin puesta en escena. En el marco de la ilusión totalmente estética de la realidad, esto tiene una implicación directa: el cine ha dejado de existir.» *Esprit*

4 Vittorio de Sica dedicó meses a buscar a sus dos actores protagonistas, cuya naturalidad constituye el verdadero atractivo de la película. Ni siquiera las escenas más conmovedoras resultan cursis.

5 *Ladrón de bicicletas* fue una producción relativamente cara si tenemos en cuenta que se realizó durante la posguerra. El dispendio valió la pena: el filme se convirtió en uno de los pocos éxitos de taquilla del neorrealismo.

protagonista de *Ladrón de bicicletas* no llega a perder totalmente la dignidad, ni siquiera cuando rompe a llorar por la vergüenza que le provoca su situación. El milagro de la señora Santona solo ha sido un simple rayo de esperanza: aunque Antonio descubrirá al ladrón, nunca llegará a recuperar su bicicleta. Ante el estadio de fútbol, donde los asistentes al partido han aparcado innumerables bicicletas, no puede resistirse a la tentación. Así, se sienta sobre un sillín ajeno y se pone a pedalear. No obstante, no tardan en descubrirle y una multitud furiosa le detiene, aunque al final le dejan libre. Cuando una lágrima rueda por sus mejillas, el pequeño Bruno le coge de la mano por primera vez.

Como vemos, el segundo nivel narrativo de *Ladrón de bicicletas* se ocupa de la relación entre padre e hijo, que intiman gracias a la búsqueda. De Sica presta una especial atención a la familia y le regala las escenas más hermosas. Tomemos por ejemplo el primer cuarto de hora de la película, durante el que Antonio y Bruno se preparan para salir de casa al alba. Ambos llevan un atuendo muy parecido y guardan idénticos bocadillos preparados por la madre en el bolsillo izquierdo. Se trata de una escena feliz, un momento lleno de calor y optimismo en el desconsolado retrato que el director lleva a cabo de la Roma de la posguerra. Escasean el trabajo y la solidaridad, y las instituciones no funcionan. Todos luchan por su propia supervivencia y objetos tan simples como una bicicleta se convierten en imprescindibles entre tanta miseria.

Al final, el espectador pierde de vista a padre e hijo, quienes se mezclan entre el gentío que sale del campo de fútbol. Aunque se sienten totalmente humillados, los acontecimientos no han quebrado su voluntad y ahora caminan hacia un futuro incierto.

NM

EL TERCER HOMBRE 🏆

THE THIRD MAN

1949 - GRAN BRETAÑA - 104 MIN.

DIRECTOR

CAROL REED (1906-1976)

GUION

GRAHAM GREENE

DIRECTOR DE FOTOGRAFÍA

ROBERT KRASKER

MONTAJE

OSWALD HAFENRICHTER

BANDA SONORA

ANTON KARAS

PRODUCCIÓN

CAROL REED, ALEXANDER KORDA y DAVID O. SELZNICK
para LONDON FILM PRODUCTIONS y BRITISH LION FILM CORPORATION

REPARTO

JOSEPH COTTEN (Holly Martins), ORSON WELLES (Harry Lime),
ALIDA VALLI (Anna Schmidt), TREVOR HOWARD (mayor Calloway),
PAUL HÖRBIGER (portero), ERNST DEUTSCH (barón Kurtz),
ERICH PONTO (doctor Winkel), SIEGFRIED BREUER (Popescu),
BERNARD LEE (sargento Paine) y GEOFFREY KEEN (policía británico)

PREMIOS DE LA ACADEMIA DE 1950

ÓSCAR a la MEJOR FOTOGRAFÍA (Robert Krasker)

FESTIVAL DE CINE DE CANNES DE 1949

PALMA DE ORO (Carol Reed)

DAVID O. SELZNICK and ALEXANDER KORDA

PRESENT

THE 3RD MAN

by GRAHAM GREENE

STARRING **JOSEPH COTTEN · VALLI**
ORSON WELLES · TREVOR HOWARD
PRODUCED AND DIRECTED BY **CAROL REED**

A SELZNICK RELEASE

«¡Pobre Harry!»

Un cadáver flota en el hermoso Danubio azul. La voz del narrador nos informa lacónicamente de que, en la Viena de la posguerra, el mercado negro no está hecho para aficionados. Estamos a punto de adentrarnos en una historia capaz de sacar partido como ninguna del colorido propio de un lugar y una época concretos. El director británico Carol Reed rodó *El tercer hombre* en 1948 a partir de un guion de Graham Greene y lo hizo en localizaciones originales de la Viena bombardeada y ocupada. Esta película aúna con habilidad elementos de *thriller*, melodrama y comedia negra. Destaca la excelente recreación de la atmósfera que se respiraba en la ciudad devastada, en la que la guerra había obligado a convivir a gente de distintos orígenes: los diversos idiomas, el desarraigo de las personas, sus pequeños y grandes estraperlos.

En medio de este mundo marcado por el mercado negro y las razias policiales se encuentra un hombre que no termina de comprender qué está pasando: Holly Martins (Joseph Cotten), un escritor estadounidense de novelas baratas algo lento de reflejos que, apenas llegado a la capital austriaca, debe asistir al entierro de su viejo amigo Harry Lime (Orson Welles).

DAVID O. SELZNICK O. Selznick fue uno de los niños prodigio de Hollywood: a los 34 años ya era dueño de una productora (Selznick International Pictures, fundada en 1936) y, posteriormente, ocupó puestos directivos en la Paramount, la RKO y la MGM. Selznick siempre tuvo un gran olfato. Así, durante su etapa en la RKO contrató a estrellas como Fred Astaire y promocionó a Katharine Hepburn y al director George Cukor. También consiguió que Ingrid Bergman y Alfred Hitchcock cambiaran Europa por Hollywood, y compró por 65.000 dólares los derechos de *Lo que el viento se llevó*, la novela de Margaret Mitchell sobre los Estados sudistas. Como se demostró, fue una buena inversión a pesar de que la preproducción de la adaptación cinematográfica se prolongó durante varios años y hubo que dejar a diversos guionistas y directores en la cuneta. Sin embargo, al final Selznick convirtió su gran producción en el mejor ejemplo de lo que podía ofrecer el sistema de estudios hollywoodense en sus años dorados: un entretenimiento artesanal de gran perfección a medio camino entre el melodrama íntimo y la acción épica, una combinación ideal entre el *kitsch* y el arte mezclada con una buena dosis de obsesión y delirios de grandeza. Dado que Selznick se interesaba prácticamente por todos los aspectos de la industria cinematográfica, resultaba muy difícil satisfacerle. Sus memorandos eran tan legendarios como temidos. Durante los años cuarenta se obsesionó por la actriz Jennifer Jones, que se convertiría en su segunda esposa, y se dedicó sin descanso a buscarle «grandes» papeles. Además, realizó coproducciones con cineastas italianos y británicos, si bien en pocas ocasiones respetó totalmente sus obras. Por poner un ejemplo, la mano del productor se aprecia claramente en la versión norteamericana de *El tercer hombre* (1949): dura unos diez minutos menos que la británica y también presenta un prólogo distinto. Su última producción, *Adiós a las armas*, data de 1957. Selznick falleció en 1965 de un infarto.

1 Obstinado, tenaz e indignado: el mayor Calloway (Trevor Howard) persigue implacablemente al contrabandista de penicilina Harry Lime.

2 Por el momento, todavía no está a salvo. Harry Lime (Orson Welles) vive oculto en los cuatro sectores de Viena.

3 Las laberínticas alcantarillas de Viena son un escondite de primera: Calloway, Paine (Bernard Lee) y Holly Martins (Joseph Cotten) descubren cómo Lime logra escapar una y otra vez.

« *El tercer hombre* es uno de los momentos culminantes de la historia del séptimo arte: no solo es el mejor largometraje de Reed sino que hasta el momento puede considerarse en cierto modo la mejor película jamás producida en Gran Bretaña.»
film-dienst

> «Hay que conceder a Reed el mérito que se merece por fundir todos los elementos posibles en un *thriller* tan ambicioso como este. En especial, debe reconocérsele el brillante y efectivo recurso de utilizar la música de cítara como única banda sonora de la película. Esta música misteriosa e hipnótica, que es al mismo tiempo rítmica, apasionada y triste, se convierte en el comentarista —el *genius loci*— de la escena vienesa.»
>
> *The New York Times*

Reed pone en escena los confusos hechos que se desencadenan a raíz de los torpes intentos de Holly por esclarecer el supuesto accidente en el que murió Harry como un homenaje entre macabro y divertido a los trepidantes giros de las películas británicas de Alfred Hitchcock. Así, después de huir de una multitud de curiosos que le acusa de haber asesinado al portero de Lime (Paul Hörbiger), Martins es «secuestrado» por un taxista cuando regresa al hotel… y termina en una tertulia literaria en la que él, como autor de *El jinete solitario de Santa Fe,* debe pronunciar una conferencia sobre James Joyce. Cuando apenas se ha recuperado de la experiencia, descubre que le siguen dos hombres, un loro le pica y logra escapar por los pelos gracias a un montón de escombros. Si el escritor llega a encontrar a Harry, que está vivito y coleando, se debe únicamente a la casualidad.

Lime, un contrabandista de penicilina totalmente falto de escrúpulos, es, sin lugar a dudas, uno de los grandes papeles que interpretó Orson Welles, quien supo conferir a este canalla unos matices trágicos que logran que al final el espectador casi sienta compasión por él. A pesar de que Welles aparece únicamente durante unos escasos 15 minutos en el último tercio de *El tercer hombre,* toda

la película gira alrededor de su personaje o, mejor dicho, de su ausencia. De este modo se crean unas enormes expectativas que Welles satisface sin ningún esfuerzo la primera vez que se deja ver en pantalla.

Al principio vemos únicamente un portal oscuro y las piernas de Lime, contra las que se frota el gato («Solo quería a Harry») de su amante, Anna (Alida Valli). Acto seguido, la luz de la ventana de enfrente ilumina su rostro y, durante un breve instante, Harry, al que se creía muerto, dedica la que probablemente sea la sonrisa más pícara de la historia del cine a un Holly Martins tan borracho como sorprendido. Más adelante, Lime justificará sus fechorías con un cinismo memorable: «En Italia, en treinta años de dominación de los Borgia no hubo más que terror, guerras, matanzas… pero surgieron Miguel Ángel, Leonardo da Vinci y el Renacimiento. En Suiza, por el contrario, tuvieron 500 años de amor, democracia y paz. ¿Y cuál fue el resultado? El reloj de cuco».

Sin embargo, la aportación de este gran cineasta a *El tercer hombre* no se limita a la interpretación de este bribón tan peligroso como encantador: la opulenta fotografía en blanco y negro, de carácter expresionista y barroco, creada por Robert Krasker recuerda los trabajos como director de Welles gracias a sus intensos contrastes y perspectivas inclinadas.

Por lo general puede decirse que todos los personajes principales y sus convicciones morales se definen exclusivamente en relación con Lime: el mayor británico Calloway (Trevor Howard), que persigue implacablemente al contrabandista porque no le perdona la muerte de los niños tratados con la penicilina diluida con la que este comercia; Anna, que nunca denunciaría a Harry a pesar de sus crímenes («Las personas no cambian por mucho que se descubra sobre ellas»), y finalmente Holly Martins, que no solo vende a su amigo a la policía sino que, al final de la célebre persecución en el laberinto de las alcantarillas vienesas, incluso le disparará.

Aparte de todo lo dicho, Harry Lime también está presente en todo momento en la banda sonora del filme, concretamente en el *leitmotiv* de la música para cítara compuesta por Anton Karas, todo un clásico de la música popular.

LP

4 La amenaza de la expulsión pesa sobre ella: la novia de Lime, la actriz Anna Schmidt (Alida Valli), vive en Viena con un pasaporte falso.

5 Holly y Anna no tendrán un final feliz, pues Harry Lime se interpone entre ellos incluso después de muerto.

5

EVA AL DESNUDO ♟♟♟♟♟♟

ALL ABOUT EVE

1950 - EE. UU. - 137 MIN.

DIRECTOR

JOSEPH L. MANKIEWICZ (1909-1993)

GUION

JOSEPH L. MANKIEWICZ,
basado en el relato *The Wisdom of Eve* de MARY ORR

DIRECTOR DE FOTOGRAFÍA

MILTON KRASNER

MONTAJE

BARBARA MCLEAN

BANDA SONORA

ALFRED NEWMAN

PRODUCCIÓN

DARRYL F. ZANUCK para 20TH CENTURY FOX

REPARTO

BETTE DAVIS (Margo Channing), ANNE BAXTER (Eva Harrington),
GEORGE SANDERS (Addison De Witt), CELESTE HOLM (Karen Richards),
GARY MERRILL (Bill Sampson), HUGH MARLOWE (Lloyd Richards),
THELMA RITTER (Birdie Coonan), MARILYN MONROE (Miss Caswell),
GREGORY RATOFF (Max Fabian) y BARBARA BATES (Phoebe)

PREMIOS DE LA ACADEMIA DE 1950

ÓSCAR a la MEJOR PELÍCULA (Darryl F. Zanuck), al MEJOR DIRECTOR (Joseph L. Mankiewicz),
al MEJOR GUION (Joseph L. Mankiewicz), al MEJOR ACTOR SECUNDARIO (George Sanders),
al MEJOR VESTUARIO (Edith Head y Charles Le Maire) y al MEJOR SONIDO
(20th Century Fox Sound Department)

FESTIVAL DE CINE DE CANNES DE 1951

PREMIO a la MEJOR ACTRIZ (Bette Davis) y
PREMIO ESPECIAL DEL JURADO (Joseph L. Mankiewicz)

«Ya es hora de que el piano se dé cuenta de que no ha escrito él el concierto.»

Margo Channing (Bette Davis) sigue siendo la estrella indiscutible de la escena teatral neoyorquina, pero ¿cuánto tiempo podrá seguir interpretando la cuarentona a una veinteañera? *Aged in Wood* (Envejecido en madera) es precisamente el título de la obra en la que Margo actúa cuando la joven Eva Harrington (Anne Baxter) aparece en su vida. Margo, una diva madura, se cree demasiado a gusto la historia de la joven Eva, que no se pierde ninguna de sus actuaciones y que, en su primer encuentro en el camerino de la actriz, cautiva a todos los presentes con su entusiasmo por el teatro: «Tenía mucha imaginación de

niña. Fingía toda suerte de cosas. Lo que fuera, no me importaba. Poco a poco, lo de fingir y simular empezó a llenar mi vida más y más, tanto que llegué a no distinguir lo verdadero de lo irreal. Salvo que lo irreal me parecía más verdadero». Encantada con esa franqueza ingenua, Margo hace de Eva su chica para todo.

Pero la imagen inmaculada de la asistenta, aparentemente tan desinteresada, se resquebrajará muy pronto, y detrás asomará una intrigante muy hábil. Lo que empieza como un cuento de teatro acaba como una ronda cínica y llena de juegos de palabras en torno a la ambición, el

JOSEPH L. MANKIEWICZ Joseph L. Mankiewicz no es tan solo la única persona capaz de ganar dos años consecutivos el Óscar al mejor director y al mejor guion, sino que contribuyó como pocos a forjar la historia del cine de forma diversa y activa: en los años veinte, este cineasta nacido en Pennsylvania en 1909 tradujo rótulos para las películas de cine mudo de la Ufa, hasta que su hermano mayor, Herman, se lo llevó con él a Hollywood, donde ambos serían guionistas de éxito. Las cínicas disputas verbales de *Eva al desnudo* se cuentan entre sus máximos logros en ese terreno, algo que también demuestra el hecho de que el dramaturgo Edward Albee hiciera suyo un pasaje de la película para su guerra matrimonial *¿Quién teme a Virginia Wolf?* A pesar de su posición de ayudante inicial, la relación de Joseph con su hermano mayor estuvo marcada por la competencia, aunque durante mucho tiempo se consideró que él tenía menos talento. Tras los primeros éxitos de Herman, que ganó un Óscar por el guion de *Ciudadano Kane* (1941), Joseph aventajó a su hermano, primero trabajando de productor (*Historias de Filadelfia*, 1940) y, acto seguido, de director.
Como tal rodó un sinnúmero de películas de lo más diverso, desde *westerns* hasta comedias musicales. A menudo asumió también el papel de guionista, hecho que marcó claramente sus trabajos de dirección. Y es que sus filmes no saben de construcciones atrevidas de imágenes o de escenas, pero sí de juegos de palabras mundanos y de una construcción inteligente de la historia. El hecho de que no siempre fuera muy ocurrente lo demuestra, por ejemplo, el uso reiterado del *flash-back* en *Eva al desnudo, Carta a tres esposas* (1948) o *La condesa descalza* (1954). No obstante, gracias a su forma magistral de narrar historias, fue uno de los directores de Hollywood con más éxito en los años cuarenta y cincuenta; asimismo trabajó en los sesenta y setenta con estrellas como Laurence Olivier, Henry Fonda y Kirk Douglas. Consiguió candidaturas al Óscar hasta el final y rodó con Elisabeth Taylor y un montón de estadistas la película monumental *Cleopatra* (1963), un intento de fortalecer la posición del cine frente a la televisión, cada vez más popular. Como tantas otras veces en su carrera, en este caso el estudio volvió a vencer sobre sus ideas creativas. François Truffaut dio en el clavo al afirmar que Hollywood le ofreció muebles cochambrosos para pulir, cuando él quería derribar las paredes. Joseph L. Mankiewicz murió en 1993 a causa de un paro cardiaco.

amor y el mundo del espectáculo. En un segundo plano, Mankiewicz dibuja un catálogo de estereotipos tornasolados del mundo del teatro en toda su ambivalencia y nos revela su tendencia, a veces patética, a mirarse el ombligo: ahí está la diva Margo, caprichosa y dominante; su novio fiel, el director Bill Sampson (Gary Merrill); su amigo, el guionista Lloyd Richards (Hugh Marlowe), fácil de manipular; el crítico Addison De Witt (George Sanders), de lengua afilada, pero sin escrúpulos; el productor Max Fabian (Gregory Ratoff), siempre quejándose de sus males, y el talento ambicioso de Eva.

Anne Baxter obtuvo una de las 14 candidaturas a los Óscar de la película —un récord que no se superó hasta los años noventa con *Titanic* (1997)— por su interpretación de la joven actriz pérfida, pero los espectadores actuales la considerarán rígida. A pesar de todo, eso apenas perjudica el placer de contemplar este clásico, puesto que la trama se centra en Margo, personaje al que Bette Davis interpreta con un entusiasmo irrefrenable como una mujer que se agita entre la amargura por la edad y la esperanza romántica del amor. El broche de oro de esa representación es la fiesta de cumpleaños de su novio Bill, donde ella se explaya compadeciéndose con cinismo y mostrando unos celos furibundos, y hace que el pianista toque temas tan tristes que Bill le pregunta sarcástico: «Muchos de tus invitados se preguntan cuándo se les va a permitir ver el cadáver. ¿Dónde está el túmulo?». Una Margo borracha replica: «Aún no está en el túmulo. No hemos acabado de

1 La fierecilla domada: Bill (Gary Merrill) intenta refrenar el temperamento de Margo (Bette Davis).

2 Mankiewicz se lleva a los espectadores detrás del escenario y juega con el voyeurismo del público tanto como con el de Eva (Anne Baxter).

3 Tanto si Margo escupe fuego como si calla, la cámara suele mantenerse a distancia.

«Una historia en principio poco convincente y con personajes flojos se transforma de forma brillante en un tesoro de película gracias a un guion ferozmente ingenioso y a algunas interpretaciones mordaces.» Halliwell's Film and Video Guide

embalsamarlo. A decir verdad, lo tienes ante ti: los restos de Margo Channing». En pasajes así, Davis parece interpretarse a sí misma. Son muy evidentes los paralelismos con la situación de la actriz en aquel entonces, ya que, a finales de los cuarenta, amenazaba cada vez más con caer en el olvido, hasta que la película de Mankiewicz le proporcionó un espléndido retorno.

En aquella época, Billy Wilder también se centró en el tema de la actriz madura en *El crepúsculo de los dioses* (1950), con Gloria Swanson. Pero, así como Wilder y su director de fotografía John F. Seitz evocaron el expresionismo del cine mudo mediante una iluminación, gestos y perspectivas extremas, y unos decorados lujosos, Mankiewicz y Krasner se mantuvieron comedidos. La excelencia de la

4 El estilo narrativo de la película, que retrocede al pasado mediante *flashbacks* a partir de la entrega de premios, es tan antiguo y venerable como los caballeros.

5 A un crítico teatral, no se le engaña fácilmente. De Witt (George Sanders) deja claro a Eva que en él ha encontrado a un maestro.

6 La cama como lugar de la verdad: cuando Margo se va a dormir en la película, podemos verle el alma o intuir su verdadera edad.

«Ajústense los cinturones: ¡esta noche vamos a tener tormenta!» *Cita de la película: Margo Channing (Bette Davis)*

puesta en escena de *Eva al desnudo* está en los detalles. Se encuentra, por ejemplo, en el halo de luz que rodea como un aura a Eva cuando recoge su primer premio teatral o en los primeros planos elocuentes de la concesión de galardones, que muestran una tras otra las caras impertérritas de Margo y sus amigos, que se quedan sentados impasibles mientras el resto del público se deshace en un aplauso entusiasta. En esta escena, Mankiewicz utiliza la acción y la reacción de forma muy lograda para hacer aumentar la tensión y representar el conflicto. No menos sutil es su manera, como guionista, de componer los diálogos de la película, que no solo contienen gran cantidad de indirectas sobre

Hollywood, sino que también varían de forma muy lograda entre los comentarios ingeniosos, las discusiones agudas y los monólogos de peso.

Mankiewicz juega asimismo con elegancia con la perspectiva, que cambia de manera imperceptible, desde la que los espectadores observan a Eva hasta que, al final, el crítico Addison dice la última palabra: «Eres una persona increíble, Eva. Y yo también. Eso tenemos en común. Junto con el desprecio por la humanidad, incapacidad de amar y ser amados...». Estas palabras no suponen únicamente un juicio demoledor, sino que también son una referencia clara a la homosexualidad de Eva y Addison que, conforme a la época, solo se insinúa. No obstante, subraya la inconsistencia moral de ambos y se muestra, por ejemplo, cuando Addison juega con una boquilla (un

objeto femenino) en los labios o cuando Eva se queda en su habitación con una señora desconocida.

Al final, la lucha entre la vieja diva y el joven talento acaba en un merecido empate. Los únicos ganadores son los espectadores, a los que Mankiewicz ha enseñado de forma manipuladora y muy entretenida las intrigas detrás de bastidores, reconciliando el teatro y Hollywood. A Bill, su álter ego, le hace decir: «Donde haya magia, ficción y un auditorio, allí hay teatro», y está definiendo a la vez el teatro y el cine. Así, es lógico que la película, basada en un relato, llegara en 1970 a Broadway convertida en el musical *Applause*, en el que el papel de la madura Margo lo interpretó primero Lauren Bacall y, a partir del año 1973, Anne Baxter.

OK

RASHOMON. EL BOSQUE ENSANGRENTADO ⚑

RASHOMON

1950 - JAPÓN - 88 MIN.

DIRECTOR

AKIRA KUROSAWA (1910-1998)

GUION

AKIRA KUROSAWA y SHINOBU HASHIMOTO, basado en los cuentos
Rashomon y *Yabu no naka* de RYUNOSUKE AKUTAGAWA

DIRECTOR DE FOTOGRAFÍA

KAZUO MIYAGAWA

MONTAJE

AKIRA KUROSAWA

BANDA SONORA

FUMIO HAYASAKA

PRODUCCIÓN

JINGO MINORU para DAIEI STUDIOS

REPARTO

TOSHIRÔ MIFUNE (Tajomaru, el bandido), MASAYUKI MORI (Takehiro, el samurái),
MACHIKO KYÔ (Masago, la esposa de Takehiro), TAKASHI SHIMURA (leñador),
MINORU CHIAKI (monje), KICHIJIRO UEDA (hombre de origen burgués),
DAISUKE KATÔ (oficial de policía) y FUMIKO HONMA (médium)

PREMIOS DE LA ACADEMIA DE 1951

ÓSCAR ESPECIAL a la MEJOR PELÍCULA EXTRANJERA

FESTIVAL DE CINE DE VENECIA DE 1951

LEÓN DE ORO (Akira Kurosawa)

«Mentir es humano. La mayor parte del tiempo ni siquiera podemos ser sinceros con nosotros mismos.»

Decir que llueve es quedarse corto: está diluviando. Tres hombres se resguardan de la lluvia torrencial bajo la puerta medio derruida de la ciudad de Rashomon: un leñador (Takashi Shimura), un monje budista (Minoru Chiaki) y un tercero, claramente de origen burgués (Kichijiro Ueda). El leñador y el monje insinúan que ha sucedido algo terrible. El tercer hombre les anima a contar lo que sepan y estos describen lo que han visto con sus propios ojos o bien lo que han escuchado en el curso de un proceso judicial en el que han tenido que declarar. Sin embargo, sus relatos no nos permiten hacernos una idea concluyente de los acontecimientos.

Los hechos probados son los siguientes: en el bosque ha aparecido muerto un samurái (Masayuki Mori), mientras que su esposa (Machiko Kyô) ha sido violada por el bandido Tajomaru (Toshirô Mifune). Pero, a partir de aquí, todo son dudas: ¿fue el bandido quien asesinó al samurái? ¿Lo mató su mujer? ¿Se trata acaso un suicidio? Los flash-backs recrean lo sucedido en el bosque en cuatro ocasiones desde varias perspectivas: desde el punto de vista del bandido, de la mujer, del fallecido —que se comunica a través de una médium (Fumiko Honma)— y del leñador. La historia es distinta cada vez. Además, en cada relato varían los malvados y los que se comportan honorablemente.

Rashomon fue un auténtico bombazo por tres razones. Cuando la película se exhibió en el Festival de Venecia de 1951, el público occidental descubrió con sorpresa una cinematografía fascinante procedente de un país cuya producción prácticamente no se había tenido en

KAZUO MIYAGAWA La pasión por la fotografía rica en contrastes que se utilizaba en las películas mudas producidas en Alemania es la responsable de que el futuro director de fotografía Kazuo Miyagawa (1908-1999) se interesase por el cine. Esta influencia puede apreciarse claramente en Rashomon (1950). Antes de entrar a trabajar en un estudio, Miyagawa estudió una técnica de pintura tradicional japonesa o sumi-e. Ya involucrado en la industria cinematográfica, fue técnico de laboratorio y asistente del director de fotografía antes de desempeñar él mismo esta función. Su carrera se inicia y culmina con sendas colaboraciones con Akira Kurosawa. Al igual que el realizador, Rashomon le hizo famoso en todo el mundo. Treinta años después, tuvo que abandonar el rodaje de Kagemusha. La sombra del guerrero (1980) debido a una afección ocular. Entre ambas películas se extiende una trayectoria extraordinaria. Empezó pronto a experimentar con raíles y grúas para dotar a la cámara de un movimiento más ágil, algo que puede apreciarse en Rashomon. En Cuentos de la luna pálida (1953), dirigida por Kenji Mizoguchi, se inspiró en las pinturas tradicionales niponas. Así, en la cinta las composiciones alargadas sugieren la continuidad de los acontecimientos. En Conflagración (1958), de Kon Ichikawa, utilizó por primera vez el Daieiscope, un nuevo formato de pantalla ancha, y volvió a buscar la inspiración en las técnicas pictóricas de su país, lo que se aprecia en la división de las imágenes y en los espacios delimitados por elementos como puertas. En otro trabajo dirigido por Kurosawa, el filme de samuráis El guardaespaldas (1961), rodó escenas de lucha con teleobjetivo, lo que les confiere un toque surrealista.

cuenta jamás. A lo largo de la historia de la nación nipona, que había estado aislada de Occidente durante siglos, se habían presentado diversas oportunidades de apertura en el terreno político o cultural. En este sentido, *Rashomon* y el galardón que obtuvo en Venecia marcaron un antes y un después en la trayectoria cinematográfica del país. La segunda sorpresa fue para el propio director, Akira Kurosawa (*Los siete samuráis*, 1954), que incluso desconocía que su filme se presentaba en el certamen. Dado que durante la preproducción del proyecto había tenido que enfrentarse al escepticismo y la incomprensión de la mayoría,

«Todo aquel que vea esta película quedará inmediatamente impresionado por la belleza y la gracia de la fotografía, por la hábil utilización de la luz y las sombras del bosque para conseguir un amplio abanico de efectos visuales tan potentes como delicados.» *The New York Times*

4

1 El bandido Tajomaru (Toshirô Mifune) ha violado a Masago (Machiko Kyô), la esposa del samurái. Para salvar su honor, la mujer le suplica que se case con ella.

2 Amenazada por Tajomaru, Masago pone en práctica un juego psicológico. En ocasiones, intenta excitar al bandido.

3 Bajo la puerta semiderruida de la ciudad de Rashomon se reúnen varias personas que han vivido algo inaudito. Sin embargo, nadie sabe con exactitud qué ha sucedido.

4 Masago agasaja a su marido, el samurái Takehiro (Masayuki Mori). El refinamiento psicológico de la mujer resulta impresionante.

considerada que las perspectivas de alzarse con un premio eran menos que insignificantes. A pesar de todo, *Rashomon* obtuvo la principal distinción en uno de los tres festivales de cine más importantes del mundo, además de un Óscar honorífico a la mejor película extranjera.

La tercera sorpresa se la llevó el público, que nunca había visto una película comparable. Se trataba supuestamente de una historia de crímenes que negaba por todos los medios la posibilidad de determinar la solución de los mismos, una cinta cuya historia presentaba como mínimo tres versiones falsas y, como mucho, una que podía resultar verdadera (¿o quizá todas eran inventadas?), y que además no permitía saber hasta el final cuál era cuál. En 1951, al igual que hoy en día, este recurso causó confusión.

A pesar de todo, *Rashomon* se plantea como una película policiaca: en todo momento se anima al público a deducir qué ha sucedido en realidad. En los *flash-backs* que recrean el proceso judicial no se ve ni se oye a ningún juez: los testigos se dirigen directamente a la cámara, con lo que la responsabilidad de discernir lo verdadero de lo falso recae en el propio espectador. No obstante, el filme es sobre todo una parábola sobre las personas, su vanidad y su relación con la verdad. Se trata, además, de una parábola sombría, no en vano la cinta tiene lugar en el siglo XII, una era marcada por los enfrentamientos entre los distintos señores feudales y la decadencia política y cultural.

Hoy en día, el largometraje también resulta fascinante desde el punto de vista formal. La acción se desarrolla en

tres niveles temporales y espaciales: en el presente narrativo bajo la puerta de la ciudad, durante el juicio celebrado un poco antes y tres días antes, en el bosque. Esta clara estructura de la trama, sumada a una fotografía en blanco y negro de un alto contenido esteticista y marcada por los contrastes intensos, y una interpretación muy expresiva que en ocasiones recuerda al estilo teatral debido a la exageración de los gestos, convierten a *Rashomon* en una obra maestra extraña, sobria y fascinante.

HJK

«Las personas no son capaces de ser sinceras consigo mismas. No pueden hablar de sí mismas sin maquillar los hechos. Esta película es como un rollo de papel que, al desenrollarse, revela el Yo interior.» *Akira Kurosawa*

5 El bandido Tajomaru defiende a Masago como si fuera su esposa.

6 Indefenso y atado a un árbol, el samurái Takehiro debe contemplar cómo el bandido viola a su mujer.

7 El bandido Tajomaru y el samurái Takehiro se enzarzan en una encarnizada lucha a vida o muerte.

LOS OLVIDADOS

1950 - MÉXICO - 80 MIN.

DIRECTOR

LUIS BUÑUEL (1900-1983)

GUION

LUIS BUÑUEL y LUIS ALCORIZA

DIRECTOR DE FOTOGRAFÍA

GABRIEL FIGUEROA

MONTAJE

CARLOS SAVAGE

BANDA SONORA

RODOLFO HALFFTER y GUSTAVO PITTALUGA

PRODUCCIÓN

OSCAR DANCIGERS, SERGIO KOGAN y JAIME A. MENASCE para ULTRAMAR FILMS

REPARTO

ALFONSO MEJÍA (Pedro), ROBERTO COBO (Jaibo), ESTELA INDA
(Marta, la madre de Pedro), MIGUEL INCLÁN (don Carmelo, el ciego),
ALMA DELIA FUENTES (Meche), HÉCTOR LÓPEZ PORTILLO (juez),
FRANCISCO JAMBRINA (director), JAVIER AMÉZCUA (Julián),
JESÚS NAVARRO (el padre de Julián) y JORGE PÉREZ (Pelón)

FESTIVAL DE CINE DE CANNES DE 1951

PREMIO al MEJOR DIRECTOR (Luis Buñuel)

Ultramar Films, S.A.

Estela INDA
Miguel INCLAN
Alfonso MEJIA
Roberto COBO
AlmaDelia FUENTES

DIRECCION
Luis BUÑUEL
PRODUCCION
Oscar DANCIGERS
FOTOGRAFIA
Gabriel FIGUEROA

LOS OLVIDADOS

ARGUMENTO: LUIS BUÑUEL Y LUIS ALCORIZA

«Piedad, piedad para un pobre ciego indefenso.»

Mientras los demás chicos de la banda juegan a toros con una chaqueta y los dedos índice en la cabeza haciendo de «cuernos», Jaibo (Roberto Cobo) camina como un señorito por las calles de la ciudad de México, con un arrogante tupé y un bigote incipiente. Jaibo, el líder de una pandilla callejera, es mayor que los demás miembros de la banda. Y es el peor. Les incita a robarle a un músico mendigo ciego (Miguel Inclán) y a apedrearlo. Él mismo le tira una piedra a la cabeza a un supuesto traidor y lo mata a palos.

Pedro (Alfonso Mejía) también forma parte de la banda, pero no es como Jaibo. Vive con su madre (Estela Inda), que les cría sola a él y a sus tres hermanos. El chaval intenta portarse bien, pero Jaibo siempre se cruza en su camino: roba una navaja en la herrería donde Pedro trabaja. Le acusan a él del robo y lo internan en una granja-escuela. Un día, el director (Francisco Jambrina) le manda a comprar tabaco; el mayor de la banda acecha al pequeño y le quita el dinero. Al final, Jaibo se lía con la madre de Pedro, una viuda joven cuyo amor maternal añora su hijo

en vano. La historia de los dos rivales acabará mal, con los dos muertos.

Los olvidados se basa en hechos reales, tal como se lee en los créditos iniciales. En el estreno, esta película intensa y conmovedora conmocionó al público por su desesperanza. De hecho, todavía sigue provocando desconcierto: los chavales son agresivos y pillos, y Pedro también participa en algunas acciones terribles de la banda. El mendigo ciego es el adversario de los jóvenes, pero no es buena persona: a la niña que le lleva regularmente leche de burra la sienta con lascivia en su regazo y trata mal al pequeño indio que le ayuda. Esos dos niños son los únicos personajes positivos de toda la película. Por lo demás, imperan la malicia y la pillería.

Luis Buñuel suscitó expectación en 1929, cuando rodó con Salvador Dalí el cortometraje surrealista *Un perro andaluz*, en el que puede verse el célebre corte de un ojo practicado con una navaja de afeitar. Buñuel trabajó en México desde el año 1946, puesto que el régimen franquista

GABRIEL FIGUEROA El director de fotografía mexicano Gabriel Figueroa (1907-1997) estudió pintura y trabajó en un estudio fotográfico antes de llegar al cine, primero como encargado de foto fija. Aprendió su oficio en Hollywood, trabajando de ayudante de Gregg Toland, el director de fotografía que filmaría *Ciudadano Kane*. Tras regresar a México en 1935, él también empezó a trabajar de operador. Y se hizo famoso por su colaboración con el director Emilio Fernández, con quien desarrolló en los años cuarenta una estética cinematográfica muy marcada por la naturaleza y la cultura mexicanas. En sus trabajos con Luis Buñuel, con quien Figueroa rodaría un total de siete películas (por ejemplo, *El ángel exterminador*, 1962), se le pidió otra imagen. En su autobiografía, Buñuel explica la anécdota de que en el rodaje de *Nazarín* (1959) Figueroa había dispuesto una toma de lo más estético, con el Popocatépetl al fondo. Pero al cineasta le pareció demasiado «bonito», así es que giró directamente la cámara y enfocó una escena cotidiana banal.
Algunos directores de Hollywood contrataron a Figueroa cuando rodaban en México. Fotografió *El fugitivo* (1947) para John Ford y *Dos mulas y una mujer* (1969) para Don Siegel. Y trabajó dos veces con John Huston, en *La noche de la iguana* (1964), que le reportó una candidatura al Óscar, y en *Bajo el volcán* (1984). Murió en 1997, a los 90 años y dejando a sus espaldas una obra inmensa, que debe de abarcar más de 220 películas.

1 Jaibo (Roberto Cobo, derecha), el mayor de la pandilla, es brutal y desconsiderado.

2 Pedro (Alfonso Mejía, derecha) se ve obligado a presenciar cómo Jaibo (izquierda) mata a golpes a un presunto traidor.

3 Es ciego, pero nada bondadoso: don Carmelo (Miguel Inclán, derecha) atrae lascivamente a su regazo a la niña que le lleva algo de beber.

4 Una relación funesta: Jaibo (centro), el mayor, arrastra una y otra vez…

5 … a Pedro, el menor, a la desgracia. Al final, mueren los dos.

no le permitía regresar a España. Con *Los olvidados* se inició su marcha triunfal por todo el mundo. Este drama juvenil es una película de crítica social, comparable a primera vista con los filmes de los neorrealistas italianos. Pero es mucho más que eso: por su falta de compromiso y su lenguaje visual, enlaza con la obra maestra surrealista de Buñuel.

La película, magistralmente filmada por el director de fotografía Gabriel Figueroa, hace que en las imágenes siempre se perciban la decadencia y el confinamiento. Los chicos se mueven entre barracas miserables y edificios en ruinas. Casi nunca se ve el cielo ni tierra abierta. La vivienda de una sola habitación donde viven Pedro y su familia está abarrotada de camas con estructuras de hierro que proyectan en la oscuridad sombras de rejas fantasmagóricas

en las paredes. Buñuel también hace suyo un lenguaje visual extremadamente simbólico. En una pesadilla, la madre de Pedro le da un trozo de carne a su hijo, pero está cruda y Jaibo se la quita. Como símbolo siempre presente, en la película aparecen muchas gallinas que reflejan la situación de la gente: corretean arriba y abajo, torpes e indiferentes. Un gallo mira fijamente a la cara al ciego apaleado; otro picotea sobre el cadáver de Pedro. En cambio, el animal que se le asigna a Jaibo, en una visión del joven que agoniza abatido a tiros, es un perro. El perro orgulloso y fuerte, para un Jaibo profundamente malo; la gallina débil, para Pedro, que al menos ha intentado ser bueno: Luis Buñuel provoca inquietud hasta el final al negarse en redondo a separar el bien del mal.

HJK

«Hace más de medio siglo que Luis Buñuel dio a luz *Los olvidados*, una cinta que no solo es una de las joyas de su cinematografía, sino una de las cimas del séptimo arte; una película cuyos ecos llegarían hasta el Truffaut glorioso de *Los cuatrocientos golpes.*» *elmundo.es*

EL CREPÚSCULO DE LOS DIOSES ♟♟♟

SUNSET BOULEVARD

1950 - EE. UU. - 110 MIN.

DIRECTOR

BILLY WILDER (1906-2002)

GUION

CHARLES BRACKETT, BILLY WILDER
y D. M. MARSHMAN, JR.

DIRECTOR DE FOTOGRAFÍA

JOHN F. SEITZ

MONTAJE

ARTHUR SCHMIDT

BANDA SONORA

FRANZ WAXMAN

PRODUCCIÓN

CHARLES BRACKETT para PARAMOUNT PICTURES

REPARTO

GLORIA SWANSON (Norma Desmond), WILLIAM HOLDEN (Joe Gillis),
ERICH VON STROHEIM (Max von Mayerling), NANCY OLSON (Betty
Schaefer), FRED CLARK (Sheldrake), LLOYD GOUGH (Morino), JACK WEBB (Artie Green),
FRANKLYN FARNUM (sepulturero), CECIL B. DEMILLE (interpretándose a sí mismo)
y BUSTER KEATON (interpretándose a sí mismo)

PREMIOS DE LA ACADEMIA DE 1950

ÓSCAR al MEJOR GUION ORIGINAL (Charles Brackett, Billy Wilder y
D. M. Marshman, Jr.), a la MEJOR BANDA SONORA (Franz Waxman)
y a la MEJOR DIRECCIÓN ARTÍSTICA (Hans Dreier,
John Meehan, Sam Comer y Ray Moyer)

A MOST UNUSUAL STORY
SUNSET
BOULEVARD
NOT SUITABLE FOR CHILDREN
HOLLYWOOD FROM THE INSIDE
WILLIAM HOLDEN · GLORIA SWANSON · ERICH von STROHEIM
A Paramount Picture

«Era una estrella. Y grande. Pero el cine ahora ya no lo es.»

Un muerto cuenta su historia: el haber conocido a la antigua diva del cine mudo Norma Desmond (Gloria Swanson) le ha costado la vida a Joe Gillis (William Holden), un guionista fracasado. Ahora flota boca abajo en la piscina y unos torpes agentes de la policía de Hollywood tratan de sacar su cadáver del agua. La primera escena de *El crepúsculo de los dioses* es probablemente una de las secuencias introductorias más turbadoras y, al mismo tiempo, más brillantes de la historia del cine.

De hecho, el director, Billy Wilder, había previsto rodar una conversación entre varios muertos en un depósito de cadáveres. Sin embargo, en los pases previos resultó que la escena hacía estallar al público en sonoras carcajadas. El realizador desechó la idea original, puesto que no pretendía poner una nota de humor negro sino difuminar la frontera entre el mundo de los vivos y el de los muertos con la intención de crear polémica.

A decir verdad, al principio de la historia Gillis termina realmente en un mundo de muertos vivientes cuando huye de los esbirros de sus acreedores. La Desmond está organizando el entierro de un mono, una escena que, de algún modo, puede interpretarse como una pista maliciosa del destino que aguarda al recién llegado. La antigua estrella pone de manifiesto su rabia, un sentimiento que acompañó claramente a Wilder durante la realización de este largometraje: rabia contra el funcionamiento de la fábrica de sueños, en la que todo aquel que deseaba sobrevivir debía hacer el mono.

WILLIAM HOLDEN Su primer papel digno de tenerse en consideración, el de joven boxeador en *Sueño dorado* (1939), convirtió a William Franklin Beedle, Jr., nacido en Illinois en 1918, en un actor famoso de la noche a la mañana. Además, a este personaje le debe el apodo que le acompañaría durante toda su vida, «el chico de oro». Parece ser que solo la mediación de su compañera de reparto, Barbara Stanwyck, evitó que el intérprete, de 20 años y absolutamente falto de formación, fuera despedido a los pocos días de iniciarse el rodaje. Tras una interminable serie de películas mediocres, Holden tuvo que aparcar su carrera artística para luchar en la Segunda Guerra Mundial. El papel de su vida fue el de guionista fracasado y gigoló en *El crepúsculo de los dioses* (1950), un largometraje del que puede decirse sin ambages que funciona solamente gracias a la convicción con la que Holden afronta su personaje. Billy Wilder dirigió también la siguiente película del actor, *Traidor en el infierno* (1953), por la que consiguió finalmente el Óscar que había estado a punto de ganar con *El crepúsculo de los dioses*. Al año siguiente llegaría *Sabrina* (1954). Estas cintas le permitieron demostrar su verdadero potencial interpretativo. Sin embargo, en muchos de sus largometrajes no llegaría a explotar todas sus posibilidades, hecho que el crítico Leonard Maltin atribuye a dos razones: en los primeros años de su carrera, los largos contratos con la Columbia y la Paramount limitaron su campo de acción y, posteriormente, su profesión pasó a menudo a un segundo término frente a la irrefrenable ansia de viajar del actor. A pesar de esto, participó en filmes como *Fort Bravo* (1953), de John Sturges; *El puente sobre el río Kwai* (1957), de David Lean, y, sobre todo, *Grupo salvaje* (1969), el memorable *western* épico de Sam Peckinpah.

Sus últimas películas son sintomáticas de la trayectoria de Holden: junto a proyectos ambiciosos como *Fedora* (1978), de nuevo bajo la dirección de Billy Wilder, o *Network. Un mundo implacable* (1976), de Sidney Lumet —por el que obtuvo otra candidatura a los Premios de la Academia—, aparecen trabajos de calidad dudosa, como *Ébano* (1979), que probablemente deba atribuirse en última instancia a su amor por el continente africano. Holden murió el 16 de noviembre de 1981 de resultas de las heridas sufridas durante una borrachera.

«Este largometraje es como una calle en otro mundo, una calle maravillosa. En una ocasión conversé con Billy Wilder y me confesó que la finca no se encontraba en Sunset Boulevard. Ojalá no lo hubiera descubierto nunca. ¡Por supuesto que está en Sunset Boulevard! Y todavía se encuentra allí.»

David Lynch

En su enorme mansión, Norma Desmond, ya olvidada por el público, y su mayordomo, Max von Mayerling (Erich von Stroheim), han construido un extravagante mundo imaginario. Aquí, en estas habitaciones llenas de polvo, la Desmond todavía es famosa. En esta casa todavía tiene el mundo a sus pies. La actriz trabaja obsesivamente en un guion en el que comete un acto supremo de autoengaño: adjudicarse el papel de la seductora Salomé.

Gillis es la persona ideal para llevar a buen puerto esta aventura temeraria. El dinero no importa. Así, el desesperado escritor asume la poco gratificante tarea de convertir esta chapuza de guion en un texto más o menos presentable. Su jefa no tardará en acaparar por completo al joven,

cuyos sentimientos ante tanto *glamour* marchito oscilan entre la fascinación y el asco. Gillis se da cuenta demasiado tarde de que él también se ha convertido en parte de este ambiente espectral en el que la Desmond juega a las cartas con otras «figuras de cera», antiguas estrellas del cine mudo como Buster Keaton, que se interpretan a sí mismas en una escena fantasmagórica. Ni siquiera la relación que mantiene con Betty Schaefer (Nancy Olson), empleada de la Paramount con la que escribe un guion en secreto, puede salvarle. Cuando decida librarse definitivamente de la diva, esta, carcomida por los celos, le matará de un tiro.

David Lynch describió *El crepúsculo de los dioses*, una de sus «cinco películas preferidas», como una «calle

2

1 Una relación estrambótica: Joe Gillis (William Holden), un guionista fracasado, y Norma Desmond (Gloria Swanson), una diva del cine mudo olvidada.

2 La diva honra con su presencia a «su» director: Cecil B. DeMille se interpreta a sí mismo en esta escena. De hecho, el papel de la protagonista también es, en cierta manera, un autorretrato.

3 Chófer, mayordomo y guardaespaldas: Max von Mayerling (Erich von Stroheim) no se mueve del lado de su patrona. Solo mucho después descubrirá Gillis quién es realmente.

4 Gillis se da cuenta poco a poco de que Norma Desmond se ha abandonado sin remedio a su delirio. No obstante, él también ha ido demasiado lejos para poder escapar a su destino.

en otro mundo». Es fácil comprender por qué al director de *Cabeza borradora* (1974-1977) y *Terciopelo azul* (1985) le resulta especialmente fascinante el aura morbosa que domina la principal localización del filme. La enorme y algo decadente casona es la imagen del viejo Hollywood, la era en la que las grandes estrellas —quizá porque no hablaban— todavía eran dioses, una época que pasó a la historia hace mucho.

Sin embargo, la casa de la actriz simboliza al mismo tiempo el mundo que todos creamos a nuestro alrededor y que amenaza en todo momento con convertirnos en sus prisioneros. *El crepúsculo de los dioses* es un canto al poder destructivo del autoengaño. Mientras Norma y Von Mayerling se hunden paulatinamente junto con su mundo

imaginario y decadente, Gillis se prostituye porque ya no se siente capaz de enfrentarse a la vida «exterior». El guionista hubiera tenido la oportunidad de emprender un proyecto nuevo, puesto que la colaboración con Betty Schaefer era prometedora. Sin embargo, una vez traicionados los propios ideales, es imposible recuperar la inocencia.

De esta reflexión existencialista sobre el miedo a los cambios deriva también una clara advertencia a los representantes actuales de Hollywood. La antigua estructura hollywoodense todavía era omnipresente a finales de los años cuarenta. Wilder la personifica en su filme en la caricatura del director de un estudio, que, lleno de cinismo, solo piensa en el éxito financiero y trata a sus autores como esclavos a sueldo mientras se arrellana en el sofá

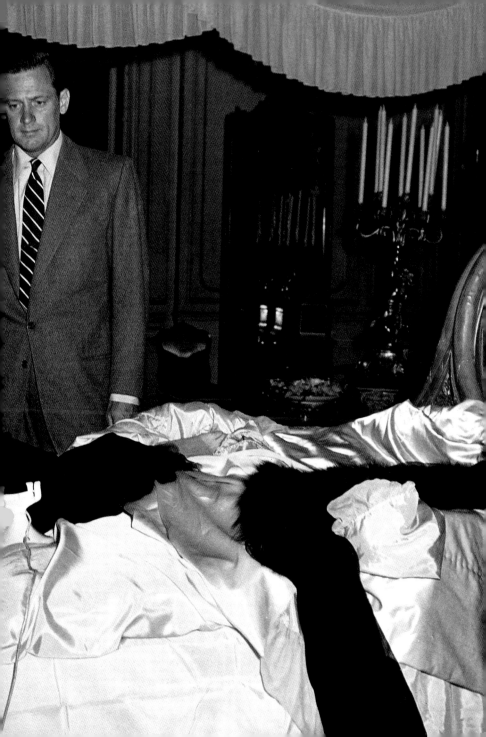

5 La última gran actuación: cuando la detienen, la Desmond cree haber recuperado el favor del público.

6 Betty intenta desesperadamente descubrir el secreto de Joe y motivarle para que trabaje en el guion que escriben juntos.

fumando puros. También resulta significativo que Erich von Stroheim, un director incomprendido por los estudios, y Gloria Swanson, una diva condenada a vivir lejos de los focos, se interpreten a sí mismos: se trata de trágicos ejemplos del trato dispensado por la industria cinematográfica a sus ídolos caídos, sin los que, como dice la Desmond en la cinta, no existirían estudios como la Paramount.

Hollywood se vengó a su modo de Wilder, el hijo pródigo: a pesar de que *El crepúsculo de los dioses* fue candidata a 11 premios Óscar, solo ganó tres, entre ellos el de mejor banda sonora y el de mejor dirección artística en una película en blanco y negro. Tras asistir a un pase en la Paramount, Louis B. Mayer, el gurú de cine, insultó duramente al director y proclamó que deberían «emplumarlo y expulsarlo de la ciudad». A pesar de esto, incluso alguien como Mayer tuvo que reconocer al final que la edad dorada de la fábrica de sueños había pasado: en la vida real, había llegado la hora de la televisión.

SH

UN TRANVÍA LLAMADO DESEO ♟♟♟♟

A STREETCAR NAMED DESIRE

1951 - EE. UU. - 125 MIN.

DIRECTOR

ELIA KAZAN (1909-2003)

GUION

OSCAR SAUL y TENNESSEE WILLIAMS,
basado en su obra de teatro homónima

DIRECTOR DE FOTOGRAFÍA

HARRY STRADLING Sr.

MONTAJE

DAVID WEISBART

BANDA SONORA

ALEX NORTH

PRODUCCIÓN

CHARLES K. FELDMAN para CHARLES K. FELDMAN GROUP y WARNER BROS.

REPARTO

VIVIEN LEIGH (Blanche DuBois), MARLON BRANDO (Stanley Kowalski),
KIM HUNTER (Stella Kowalski), KARL MALDEN (Harold Mitchell Mitch),
RUDY BOND (Steve Hubbell), NICK DENNIS (Pablo Gonzales), PEG HILLIAS (Eunice Hubbell),
Wright King (cajero), RICHARD GARRICK (doctor) y EDNA THOMAS (mexicana)

PREMIOS DE LA ACADEMIA DE 1951

ÓSCAR a la MEJOR ACTRIZ (Vivien Leigh), a la MEJOR ACTRIZ SECUNDARIA
(Kim Hunter), al MEJOR ACTOR SECUNDARIO (Karl Malden) y a los
MEJORES DECORADOS (Richard Day y George James Hopkins)

FESTIVAL DE CINE DE VENECIA DE 1951

PREMIO a la MEJOR ACTRIZ (Vivien Leigh)

WINNER OF
5
ACADEMY
AWARDS!

"A Streetcar Named Desire"

AN ELIA KAZAN PRODUCTION · PRODUCED BY CHARLES K. FELDMAN

STARRING
VIVIEN LEIGH AND MARLON BRANDO

KIM HUNTER · KARL MALDEN   SCREEN PLAY BY TENNESSEE WILLIAMS

FROM THE PULITZER PRIZE AND CRITICS AWARD PLAY

BASED UPON THE ORIGINAL PLAY "A STREETCAR NAMED DESIRE"
BY TENNESSEE WILLIAMS
AS PRESENTED ON THE STAGE BY IRENE MAYER SELZNICK   DIRECTED BY ELIA KAZAN   DISTRIBUTED BY 20th CENTURY-FOX

«¡Eh, Stella!»

Las versiones cinematográficas de obras de teatro tienen mala fama, pero hay una que le dio un nuevo rumbo al arte escénico del siglo XX, tanto al teatro como al cine: *Un tranvía llamado deseo,* adaptación del drama del mismo título de Tennessee Williams.

Un horrible grito hace temblar la noche sofocante de Nueva Orleans: «¡Eh, Stella!». Stanley Kowalski (Marlon Brando) no tiene que esperar mucho. Stella (Kim Hunter) caerá en sus fuertes brazos, mágicamente atraída por su virilidad animal, que borra cualquier herida abierta. Otra mujer se perderá en ese amor despiadado: Blanche DuBois

(Vivien Leigh), la hermana de Stella, acabará enloqueciendo con las agresiones del polaco grosero. Blanche odia el ambiente social miserable de los Kowalski. La avejentada belleza de los estados sureños arrastra con ella un hatajo de mentiras y está convencida de que merece algo mejor. Stanley le inculcará la «verdad», destapará su amargo pasado y le arruinará la vida con una violación.

Sin embargo, la lucha no se desata solo entre los sexos, sino también entre dos formas de actuar opuestas. Brando, un actor de método recién salido del Actor's Studio de Lee Strasberg, *es* Kowalski en cuerpo y alma; el

ELIA KAZAN Cuando Elia Kazan recibió el Óscar a su trayectoria en 1999, muchos invitados y miembros de la Academia se quedaron sentados en señal de protesta. Declarar ante la Comisión de Actividades Antiamericanas le había convertido en el apestado de Hollywood. El director nunca se arrepintió en público de haber colaborado en la caza de brujas de McCarthy, como tampoco lo hizo de haber pertenecido al partido comunista. El papel de marginado encajaba con este hijo de emigrantes griegos que, con su realismo de crítica social, se convirtió en uno de los retratistas más persistentes de las contradicciones americanas.

Poco después del final de la guerra, ya delataba el antisemitismo solapado que existía en su país en *La barrera invisible* (1947). Encontró las mejores ideas en las obras teatrales de Tennessee Williams, motivo de acaloradas discusiones en los años cincuenta. Con *Un tranvía llamado deseo* (1951) y *Baby Doll* (1956) provocó un auténtico auge de adaptaciones literarias en el cine. El propio Kazan provenía del teatro. En 1947 había abierto con Lee Strasberg el célebre Actor's Studio. Su fama cinematográfica se inició con el descubrimiento de Brando y James Dean. *La ley del silencio* (1954), con Brando de protagonista, les proporcionó un Óscar a ambos. Con la adaptación de una obra de Steinbeck, *Al este del Edén* (1955), se desligó definitivamente de las propuestas visuales y dramatúrgicas propias del teatro. Siguieron películas destacables como *Esplendor en la hierba* (1961), *América, América* (1963) y *El compromiso* (1969). Sin embargo, su gran época fue la de los años cincuenta.

«La interpretación de Brando en el papel de Stanley es uno de esos escasos mitos del cine que son tan buenos como se dice: poética, tremenda, tan profundamente sentida que apenas se puede asimilar. En manos de otros actores, Stanley es como una crítica feminista de pesadilla a la masculinidad: bruto e infantil. Brando es bruto, infantil y está poseído por un sufrimiento que no alcanza a comprender o expresar. El monstruo sufre como un hombre.» *The Washington Post*

1 Esplendor inusual en casa de los Kowalski: Marlon Brando y Kim Hunter forman una unidad muy avenida.

2 La camiseta como símbolo de la masculinidad vital. Blanche (Vivien Leigh) es la única que no se deja impresionar.

3 Con Brando y Leigh se enfrentan dos generaciones y dos formas de interpretación irreconciliables.

joven Marlon Brando consiguió triunfar con ese papel. En su forma de actuar, directa como la de un proletario, no parece percibir la presencia de la cámara. Habla con la boca llena, satura el espacio con su presencia física y, además, hace popular la camiseta; la prenda militar rasgada que realza su torso musculoso podría haber contribuido de forma esencial al éxito de la película.

No es fácil de explicar lo que es exactamente el «método». Algunos actores clásicos conjeturaron que el método consistía única y exclusivamente en Marlon Brando. Lo único que puede decirse con seguridad es que, en su

papel de Blanche, Vivien Leigh encarna lo contrario. Su teatralidad nerviosa es la expresión perfecta de una mujer que vive en un mundo imaginario ya que es incapaz de enfrentarse a la realidad. El reparto del que forma parte la antigua diosa de la gran pantalla apenas puede ser más trágico: 12 años después de *Lo que el viento se llevó* (1939), Scarlett vive su ocaso definitivo. El viejo Hollywood queda desheredado.

Un tranvía llamado deseo también significó para el director una transición, un paso más desde los escenarios hacia el cine. En esta película, Elia Kazan se siente todavía

4 Mitch (Karl Malden), el amigo de Stanley, quiere ayudar a Blanche y aspira a su amor. Pero no hay sitio para él en el mundo de fantasía de la mujer. El director Elia Kazan definió posteriormente al actor de método diciendo que era su mejor alumno.

5 Stanley arrastra a Blanche a la locura. En el dramático final, Stella tiene que tomar una decisión.

más obligado al teatro que en posteriores adaptaciones al cine de obras de Tennessee Williams, como *La gata sobre el tejado de zinc* (1958) y *Dulce pájaro de juventud* (1962). La mayoría de los actores ya había cosechado fama en el montaje que el director había hecho en Broadway y la inglesa Leigh había interpretado a Blanche en Londres. Kazan mantiene los espacios reducidos, produce una atmósfera claustrofóbica con ligeros movimientos de cámara y raramente se desvía del texto original. Sin embargo, la impresión de irrealidad característica de la visión del mundo de Blanche se recrea mediante medios fílmicos. La luz indirecta predomina en la escena, filtrada por farolillos de papel o por el juego de sombras inquietante de los ventiladores. La noche de Nueva Orleans pertenece a los muertos, y solo el perturbador nocturno Stanley Kowalski es capaz de reanimarlos.

La interpretación de Brando, a menudo copiada y nunca igualada, fue calificada en la época de excesiva por muchos críticos. Pero este hecho no se debía solo a su insólito radicalismo, sino también a algunas precisas intervenciones de la censura, que persiguieron precisamente ese efecto. Una versión del año 1992, solo unos metros más larga, sacó a la luz la manipulación: a la «bestia» Stanley la habían despojado de sus rasgos humanos y, en cambio, los deseos salvajes de Stella habían sido moderados. La diferencia era abismal. La gente aún tardaría en estar preparada para tantas emociones humanas, para esa irrupción de la realidad. PB

«Gracias a la inolvidable interpretación que la gran actriz inglesa Vivien Leigh ofrece en el papel desgarrador de una belleza del sur deteriorada de Tennessee Williams, y gracias a la atmósfera magnética que Elia Kazan entreteje mediante las técnicas cinematográficas, la película llega a ser tan magnífica como la obra de teatro o más. Los tormentos del alma rara vez se proyectan en la pantalla con semejante sensibilidad y claridad.»
The New York Times

LA REINA DE ÁFRICA ♟

THE AFRICAN QUEEN

1951 - EE. UU. / GRAN BRETAÑA - 105 MIN.

DIRECTOR

JOHN HUSTON (1906-1987)

GUION

JAMES AGEE y JOHN HUSTON, basado en la novela homónima
de CECIL SCOTT FORESTER

DIRECTOR DE FOTOGRAFÍA

JACK CARDIFF

MONTAJE

RALPH KEMPLEN

BANDA SONORA

ALLAN GRAY

PRODUCCIÓN

SAM SPIEGEL para ROMULUS FILMS LTD. y HORIZON PICTURES

REPARTO

HUMPHREY BOGART (Charlie Allnut), KATHARINE HEPBURN (Rose Sayer),
ROBERT MORLEY (Samuel Sayer), PETER BULL (capitán del *Louisa*),
THEODORE BIKEL (primer oficial), WALTER GOTELL (segundo oficial),
PETER SWANWICK (primer oficial del *Shona*), RICHARD MARNER (segundo oficial del *Shona*)
y GERALD ONN (Maat)

PREMIOS DE LA ACADEMIA DE 1951

ÓSCAR al MEJOR ACTOR (Humphrey Bogart)

«Señor Allnut, ¿sabría hacer un torpedo?»

Esta película estuvo a punto de realizarse 13 años antes, en 1938, producida por la MGM, que tenía los derechos de filmación de la novela de C. S. Forester y pensaba en un reparto con Bette Davis y David Niven. Pero a la actriz le horrorizaban los rodajes en exteriores, sobre todo en un rincón inaccesible del continente negro. Bette Davis amaba el estudio y, por eso, la propuesta cinematográfica fue a parar a un cajón hasta que cayó en manos de John Huston. El magistral director de cine negro tuvo claro enseguida quién encajaba en el papel de Charlie Allnut, el capitán de una barcaza fluvial mal afeitado, amante de la libertad y un poco borracho, pero también con mucho carácter. Huston le describió el personaje a su amigo Humphrey Bogart: «El protagonista es un tipo rudo, y tú eres el más rudo de la ciudad, así que resultas el más indicado para el papel».

Bogart aceptó, interpretó su personaje con una entrega fascinante y una ironía socarrona, y ganó de inmediato su único Óscar, merecido desde hacía tiempo. Le secundaba Katharine Hepburn, que interpretaba a Rose Sayer, una cristiana metodista estricta y solterona. La actriz encarnó el personaje de forma tan brillante como Bogart a Charlie Allnut. Así pues, a Huston le corresponde el mérito de haber conseguido la mejor pareja de actores dispares de la historia del cine para una película romántica y de aventuras, con un éxito contundente para todos los implicados: el filme fue un gran éxito de taquilla.

Rose Sayer es una inglesa tan temerosa de Dios como emancipada que, junto con su hermano (Robert Morley), dirige una misión metodista en el África Oriental. Tras la destrucción del enclave en 1914 por las tropas alemanas y la muerte de su querido hermano (Robert Morley), Rose no tiene más remedio que abandonar el lugar a bordo de la *Reina de África*, una barca de vapor con la que el canadiense Allnut recorre arriba y abajo el río Ulanga haciendo de correo franco y recadero.

HUMPHREY BOGART Se ha escrito mucho sobre Humphrey Bogart, nacido el 25 de diciembre de 1899 en Nueva York, a pesar de lo que digan los rumores, y muchos han intentado descubrir en qué consistía realmente el aura de «Bogey». En una ocasión, John Huston contestó la pregunta diciendo, no sin cierto ingenio subversivo, de su mejor amigo y actor: «Lo que molesta de Bogart es que cree que es Bogart». El propio director contribuyó de forma esencial a crear el mito Bogey con tres películas. En 1941, con *El halcón maltés*, que supuso el nacimiento del cine negro y en la que Bogart se convirtió en la imagen ideal de todo un género: con la pose estoica del detective privado Sam Spade, una gabardina ceñida con cinturón y un sombrero de fieltro calado en la frente, las manos metidas hasta el fondo en los bolsillos del abrigo y fumando indiferente un Chesterfield blanco como la nieve sujeto en la comisura de los labios. En 1948, en la versión cinematográfica de una obra de Traven, *El tesoro de Sierra Madre* (1947), Bogart presentó un personaje más rudo y distinto, aunque en realidad seguía siendo él mismo: mirada penetrante, aspecto de duro y, en el fondo, un gran corazón. En *La reina de África* (1951), al tipo duro y de gran corazón se le añadió una comicidad irresistible y encantadora, que no era reposada como en *Casablanca* (1942) de Michael Curtiz, sino que parecía provenir de la actitud de Bogey hacia el mundo. El actor dijo una vez que su rostro tenía carácter, algo que le había costado largas noches y gran cantidad de alcohol. Quizás la fórmula secreta de Bogart radicara en lo que James Agee, el guionista de *La reina de África*, describió así: «Bogart es siempre el mismo y me sorprende cada vez. Tiene encanto y no malgasta energía pretendiendo actuar [...] Nunca cambia de expresión, da igual si mira a su amada, el cadáver de un hombre al que acaba de matar o una cucaracha cualquiera». Bogart es y sigue siendo Bogart. Murió de cáncer en 1957. No fue una muerte espectacular como la de otros iconos de Hollywood (por ejemplo, James Dean o Marilyn Monroe), pero en cualquier caso fue una muerte demasiado temprana.

«John Huston y sus películas: una relación muy especial que no se puede abarcar con el concepto europeo de "cine de autor", ni siquiera en la categoría del autor y su obra.» *Süddeutsche Zeitung*

1 Por la convincente interpretación de Charlie Allnut, un amante a ultranza de la libertad que acaba aceptando la sagrada unión del matrimonio, Humphrey Bogart ganó el único Óscar de su carrera.

2 Trabajo de misioneros en la jungla: Rose Sayer (Katharine Hepburn) toca el órgano mientras su hermano Samuel (Robert Morlay) predica la palabra de Dios.

3 La indestructible *Reina de África*: su corazón es una caprichosa caldera que a veces necesita una patada. Pero al servicio de la Armada Real, el bote contribuirá al final a la victoria sobre los alemanes.

5

4 La guerra tampoco se detiene ante los pacíficos indígenas de la selva. Unos soldados asaltan una aldea porque pertenece a la zona de soberanía del imperio.

5 Rose es una metodista creyente y rigurosa. Pero para llegar a conocer los efectos liberadores de una botella de ginebra, no hace falta estar bautizado. Durante la borrachera, Charlie ha llamado

Charles y Rose —dos extraños cercados por el enemigo— no saben qué hacer. Se deciden por la solución más complicada y así parten río abajo por la peligrosa y rápida corriente que atraviesa la selva. En su huida deberán pasar delante de un fuerte alemán antes de llegar a un gran lago. Pero allí estará apostado un cañonero enemigo, que ambos intentarán hundir con dos torpedos fabricados por ellos mismos.

Durante el viaje lleno de aventuras por el río, en el que Rose y Charlie experimentan lo impenetrable que es la vida en la jungla, Rose se va rindiendo al encanto poco convencional de Allnut. Poco después de la mitad del viaje, la mujer florece gracias al amor como una de las plantas de colorido vistoso de la orilla del río. Por otro lado, después de revisar algunas de sus costumbres por imposición de una Rose de ideas fijas que desprecia el alcohol,

Allnut se transforma, deja de ser un capitán fluvial dejado y comodón para convertirse en un hombre valiente y responsable. Al final, por mucho que le cueste creerlo, él y Rose se convierten en pareja.

Desde el punto de vista de la dramaturgia y la interpretación, Katharine Hepburn dio la réplica perfecta a Humphrey Bogart. Ambos actores encarnaron a su modo dos ambientes sociales opuestos, que se salvan en un acercamiento paulatino. Huston dejó que sus actores moldearan el juego de roles entre Rose y Charlie y lo llevaran a lo cómico. Su amor parece tan poco obligatorio como fuera de lugar. Esta tensión dramática inusual permitió que se creara uno de los romances más bellos y dignos que jamás haya presentado el cine. Sintomático de la creación de la película es que en el guion original estaba previsto que Rose y Charlie murieran. Pero un final tan

«Exceptuando a Huston y a Bogart, casi todos los miembros del equipo enfermaron de disentería o malaria. Bogart y Huston se proveyeron de cantidades convenientes de whisky escocés para protegerse. Se cuenta que Humphrey Bogart y Lauran Bacall se lavaban los dientes con whisky y no tocaban el agua. Bogart se jactaba de que los mosquitos que le picaban caían muertos o borrachos. "Su fuerza radica en el whisky escocés", comentó Huston sarcástico.» *Stuart Kaminsky, en: John Huston – Seine Filme, sein Leben*

6

6 El director John Huston exigió mucho a sus protagonistas. Sobre todo a Bogart, que tuvo que quitarse una y otra vez los pantalones y meterse en el río plagado de cocodrilos. De este modo, y más bien a regañadientes, conoció el *method acting*. Pero a Charlie Allnut aún le fue peor. Después del trabajo, no recibía ni un trago.

7 Al final, Rose y Charlie están a un paso de abolir los roles típicos. Espalda con espalda, combaten a través del pantano: una colaboración ideal.

melodramático no hubiera encajado en el filme. La comicidad complaciente y la ligereza del amor de los protagonistas se hubieran destruido de forma brutal.

Ambos consiguen lo imposible: logran vencer al río y a los alemanes. Ese éxito es a la vez una victoria de la ilusión del cine sobre la realidad. El efecto mágico del amor y del valor en situaciones imprevistas llega así a ser provechoso: «¡Soñad el sueño imposible!», reza el mensaje. Los espectadores también encuentran esa magia en las imágenes exóticas del paisaje fluvial, que reflejan como si fueran un espejo con vida la situación dramática y los sentimientos de Rose y Charlie. Y como en cualquier recorrido por el río, este viaje obstinado por el amor hace las veces de alegoría de la vida. Quizá sea mejor no imaginar que Bette Davis hubiera adorado el sol y amado la naturaleza, y hubiera cumplido el contrato que ya había firmado con la MGM.

SR

SOLO ANTE EL PELIGRO ♟♟♟♟

HIGH NOON

1952 - EE. UU. - 85 MIN.

DIRECTOR

FRED ZINNEMANN (1907-1997)

GUION

CARL FOREMAN, basado en el relato
breve *The Tin Star* de JOHN W. CUNNINGHAM

DIRECTOR DE FOTOGRAFÍA

FLOYD CROSBY

MONTAJE

ELMO WILLIAMS y HARRY W. GERSTAD

BANDA SONORA

DIMITRI TIOMKIN

PRODUCCIÓN

STANLEY KRAMER para STANLEY
KRAMER PRODUCTIONS

REPARTO

GARY COOPER (*sheriff* Will Kane), GRACE KELLY (Amy Kane),
THOMAS MITCHELL (alcalde Henderson), KATY JURADO (Helen Ramírez),
LLOYD BRIDGES (Harvey Pell), IAN MACDONALD (Frank Miller),
LEE VAN CLEEF (Jack Colby), LON CHANEY JR. (Martin Howe),
OTTO KRUGER (juez Mettrick) y JACK ELAM (Charlie)

PREMIOS DE LA ACADEMIA DE 1952

ÓSCAR al MEJOR ACTOR (Gary Cooper), al MEJOR MONTAJE (Elmo Williams
y Harry W. Gerstad), a la MEJOR BANDA SONORA (Dimitri Tiomkin) y a la MEJOR CANCIÓN
(*High Noon – Do Not Forsake Me, Oh My Darling*, de Dimitri Tiomkin
[MÚSICA] y Ned Washington [LETRA])

the story of a man who was too proud to run!

STANLEY KRAMER PRODUCTIONS presents

GARY COOPER

when the hands point straight up... the excitement starts at

"HIGH NOON"

STANLEY KRAMER PRODUCTIONS presents GARY COOPER in "HIGH NOON".
with THOMAS MITCHELL • LLOYD BRIDGES • KATY JURADO • GRACE KELLY • OTTO KRUGER
Lon Chaney • Henry Morgan • DIRECTED BY FRED ZINNEMANN • Screen Play by Carl Foreman • Music Composed
and Directed by Dimitri Tiomkin • Director of Photography Floyd Crosby, A.S.C. • RELEASED THRU UNITED ARTISTS

«Un hombre tiene que hacer lo que tiene que hacer.»

Un precioso domingo de la década de 1880 —el Oeste pronto dejará de llamarse «Salvaje»—, Will Kane (Gary Cooper), *sheriff* durante años de la pequeña ciudad de Hadleyville, al sudoeste, tendrá las experiencias más contradictorias de su vida entre las 10:34 y las 12:15 h. Apenas ha contraído matrimonio con Amy Foster —la actriz Grace Kelly era 30 años más joven que Gary Cooper, su esposo en la película— para empezar con ella una nueva vida civil, le llega la noticia de que el Salvaje Oeste vuelve a salirle al encuentro: el asesino Frank Miller (Ian MacDonald) va camino de Hadleyville para vengarse. Llegará en tren a las 12 del mediodía; tres de sus compinches ya le están esperando en la estación.

Al principio, Kane abandona con Amy la población, pero regresa porque él jamás ha huido de nadie. Busca apoyos en la ciudad y, exceptuando a un adolescente, un medio ciego y un medio convencido, nadie está dispuesto a ayudarle. Incluso la recién desposada quiere abandonarle. Solo con su suerte, Kane hace testamento y se dispone a esperar a la banda de los cuatro en la calle principal desierta. Primero empieza una lucha de casa en casa,

en la que Kane abate a dos bandidos. Al tercero lo mata Amy, que, a pesar de todo, ha regresado en auxilio de su esposo. Miller la toma de rehén y, aun así, Kane consigue dar caza al canalla. Los ciudadanos salen aliviados de sus casas, pero él les tira la estrella de *sheriff* a los pies, lleno de desprecio, y abandona con Amy la ciudad.

En los seis primeros minutos de película ya se establecen las convenciones del género del *western*. Mientras los tres compinches de Miller cabalgan por la ciudad hacia la estación y suena el tema *Do Not Forsake Me, Oh My Darling*, interpretado por la estrella de música *country* Tex Ritter, el *sheriff* y la cuáquera Amy se casan, y con ello establecen el contraste entre una sociedad civil y los bandidos sin ley. No obstante, la boda y la renuncia a la placa de *sheriff* se suceden ante el espectador, que ya sabe que a Will Kane le espera un nuevo enfrentamiento. Al recibir la noticia de la llegada de Miller, decide quedarse aunque acabe de dejar su cargo: un hombre, así lo quiere la dramaturgia del *western*, tiene que cumplir con su deber.

El filme, rodado en 1951, se realizó durante la tensa fase inicial de la guerra fría. En busca de comunistas en

GARY COOPER Su nombre y su cara son conocidos por todos los que nacieron antes de su muerte, relativamente temprana. El rostro destacado del actor, al que generalmente llamaban solo «Coop», fue calificado por un crítico estadounidense como «el mapa de América»; para Jean-Luc Godard, era un «objeto de la mineralogía». El actor, nacido en Montana, trabajó de especialista en producciones de *westerns* a partir del año 1925. Su ascenso comenzó en 1929 con el papel que daba título a *El virginiano* (1929), una película de vaqueros que se centraba en la vida de la «frontera», donde no había ni jueces ni cárceles. Por lo tanto, había que actuar en favor de la sociedad. Según *The New York Times*, Gary Cooper era en 1937 el actor americano mejor pagado; los más prestigiosos directores de la Paramount trabajaron con el lacónico actor, de aspecto algo torpe, y sus parejas fueron actrices de la talla de Marlene Dietrich, Jean Arthur y Claudette Colbert. A menudo vestido con uniforme del ejército o ropa del Oeste, Cooper se convirtió en el perfil del americano tradicional: en 1947 declaró ante la Comisión de Actividades Antiamericanas, aunque sin denunciar a ningún colega. En febrero de 1961, le concedieron un Óscar honorífico; James Stewart recogió el premio en lugar del enfermo. Cooper murió de cáncer en mayo de ese mismo año, en Beverly Hills.

1 Amy Foster (Grace Kelly) y el *sheriff* Will Kane (Gary Cooper), una pareja cuyo amor se pondrá a prueba por los planes de venganza del asesino Frank Miller.

2 La burguesía ascendente del Oeste, endomingada. Boda de una pareja dispar: Grace Kelly era 30 años más joven que su esposo en el cine.

3 Incluso el alcalde (Thomas Mitchell) se niega a cooperar con el *sheriff*.

«Tras las palabras amables y las sonrisas sinceras surgen el egoísmo, el miedo, la envidia, la premeditación... Los buenos sentimientos de la mitología estadounidense reciben un golpe mortal.»

Les lettres françaises

la vida pública de EE. UU., el senador republicano Joseph McCarthy calentaba el ambiente político desde el año 1950 con una comisión para investigar «actividades anti-americanas». Un hecho que tuvo consecuencias para *Solo ante el peligro:* el guionista Carl Foreman fue citado ante la comisión, pero se negó a declarar. Esa actitud le llevó a formar parte de la lista negra y provocó tensiones y desavenencias en el equipo. El productor Stanley Kramer y el protagonista Gary Cooper renegaron de Foreman; el director Fred Zinnemann le fue leal. En Hollywood, los detractores de *Solo ante el peligro* estuvieron encabezados por John Wayne. Como presidente de la Motion Picture Alliance for the Preservation of American Ideals, una asociación de gente del cine en defensa de los ideales americanos, se alzó con fuerza contra Foreman y algunos años después interpretó con fervor el papel principal de *Río bravo* (1959), dirigida por Howard Hawks, que se inscribió en la historia del *western* como película anti *Solo ante el peligro*.

La película de Zinnemann es uno de los *westerns* clásicos con un mensaje que va más allá del argumento. Las varas de medir políticas y morales han provocado las interpretaciones más diversas; por un lado, trata de la integridad, la conciencia y la lealtad, del deber y la responsabilidad; por otro, del oportunismo y la desidia, del egoísmo y la cobardía. Queda por determinar si la película cuestiona la propia democracia o si solo critica la forma que presenta en EE. UU. El lema del director puede aplicarse a *Solo ante el peligro*: «El carácter de un hombre es su destino».

La responsabilidad de la película se reparte entre un grupo de especialistas: el productor Kramer, el director Zinnemann, el guionista Foreman, el director de fotografía Floyd Crosby (premiado con un Óscar en 1931 por *Tabú,* de Wilhelm Murnau, 1930-1931), el compositor Dimitri Tiomkin y los montadores Elmo Williams y Harry W. Gerstad. El equipo se deshizo ya a principios de los cincuenta; cada uno reclamó para sí la parte decisiva del éxito de la obra. Pero los que hicieron atractivo el filme para el público fueron sobre todo los actores: Gary Cooper, que acababa de cumplir los 50, en el papel del aislado Will Kane, un héroe tan entrado en años como el Salvaje Oeste, que tiene que superarse a sí mismo; Grace Kelly, con 21 años, interpretando a Amy Kane en los inicios de una vertiginosa y breve

4 La legítima defensa también puede inducir a una cuáquera a actuar contra sus principios.

5 Un *western* siempre es también una lección sobre temas de masculinidad y poder de decisión.

carrera; Thomas Mitchel haciendo de alcalde; Lloyd Bridges de ayudante del *sheriff,* y Katy Jurado de antigua novia de Kane. Así, los actores están por entero al servicio de la historia, no tienen vida propia; tampoco existe para ellos una salida cómica. La película es seria hasta la médula.

La austeridad y el laconismo formal —la unidad de tiempo real y cinematográfico (unos 100 minutos se comprimen en 85 minutos de tiempo fílmico), el estilo documental de las imágenes y la interpretación de los actores— convirtieron a *Solo ante el peligro* en una obra que se sale del género: Kane no es un «jinete solitario», sino que está aislado socialmente. No es en modo alguno «frío», más

bien tiene miedo, hace testamento y casi se echa a llorar. Además, se ve forzado a un combate sucio; le acosan y tiene que sobrevivir por cualquier medio.

Por otro lado, las imágenes también son excelentes: Zinnemann y el director de fotografía querían que la película pareciera un antiguo noticiario. Finalmente, en contraste con las tomas en blanco y negro, a menudo granuladas, se alza la magnífica música de Dimitri Tiomkin, que no solo impulsa la acción, sino que también le presta al filme un ritmo propio, por el que aún nos dejamos cautivar con placer más de 50 años después.

RV

FANFAN, EL INVENCIBLE

FANFAN LA TULIPE

1952 - FRANCIA / ITALIA - 105 MIN.

DIRECTOR
CHRISTIAN-JAQUE (1904-1994)

GUION
HENRI JEANSON, RENÉ WHEELER, RENÉ FALLET y CHRISTIAN-JAQUE

DIRECTOR DE FOTOGRAFÍA
CHRISTIAN MATRAS

MONTAJE
JACQUES DESAGNEAUX

BANDA SONORA
MAURICE THIRIET y GEORGES VAN PARYS

PRODUCCIÓN
ALEXANDRE MNOUCHKINE para AMATO PRODUZIONE,
FILMSONOR S. A. y LES FILMS ARIANE

REPARTO
GÉRARD PHILIPE (Fanfan la Tulipe), GINA LOLLOBRIGIDA (Adeline),
MARCEL HERRAND (Luis XV), OLIVIER HUSSENOT (Tranche-Montagne),
NERIO BERNARDI (La Franchise), GENEVIÈVE PAGE (marquesa de Pompadour),
SYLVIE PELAYO (Henriette), NOËL ROQUEVERT (Fier-à-Bras), JEAN-MARC TENNBERG (Lebel),
HENRI ROLLAN (mariscal d'Estrées) y JEAN DEBUCOURT (narrador)

FESTIVAL DE CINE DE CANNES DE 1952
MEJOR DIRECTOR (Christian-Jaque)

FESTIVAL DE CINE DE BERLÍN DE 1952
OSO DE PLATA (Christian-Jaque)

«¡Henriette, quiérame, rápido!»

¿Por qué razón iba un joven de carácter emprendedor como Fanfan la Tulipe (Gérard Philipe) a alistarse en el ejército de Luis XV? Pues porque la bella Adeline (Gina Lollobrigida) le ha augurado que logrará la mano de la hija del rey. El presagio parece acertado: en el viaje para unirse a su compañía, Fanfan salva a la princesa Henriette (Sylvie Pelayo) y a madame Pompadour (Geneviève Page) de una banda de sombríos bandoleros. Nuestro héroe sigue creyendo en la profecía de Adeline incluso después de que se haya demostrado que no es más que una desvergonzada mentirosa. Fanfan deserta y una noche logra entrar a escondidas en los aposentos de Henriette. Cuando le descubren, le condenan a muerte de inmediato pero Adeline consigue que le indulten. Sin embargo, el rey (Marcel Herrand) exige de ella una compensación, lo que permite a Fanfan descubrir quién es su verdadero amor. Durante el rescate de Adeline, causa tal desbarajuste tras las filas contrarias que el enemigo se entrega. Como muestra de agradecimiento, el rey Luis le concede la mano de Adeline, a la que el soberano ha adoptado. Finalmente, la profecía se ha cumplido.

Fanfan, el invencible ocupa un lugar de honor en el Olimpo del cine de acción francés. Junto a D'Artagnan y Cartouche, el personaje fue el héroe de incontables refriegas de patio de escuela. Todos los chicos querían ser como él para, al menos una vez en la vida, liberar a su Adeline de las manos de un rufián. La película tuvo casi siete millones de espectadores y se pasó por televisión innumerables veces. El éxito estaba asegurado gracias a Gérard Philipe, un joven dotado de un encanto irresistible y la elegancia de un bailarín. Dentro del género de capa y espada, su Fanfan era el contrapunto de Douglas Fairbanks y Robin Hood: lento en combate pero con mucha labia, que con gusto utilizaba para ponerse un poco filosófico entre dos citas.

En contra de las convenciones del género, tras este espadachín clásico se esconde un pequeño aristócrata encubierto. Fanfan, que apareció como personaje legendario en el siglo XVIII, es soldado por amor y convicción. No se inclina ante nadie y se muestra irrespetuoso con la autoridad. No hace distinciones entre una humilde campesina y Su Alteza Real: a una se la encuentra en el heno,

1 Prisionero del amor: Adeline (Gina Lollobrigida) estaría encantada de liberar a Fanfan la Tulipe (Gérard Philipe).

2 Siempre puede improvisarse una cama en pleno campo. El joven Gérard Philipe se hizo un lugar en

el corazón de los espectadores de todo el mundo gracias a su encanto y su seguridad en sí mismo.

3 A los caballos: Tranche-Montagne (Olivier Hussenot) es el fiel compañero de Fanfan, con el que este puede contar pase lo que pase.

4 En el campo de batalla amoroso: la nobleza resulta útil pero, como arma de seducción, es poco convincente.

5 ¿Dónde está la princesa? Fanfan y Tranche-Montagne planean el asalto nocturno a los aposentos reales.

«¡Peligros de la guerra, peligros del amor!»

Cita de la película: voz en off

para la otra hay que utilizar la chimenea como atajo, lo que le lleva a la conclusión de que no vale la pena complicarse tanto por una princesa.

Si bien es cierto que cualquiera podía participar en las ocupaciones favoritas del siglo XVIII, el amor y la guerra, no todo el mundo era igual. Desde el principio, *Fanfan, el invencible* es también una divertida sátira de la nobleza y el militarismo. El rey Luis XV planifica sus batallas en una mesa de dibujo y disfruta calculando las bajas que se producirán. No obstante, su poder termina con Adeline, que le

propina una bofetada como respuesta a sus procacidades. El mayor enemigo de Fanfan, el sargento Fier-à-Bras (Noël Roquevert) —un hombre tan astuto como feo—, es asimismo su víctima preferida. Aunque él también desea locamente a Adeline, no tiene nada que hacer frente a este deslumbrante donjuán, ya sea con o sin bigote.

La tentación es grande: Miss Italia, Gina Lollobrigida, es la joya de este irreprochable filme de época. Su primera coproducción con Francia resultó un suntuoso retrato del rococó, una época que siempre se relaciona

con los corpiños espectaculares y las faldas de vuelo. La futura diva también desempeñó un papel relativamente importante para lograr el éxito de esta inteligente mezcla de cine de aventuras, película romántica y comedia. El filme todavía no se ha superado: *Fanfan, el invencible* fue la tercera y definitiva adaptación de la historia. Ni siquiera Christian-Jaque, que en aquellos momentos era uno de los directores más productivos del cine comercial francés, pudo repetir un éxito de tamañas dimensiones con el pla-gio de su propia obra *El tulipán negro* (1963). La presentación del *remake* del mismo título que protagonizaron en 2003 Vincent Perez y Penélope Cruz como película de inauguración del Festival de Cannes —donde el original logró su primer triunfo— se saldó con un vergonzoso fracaso. A pesar de todo, cabe destacar la existencia de una versión coloreada sorprendentemente lograda de la popular cinta en blanco y negro.

PB

EL SALARIO DEL MIEDO

LE SALAIRE DE LA PEUR

1953 - FRANCIA / ITALIA - 156 MIN.

DIRECTOR
HENRI-GEORGES CLOUZOT (1907-1977)

GUION
HENRI-GEORGES CLOUZOT y JÉRÔME GÉRONIMI, basado
en la novela homónima de GEORGES ARNAUD

DIRECTOR DE FOTOGRAFÍA
ARMAND THIRARD

MONTAJE
HENRI RUST, MADELEINE GUG y ETIENNETTE MUSE

BANDA SONORA
GEORGES AURIC

PRODUCCIÓN
RAYMOND BORDERIE y HENRI-GEORGES CLOUZOT para
CICC, FILMSONOR S.A., ONO ROMA y VERA FILMS

REPARTO
YVES MONTAND (Mario), CHARLES VANEL (Jo), PETER VAN EYCK (Bimba),
FOLCO LULLI (Luigi), VÉRA CLOUZOT (Linda), WILLIAM TUBBS (O'Brien),
DARIO MORENO (Hernández), JO DEST (Smerloff),
LUIS DE LIMA (Bernardo) y ANTONIO CENTA (jefe del campamento)

FESTIVAL DE CINE DE CANNES DE 1953
PALMA DE ORO (Henri-Georges Clouzot)

FESTIVAL DE CINE DE BERLÍN DE 1953
OSO DE ORO (Henri-Georges Clouzot)

Filmsonor

UN FILM DE
H.G. CLOUZOT
YVES MONTAND
CHARLES VANEL

ROBERT
LÉVÊQUE

LE
SALAIRE DE LA PEUR

D'APRÈS LE ROMAN DE **GEORGES ARNAUD**

DIRECTEUR DE LA PHOTOGRAPHIE A. THIRARD . DÉCORS DE RENÉ RENOUX . DIRECTEUR DE PRODUCTION LOUIS WIPF

PETER VAN EYCK
CENTA · JO DEST · DARIO MORENO

CO-PRODUCTION
FILMSONOR · C.I.C.C
VÉRA FILM · FONO ROMA

WILLIAM TUBBS · VERA CLOUZOT ET FOLCO LULLI

PRODUCTEURS DÉLÉGUÉS : RAYMOND BORDERIE ET H.G. CLOUZOT

«La vida es como una prisión.»

En el calor polvoriento de una aldea venezolana abandonada de la mano de Dios, Las Piedras, la vida está paralizada; a lo sumo, un entierro lleva algo de movimiento a la localidad. Mientras una compañía estadounidense, la Southern Oil Company, explota la única riqueza del país, los fracasados de todos los confines del mundo esperan en Las Piedras una oportunidad para escapar a su miseria. La situación desesperada transforma a los hombres en fieras encerradas; en el calor sofocante, se convierten en prisioneros de las rejas negras que forman las sombras lanzadas por las persianas o los cruceros de las ventanas. Durante un rato largo y atormentador, se muestra la vida de los frustrados. Más de 30 minutos de aburrimiento, vacío, tristeza: *rien ne va plus.*

Un día, a los fracasados se les brinda la ansiada oportunidad de escapar de su existencia sombría. Ha explotado uno de los pozos de petróleo y las llamas voraces solo pueden extinguirse mediante una segunda explosión, aún más fuerte. Se busca a cuatro valientes que se jueguen la vida: por una prima de 2.000 dólares, tienen que transportar nitroglicerina, altamente explosiva, en dos camiones y sin las medidas de seguridad correspondientes, hasta el foco del incendio, a través de 300 km de macizos y rocas. Innumerables voluntarios se apuntan para formar parte del comando suicida.

El corso Mario (Yves Montand), el mafioso parisino Jo (Charles Vanel), el albañil italiano Luigi (Folco Lulli) y el alemán Bimba (Peter van Eyck) salen ganadores. Lo que sigue es una proeza cinematográfica: pistas estrechas, baches, curvas cerradas y conflictos internos llevan a los cuatro una y otra vez al borde de la muerte. Finalmente, uno de los vehículos explota. Quedan Mario y Jo, entre los que las relaciones de poder se han invertido hace tiempo: el fanfarrón Jo está hecho una piltrafa; el jovencito Mario, totalmente obsesionado. Deja morir a Jo y es el único que llega a su destino. Sin embargo, en el camino de vuelta, le sorprende implacable la misma suerte que a los demás.

La pulcra dramaturgia de Clouzet, con sus arcos de tensión hábilmente dispuestos, el trazo preciso de los personajes y su evolución, sigue aventajando todavía en la

CHARLES VANEL En los años cincuenta ya se le consideraba el gran veterano del cine francés. Charles-Marie Vanel (1892-1989), nacido en la Bretaña, quiso ser capitán de barco; su vista deficiente impidió esa carrera, pero posibilitó otra: actor de teatro de gira con Sacha Guitry, llegó al cine en los años veinte y fue ganando popularidad con algunos papeles de amante (por ejemplo, en *La proie du vent,* 1926, de René Clair). En 1928 interpretó el papel de Napoleón en el filme alemán *Waterloo.* Vanel recibió numerosas distinciones, sobre todo en los años cincuenta, interpretando convincentemente gracias a su expresión parsimoniosa algunos personajes equívocos y silenciosos en filmes policiacos de crítica social. Hacia el final de su carrera, entusiasmó al público y a la crítica dando vida al fiscal Varga en algunas escenas mudas de la película de gánsteres *Excelentísimos cadáveres* (1976). Con ello, Vanel regresó a los inicios del cine, cuya historia marcó con más de 100 largometrajes en apenas 70 años.

actualidad a la mayoría de las películas de acción (también al *remake* de William Friedkin *Carga maldita*, de 1977). Las gélidas imágenes en blanco y negro evitan todo sentimentalismo y, precisamente por ello, alcanzan una emotividad admirable. Si el comienzo de la película manifiesta un estancamiento paralizante, en los acontecimientos posteriores se despliega la precisión de la muerte.

El salario del miedo es el primer broche de oro de un género que no existía hasta entonces: la *road movie*. Sin embargo, la película —rodada en el sur de Francia por cuestiones de presupuesto— no es melancólica como muchas otras posteriores de su clase, sino radicalmente existencialista. Los cuatro hombres no tienen ninguna oportunidad, pero la aprovechan; desilusionados e intrépidos, desesperanzados y, aun así, dispuestos a arriesgar hasta el extremo. Mario, que ha conservado un billete de metro para tiempos mejores, lo sostiene al final en la mano mientras agoniza. Jo, que quiere saber qué se esconde detrás de determinada cerca en el barrio parisino de donde procede, obtiene la respuesta: «No hay nada». Luigi tiene que cambiar de vida porque si no lo hace morirá de silicosis, pero así encuentra más deprisa su fin. Bimba se afeita (como su padre, oficial en la Segunda Guerra Mundial) al ver llegar la muerte y salta por los

«No tienes ninguna posibilidad, así que aprovéchala.»

Neue Zürcher Zeitung

1 Recién afeitado hacia la muerte: el alemán Bimba (Peter van Eyck), frío como un témpano, no tiene nada que perder, excepto su cuidado aspecto físico.

2 El desierto suramericano está lleno de trampas para los camiones: sobre todo si van cargados de nitroglicerina.

3 La todopoderosa Southern Oil Company puede escoger a los candidatos a la muerte.

4 Jo (Charles Vanel), antes con tantos aires de superioridad, pierde los nervios frente al peligro.

5 La carretera pronto no es el único enemigo de los hombres; ahora surgen enfrentamientos entre ellos.

6 ¡No me pillarás (aún)! El tísico Luigi (Folco Lulli) quiere pasar sus últimos días con un modesto bienestar.

aires. Es cierto que uno logra salirse con la suya, Mario; pero, una vez conseguido, también se le pasa factura. Un montaje paralelo del viaje en camión y de la celebración del triunfo en Las Piedras se acompaña con la melodía de *El Danubio azul* de Johann Strauss. El movimiento giratorio del vals vienés, que ejecutan sincronizados los bailarines y el camión, es un movimiento hacia la muerte.

RV

«Como las novelas de Conrad, *El salario del miedo* es un drama sobre el fracaso, y, al igual que ellas, una tragedia sobre el absurdo de las empresas descabelladas. No se trata de la vanidad por ella misma o de la acción por ella misma sino de un fracaso estrechamente vínculado a un contexto humano preciso.» *Cahiers du cinéma*

7 Cada cual mira por sí mismo: en los últimos metros, los hombres abandonan su último vestigio de humanidad.

8 La vida en Las Piedras no es ni de lejos tan bucólica como parece. Los que tienen dinero intentan largarse lo antes posible.

9 Amor loco: Linda (Véra Clouzot), la fresca del pueblo desdeñada por los hombres, ve en Mario (Yves Montand) su última oportunidad. La joven parece ser la única que aún es capaz de tener sentimientos verdaderos.

«Una *road movie* existencialista anterior al género.»
The New York Times

LOS SIETE SAMURÁIS

SHICHININ NO SAMURAI

1954 - JAPÓN - 206 MIN.

DIRECTOR

AKIRA KUROSAWA (1910-1998)

GUION

SHINOBU HASHIMOTO, HIDEO OGUNI y AKIRA KUROSAWA

DIRECTOR DE FOTOGRAFÍA

ASAKAZU NAKAI

MONTAJE

AKIRA KUROSAWA

BANDA SONORA

FUMIO HAYASAKA

PRODUCCIÓN

SOJIRO MOTOKI para TOHO COMPANY LTD.

REPARTO

TAKASHI SHIMURA (Kambei Shimada), TOSHIRÔ MIFUNE (Kikuchiyo),
YOSHIO INABA (Gorobei Katayama), SEIJI MIYAGUCHI (Kyuzo),
MINORU CHIAKI (Heihachi Hayashida), DAISUKE KATÔ (Shichiroji),
ISAO KIMURA (Katsushiro Okamoto), KEIKO TSUSHIMA (Shino),
KAMATARI FUJIWARA (Manzo), YOSHIO TSUCHIYA (Rikichi)
y BOKUZEN HIDARI (Yohei)

FESTIVAL DE CINE DE VENECIA DE 1954

LEÓN DE PLATA (Akira Kurosawa)

«Hemos ganado. Y, sin embargo, hemos perdido.»

La película de samuráis más famosa de todas es una obra maestra de época y, al mismo tiempo, una muestra atípica de este género tradicional japonés. La cámara nunca se había acercado tanto a los orgullosos guerreros. Ningún otro cineasta se habría atrevido a confiar precisamente en la defensa de una aldea miserable. En su país, tacharon a Akira Kurosawa de director «occidentalizado»: una sospecha que se confirmó cuando John Sturges triunfó con *Los siete magníficos* (1960), un *remake* adaptado al *western*. De hecho, Kurosawa se había inspirado en su admirado John Ford y, con un lenguaje cinematográfico moderno y comprensible en todo el mundo, renunció al rígido formalismo del cine japonés. El resultado es un drama fascinante, a pesar de su larga duración. Partiendo de una estructuración lenta y de la observación precisa de las relaciones sociales, se intensifica hasta llegar al frenético combate. Y así, como quien no quiere la cosa, Kurosawa había inventado el cine de acción moderno. En esta película, probablemente por primera vez en la historia del cine, se reúne a un equipo para cumplir un encargo peligroso. Los campesinos empobrecidos de una aldea están hartos de que, cada año, unos bandidos malvados les despojen del producto de sus cosechas. Pero ¿qué puede mover a unos samuráis honorables a jugarse la vida a cambio de tres cuencos de arroz al día? «Encontrad samuráis hambrientos», aconseja el más anciano del pueblo a los aldeanos

EL CAMINO DEL SAMURÁI Los samuráis pertenecían a una casta medieval de guerreros que se ganó el prestigio al servicio de poderosos señores feudales. En los años treinta, entraron en el cine japonés. Al acabar la Segunda Guerra Mundial, su código de honor *bushido* (camino del guerrero), que exigía, entre otras cosas, una firme resolución y lealtad absolutas, se asoció a los aviadores kamikazes y al nacionalismo japonés. Este hecho provocó que el gobierno de ocupación estadounidense restringiera temporalmente la producción de películas históricas, las llamadas *jidai-geki*. Con *Rashodom. El bosque ensangrentado* (1950) y *Los siete samuráis* (1954), Akira Kurosawa se convirtió en el gran maestro del género. Sin embargo, sus dramas míticos se centran en los *ronin* o samuráis sin señor que, diseminados por el país, se convirtieron en un problema en el siglo XVII. Durante los años siguientes se produjeron intercambios intensos con el *western* americano. En películas como *Los siete magníficos* (1960) y *Por un puñado de dólares* (1964), se encuentra la huella de los samuráis. La influencia de su técnica en la lucha con espadas es evidente en la trilogía de *La guerra de las galaxias* (1977, 1980, 1983) de George Lucas, donde incluso los caballeros *jedi* se llamaban así por alusión a la palabra *jidai-geki*. En la década de 1960, la figura del samurái sufrió una transformación y se convirtió en el *yakuza*, el gánster japonés. Ambas figuras se inmortalizaron en numerosas películas de serie B que influyeron de forma nada despreciable en muchos directores occidentales. Las apropiaciones más originales se encuentran en *El silencio de un hombre* (1967) de Jean-Pierre Melville, *Ghost Dog: El camino del samurái* (1999) de Jim Jarmusch y *Kill Bill, vol. I* (2003) de Quentin Tarantino.

1 Takashi Shimura interpretando al sabio Kambei en una de las mejores películas de acción de todos los tiempos.

2 Una fuerza expresiva francamente desbordante: Toshirô Mifune, el actor favorito de Kurosawa, en el papel del intrépido Kikuchiyo.

3 El uso de Kurosawa de la cámara lenta en los combates y escenas de acción influyó en el trabjo de muchos directores.

desesperados. En este punto, ya queda claro que Kurosawa está revisando la imagen clásica de los guerreros japoneses. A finales del siglo XVI, después de algunas guerras civiles agotadoras, empiezan a ser un anacronismo. Esforzándose mucho, los campesinos encuentran a Kambei (Takashi Shimura), un viejo que ha perdido más batallas de las que ha ganado. Otros cinco guerreros con distintas motivaciones y habilidades se dejan convencer igualmente. Kikuchiyo (Toshirô Mifune), borracho y fanfarrón, se les une sin que nadie se lo pida.

Durante los preparativos para el gran combate, la tensión aumenta imparablemente. La forma de proceder de Kurosawa se parece a la del sabio Kambei, que dibuja un mapa y empieza a apuntar en una lista las pérdidas del enemigo. En planos panorámicos plácidos, la cámara le toma la medida al pueblo y a sus caminos de salida. Algunas caracterizaciones impactantes delatan la firme resolución de los guerreros. También siguen una geometría

sutil los conflictos que presentan a los samuráis y a los campesinos con toda la fortaleza y las debilidades humanas. Desde el punto de vista de los héroes, los aldeanos son avariciosos, cobardes y desconfiados. A estos, los samuráis les parecen arrogantes y caprichosos. Solo Kikuchiyo consigue de vez en cuando superar el trágico abismo que se abre entre los dos bandos. Con sus bromas de duende —una interpretación formidable de Toshirô Mifune, el actor favorito de Kurosawa—, se gana enseguida a la juventud del pueblo. El hecho de que sea hijo de un campesino facilita al principio la interacción entre las castas y le convierte en el mejor instructor de unos aldeanos sin experiencia en el combate, pero también le impide ascender al rango de «auténtico» samurái.

Ganan la batalla, pero las pérdidas son demasiado grandes. Cuatro samuráis, hombres de espada, mueren precisamente víctimas de las armas de fuego. En cambio, Kurosawa, hijo de una afamada familia de samuráis, crea

«Quizás por eso *Los siete samuráis* fue su película más hermosa, la historia de la victoria del arado sobre la espada, del mundo de los campesinos sobre el de caballerías. En una de la escenas más conmovedoras del filme, solo se ve cómo se cultiva el arroz, con cariño, fatigas y humildad. Kurosawa, que se definía a sí mismo como un "llorón humanista", nunca llevó la guerra a la gran pantalla por voluntad propia. El maestro de las pinturas de batallas odiaba las batallas.» *Die Zeit*

una síntesis de tradición y modernidad. La incomparable epopeya cautiva por la caracterización precisa de los personajes y por su brillantez visual: la fuerza expresiva de una imagen en blanco y negro llena de contrastes, aumentada mediante una profundidad de campo inusual; el equilibrio entre fases contemplativas plácidas y escenas dinámicas de disputas violentas y luchas sangrientas, presentadas en un montaje vertiginoso. Para los momentos especialmente dramáticos de la muerte, el director japonés utiliza imágenes a cámara lenta, un principio que influyó en el *western* de Sam Peckinpah *Grupo salvaje* (1969). Por cierto, Kurosawa le dio las gracias a John Sturges por *Los siete magníficos*… con una espada ceremonial japonesa. PB

LA STRADA 🏆

1954 - ITALIA - 104 MIN.

DIRECTOR

FEDERICO FELLINI (1920-1993)

GUION

TULLIO PINELLI, FEDERICO FELLINI y ENNIO FLAIANO

DIRECTOR DE FOTOGRAFÍA

OTELLO MARTELLI

MONTAJE

LEO CATOZZO

BANDA SONORA

NINO ROTA

PRODUCCIÓN

DINO DE LAURENTIIS y CARLO PONTI para PONTI-DE
LAURENTIIS CINEMATOGRAFICA

REPARTO

GIULIETTA MASINA (Gelsomina), ANTHONY QUINN (Zampano),
RICHARD BASEHART (El Loco), MARCELLA ROVERE (viuda),
LIVIA VENTURINI (monja) y ALDO SILVANI (Colombiani)

PREMIOS DE LA ACADEMIA DE 1956

ÓSCAR a la MEJOR PELÍCULA EXTRANJERA

FESTIVAL DE CINE DE VENECIA DE 1954

LEÓN DE PLATA (Federico Fellini)

«¡Ahora llega el gran Zampano!»

La sala atronó después de la entrega de premios. Los partidarios de Visconti abuchearon a los partidarios de Fellini y, en el tumulto, la cosa acabó en pelea. El motivo: *Senso* (1954) de Luchino Visconti se iba con las manos vacías; *La strada* de Federico Fellini ganaba el León de Plata. Con ello se enconó una guerra de bandos que separó el cine italiano de mediados de los cincuenta en dos reductos: uno de izquierdas, que siguió aferrado al neorrealismo, que se marchitaba lentamente, y un reducto conservador que predicaba los valores del catolicismo en la gran pantalla. Los neorrealistas, en torno a Visconti, se sintieron traicionados por Fellini, su antiguo compañero de viaje. La película era abstracta, individualista e incluso religiosa. La crítica afirmó que ni servía para ilustrar a la sociedad ni reflejaba problemas sociales.

En realidad, *La strada* no gira en torno a la lucha política de clases; de hecho, la película se podría interpretar como una historia de redención religiosa. Pero Fellini rechazó el reproche de que fuera ajena a la realidad. Según el director, el filme seguramente abría una nueva perspectiva social, puesto que trataba de la experiencia común de dos personas, y en eso se apoyaba cualquier sociedad. Y, siempre según Fellini, quizá la historia no se basaba en la realidad del momento, pero se sustentaba en su propia realidad personal, en sus recuerdos y sentimientos, que le habían revelado el viaje de dos criaturas unidas de forma inseparable sin saber por qué.

«¡Gelsomina! ¡Gelsomina! ¡Ven a casa!» Las hermanas llaman a la muchacha rubia (Giuletta Masina) que está en la playa recogiendo leña en las dunas. Zampano (Anthony Quinn) ha ido a buscarla. La ha comprado por 10.000 liras para llevársela en su motocicleta, transformada en caravana. Zampano es un feriante, un forzudo, un saltimbanqui. Hace sus números en las plazas de pueblos miserables. Gelsomina va a ayudarle, tocando el tambor, haciendo de payaso, recolectando el dinero. Así pues, abandona su humilde hogar a orillas del mar. Para siempre.

Una pareja curiosa: la joven menuda, ingenua y vital, que está impaciente por conocer su trabajo de pequeña artista, y el hombre robusto y gruñón, endurecido por la

GIULIETTA MASINA Cuando Giuletta Masina visitaba a su esposo en Cinecittà, los trabajadores del estudio rompían a aplaudir. Un ramo de flores aparecía como por encanto y se paraba el rodaje hasta que ella se sentaba en una silla y contemplaba a su gran Federico trabajando. Federico Fellini y Giulietta Masina formaron una de las parejas más legendarias de la historia del cine. Dirigida por él, la actriz se convirtió en una de las grandes estrellas del cine italiano, en sus papeles de la ingenua Gelsomina en *La strada* (1954) y de la resuelta prostituta en *Las noches de Cabiria* (1957), por el que recibió en Cannes el premio a la mejor interpretación. El crítico François Truffaut no estaba de acuerdo con esas afirmaciones, aunque tuvo que reconocer que Giuletta Masina había marcado por sí misma un «momento» del cine, igual que hiciera James Dean. Giulia Anna Masina nació en 1920 en la provincia de Bolonia, pero se crió en gran parte con una elegante tía suya en Roma. Actuó en diversas compañías de teatro y trabajó en la radio. Allí conoció a Fellini en 1954, poniéndole voz a un personaje de uno de los guiones radiofónicos del director. Consiguió los primeros reconocimientos en el cine en 1948 por un papel secundario de prostituta en *Sin piedad*, una película dirigida por Alberto Lattuada y en la que Fellini colaboró como guionista y ayudante de dirección. A partir de entonces, Masina actuó preferentemente en las primeras películas de su esposo, desde *Luci del varietà* (1950) hasta *Giuleta de los espíritus* (1965). Después se retiró de la gran pantalla, aunque se la pudo ver esporádicamente en televisión. Con los papeles de protagonista en *Perinbaba* (1985) de Juraj Jakubisco, en *Ginger y Fred* (1985) de Fellini y en *Hoy quizá…* (1991) de Jean-Louis Bertuccelli, la actriz celebró su retorno. Giulietta Masina se inscribió en la memoria cinematográfica como la pequeña y divertida Gelsomina, una especie de duendecillo que creía profundamente en la bondad del ser humano. La actriz murió en 1994, pocos meses después que su marido.

«Fellini ha manejado su pequeño reparto e, igualmente importante, su cámara con el toque inconfundible de un artista. Sus viñetas llenan la película de belleza, tristeza, humor y comprensión.» *The New York Times*

1 Giuletta Masina consiguió el reconocimiento internacional por el papel de Gelsomina. Un elogio la hizo especialmente feliz: el de Charles Chaplin.

2 Ingenua y curiosa, Gelsomina se acerca al gruñón Zampano (Anthony Quinn). Pero él no tiene en la cabeza más que vino, y mujeres hechas y derechas.

3 Una de las parejas más dispares en la historia del cine. Zampano se da cuenta demasiado tarde de lo muy encariñado que está con Gelsomina, con su aspecto frágil, pero llena de vida.

4 En ruta: la curiosa moto es su hogar; la carretera, su nueva patria. Su viaje la lleva a través de una Italia de posguerra, pobre y mísera.

5 Zampano en acción: Anthony Quinn escribió en su autobiografía que el personaje se acercaba mucho a su verdadero carácter.

vida en las calles, ciego para su entorno y que ya solo ejecuta sus actuaciones mecánicamente, siempre las mismas frases en el mismo momento culminante, cuando rompe una cadena de hierro tensando el tórax.

En cambio, a Gelsomina se le salen los ojos de las órbitas, como a un payaso, con solo ponerse un sombrero torcido en la cabeza; la simple visión de una trompeta la deja hechizada. La primera vez que se cuelga un tambor al cuello, empieza a tocarlo con delirio, pero enseguida nota una vara golpeándole las piernas desnudas. Zampano no tolera las bromas. Y la instruirá hasta que ella se exprese como él quiere oír. Zampano es un trabajador que solo concibe su arte como medio para ganarse el pan y el vino.

Al revés que El Loco (Richard Basehart), un equilibrista al que Gelsomina y Zampano se encuentran varias veces en el camino. Para El Loco, las variedades son un juego despreocupado; el arte, su vida. Sus actuaciones en lo alto, en el aire, irradian gracia, ligereza y algo sobrenatural, por eso sale una vez a la pista llevando unas alas de ángel en la espalda. Así pues, no es de extrañar que él y Zampano sean enemigos mortales; una rivalidad a la que no sobrevivirá el más débil de los dos.

Con la muerte de El Loco, Gelsomina acaba desmoronándose. Podría haberse ido con él, pero se ha quedado con Zampano, aunque este nunca la haya visto como mujer, aunque él siempre haya rechazado con brusquedad

6 En el circo, Gelsomina encuentra a su «ángel», El Loco (Richard Basehart). Pero en vez de irse volando con él, corre resignada hacia su perdición.

7 El Loco pagará sus bromas y provocaciones con la vida.

«La cara de payaso triste de Gelsomina continúa siendo la imagen más inolvidable de la película, fotografiada intensamente en blanco y negro por Otello Martelli. Como señaló el crítico francés André Bazin, "El personaje de Fellini no evoluciona, madura". Y lo mismo sucede con sus películas.»

The Washington Post

sus delicados esfuerzos por conseguir un poco de reconocimiento y proximidad. De noche, en la playa, a Zampano le asalta al fin su soledad, nota que nota algo. Y que ha perdido algo muy valioso. Llora, probablemente por primera vez en su vida.

Así pues, *La strada* no solo es una parábola social poética, un cuento al estilo de una *road movie*, sino que es ante todo una triste historia de amor. La crítica internacional de cine, especialmente la francesa, celebró la obra de Fellini calificándola de «faro del cine» (Jacques Doniol-Valcroze), de «hito en la historia del cine» (George Sadoul), de «encuentro con un mundo insospechado» (André Bazin). Un mundo que los marxistas italianos rechazaron porque en él podía descubrirse algo mágico, algo encantador. Fellini no se limitaba a reflejar la realidad, apuntaba a la trascendencia. No le interesaba la superficie de las cosas, sino penetrarlas; pretendía reconocer un sentido profundo que hacía que valiera la pena vivir la vida a pesar de todas las fatigas.

«Todo lo que existe en el mundo es bueno para algo»: así le habla El Loco a Gelsomina cuando ella, humillada por Zampano, duda de sí misma y cuestiona su existencia en el mundo. Incluso la de las piedras que están en el suelo. El Loco levanta una y añade: «Si esto no tiene sentido, nada tiene sentido… ni siquiera las estrellas». Y se la da a Gelsomina. Ella mueve la cabeza afirmando. Comprende. Y sonríe.

NM

«Me quedé embelesado con el desenlace de la película, donde el poder del espíritu aplasta a la fuerza bruta.» *Martin Scorsese*

REBELDE SIN CAUSA
REBEL WITHOUT A CAUSE
1955 - EE. UU. - 111 MIN.

DIRECTOR
NICHOLAS RAY (1911-1979)

GUION
STEWART STERN, IRVING SHULMAN y NICHOLAS RAY

DIRECTOR DE FOTOGRAFÍA
ERNEST HALLER

MONTAJE
WILLIAM H. ZIEGLER

BANDA SONORA
LEONARD ROSENMAN

PRODUCCIÓN
DAVID WEISBART para WARNER BROS.

REPARTO
JAMES DEAN (Jim Stark), NATALIE WOOD (Judy), SAL MINEO (John Crawford Platón),
JIM BACKUS (Frank Stark), ANN DORAN (señora Stark),
COREY ALLEN (Buzz Gunderson), DENNIS HOPPER (Goon),
EDWARD PLATT (Ray Fremick), FRANK MAZZOLA (Crunch) y ROBERT FOULK (Gene)

The reception committee for the new kid on the block!

JAMES DEAN

The overnight sensation of 'East of Eden'

Warner Bros. put
all the force of
the screen
into a challenging
drama of today's
juvenile violence!

"REBEL WITHOUT A CAUSE"

IN **CinemaScope**
AND **WarnerColor**

...and they both come from 'good' families!

«¿Quieres mi chaqueta?»

La película escribió historia del cine cuando aún no había llegado a la gran pantalla. Cuatro semanas antes del estreno, el 30 de septiembre de 1955, su protagonista, como si quisiera expresar el título con energía y a su modo, se estrelló a toda velocidad con su Porsche 550 Spyder plateado contra un automóvil de gran cilindrada y se mató. James Byron Dean, *Jimmy*, solo tenía 24 años. Su filmografía incluía tres películas, *Al este del Edén* (1955), *Gigante* (1956) y *Rebelde sin causa,* que configuraron sin duda el cine Dean.

El actor se identificó desde el principio con el papel de la película gracias a la mano, sabia y sensible, de Nicholas Ray en la dirección, quien dejó mucho margen para que Dean y otros actores jóvenes, en parte sin experiencia, improvisaran. La obra ascendió rápidamente a la categoría de filme de culto gracias al persuasivo *method acting* de Dean, que dio vida con intensidad al personaje de Jim Stark mucho más allá de la acción dramática. El actor se convirtió en un icono por su papel del rebelde que fumaba y vestía vaqueros, camiseta blanca y cazadora roja.

NICHOLAS RAY El cabello indomable, blanco como la nieve, un abrigo de ante con adornos de piel, el pañuelo de *cowboy* anudado sobre el pecho, un parche negro en el ojo derecho y un puro consumiéndose en la comisura izquierda de los labios: así aparecía Nicholas Ray, casi fantasmagórico, en el papel del pintor Derwatt en *El amigo americano* (1977), una adaptación de la obra de Highsmith dirigida por Wim Wenders, ante el horizonte de Manhattan, visiblemente marcado por una lucha de más de diez años contra el cáncer que acabó llevándoselo en el verano de 1979. Fue una actuación que, en cierta manera, flotaba como alegoría sobre la obra inspiradora de Ray, que abarca unas 30 películas: Derwalt, un pintor declarado muerto ante la opinión pública, cuyos cuadros se hicieron más valiosos con esta treta biográfica. Los grandes años de Ray como director habían quedado atrás hacía más de una década. A principios de los años sesenta, se había retirado casi totalmente de la industria del cine.

Raymond Nicholas Kienzle, nacido en 1911, fue en los años cuarenta y cincuenta un director rebelde de Hollywood que no quiso subordinarse del todo a ningún estudio. Se defendió tenazmente contra la presión del cine en conserva, simplón y dirigido al gran público, y siguió sus obsesiones narrativas y de imágenes formidables, que dieron como resultado películas inconfundibles como los estudios sociales sobre una juventud descarriada, narrados de forma no lineal: *Llamad a cualquier puerta* (1949) o *En un lugar solitario* (1950), un crudo y despótico ajuste de cuentas con Hollywood, así como *La casa en la sombra* (1950), un drama entre campo y ciudad, tratado en fuertes contrastes, y la pintoresca balada del Oeste *Johnny Guitar* (1954).

Las películas de Ray, que se caracterizan formalmente por un colorido excelente, el dominio del formato cinemascope y una composición precisa de las imágenes, ejercieron su máxima influencia sobre todo en aquellos que renovarían el cine y su lenguaje gráfico una década después: la generación de la *nouvelle vague*, del British Cinema y del cine de autor alemán de los años setenta. Para ellos, los héroes solitarios y hechos a sí mismos de Ray fueron un modelo de cómo individualizar la expresión fílmica. Jean Luc Godard afirmó en una ocasión que si no hubiera existido el cine, Nicholas Ray podría haberlo inventado.

1 James Dean no pudo asistir al estreno de la película. Murió cuatro semanas antes en un accidente de coche. El papel de Jim Stark le salió de las entrañas. El director Nicholas Ray le dejó mucho margen para la improvisación.

2 Vaqueros, camiseta blanca y cazadora roja: Jim pasea los colores de la bandera estadounidense en la noche. El rojo expresa su rebeldía por la doble moral burguesa. Su rival Buzz Gunderson (Corey Allen) lleva cazadora de piel, es un roquero.

3 Encuentran a Jim Stark borracho. En la comisaría les toma el pelo a las autoridades.

4 La banda de Buzz enseña a Jim la dirección al instituto. Solo conocen un gesto: el de la provocación.

«*Rebelde sin causa* constituye un intento bastante serio, dentro de los límites del melodrama comercial, de mostrar que la delincuencia juvenil no es tan solo un brote local de terror en los barrios, sino una infección generalizada en la sociedad moderna de EE. UU.» *Time Magazine*

Ya las imágenes de los créditos de la película se consideran de las más conmovedoras de Hollywood. Interpretando a Jim Stark, Dean cae sobre el asfalto, de noche y borracho, en una pequeña ciudad estadounidense, justo donde un pequeño mono autómata se tambalea en sus últimos movimientos. Sonriendo, Jim le da cuerda al juguete, luego lo acuesta en la calle y lo tapa cariñoso con un periódico arrugado; acto seguido, él se acurruca a su lado y se pone a dormir. Dean improvisó esa escena —igual que muchas otras—, que supone una alegoría del triste desamparo de los personajes del filme a lo largo de toda la trama. No estaba prevista en el guion.

La película se centra en tres jóvenes desconcertados por sus problemas. Viven en un barrio de Los Ángeles, se encuentran un día, se conocen y, por la noche, presencian el drama de la absurda muerte pero también experimentan el amor que todo lo cura. Jim Stark, un solitario que se acaba de mudar a la ciudad, coincide en su primer día de clase con la ingenua Judy (Natalie Wood), a la que su padre siempre trata con frialdad. Ella pertenece a una pandilla y Buzz (Corey Allen), el jefe, se mete enseguida con Jim. A su alrededor, como un satélite solitario y perdido, da vueltas el pequeño y miedoso Platón (Sal Mineo), hijo de padres separados, al que nadie quiere y que enseguida

«La industria del cine olió el negocio. De repente, solo pululaban por la pantalla jóvenes duros con trastornos. Sin ser brutal como Marlon Brando, neurótico como Montgomery Clift o claramente erótico como Robert Mitchum, James Dean tomó una posición excepcional en esa fila como negación de la negación hecha carne.» *Frankfurter Allgemeine Zeitung*

«Las películas de Ray escapan por sí mismas a un examen retrospectivo; en ellas hay mucho movimiento, que es el de la época en la que se crearon; por lo tanto, este solo podría haber sido apreciado en su justa medida por los interesados, precisamente porque esos filmes no pretendían ni podían ser nada más que cine. Movimiento frecuente y especialmente destacado en cada toma individual, traumas que se pueden experimentar con los sentidos, la inquietud de Ray y nuestro propio desasosiego, belleza febril a la vez.» *Süddeutsche Zeitung*

5 La carrera de coches entre Jim y Buzz acaba con Buzz a los pies del acantilado. El trágico accidente será el detonante de una persecución nocturna para vengarse. La expresión «estar al borde del abismo» se hace evidente en la imagen. Judy (Natalie Wood), Jim y Goon (Dennis Hopper) miran al que se ha lanzado a la muerte.

6 Los equilibrios de Platón (Sal Mineo) sobre una piscina vacía reflejan su carácter inestable. No desea nada con más ardor que un amigo o una familia intacta. Pero por muy fuerte que sea su deseo, ahí no hay nada que lo sujete con delicadeza si cae.

se hace amigo de Jim porque este no tiene prejuicios. En una prueba de valor, una carrera de coches entre Buzz y Jim, Buzz sufre un accidente mortal. Jim quiere entregarse a la policía, pero ni los guardianes del orden ni sus padres le prestan la atención adecuada.

La banda de Goon (Dennis Hopper) y Crunch (Frank Mazzola) decide vengar a Buzz. El enfrentamiento se produce en una villa abandonada de Hollywood, en la que Jim, Judy y Platón se han replegado como en un refugio familiar. Cuando uno de los pandilleros entra corriendo, Platón dispara y huye. Perseguido por la policía y completamente fuera de sí, se esconde en un planetario. Jim, que intenta arreglar la tensa situación, presencia cómo Platón muere absurdamente por el disparo de un policía. Aludiendo a la escena inicial del monito, Jim le cierra al amigo muerto la cremallera de la cazadora roja, que le había

dejado un poco antes por el frío. «Siempre tenía frío», les dice a los presentes en el lugar de la desgracia.

El guionista Stewart Stern dijo que la película era la historia de una generación que se hace adulta en una noche. *Rebelde sin causa* se cuenta entre los mejores trabajos de Ray, quien con una técnica narrativa casi instintivamente segura, sólida y directa, creó un lenguaje fílmico en el que la esencia de las acciones está motivada por la existencia de los personajes. Los héroes de Ray son siempre individualistas incómodos y las películas del director muestran su realidad, a menudo atroz. Para

«Rebelde, torpe, imberbe, James Dean se enfurece en el papel de Jim Stark contra la madre autoritaria y el padre débil. A ambos se les dibuja nítidamente —y eso hace que el drama dirigido con estilo por Nicholas Ray destaque de la mayoría de las llamadas "películas de pandilleros" posteriores— como a representantes de una sociedad que confunde la educación con la tutela, la formación con la prescripción dogmática de ideas.» *Frankfurter Allgemeine Zeitung*

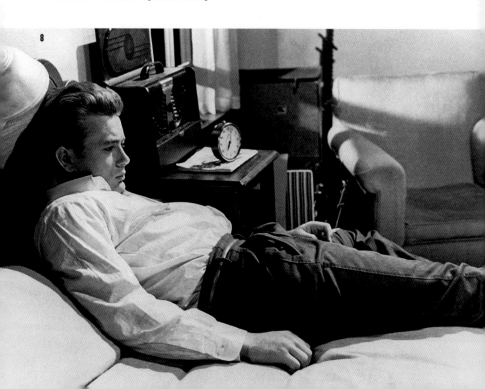

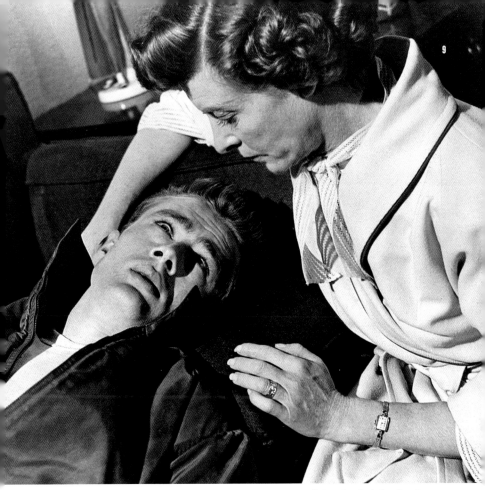

7 El padre de Judy (William Hopper) tiene miedo del cariño de su hija. Como ya no ve en ella a una niña pequeña, reacciona al beso inocente con una bofetada.

8 Jim se enfrenta a un dilema: ¿debe aceptar la provocación de Buzz y presentarse al duelo o debe quedarse en casa, aunque quede como un cobarde?

9 La señora Stark (Ann Doran) no encuentra la manera de acceder a su hijo. No comprende por qué Jim está desesperado. Cuando él pretende presentarse a la policía, la madre intenta detenerle.

muchos cineastas de la *nouvelle vague* como Godard, Rivette y Truffaut, así como para el alemán Wim Wenders, el cine individualista de Ray fue un modelo a seguir.

Rebelde sin causa forma parte de una serie de filmes con los que los grandes estudios reaccionaron al estado de ánimo general de la rebelión juvenil de los años cincuenta en EE.UU., con la finalidad de abrirse a un nuevo público de masas. No es de extrañar que *Rebelde sin causa* o *El salvaje* (1953), dirigida por Laszlo Benedek y protagonizada por Marlon Brando, así como *Semilla de maldad* (1955), dirigida por Richard Brooks y protagonizada por Glenn Ford y Sidney Poitier, coincidieran en el tiempo con el nacimiento del *rock and roll*.

SR

LA NOCHE DEL CAZADOR

THE NIGHT OF THE HUNTER

1955 - EE. UU. - 93 MIN.

DIRECTOR

CHARLES LAUGHTON (1899-1962)

GUION

JAMES AGEE, basado en la novela homónima
de DAVIS GRUBB

DIRECTOR DE FOTOGRAFÍA

STANLEY CORTEZ

MONTAJE

ROBERT GOLDEN

BANDA SONORA

WALTER SCHUMANN

PRODUCCIÓN

PAUL GREGORY para PAUL GREGORY PRODUCTIONS y UNITED ARTISTS

REPARTO

ROBERT MITCHUM (Harry Powell), SHELLEY WINTERS (Willa Harper),
LILLIAN GISH (Rachel Cooper), EVELYN VARDEN (Icey Spoon),
PETER GRAVES (Ben Harper), BILLY CHAPIN (John Harper),
SALLY JANE BRUCE (Pearl Harper), JAMES GLEASON (Birdie),
DON BEDDOE (Walt Spoon) y GLORIA CASTILLO (Ruby)

"This morning
we were married
...and now you think
I'm going to kiss you,
hold you, call you
my wife!"

PAUL GREGORY
presents
ROBERT MITCHUM
SHELLEY WINTERS
in

THE NIGHT OF THE HUNTER

THE SCENES...THE STORY...THE STARS...BUT ABOVE ALL—THE SUSPENSE !!!!

co-starring
LILLIAN GISH!

Screenplay by
CHARLES
LAUGHTON

with JAMES GLEASON · EVELYN VARDEN · PETER GRAVES
and Don Beddoe · Gloria Castillo · Billy Chapin · Sally Jane Bruce
Screenplay by JAMES AGEE · Based on the novel by
DAVIS GRUBB · Produced by PAUL GREGORY
Released thru United Artists

«Volveré cuando oscurezca.»

El único trabajo de dirección del actor de carácter Charles Laughton supone un singular golpe de fortuna para la historia del cine. Lo perturbador y lo fascinante casi nunca han estado tan estrechamente unidos como en este cuento hipnótico para adultos, una película traumática repleta de poesía negra. Con destreza morbosa, el cuadro fílmico de Laughton concentra miedos infantiles tradicionales en una fábula terriblemente hermosa sobre dos niños que huyen de un predicador demoniaco. La piel de gallina está garantizada, ya que ningún otro tema exacerba durante más tiempo ni procura una tensión más crispante que la amenaza de un adulto impredecible y violento sobre unos niños indefensos. La película está ambientada en EE. UU. durante la Gran Depresión: en el país desmoralizado y entregado a la locura piadosa, el pequeño John (Billy Chapin) y su hermana menor Pearl (Sally Jane Bruce) se ven obligados a presenciar cómo la policía detiene a su padre por haber matado a dos personas para conseguir dinero con que mantener a la familia. Poco antes de que la policía pueda arrestarlo, el hombre consigue confiarle el botín a su hijo John. En esa situación de apuro, John tiene que prometerle a su padre que protegerá a la hermana con su propia vida y que nunca hablará del dinero. Esto constituye una promesa demasiado titánica para un alma infantil y el inicio de una odisea de pesadilla, ya que, poco después de la ejecución del padre por los asesinatos cometidos, un sombrío predicador ambulante, que ha puesto sus miras en el dinero, acosará a los niños.

Una vez más, el «chico malo» de Hollywood, Robert Mitchum, brilla en el papel de Harry Powell, un hombre misterioso y lúgubre que merodea por el país cometiendo asesinatos camuflado de predicador. En los dedos de la mano se ha tatuado las palabras «HATE» y «LOVE»: para él, «amor» y «odio» son la expresión de la lucha eterna entre el bien y el mal. Con la ayuda de perspectivas y enfoques de cámara inusuales, desde el principio queda amenazadoramente claro que Harry Powell domina todos los espacios y lugares. Salva sin esfuerzo las distancias, en coche, en tren o a caballo. Harry Powell es omnipresente, no se puede escapar de él. Ese ángel de la muerte

1 No es la imagen de la felicidad: el reverendo Harry Powell (Robert Mitchum) se aprovecha implacable de la confianza de la indefensa Pearl Harper (Sally Jane Bruce).

2 Ángel negro y madre señalada por la muerte (Shelley Winters): Harry Powell practica su falso juego con lógica asesina.

3 Detrás de la fachada sonriente se oculta un espíritu diabólico.

«Puedo oíros murmurar, niños; sé que estáis ahí abajo. Me estoy enfureciendo. Estoy perdiendo la paciencia, niños. Salgo a buscaros.» *Cita de la película: Robert Mitchum como Harry Powell*

4 Harry Powell no contaba con la resistencia del pequeño John (Billy Chapin).

5 En el sótano oscuro maduran los planes para huir del monstruo.

penetra con facilidad, como una oscura sombra omnipotente, incluso en espacios que parecen cerrados a cal y canto: una mala situación de partida para John y Pearl.

Y pasa lo que tiene que pasar: Harry Powell se casa con la madre viuda (Shelley Winters), la convierte en su esclava con promesas religiosas de salvación y, para acercarse mejor a los niños, la asesina a sangre fría. Para que parezca un accidente, hunde en el río el coche de la viuda, con su cadáver en el asiento del conductor. En este punto de la película vemos la legendaria imagen dentro del agua de la asesinada con el pelo suelto meciéndose suavemente en la corriente como las algas: una visión poética de la muerte, romanticismo negro filmado en un fotograma que reúne el horror y la belleza, el asesinato violento y el encanto en una expresión cinematográfica de infinita melancolía. Es magnífico cómo la película asocia recursos creativos de expresión amanerada y elementos oníricos (o de pesadilla), encontrando así un lenguaje fílmico inconfundible, casi surrealista, para plasmar lo

inquietante y un horror sutil que no estropea su efectismo sugerente.

En este escenario estéticamente extrovertido, parece que las sombras y la oscuridad acabarán cubriéndolo todo. Sin embargo, John y Pearl pueden escapar de las garras del predicador en el momento más apurado huyendo por el río en un pequeño bote. Finalmente, encuentran refugio y amparo en casa de la señora Cooper, un mujer resuelta de entereza victoriana, que se ocupa de los huérfanos. En este punto, la película consigue otro golpe de fortuna: nada menos que la gran estrella del cine mudo Lillian Gish aparece en el papel de Rachel Cooper dándole la réplica al predicador. Esta figura maternal luminosa se da cuenta del peligroso juego y acaba entregando al malvado a la policía. El círculo se cierra cuando John se libera por fin de su misión sobrehumana y revela el escondite del dinero: la muñeca de Pearl que, después de todo, simboliza mucho más que una infancia robada.

BR

GIGANTE ♔

GIANT

1956 - EE. UU. - 201 MIN.

DIRECTOR

GEORGE STEVENS (1904-1975)

GUION

FRED GUIOL e IVAN MOFFAT, basado en la
novela homónima de EDNA FERBER

DIRECTOR DE FOTOGRAFÍA

WILLIAM C. MELLOR

MONTAJE

WILLIAM HORNBECK

BANDA SONORA

DIMITRI TIOMKIN

PRODUCCIÓN

GEORGE STEVENS y HENRY GINSBERG para GIANT
PRODUCTIONS y WARNER BROS.

REPARTO

ELIZABETH TAYLOR (Leslie Lynnton Benedict), ROCK HUDSON
(Jordan Bick Benedict), JAMES DEAN (Jett Rink), CARROLL BAKER (Luz Benedict II),
JANE WITHERS (Vashti Snythe), CHILL WILLS (tío Bawley Benedict),
MERCEDES MCCAMBRIDGE (Luz Benedict), DENNIS HOPPER (Jordan Benedict III),
SAL MINEO (Ángel Obregón II), ROD TAYLOR (sir David Karfrey),
JUDITH EVELYN (señora Nancy Lynnton), Earl Holliman (Bob Dace),
ROBERT NICHOLS (Pinky Snythe) y PAUL FIX (doctor Horace Lynnton)

PREMIOS DE LA ACADEMIA DE 1956

Óscar al MEJOR DIRECTOR (George Stevens)

A PICTURE OF PROUD PEOPLE, A LOVE STORY, A CAVALCADE--A CONFLICT OF CREEDS--A PERSONAL
DRAMA OF STRONG LONGINGS--A BIG STORY OF BIG THINGS AND BIG FEELINGS--- THIS IS 'GIANT'!

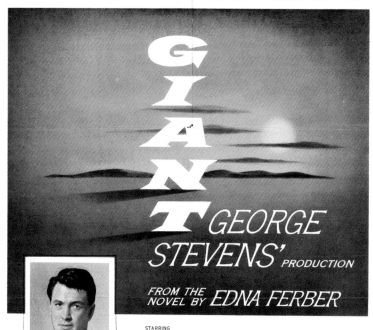

GIANT

GEORGE
STEVENS' PRODUCTION

FROM THE
NOVEL BY EDNA FERBER

STARRING

ELIZABETH
TAYLOR

AS LESLIE LYNNTON...whether you loved her
in the open, or hid it inside you--you hungered.

ROCK
HUDSON

AS BICK BENEDICT...who was big enough
to stand up and take what he wanted; and
biggest, one day, when he crawled.

JAMES
DEAN

AS JETT RINK...he was made of laughs and lies
and loving looks; he was made to get to the top--
so he could have the fun of falling all the way down.

PRESENTED BY WARNER BROS. IN WarnerColor

AND PRESENTING   ALSO STARRING
CARROLL BAKER JANE WITHERS · CHILL WILLS · MERCEDES McCAMBRIDGE
SAL MINEO with DENNIS HOPPER · SCREEN PLAY BY FRED GUIOL and IVAN MOFFAT MUSIC COMPOSED AND CONDUCTED BY DIMITRI TIOMKIN
PRODUCED BY GEORGE STEVENS and HENRY GINSBERG DIRECTED BY GEORGE STEVENS PRESENTED BY WARNER BROS.

«Bick, debiste haber matado antes a ese individuo. Ahora es demasiado rico.»

Si no fuera por la grandiosidad de esta película y la fuerza de sus intérpretes, esta saga familiar bien podría haber pasado a la historia del cine únicamente como un culebrón desgarrado pasado a la gran pantalla. Pero el hecho es que la epopeya de George Stevens se considera un clásico desde hace tiempo, lo que, aparte del gran número de críticas eufóricas y las 10 candidaturas a los Premios Óscar, se debe a una razón especial: fue la última película de James Dean. Este icono de los años cincuenta, que anteriormente solo había rodado *Al este del Edén* (1955) y *Rebelde sin causa* (1955), falleció en un accidente de coche el 30 de septiembre de 1955, un año antes del estreno de *Gigante*.

En la cinta que nos ocupa, Dean interpreta al vaquero Jett Rink, otro de sus rebeldes solitarios, un hombre poseído por sus pasiones y torturado por los celos y un amor no correspondido. Sin embargo, Jett Rink es un personaje importante, pero secundario. Los verdaderos protagonistas de esta historia son el matrimonio formado por Leslie y Jordan *Bick* Benedict (Elizabeth Taylor y Rock Hudson). A principios de los años veinte, Bick, un acaudalado ranchero texano, conoce a Leslie, una elegante belleza de la costa este, cuando acude a Maryland a comprar un caballo al padre de ella. Es amor a primera vista. Poco después, Leslie sigue a su nuevo marido a Texas. Los recién casados se instalan en su enorme rancho, Reata. No obstante, la delicada joven tiene dificultades para sentirse a gusto en su hogar, si bien su principal problema no es el clima sino el rechazo de Luz (Mercedes McCambridge), la hermana de Bick, y el desprecio que este siente por los mexicanos y sus peones. Para desgracia de Bick, Leslie traba amistad con Jett Rink, un joven e introvertido trabajador

GEORGE STEVENS A pesar de ser el director responsable de clásicos como *La mujer del año* (1941), el *western Raíces profundas* (1953) o la película bíblica *La historia más grande jamás contada* (1964), y de que su obra, en conjunto, puede calificarse de ecléctica, George Stevens nunca llegó a ser realmente uno de los grandes cineastas de Hollywood. Hijo de dos actores, Landers Stevens y Georgie Cooper, nació en diciembre de 1904 en Oakland (California) y empezó su carrera cinematográfica como operador de cámara. Durante la década de 1920 trabajó, entre otros, junto a Hal Roach en comedias como *Big Business* (1929) y *Men O'War* (1929). Roach ofreció a su joven y ambicioso colaborador la oportunidad de dirigir algunos cortos. Posteriormente, Stevens trabajó en la Universal y la RKO. Su primer éxito de taquilla fue *The Cohens and Kellys in Trouble* (1933).

Una etapa importante en la trayectoria vital y profesional de Stevens la constituye su trabajo como director de una unidad cinematográfica del ejército estadounidense que documentó el desembarco de las tropas aliadas en Normandía. Además, entró junto a su equipo, entre otros, en el campo de concentración de Dachau. Stevens recogió ese material junto con otras documentaciones en la cinta *Nazi Concentration Camps* (1945), proyectada por primera vez durante los juicios de Núremberg contra criminales de guerra.

Este director de raza con fama de perfeccionista fue capaz de poner en escena desde inocentes comedias hasta temas dramáticos. Por si fuera poco, se hizo productor para controlar todos los detalles de sus proyectos. Obtuvo su primera candidatura a los Premios Óscar como mejor director por *El amor llamó dos veces* (1943), aunque el año anterior ya estuvo a punto de alzarse con la estatuilla a la mejor película por *El asunto del día* (1942), de la que fue productor. Se despidió finalmente de la comedia con *Un lugar en el sol* (1951), que le reportó su primer Premio de la Academia. Con el segundo se reconoció su buen hacer en la adaptación de la novela de Edna Ferber en la que se basó *Gigante* (1956). George Stevens falleció en marzo de 1975 de un ataque al corazón.

«Las interpretaciones de Dean, Taylor, Hudson y el resto del reparto nos recuerdan la época en la que la expresión "estrella de cine" no era un insulto.»

E! Online

1 Una leyenda de Hollywood con solo tres películas en su haber. En su tercera y última aparición en la gran pantalla, James Dean, en la piel de Jett Rink, volvió a interpretar brillantemente a un rebelde solitario e impulsivo.

2 Un amor no correspondido: aunque Leslie (Elizabeth Taylor) proteja al ambicioso Jett, su corazón pertenece a su esposo, el terrateniente Bick.

3 ¿Ha llegado el final? Jordan *Bick* Benedict (Rock Hudson) observa cómo su mujer se marcha junto con sus hijos. ¿Volverá a él?

2

del rancho. Cuando, además, ella empieza a ocuparse de los mexicanos que viven en el pueblo vecino sumidos en la más absoluta de las miserias, se produce la primera crisis de la pareja. La reconciliación quedará eclipsada por un acontecimiento trágico: Luz muere al caer de un caballo. La difunta deja una pequeña parcela a Jett, que el joven trabaja sin descanso hasta que encuentra petróleo y se convierte en uno de los hombres más ricos y poderosos de Texas... y en el enemigo más acérrimo de Bick Benedict.

Gigante es la emocionante crónica de casi 25 años de la vida en Reata. El filme retrata la convivencia de Leslie y Bick, la educación de sus hijos y las diversas crisis y problemas de los habitantes del rancho. En un segundo nivel narrativo, asistimos al ascenso de Jett, que pasa de ser un pobre peón a un magnate del petróleo inmensamente

rico que aprovecha cualquier oportunidad que se le presenta para vengarse de Bick por el amor no correspondido que siente por su esposa, llegando al punto de seducir a la hija de su rival (Carroll Baker). Como sugiere el título, *Gigante* es una película grandiosa: supera las tres horas de duración y está llena de impresionantes imágenes de campos verdes y fértiles, y del amplio y polvoriento paisaje texano. En ella se tratan temas tan complejos como el racismo, la emancipación o la familia, cuyo significado emocional está ligado de forma excepcional con la representación del inevitable paso del tiempo. Uno de los principales motivos es el de los padres que ven frustradas las expectativas que han depositado en sus hijos: los vástagos de Bick y Leslie se rebelan desde muy pequeños contra los planes de su progenitor. Por ejemplo, el pequeño Jordan rompe a llorar durante la celebración de su cuarto

«*Gigante* resulta tan íntima como una carta de los tuyos: una obra maestra.» *The Chicago Daily News*

4 El estado de Texas como símbolo de una forma de entender la vida: el ranchero visita junto a su mujer, Leslie, los pastos de su inmensa propiedad, Reata.

5 El corazón de Reata: la casa de la familia Benedict será el escenario de muchos momentos felices y de un número aún mayor de dramas.

6 Veinticinco años llenos de amor y dolor: finalmente, Leslie consigue domesticar a Bick, el impetuoso vaquero, y él logra ganarse el respeto de su esposa, además de su amor incondicional.

cumpleaños cuando le suben a un poni y Bick, un vaquero empedernido («Yo montaba antes de saber andar»), debe reconocer lleno de pánico que esto es una señal muy significativa. Así, de mayor, Jordan (Dennis Hopper) se negará a hacerse cargo del rancho de su padre porque quiere ser médico y, además, se casará con una mexicana, lo que en realidad ayuda a Bick a superar su racismo. Cuando a su nuera se le prohíbe la entrada en el salón de belleza del hotel en el que se celebra una recepción en honor de Jett, Bick pide explicaciones a este último. Posteriormente, tras «ver la luz» recibirá una buena paliza por interceder a favor de una familia mexicana en un restaurante cuando el propietario se niega a servirles.

Hasta llegar a la conversión de Bick hay un largo camino, puesto que sus prejuicios racistas y su actitud machista siempre salen a relucir, por ejemplo cuando

canta las virtudes de Texas, el estado de la estrella solitaria (que en *Gigante* es casi un personaje secundario y, por supuesto, se describe como una forma de vida), cuando califica a los mexicanos de infrahumanos o cuando echa una reprimenda a su mujer porque esta se ha atrevido a participar en una tertulia sobre política formada solo por hombres. Elizabeth Taylor interpreta a Leslie, el único personaje realmente «bondadoso» de la cinta, y confiere una sutil y sobrecogedora energía a esa esposa sarcástica pero, al mismo tiempo, increíblemente paciente y amante. La escena en la que Bick es golpeado en el restaurante hace las veces de final feliz. Si bien el amor entre el matrimonio no se ha cuestionado en serio durante todo el metraje, al final de la película Bick consigue el respeto de su mujer.

ES

CENTAUROS DEL DESIERTO

THE SEARCHERS

1956 - EE. UU. -119 MIN.

DIRECTOR

JOHN FORD (1894-1973)

GUION

FRANK S. NUGENT, basado en la novela homónima
de ALAN LE MAY

DIRECTOR DE FOTOGRAFÍA

WINTON C. HOCH

MONTAJE

JACK MURRAY

BANDA SONORA

MAX STEINER y STAN JONES
(canción: *The Searchers*)

PRODUCCIÓN

C. V. WHITNEY para C.V. WHITNEY
PICTURES y WARNER BROS.

REPARTO

JOHN WAYNE (Ethan Edwards), JEFFREY HUNTER (Martin Pawley),
VERA MILES (Laurie Jorgensen), WARD BOND (reverendo capitán Samuel Clayton),
NATALIE WOOD (Debbie Edwards), JOHN QUALEN (Lars Jorgensen),
OLIVE CAREY (señora Jorgensen), HENRY BRANDON (jefe Cicatriz),
WALTER COY (Aaron Edwards) y DOROTHY JORDAN (Martha Edwards)

*he had
to find
her...
he had
to find
her...*

WARNER BROS. PRESENT
THE C.V. WHITNEY PICTURE STARRING

JOHN WAYNE
IN "THE SEARCHERS"

THE BIGGEST,
ROUGHEST, TOUGHEST...
AND MOST BEAUTIFUL
PICTURE EVER MADE!

THE STORY THAT SWEEPS FROM THE GREAT
SOUTHWEST TO THE CANADIAN BORDER IN

VISTAVISION
MOTION PICTURE · HIGH FIDELITY

COLOR BY
TECHNICOLOR

CO-STARRING
JEFFREY HUNTER · VERA MILES
WARD BOND · NATALIE WOOD
SCREEN PLAY BY FRANK S. NUGENT   EXECUTIVE PRODUCER MERIAN C. COOPER   ASSOCIATE PRODUCER PATRICK FORD
PRESENTED BY WARNER BROS.   DIRECTED BY JOHN FORD
4-TIME ACADEMY AWARD WINNER

«De modo que al final daremos con ella. Te lo prometo. La encontraremos.»

Centauros del desierto, todo un clásico del Oeste, no es en absoluto un *western* clásico. En esta cinta, el bien no triunfa sobre el mal ni la civilización se impone a la naturaleza. Las contradicciones y secretos que personifica el protagonista —al que resulta difícil denominar «héroe»— quedan sin resolver. Tres años después de finalizar la guerra de Secesión, Ethan Edwards (John Wayne) visita la granja que su hermano Aaron (Walter Coy) tiene en Texas. El reencuentro no dura mucho. Tras buscar infructuosamente a unos cazadores furtivos, Ethan regresa a casa de sus familiares para descubrir un panorama desolador: Aaron y su esposa, Martha (Dorothy Jordan), han sido asesinados por unos comanches nómadas, que también han secuestrado a sus dos hijas, Lucy y Debbie. Ethan, respaldado por un grupo de exploradores, se lanza inmediatamente a su persecución. Entre los hombres que le acompañan se encuentra el joven Martin Pawley (Jeffrey Hunter), hijo adoptivo de la familia al que el propio Ethan encontró años atrás en el desierto. No tardarán en encontrar el cadáver de Lucy. Mientras que los demás deciden abandonar, Ethan y Martin continúan la búsqueda en solitario. Su aventura durará cinco años, durante los cuales crecerá en el interior de Martin la terrible sospecha de que el deseo de Ethan no es dar con su sobrina. En realidad, desea matar a Debbie, que en compañía de los comanches se ha convertido en una india.

Sin despojar al *western* de su mítica fuerza, John Ford (¡precisamente él!) adopta una inusitada distancia respecto al género. Este posicionamiento se manifiesta en aquello que no se dice, en el misterio que rodea a Ethan. Nunca descubrimos qué hizo desde el final de la guerra. ¿Fue un héroe? ¿Un bandido? ¿El origen de su desmesurado racismo es realmente la venganza? Sabemos que odia a los indios, sobre todo a la tribu comanche. Sin embargo, durante su delirante búsqueda también descubrimos que posee un profundo conocimiento de las necesidades

JOHN WAYNE El actor más popular de EE. UU. hasta la fecha nació en 1907 como Marion Michael Morrison en Iowa. Estudió en la University of Southern California, donde destacó como jugador de fútbol americano. En 1928 empezó a interpretar pequeños papeles en las películas de su amigo John Ford. Su gran lanzamiento se produjo en 1939 gracias a su trabajo en un *western* clásico de Ford, *La diligencia*. Director y actor colaboraron en unas 20 cintas, entre las que destacan *La legión invencible* (1949), *Río Grande* (1950) y *El hombre que mató a Liberty Valance* (1962). Juntos crearon su imagen de hombre duro: arisco, firme, parco en palabras, certero, fiel a los ideales norteamericanos y que no le hacía ascos al uniforme. Wayne se tomaba con filosofía la acusación de que, básicamente, se interpretaba a sí mismo. En el filme *El hombre tranquilo* (1952), el homenaje nostálgico de Ford a sus raíces irlandesas, actuó junto a Maureen O'Hara en la que fue una de sus pocas incursiones en la comedia. El intérprete fue fiel a su imagen incluso al pasarse a otros géneros, como la aventura africana de *Hatari* (1962) o el drama bélico *Boinas verdes* (1968).

El hombre fuerte de Hollywood, que siempre defendió con agresividad su ideología reaccionaria, tampoco perdía ocasión de parodiar su propio mito. Así, en *El Dorado* (1967) y *Río Lobo* (1970), dos de los célebres *westerns* crepusculares de Howard Hawks, vemos a un envejecido Wayne en la piel de un pistolero en decadencia. Ganó su único Óscar por su interpretación de un alguacil alcohólico en *Valor de ley* (1969), de Henry Hathaway. Su último papel fue el de un vaquero enfermo de cáncer en *El último pistolero* (1976), de Don Siegel. John Wayne murió en 1979 víctima de un cáncer de pulmón. Según dicen, hasta el último momento estuvo dispuesto a pegarse con quien fuera.

«Un racista cargado de amargura al que no le cuesta nada enfadarse ni ofenderse, el enemigo implacable de todas las tribus, especialmente de los comanches [...] Edwards es uno de los retratos más sorprendentes de furia devastadora y sin motivaciones jamás realizados en la pantalla, un aterrador vistazo al lado oscuro de los hombres que dominaron las llanuras, que nadie se molesta en embellecer.» Los Angeles Times

y estilo de vida de los pieles rojas. Cuando la partida de vaqueros encuentra la tumba de un indio, Ethan dispara a los ojos del cadáver para que el muerto tenga que «vagar eternamente entre los vientos». Cuando por fin se enfrenta a su archienemigo Cicatriz (Henry Brandon), el demoniaco jefe de los comanches, parece como si se mirara al espejo.

Ethan, como revela cada uno de sus gestos, no tiene raíces. En compañía de blancos, siempre es un extraño. En las escenas más famosas de la película, al principio y al final del metraje, aparece solo frente a la puerta de la granja, que simboliza la frontera entre la civilización y el mundo sin leyes, y que él nunca llega a cruzar realmente. Tampoco la cruzó en el pasado, cuando mantenía una relación con Martha, algo que permiten entrever las escasas escenas familiares. Ford cierra la puerta con un recurso cinematográfico denominado «cortinilla». Ethan se queda solo en la inmensidad de Monument Valley. Al igual que el

3

1 Una patrulla de búsqueda dividida: Martin (Jeffrey Hunter), Ethan (John Wayne) y el reverendo (Ward Bond).

2 John Wayne y Monument Valley: dos monumentos del *western* norteamericano unidos para siempre gracias a John Ford.

3 Pronto Ethan y Martin se ven obligados a continuar buscando a Debbie solos. Su odisea durará cinco años.

4 John Wayne en su mejor película del Oeste. El carácter de Ethan inspira en el espectador admiración y repugnancia a partes iguales.

indio muerto, el perseguidor, acosado por los demonios de su pasado, no encontrará la paz.

Pasó mucho tiempo antes de que la cinta de Ford fuera acusada de racista y todavía más hasta que se reconoció la modernidad de su inusual estructura episódica. La postura del director, tan contradictoria como la de su protagonista, se pone de manifiesto al contemplar la obra en su totalidad. Mientras que nunca se ve a un indio cometer un asesinato, Ethan mata a los pieles rojas que intentan escapar, un hecho sin sentido que horroriza incluso a sus embrutecidos compañeros de aventuras. Hasta la caballería de EE.UU., la perla de los anteriores filmes del director, comete una horrible masacre. A ellos se contrapone Martin, un hombre de buena fe al que Ethan trata con desprecio desde el principio porque tiene sangre *cherokee*. El hecho de que el héroe termine aceptándole denota su

transformación interna. Cuando encuentran a Debbie (Natalie Wood), que se ha convertido en una india de la mano de Cicatriz, podrá por fin abrazarla, no sin antes cortarle la cabellera a este último.

En palabras del actor protagonista, el *western* más complejo y oscuro de John Ford —cuya estructura de tragedia no se ve en absoluto aligerada por la banal historia secundaria sobre los vecinos suecos, la familia Jorgensen— es también el mejor. John Wayne adereza su rabia de dimensiones épicas con una fuerza y un individualismo irrefrenables. El resultado resulta aún más impresionante de lo habitual. *Centauros del desierto* es un hito dentro de la cinematografía estadounidense y algunos de sus motivos se han reinterpretado, entre otras, en *Taxi Driver* (1975), de Martin Scorsese, y *La guerra de las galaxias* (1977), de George Lucas. PB

ASCENSOR PARA EL CADALSO
ASCENSEUR POUR L'ÉCHAFAUD

1957 - FRANCIA - 88 MIN.

DIRECTOR

LOUIS MALLE (1932-1995)

GUION

LOUIS MALLE y ROGER NIMIER,
basado en la novela homónima de NOËL CALEF

DIRECTOR DE FOTOGRAFÍA

HENRI DECAË

MONTAJE

LÉONIDE AZAR

BANDA SONORA

MILES DAVIS (Miles Davis Quintet: Miles Davis, Barney Wilen,
René Urtreger, Pierre Michelot y Kenny Clarke)

PRODUCCIÓN

JEAN THUILLIER para NOUVELLES ÉDITIONS DE FILMS

REPARTO

JEANNE MOREAU (Florence Carala), MAURICE RONET (Julien Tavernier),
GEORGES POUJOULY (Louis), YORI BERTIN (Véronique), LINO VENTURA (inspector Chérier),
JEAN WALL (Simon Carala), FÉLIX MARTEN (Christian Subervie),
IVAN PETROVICH (Horst Bencker), ELGA ANDERSEN (Frieda Bencker)
y CHARLES DENNER (ayudante del inspector Chérier)

Présente:

LE PRIX LOUIS DELLUC

La plus haute récompense Française du Cinéma

JEANNE MOREAU

et

MAURICE RONET

dans un Film réalisé par

LOUIS MALLE

Willy Mucha

Ascenseur pour l'échafaud

D'APRÈS LE ROMAN DE NOËL CALEF·ADAPTATION DE ROGER NIMIER ET LOUIS MALLE

DIALOGUE DE **ROGER NIMIER**

AVEC **GEORGES POUJOULY·YORI BERTIN·JEAN WALL**

et **IVAN PETROVICH** et **FELIX MARTEN** et **LINO VENTURA**

MUSIQUE DE **MILES DAVIS**

PRODUCTION NOUVELLES ÉDITIONS de FILMS·PRODUCTEUR DÉLÉGUÉ : JEAN THUILLIER

«Te he estado buscando toda la noche, pero no te he encontrado.»

Florence (Jeanne Moreau) y su amante Julien (Maurice Ronet) han planeado hasta el último detalle el asesinato del marido de Florence. Pero el plan se desbarata apenas perpetrado el sangriento crimen, encubierto de suicidio. Julien se queda encerrado en el ascensor del lugar del delito y, por si eso no bastara, una pareja de jóvenes le roba el coche. Cuando el cabriolé pasa por delante de Florence, que espera sin sospechar nada, la mujer empieza a dudar del amor de Julien. Mientras ella vaga por el París nocturno en busca de su amado y este intenta liberarse en vano, el destino sigue su curso. Los dos jóvenes ladrones matan a una pareja de turistas alemanes. Y cuando, acto seguido, la policía inicia diligencias a gran escala, Julien está en lo más alto de la lista por ser el propietario del automóvil.

Los amantes, el marido fastidioso, un asesinato planeado minuciosamente y el poder destructivo del destino:

no cabe duda de que se trata de un argumento cinematográfico viejo y conocido. Pero, en su época, sí pareció nuevo y excitante que Louis Malle modelara un drama existencial a partir de esos ingredientes clásicos del género policiaco. *Ascensor para el cadalso* fue el debut en el cine del director, que entonces tenía 25 años. Él mismo comentó en una ocasión que, en su ópera prima, había dudado entre realizar un *thriller* al estilo de Hitchcock o rendir homenaje a las películas impregnadas de filosofía de Robert Bresson, con el que había trabajado anteriormente de ayudante en *Un condenado a muerte se ha escapado* (1956).

En realidad, ambas influencias se condensan en el filme de Malle. Después de un comienzo lleno de suspense, poco o poco la acción llega casi a estancarse. El director observa con mirada fría y distanciada a sus protagonistas

JEANNE MOREAU No cabe duda de que si Orson Welles dijo de ella que era «la actriz más grande del mundo» no fue únicamente por su sorprendente capacidad de pasar, de forma convincente y en un instante, de una seriedad circunspecta a una alegría fascinante. De hecho, la actriz marcó como nadie el cine de autor: Jeanne Moreau (París, 1928) ya era una celebridad en los teatros antes de triunfar en el cine con *Ascensor para el cadalso* (1957). Su segundo trabajo con Louis Malle, *Los amantes* (1958), una película que supuso un escándalo en la época, le reportó la fama internacional y provocó que, a partir de ese momento, tuviera cierta reputación de libertina en el amor. Desde entonces, Moreau, que influyó de forma determinante en el cambio de imagen de la mujer en el cine de los años sesenta, también demostró su independencia al escoger sus proyectos. *Moderato cantabile* (1960), de Peter Brook, le supuso su primer gran premio, la Palma de Oro a la mejor actriz, antes de convertirse en el icono de la *nouvelle vague* gracias a su papel, quizás el más famoso, de la amante de dos amigos, tan liberal como enérgica, en *Jules et Jim* (1961) de François Truffaut. La actriz despertó un gran interés en los medios de comunicación al actuar junto a Brigitte Bardot en *Viva María* (1965), una parodia del *western* dirigida por Malle. Otros directores importantes con los que trabajó fueron Michelangelo Antonioni, Joseph Losey, Luis Buñuel, Jacques Demy, Tony Richardson, Paul Mazursky, André Téchiné, Elia Kazan, Marguerite Duras, Rainer Werner Fassbinder y Wim Wenders. La actriz también ha dirigido varias películas. Paralelamente a su trabajo en el cine, Moreau ha seguido una carrera de cantante plagada de éxitos.

2

1 Uno de los mejores actores franceses de su generación: aunque Maurice Ronet (1927-1983) nunca consiguió la popularidad de Delon o Belmondo.

2 En busca del amante: mientras Julien está atrapado en el ascensor, Florence (Jeanne Moreau, derecha) peina las calles y los bares de París.

3 Un tipo duro: en 1957, Lino Ventura (derecha) aún estaba en los inicios de su carrera. Diez años después, el antiguo luchador profesional era una estrella internacional.

4 Jeanne Moreau, que con *Ascensor para el cadalso* se convirtió en el icono del joven cine francés.

3

«De todas las películas de Louis Malle centradas por entero en la observación, esta es la más angustiosa, porque el director teje una red de miradas que van a parar al vacío.» *Die Zeit*

que, a medida que progresan los trabajos de investigación de la policía, parecen cada vez más recluidos en su soledad y desesperación existenciales. Igual que Bresson, Malle recurre una y otra vez a las metáforas correspondientes: Julien está encerrado en su ascensor-prisión y Florence, como si para ella tampoco hubiera escapatoria, vaga por las calles mojadas por la lluvia de un París laberíntico. La gran ciudad como símbolo del mundo moderno no promete ninguna libertad en la película de Malle. El brillo superficial de los escaparates resplandecientes remite de forma tanto más dolorosa al vacío emocional de los habitantes.

Si bien Malle remarcó una y otra vez su distanciamiento del cine de la *nouvelle vague*, no puede desestimarse la importancia de *Ascensor para el cadalso* como modelo y fuente de inspiración del cine de autor francés de finales de los años cincuenta. Puede que el tono de su película sea mucho más melancólico, pero manifiesta el mismo entusiasmo por las películas de serie B americanas que después mostrarían *Al final de la escapada* (1959) de Jean-Luc Godard o *Tirad sobre el pianista* (1959-1960) de François Truffaut. El director de fotografía Henri Decaë plasmó el mundo sombrío del cine negro en intensas imágenes en blanco y negro de París. Iluminada únicamente por las luces chillonas de neón de los cafés nocturnos y por faros deslumbrantes, la metrópoli se convierte en un paisaje difuso de almas, en el que Florence amenaza con perderse cada vez más.

«*Ascensor para el cadalso*, la obra de un debutante de veinticinco años, es una película cuya clara frialdad hace estremecerse; una película que habla de la soledad, de la imposibilidad de ser felices y de la lógica implacable del azar. Un *film noir* francés vestido de existencialismo, un largometraje de la noche.»

die tageszeitung

5 El encierro de Julien en el ascensor se convierte en metáfora de lo absurdo de cualquier protesta…

6 … una actitud acorde al espíritu existencialista de la época.

7 Sin conexión: el teléfono también alude a la soledad total de las personas.

8 La escenificación distante de Louis Malle recuerda a veces a películas de Robert Bresson, con quien había trabajado de ayudante un año antes.

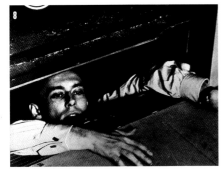

El trabajo de dirección de Malle nos impide tomar partido, pero nos permite participar del estado anímico excepcional de Florence, puesto que coloca sus pensamientos como monólogo interior en el rostro de Jeanne Moreau, marcado por el cansancio y la tensión. Su inseguridad se experimenta de forma francamente física gracias a la célebre banda sonora de Miles Davis. La agresividad agotadora de su trompeta de *jazz* traslada el nerviosismo del personaje a la sala de cine. El sonido estridente del instrumento es capaz de otorgar la actualidad de un clásico a la concepción pesimista de Malle.

UB

345

FRESAS SALVAJES
SMULTRONSTÄLLET
1957 - SUECIA - 91 MIN.

DIRECTOR
INGMAR BERGMAN (1918-2007)

GUION
INGMAR BERGMAN

DIRECTOR DE FOTOGRAFÍA
GUNNAR FISCHER

MONTAJE
OSCAR ROSANDER

BANDA SONORA
ERIK NORDGREN

PRODUCCIÓN
ALLAN EKELUND para SVENSK FILMINDUSTRI

REPARTO
VICTOR SJÖSTRÖM (profesor Isak Borg), BIBI ANDERSSON (Sara),
INGRID THULIN (Marianne Borg), GUNNAR BJÖRNSTRAND (Evald Borg),
FOLKE SUNDQUIST (Anders), BJÖRN BJELFVENSTAM (Viktor),
NAIMA WIFSTRAND (la madre de Isak), JULLAN KINDAHL (Agda),
GUNNAR SJÖBERG (ingeniero Alman), GUNNEL BROSTRÖM (señora Alman),
GERTRUD FRIDH (Karin, la esposa de Isak), ÅKE FRIDELL (amante de Karin),
MAX VON SYDOW (Åkerman), SIF RUUD (tía), YNGVE NORDWALL (tío Aron),
PER SJÖSTRAND (Sigfrid Borg), GIO PETRÉ (Sigbritt), GUNNEL LINDBLOM (Charlotta),
MAUD HANSSON (Angelica), LENA BERGMAN (Kristina) y MONICA EHRLING (Birgitta)

FESTIVAL DE CINE DE BERLÍN DE 1958
OSO DE ORO (Ingmar Bergman)

INGMAR BERGMANS
Smultron-stället

VICTOR SJÖSTRÖM
BIBI ANDERSSON
GUNNAR BJÖRNSTRAND
INGRID THULIN

FOLKE SUNDQUIST
BJÖRN BJELVENSTAM
NAIMA WIFSTRAND

«La cuestión ya no es si Dios ha muerto; la cuestión es si el hombre ha muerto.»

Sueño, recuerdo y presente: en esta película, Ingmar Bergman reúne varios planos de forma tan hábil que la imaginación y la reflexión, lo ilusorio y lo meditado se entremezclan con fluidez en la ficción. El tema central de esta película, galardonada con numerosos premios, se escenifica ya en una escena onírica del principio: el miedo a la muerte. Un viejo camina por una ciudad desierta a la luz resplandeciente de la mañana. Relojes sin agujas, rostros sin ojos: los símbolos recuerdan cuadros surrealistas y surgen de una pesadilla. Un coche fúnebre choca contra un poste; el ataúd cae y el muerto sale despedido: el director dijo que él lo había soñado muchas veces, y exhortó a ver la película como autobiográfica.

Fresas salvajes es la historia de un día. Isak Borg, un profesor de medicina de 76 años, va en coche desde Estocolmo a Lund, una vieja ciudad universitaria sueca, donde será investido doctor honoris causa. El viaje le lleva por distintas estaciones de su vida, tanto reales —visita a su madre (Naima Wifstrand), que saca un baúl lleno de juguetes infantiles— como imaginarias (recuerda su matrimonio, su primer amor, a sus padres). Recoge a una joven autoestopista que se parece a Sara, su amor de

VICTOR SJÖSTRÖM Nacido en Suecia, este actor y director del cine mudo pasó los seis primeros años de su vida en el barrio neoyorquino de Brooklyn; sus padres formaban parte del gran grupo de inmigrantes escandinavos. Al morir la madre, le enviaron de vuelta a Suecia, a casa de una tía; dejó los estudios en Uppsala y se hizo actor con una compañía ambulante en Finlandia. A partir de 1912, actuó en películas de su amigo Mauritz Stiller (por ejemplo, *Vampyren*, 1913) y también trabajó de director. Los filmes de ambos tuvieron una importancia decisiva en el desarrollo de la cinematografía sueca, que fue madurando hasta convertirse en la más exigente de Europa en el aspecto estético. Las fuerzas de la naturaleza, como el viento, el mar y los volcanes, tuvieron por primera vez funciones simbólicas para representar visualmente estados anímicos. En 1922, Louis B. Mayer contrató a Sjöström para trabajar en el estudio que, a partir de 1929, firmaría como MGM. Con el nombre de Seastrom, el sueco dirigió nueve películas, entre las que se cuentan algunos trabajos con Lillian Gish (*El viento*, 1928) y Greta Garbo (*La mujer divina*, 1927). Al implantarse el cine sonoro, Sjöström regresó a Suecia y, con dos excepciones, trabajó solo de actor en algunas películas. Para todos los directores que le confiaron algún papel, el artista fue algo así como una fuente de la historia del cine escandinavo y norteamericano, con un fondo al que era un placer recurrir en busca de experiencia.

1 En el sueño de Isak: Sara (Bibi Andersson, izquierda) confiesa a su prima Charlotta (Gunnel Lindblom) que ama mucho más a Sigfrid que a su prometido Isak.

2 Isak Bork (Victor Sjöström) recoge a tres jóvenes autoestopistas, dos hombres y una mujer. La mujer se llama Sara, como su antigua prometida. Bibi Andersson interpretó los dos papeles.

3 Discusión matrimonial: Marianne (Ingrid Thulin) quiere tener un hijo a toda costa; Evald (Gunnar Björnstrand), el egoísta hijo de Bork, no quiere de ninguna manera.

4 Al final del viaje: Isak encuentra su paz, su hijo Evald y su nuera Marianne le llevan a la cama.

5 Discusión durante el viaje: Marianne no disimula la antipatía que le tiene a su suegro Isak.

«Si existiera una cinemateca del alma, *Fresas salvajes* estaría en la entrada.» *Cahiers du cinéma*

juventud (los dos papeles están interpretados por Bibi Andersson). En la casa de verano donde siguen creciendo fresas salvajes, igual que en su infancia y en su época de juventud, los recuerdos le salen al encuentro. En sueco, el título original de la película, *Smultronstället,* tiene dos significados: el término designa el lugar donde crecen fresas silvestres, pero también es sinónimo de un lugar más allá de la vida cotidiana; indica ocio y descanso, reposo y compenetración con la naturaleza, un jardín *locus amoenus.* La

dulce fruta veraniega aparece en muchas películas de Ingmar Bergman, por ejemplo, en *Fanny y Alexander* (1982), donde simboliza el paraíso, aún recordado, pero perdido hace mucho tiempo: un símbolo del amor puro, de la juventud y de la felicidad.

En la segunda secuencia onírica se pasa lista a las negligencias y defectos del que sueña: egoísmo, frialdad, hosquedad. La escena de un examen suministra material para analizar un carácter. El maestro lleva a Isak Borg

«La vida, un paraíso perdido.» *Der Spiegel*

cogido de la oreja por un paisaje onírico donde este se ve obligado a observar a su esposa siéndole infiel. El anciano despierta atormentado, aunque también purificado, de ese sueño. La película no describe un viaje apropiado para recoger los «frutos» del trabajo y la vida. Se trata más bien de un viaje interior, de un viaje de conocimiento que ni siquiera retrocede ante las verdades amargas y que hace balance de una vida sin glorificar el pasado.

«Me imagino a ese hombre como un egocéntrico cansado que ha roto todos los vínculos..., igual que he hecho yo mismo.» Según el director, en *Fresas salvajes* reprodujo inconscientemente la difícil relación que tuvo con sus padres. La escena final —Sara coge a Borg de la mano y le lleva a un claro del bosque: al otro lado del estrecho, sus padres le saludan— sería una proyección de sus propios deseos y anhelos. Gracias a Victor Sjöström,

6 «La vida, un paraíso perdido.»

7 El viejo Bork está presente en sus propios sueños. Puede moverse por su mundo onírico y ver a los demás, pero ellos a él no.

un célebre actor sueco de la época del cine mudo, muchas de las escenas con un fondo típico de Bergman reciben un carácter auténtico completamente nuevo, mucho más simpático de lo que el director pretendía. Con la perspectiva temporal de 33 años, Bergman apuntaba: «Hasta hoy no me había dado cuenta de que Victor Sjöström se apropió del texto de mi vida, lo hizo suyo, introdujo en él sus experiencias: su propio tormento, misantropía, retraimiento, brutalidad, tristeza, miedo, soledad, frialdad, calidez, rudeza, desgana».

Con esta película, Bergman instauró una nueva poética cinematográfica, a la que se llamó merecidamente «segundo surrealismo». Cuando observa a su protagonista en los sueños, el director aún establece señales claras que separan el mundo real y el onírico. La distinción entre imaginación y representación de la realidad externa preparó a los espectadores de los años cincuenta para la década siguiente, en la que el mundo interior y el exterior de los personajes ya no se podrían distinguir con claridad.

RV

DE ENTRE LOS MUERTOS. VÉRTIGO

VERTIGO

1958 - EE. UU. - 128 MIN.

DIRECTOR

ALFRED HITCHCOCK (1899-1980)

GUION

ALEC COPPEL y SAMUEL A. TAYLOR, basado en la novela
D'entre les morts de PIERRE BOILEAU y THOMAS NARCEJAC

DIRECTOR DE FOTOGRAFÍA

ROBERT BURKS

MONTAJE

GEORGE TOMASINI

BANDA SONORA

BERNARD HERRMANN

PRODUCCIÓN

ALFRED HITCHCOCK para ALFRED J. HITCHCOCK PRODUCTIONS,
INC. y PARAMOUNT PICTURES

REPARTO

JAMES STEWART (John Ferguson Scottie), KIM NOVAK (Madeleine Elster/Judy Barton),
TOM HELMORE (Gavin Elster), BARBARA BEL GEDDES (Midge Wood),
KONSTANTIN SHAYNE (Pop Leibel), HENRY JONES (miembro del tribunal),
RAYMOND BAILEY (médico) y ELLEN CORBY (encargada del hotel)

PARAMOUNT PRESENTS

JAMES STEWART
KIM NOVAK
IN ALFRED HITCHCOCK'S
MASTERPIECE

'VERTIGO'

«Tú crees que una persona del pasado, un muerto... puede llegar a tomar posesión de un ser viviente.»

Una mirada al hueco de la escalera: el suelo parece alejarse hacia el fondo, la barandilla se alarga y se alarga, sensación de mareo. El director Alfred Hitchcock utiliza un truco técnico legendario para crear esa sensación: hace retroceder la cámara a la vez que acerca el *zoom*. Un efecto fascinante: el hueco de la escalera se estira, las proporciones se dislocan. De este modo ilustra Hitchcock el miedo a las alturas de John Ferguson, *Scottie* (James Stewart), un antiguo detective de la policía que dimite de su cargo después de que un compañero muera en una persecución conjunta por los tejados de San Francisco. Y es que Scottie se siente culpable, cree que no pudo ayudar al compañero... por culpa de su vértigo.

Después de ese suceso, Scottie busca una nueva ocupación y, justo cuando está pensando qué hacer con su tiempo, recibe una llamada de un antiguo compañero de estudios (Tom Helmore), al que no recuerda. Este le pide que siga a su esposa y le cuenta una estrambótica historia sobre trastornos mentales y espíritus del pasado. Al principio, Scottie no acepta. Pero cuando la ve por primera vez, ya no hay vuelta atrás: Madeleine (Kim Novak), con su vestido gris y el cabello crepado recogido en un moño, rubio, casi, casi blanco, es tan inaccesible y hermosa, y está envuelta en un aura fascinante que hace que Scottie se sienta atraído como por arte de magia. Así pues, sigue a Madeleine por todos los lugares posibles de San Francisco y alrededores; una vez incluso le salva la vida, cuando la mujer, que a todas luces quiere suicidarse, salta al agua en la bahía de San Francisco. Sin embargo, la próxima vez, cuando ella sube a la torre de una iglesia, Scottie no puede ayudarla por culpa de su vértigo: no se da cuenta de que ha caído en una trampa...

Scottie sufre de vértigo, no puede mirar abajo, a lo hondo; no puede, literalmente, mirar las cosas a fondo, es ciego para el amor. Es un solitario, un soñador, algo que se hace evidente en contraste con su estupenda amiga

1 Tenía que vigilarla, pero Scottie (James Stewart) se enamora de la hermosa Madeleine (Kim Novak), que parece muy cansada de la vida.

2 Con el cabello recogido en un moño alto y su vestido gris, Madeleine es una belleza deslumbrante… y un cebo eficaz para Scottie.

3 Scottie persigue a Madeleine en sus salidas por los alrededores de San Francisco, también a un parque con viejas secuoyas gigantes…

4 … Hitchcock rodó la escena en un parque situado al sur de San Francisco, el Big Basin Redwoods State Park.

5 ¿Dónde estoy? Después de que Madeleine salte a la bahía de San Francisco, Scottie la salva y se la lleva a casa.

platónica Midge (Barbara Bel Geddes, Miss Ellie en la posterior serie de televisión *Dallas,* 1978-1990). Todo ello le convierte en la víctima perfecta.

Al estrenarse, *De entre los muertos. Vértigo* chocó con la incomprensión en todas partes, y la crítica la masacró; en *The New Yorker,* por ejemplo, se habló de un «disparate muy rebuscado». Las imágenes de los créditos y una secuencia de sueños (ambas creadas por el diseñador Saul Bass), con colores irreales y elementos gráficos, constituyen en sí mismas pequeños experimentos cinematográficos y posiblemente produjeron un efecto inquietante en la década de 1950.

«Las imágenes se transforman en ornamentos relucientes de una obsesión, como una serie de cuadros cargados de fuerza de atracción, caída y movimiento, casi una herencia tardía del surrealismo en su composición.» *Frankfurter Rundschau*

«Las mujeres de las películas de Hitchcock reflejaban una y otra vez las mismas características: todas eran rubias. Frías, distantes y atrapadas en ropas que combinaban sutilmente la moda y el fetichismo.»

Roger Ebert

6 Un último beso: Scottie no puede retener a Madeleine por culpa de su vértigo, y ella se tira desde el campanario.

7 La legendaria escena de *Entre los muertos:* la cámara retrocede, el *zoom* avanza. Así hace Hitchcock visible el vértigo de Scottie.

8 Scottie no puede dar crédito a sus ojos: Madeleine está muerta, pero Judy (Kim Novak) tiene un parecido asombroso con ella.

9 Hitchcock filmó la escena en la Misión Dolores, en el barrio Mission de San Francisco.

10 Junto a la tumba de Carlota Valdez, la supuesta alma gemela de Madeleine. Ella también se suicidó…

En realidad, tan solo es una pista falsa para Scottie.

11 Scottie quiere convertir a la pelirroja y algo vulgar Judy en una segunda Madeleine, rubia y distinguida.

Finalmente, en los años setenta se apreció hasta qué punto la estructura de la historia era refinada, y sublime la composición de las imágenes: *Vértigo* fue incluida en el Olimpo de las grandes obras de la historia del cine. Alfred Hitchcock creó no pocas películas magistrales, pero esta es sin duda su obra maestra, que aún trastorna, inquieta y fascina casi 50 años después. Un filme que reúne, casi como si fuera un prototipo, los temas y las fórmulas del cineasta: el suspense —su forma típica de crear tensión haciendo que los espectadores sepan más que los protagonistas—, el tema del doble, los sentimientos de culpa del personaje principal, el humor sarcástico y el amor obsesivo de un hombre por una mujer, una rubia. También

en este sentido, *Vértigo* es la obra magna de Hitchcock. En todas sus películas, las mujeres rubias tienen un papel importante (desde Ingrid Bergman hasta Grace Kelly); en todos sus largometrajes, y según Andreas Kilb, el maestro «trató el icono de la rubia misteriosa, inaccesible y fría». En *Vértigo*, el director convierte la creación de la «rubia misteriosa» en el tema real, y por partida doble: Madeleine —hasta aquí se puede desvelar— se convertía en la rubia seductora para hacer de señuelo y, en la segunda mitad de la película, aparece la castaña Judy, una mujer que, exceptuando el cabello, es idéntica a la primera y a la que Scottie, el amante trágico, quiere convertir en la rubia Madeleine.   HJK

LOS CUATROCIENTOS GOLPES

LES QUATRE CENTS COUPS

1958-1959 - FRANCIA - 101 MIN.

DIRECTOR
FRANÇOIS TRUFFAUT (1932-1984)

GUION
FRANÇOIS TRUFFAUT y MARCEL MOUSSY

DIRECTOR DE FOTOGRAFÍA
HENRI DECAË

MONTAJE
MARIE-JOSÈPHE YOYOTE

BANDA SONORA
JEAN CONSTANTIN

PRODUCCIÓN
FRANÇOIS TRUFFAUT y GEORGES CHARLOT para LES FILMS DU
CARROSSE y SÉDIF PRODUCTIONS

REPARTO
JEAN-PIERRE LÉAUD (Antoine Doinel), CLAIRE MAURIER (Gilberte Doinel),
ALBERT RÉMY (Julien Doinel), GUY DECOMBLE (profesor),
PATRICK AUFFAY (René Bigey), ROBERT BEAUVAIS (director de la escuela),
PIERRE REPP (profesor de inglés), LUC ANDRIEUX (profesor de gimnasia),
DANIEL COUTURIER (Mauricet) y RICHARD KANAYAN (Abbou)

FESTIVAL DE CINE DE CANNES DE 1959
MEJOR DIRECTOR (François Truffaut)

«—¡Tu madre, tu madre! ¿Qué le pasa a tu madre? —Está muerta, monsieur.»

Cuando la *nouvelle vague* realizó su espectacular irrupción en el Festival de Cannes de 1959, el interés de la prensa se centró, entre otros aspectos, en un joven de 14 años, Jean-Pierre Léaud, que entusiasmó e impresionó a los expertos con su interpretación de un muchacho desatendido en *Los cuatrocientos golpes*. El actor compartió la gloria con François Truffaut, un director de 27 años que también era conocido —y temido— como crítico cinematográfico de *Arts* y *Cahiers du cinéma*. Si el año anterior había sido excluido del festival por su carácter polémico, en esta ocasión se alzó con el premio a la mejor dirección.

La euforia que desencadenó el largometraje de debut de Truffaut entre la crítica y el público se debe, sin lugar a dudas, al especial realismo con el que se abordó el tema de la película. El cineasta empleó una inmediatez y una ternura inusuales para narrar la historia de la desgraciada infancia de un niño parisino, una historia que, básicamente, era la suya y cuyos componentes —incluido el carácter de su héroe— no se preocupó de maquillar.

Ni el joven Antoine Doinel es un ángel ni sus padres, tan malos como parecen. Antoine falta al colegio para entrar furtivamente en los cines de Pigalle con su amigo René (Patrick Auffay). El chaval se escapa, falsifica justificaciones o se inventa las mentiras más disparatadas para evitar ser castigado por sus maestros. En una ocasión incluso llega a decir que su madre ha muerto. Sus progenitores están demasiado ocupados con sus propios asuntos: ella (Claire Maurier), frustrada por la estrechez de su casa, tiene un amante, y él (Albert Rémy), que en realidad es un hombre muy tratable, ignora esta circunstancia y dedica todas sus energías a su *hobby*, las carreras de coches. No les queda mucho tiempo para su hijo, que ya hace tiempo que ha descubierto la hipocresía de los mayores: si se porta bien no le hacen caso, pero si hace alguna travesura le castigan. No es solo que los adultos no le comprendan, es que no le demuestran ningún cariño. La película de Truffaut retrata a un preadolescente dolorosamente abandonado.

Cuando Antoine roba una máquina de escribir del despacho de su padre para ganar algo de dinero, se produce el desastre. En efecto, le descubren y el padre le entrega a la policía, con lo que debe pasar la noche en

CAHIERS DU CINÉMA Con toda probabilidad, ninguna otra revista de cine ha tenido una influencia tan decisiva en la historia de esta disciplina artística como *Cahiers du cinéma*. Fundada en París en 1951 por Jacques Doniol-Valcroze, Lo Duca y André Bazin, *Cahiers* no solo contribuyó de manera determinante al desarrollo de la crítica y la teoría cinematográficas modernas, sino que también dejó su huella en los propios anales del séptimo arte. Durante los años cincuenta, críticos jóvenes y sin compromisos que los atasen como François Truffaut, Jean-Luc Godard, Jacques Rivette y Claude Chabrol convirtieron *Cahiers* en el detonante de la renovación de la cinematografía francesa. Bajo el lema de la *politique des auteurs*, los denominados *Jeunes Turcs* se mostraron partidarios de un cine entendido como expresión artística personal que debía reflejar la visión del director. Los críticos de esta revista reivindicaban sobre todo a realizadores de Hollywood —Howard Hawks y Alfred Hitchcock— o a individualistas franceses —Jean Renoir y Robert Bresson— como sus modelos de *auteur*, mientras que, por el contrario, atacaban con dureza a los representantes del cine francés establecido, el *cinéma de qualité*. Calificaban esas películas de estériles, plagadas de clichés, engañosas, demasiado dependientes del guion y poco originales. Un buen número de críticos de *Cahiers* consideraban ese trabajo como un paso previo a la dirección de sus propios largos. De este modo, a finales de la década de 1950, Truffaut, Godard, Chabrol y otros compañeros de redacción cambiaron la máquina de escribir por la cámara y crearon la *nouvelle vague*. Desde entonces, la historia de *Cahiers* ha estado llena de vicisitudes. Por ejemplo, desde las protestas de mayo de 1968 y durante muchos años tuvo una línea editorial marxista. En la actualidad se mantiene al margen de asuntos políticos, ha renovado su imagen y conserva intacta su reputación de foro intelectual para cineastas llenos de pasión.

comisaría encerrado con malhechores y prostitutas. Finalmente, le envían a un centro para jóvenes delincuentes en
el campo.

Sorprendentemente, a pesar de estos amargos
acontecimientos, *Los cuatrocientos golpes* no es un filme
pesimista. En realidad, su tono está más bien marcado
por una constante alternancia entre la melancolía y la
exaltación. Por ejemplo, cuando la cámara acompaña a
Antoine y René en sus correrías como un cómplice secreto pone de manifiesto qué significa exactamente ser joven
gracias a las imágenes en blanco y negro, y al amplio

«El niño actor, que nunca se había puesto ante una cámara hasta que Truffaut le encontró, ofrece una interpretación perfecta, pura y nada sentimental. En la mayor parte del metraje utiliza sus propias palabras y gestos espontáneos.» *Time Magazine*

1 La historia de un adolescente falto de cariño: en su primer largometraje, François Truffaut relató las amargas vivencias de su propia infancia.

2 Una estrella de 14 años: gracias al papel de Antoine Doinel, el álter ego del realizador, Jean-Pierre Léaud se hizo famoso en todo el mundo…

3 Pequeñas escapadas: cuando Antoine se fuga, encuentra refugio en casa de su amigo René (Patrick Auffay).

4 Un castigo brutal: los padres de Antoine, incapaces de comprenderle, le envían a un reformatorio para jóvenes delincuentes. Truffaut tuvo que pasar por la misma experiencia de pequeño.

formato Dyaliscope, que expresan la intensidad de las experiencias, la espontaneidad vital y la curiosidad inocente perdida, por lo general, por los adultos.

Desde la perspectiva actual, *Los cuatrocientos golpes* nos parece poco radical estéticamente hablando, sobre todo comparado, por ejemplo, con las películas de Jean-Luc Godard. La gran aportación de este filme esencial de la *nouvelle vague* es un desenvuelto estilo narrativo episódico

y una mirada imparcial sobre los personajes, que en ningún momento se comportan como marionetas supeditadas al guion. Finalmente, cabe destacar que el componente autobiográfico de la película marcó las pautas del futuro cine de autor.

También la escena final de *Los cuatrocientos golpes* ha inspirado a un buen número de cineastas: durante un partido de fútbol, Antoine consigue escaparse del

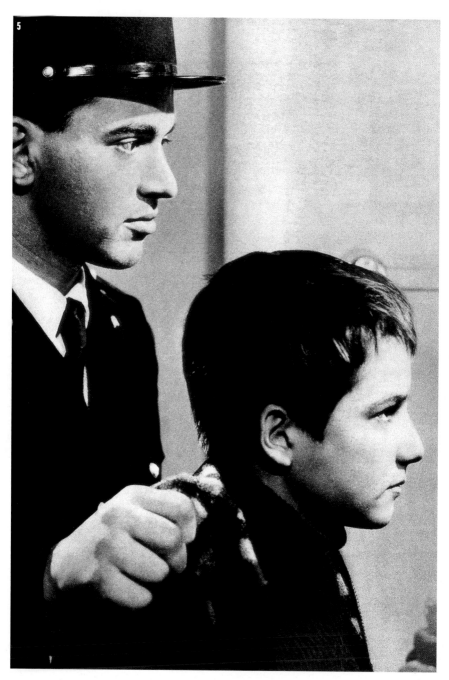

correccional. El chico no deja de correr hasta llegar al mar. En el agua, de repente se queda quieto y se da la vuelta. La imagen se congela y la cinta termina con un primer plano del joven, que mira directamente a cámara. Aquella no sería la última vez que el público oiría hablar de Antoine, puesto que, durante los siguientes 20 años, Léaud recuperaría al álter ego de Truffaut en otras cuatro ocasiones. Como vemos, el vínculo entre director y actor pasó a la historia del séptimo arte.

JH

«Truffaut responde a sus detractores y a los que dudaban de él del único modo posible: ofreciéndoles una película hermosísima.» *Le Monde*

5 En comisaría: el padre de Antoine le entrega a la policía.

6 Este realista retrato de un niño desatendido mereció el favor del público del momento…

7 … y convirtió *Los cuatrocientos golpes* en el primer gran éxito de taquilla de la *nouvelle vague*.

CON FALDAS Y A LO LOCO ♟

SOME LIKE IT HOT

1959 - EE. UU. - 120 MIN.

DIRECTOR

BILLY WILDER (1906-2002)

GUION

BILLY WILDER y I. A. L. DIAMOND,
basado en un relato de ROBERT THOEREN y M. LOGAN

DIRECTOR DE FOTOGRAFÍA

CHARLES LANG JR.

MONTAJE

ARTHUR P. SCHMIDT

BANDA SONORA

ADOLPH DEUTSCH

PRODUCCIÓN

BILLY WILDER para
THE MIRISCH CORPORATION y ASHTON PRODUCTIONS

REPARTO

MARILYN MONROE (Sugar Kane Kowalczyk), TONY CURTIS (Joe/Josephine),
JACK LEMMON (Jerry/Daphne), JOE E. BROWN (Osgood Fielding III),
GEORGE RAFT (Botines-Colombo), PAT O'BRIEN (Mulligan),
NEHEMIAH PERSOFF (Pequeño Bonaparte), JOAN SHAWLEE (Sweet Sue),
GEORGE E. STONE (Charlie Mondadientes)
y EDWARD G. ROBINSON JR. (Johnny Paradise)

PREMIOS DE LA ACADEMIA DE 1959

ÓSCAR al MEJOR VESTUARIO (Orry-Kelly)

MARILYN MONROE
and her bosom companions

TONY CURTIS

JACK LEMMON

in a BILLY WILDER production

"SOME LIKE IT HOT"

featuring GEORGE **RAFT** · PAT **O'BRIEN** · JOE E. **BROWN**

SCREEN PLAY BY BILLY WILDER and I.A.L. DIAMOND · DIRECTED BY BILLY WILDER

An ASHTON PICTURE · A Mirisch Company Presentation Released thru █ United Artists

«—Pero tú no eres una mujer. Eres un hombre. Ni en broma puedes casarte. —¿Y el porvenir?»

Chicago, 1929: Jerry (Jack Lemmon) y Joe (Tony Curtis), un par de músicos frustrados, son testigos involuntarios de una matanza entre gánsteres. Huyendo de sus perseguidores, se suben a un tren con destino a Florida disfrazados de miembros de una orquesta femenina. Ambos se las arreglan con la farsa de forma distinta. Joe, alias *Josephine*, se enamora de la infeliz cantante de ukelele Sugar Kane (Marilyn Monroe) y busca maneras de deshacerse de su disfraz. Jerry, en cambio, empieza a cogerle cariño a su papel de Daphne. Y es que ha encontrado un admirador ardiente —y sobre todo rico— en el canoso industrial Osgood Fielding III (Joe E. Brown). Los líos inevitables

alcanzan su punto culminante cuando Botines-Colombo (George Raft) y su banda se hospedan precisamente en el mismo hotel…

¿Por qué rodó Billy Wilder su película más famosa, para muchos la comedia más perfecta de todos los tiempos, en blanco y negro? Solo hay que imaginar en tecnicolor a dos hombres maquillados para intuir las complicaciones artesanales de un argumento tan simple en apariencia. Pero *Con faldas y a lo loco* es mucho más que una comedia de travestidos. El filme es un homenaje a los primeros años del cine, a las películas de gánsteres de Hollywood, a las comedias locas de los años cuarenta y también al

TONY CURTIS En su autobiografía, el actor escribió sin tapujos sobre una dura infancia judía en Brooklyn y sobre la inapreciable ventaja de ser guapo. Su atractivo le abrió las puertas de Hollywood a Bernard Schwartz, pues ese fue el nombre que le pusieron sus padres húngaros. Después de los primeros éxitos en películas de época triviales como *The Son of Ali Baba* (1952), Curtis se convirtió en el primer ídolo para adolescentes de la fábrica de sueños: una seria competencia para James Dean. Le ofrecieron pocos papeles de galán; en cambio, actuó en epopeyas como *Espartaco* (1960) y *Taras Bulba* (1962), haciendo a menudo de hijo «adoptivo» de Kirk Douglas, Burt Lancaster, Yul Brynner o Cary Grant. *Fugitivos* (1958), un drama sobre el racismo de Stanley Kramer, fue su primer intento por hacerse respetar como actor de carácter. *El estrangulador de Boston* (1968), el segundo y último. Su talento cómico fue el responsable de sus mayores éxitos y de más de un fiasco artístico. En total, rodó unas 120 películas.
Tony Curtis estuvo toda la vida en los focos de la prensa amarilla. Después de casarse con Janet Leigh, la estrella de Hitchcock en *Psicosis*, y con la actriz alemana Christine Kaufmann, luchó durante años contra su drogodependencia; ya en la serie televisiva de culto *Los persuasores* (1971-1972) se mofaba de su imagen de amante de los automóviles veloces y las mujeres hermosas. Tony Curtis, padre de la actriz Jamie Lee Curtis, falleció en 2010 después de una sesión de autógrafos.

2

«Curtis y Lemmon la están liando con engaños crueles —Curtis hace creer a Monroe que ha encontrado a un millonario, y Brown piensa que Lemmon es una mujer—, pero la película alcanza el desenlace sin que nadie resulte herido. Monroe y Brown descubren la verdad y no les importa, y después de que Lemmon revele que es un hombre, Brown nos ofrece la mejor frase de colofón a una película.» *Chicago Sun-Times*

1 Jerry, alias *Daphne* (Jack Lemmon), baila con Osgood Fielding III (Joe E. Brown) el último tango.

2 ¿Nos conocemos? Como heredero corto de vista de la Shell Oil, Joe (Tony Curtis) solo puede impresionar a Sugar.

3 En el coche-cama, Joe y Jerry se arriman sin querer.

4 La mirada masculina con su disfraz más malicioso: Sugar es tan desgraciada como incauta.

slapstick o cine de payasadas de los hermanos Marx. Con esos ingredientes y todos sus recursos artísticos, Wilder prepara un cóctel lleno de chispa y efectos desenfrenados que apunta directamente a la carcajada y le debe su sabor agridulce al verdadero tema: el sexo.

Si alguien vio la película por última vez en la infancia, no la reconocería. Incluso los diálogos más inocentes contienen alusiones obscenas al amor libre, la homosexualidad o la impotencia. En la versión original, el lamento resignado de Sugar «*I always get the fuzzy end of the lollipop*» despierta asociaciones que solo podían escapar a los censores. (En la versión española, la frase se tradujo como «Siempre me toca cargar con la peor parte» y así, aunque ese es su significado, se pierde el sentido fálico que la palabra *lollilop* —en español, 'pirulí'— le confiere al original.) No menos atrevida fue la coherencia de Wilder al organizar su comedia en torno a crueles contradicciones:

sexo y dinero, vida y muerte, realidad y apariencia, gánsteres y músicos, hombres y mujeres.

Toda la comicidad se basa en esos opuestos y en una forma de invertirlos que pone los pelos de punta. Para impresionar a Sugar, el viril Joe se disfraza de magnate del petróleo corto de vista y con problemas de impotencia. Así pues, la cita en el yate de Osgood no solo sirve para seducirla, sino también para hacer que ella le seduzca. La constante preocupación de Wilder por obligar a sus héroes a ir disfrazados durante casi toda la película provoca gags cada vez más delirantes. Pero, en realidad, se trata únicamente de sobrevivir; aunque al pensar en la luna de miel con Osgood («Él quiere ir a la Riviera, pero yo me inclino por las cataratas del Niágara»), Jerry desearía estar muerto.

Todo es leyenda en esta película, desde el vestido casi invisible que lleva Marilyn mientras canta *I Wanna Be Loved By You* hasta la asombrosa reacción de Osgood

«Cuando hablamos del tema, decidimos que debían unirse a la banda de chicas por una razón de vida o muerte. De otro modo, hubiera parecido que en cualquier momento de la película podrían quitarse las pelucas y las faldas, y decirles a las chicas que amaban: "Mira, no hay problema; nosotros somos hombres y vosotras mujeres y os queremos".» *Billy Wilder*

5 Cambio de situación: Joe, ni imponente ni millonario, se deja seducir por Sugar.

6 La Gran Depresión: como muchos, los músicos Jerry y Joe tampoco tienen trabajo.

7 Ukelele triste: la dulce Sugar Kane Kowalczyk con sus nuevas compañeras de orquesta Daphne y Josephine.

8 ¡Casi increíble, pero en la bañera hay un hombre! En privado, Curtis y Monroe no se entendieron demasiado bien. Después, Tony Curtis negó haber dicho jamás que darle un beso a la Monroe era «como besar a Hitler».

ante la verdadera identidad de Daphne: «Nadie es perfecto». La larga búsqueda de esta última línea de texto fue tan rocambolesca como las pruebas de vestuario con el diseñador de ropa Orry-Kelly. A Billy Wilder y a Tony Curtis, el rodaje caótico con Marilyn Monroe les ofreció tema de conversación suficiente para toda una vida. Unas veces, la actriz no se presentaba en el plató; otras, necesitaba más de 40 tomas para una frase tan simple como «¿Dónde está el coñac?». Para Curtis y Lemmon, los tiempos de espera significaron un martirio con los zapatos de tacón puestos y, según contó Wilder, él sufrió un ataque de nervios. No obstante, el director quedó entusiasmado después con la presencia de la estrella en la pantalla y su sentido del ritmo de la comedia, que ambos perfeccionaron juntos en esta película.

Con faldas y a lo loco narra también la triste historia de la desesperada diosa del sexo Marilyn Monroe. Empujada a la bebida por sus ideales románticos y por hombres irresponsables, Sugar suspira por un compañero comprensivo. ¿Fue una casualidad que, con el heredero con gafas de la petrolera Shell, Wilder le estuviera sirviendo el vivo retrato de su esposo intelectual, Arthur Miller? Sea como sea, en el corazón de la alocada historia se encuentra un sentimentalismo que supera con soltura el cinismo de Wilder, a menudo censurado. Sugar recibe el beso redentor de una mujer, el ligón reconvertido Joe, que no vacila en revelar sus verdaderos sentimientos en medio del escenario y travestido. Al final, él y Jerry han experimentado lo que la otra mitad soporta todos los días. Marilyn Monroe murió pocos años después. Su película más hermosa aún vive. PB

BEN-HUR ♟♟♟♟♟♟♟♟♟♟♟

1959 - EE. UU. - 213 MIN.

DIRECTOR
WILLIAM WYLER (1902-1981)

GUION
KARL TUNBERG, basado en la novela homónima de LEW WALLACE

DIRECTOR DE FOTOGRAFÍA
ROBERT SURTEES

MONTAJE
JOHN D. DUNNING y RALPH E. WINTERS

BANDA SONORA
MIKLÓS RÓZSA

PRODUCCIÓN
SAM ZIMBALIST para MGM

REPARTO
CHARLTON HESTON (Judah Ben-Hur), JACK HAWKINS (Quinto Arrio),
HAYA HARAREET (Esther), STEPHEN BOYD (Mesala), HUGH GRIFFITH (Sheik Ilderim),
MARTHA SCOTT (Miriam), CATHY O'DONNELL (Tirzah), FRANK THRING (Poncio Pilato),
FINLAY CURRIE (Baltasar), MINO DORO (Grato), CLAUDE HEATER (Jesús)
y SAM JAFFE (Simónides)

PREMIOS DE LA ACADEMIA DE 1959
ÓSCAR a la MEJOR PELÍCULA (Sam Zimbalist), al MEJOR DIRECTOR
(William Wyler), al MEJOR ACTOR (Charlton Heston), al MEJOR
ACTOR SECUNDARIO (Hugh Griffith), a la MEJOR FOTOGRAFÍA (Robert Surtees),
al MEJOR MONTAJE (Ralph E. Winters y John D. Dunning), a la MEJOR BANDA SONORA
(Miklós Rózsa), a los MEJORES DECORADOS (William A. Horning, Edward C.
Carfagno y Hugh Hunt), al MEJOR VESTUARIO (Elizabeth Haffenden),
a los MEJORES EFECTOS ESPECIALES (A. Arnold Gillespie [efectos visuales],
Robert MacDonald [efectos visuales] y Milo B. Lory [efectos sonoros])
y al MEJOR SONIDO (Franklin Milton)

THE ENTERTAINMENT EXPERIENCE OF A LIFETIME!

METRO-GOLDWYN-MAYER
presents

A Tale of the Christ
BY GENERAL LEW WALLACE

Directed by
WILLIAM WYLER

Starring

CHARLTON HESTON · JACK HAWKINS

HAYA HARAREET · STEPHEN BOYD

HUGH GRIFFITH · MARTHA SCOTT with CATHY O'DONNELL · SAM JAFFE

TECHNICOLOR®

Screen Play by
KARL TUNBERG

Produced by
SAM ZIMBALIST

FILMED IN
CAMERA 65

«Os digo que el día en que Roma caiga habrá un grito de libertad como nunca antes ha oído el mundo.»

En el año del Señor 26, Judea es una provincia del Imperio romano. Pero hay señales de resistencia contra los invasores. Y en el pequeño pueblo de Nazaret, un curioso rabí tiene mucha concurrencia con sus prédicas.

Sin embargo, Roma no tolera ninguna oposición y envía más tropas a Jerusalén. Su caudillo, el tribuno Mesala (Stephen Boyd), no es un extraño en la zona. Hijo de un alto funcionario, pasó su infancia en la ciudad santa. Al primero que saluda es a su amigo de aquellos días: el influyente y respetado comerciante Judah Ben-Hur (Charlton Heston). Pero los años sin preocupaciones han pasado, el tiempo ha cambiado a los hombres. Mesala, obsesionado solamente por el deseo de servir al emperador romano, le pide al amigo los nombres de los cabecillas de la ira popular para imponerles un castigo ejemplar. Al negarse Judah a traicionar a su pueblo, se produce la ruptura.

Mesala no tendrá que esperar mucho para lograr la represalia. Al día siguiente, cuando el nuevo procurador Grato (Mino Doro) entra en la ciudad, una teja se desprende del palacio de Judah y alcanza de lleno al romano. Sin

MIKLÓS RÓZSA En 1934, Rózsa, que entonces tenía 27 años, le preguntó cómo se ganaba el sustento a su famoso colega, el compositor Arthur Honegger. Este contestó que «con música para el cine», y despertó en Rózsa el interés por el séptimo arte. Hijo de un empresario y nacido en Budapest, había escrito hasta entonces música de cámara y para orquesta. En 1937, recibió su primer encargo en Londres para la película *La condesa Alexandra* (1937), dirigida por Jacques Feyder y protagonizada por Marlene Dietrich. El productor del filme, su paisano Alexander Korda, quedó tan impresionado con la música que lo retuvo bajo contrato. En 1940, cuando la producción de Korda *El ladrón de Bagdad* tuvo que trasladarse a Hollywood a causa de la guerra, Rózsa también se fue para allá y trabajó para muchas de las grandes productoras. Enseguida se contó entre los artistas más importantes de su profesión y, en 1945, obtuvo el primero de sus tres premios Óscar por la película de Hitchcock *Recuerdo*. Otra prueba de su éxito es que sus bandas sonoras fueron las primeras en ser grabadas en disco. El lado oscuro de su éxito fue que Rózsa quedó encasillado como «especialista» de determinado «tipo de película». Así, después de sus composiciones para *Quo vadis?* (1951, dirigida por Mervyn Leroy), *Ivanhoe* (1952, de Richard Thorpe), *Julio César* (1953, de Joseph L. Mankiewicz) y otros largometrajes similares, nadie preguntó a quién se encargaría la partitura cuando la MGM anunció que volvía a filmar *Ben-Hur*. En los años sesenta, cuando su estilo musical dejó de tener tanta demanda, Rózsa, doctor en musicología, se concentró en su actividad docente en la University of Southern California. Después de contribuir con la música en la comedia de detectives de Carl Reiner *Cliente muerto no paga* (1981), el compositor concluyó definitivamente su trabajo para el cine. Rózsa falleció en Los Ángeles en 1995.

siquiera pestañear, Mesala ordena detener a la familia de Judah: su madre Miriam (Martha Scott) y su hermana Tirzah (Cathy O'Donnell) son encarceladas; a Judah, lo envía a galeras, en realidad, una sentencia de muerte segura. Pero la hora de Judah aún no ha llegado. Y cuando la comitiva de penados cruza Nazaret, el hijo de un carpintero da de beber al sediento…

Tres años después. El cónsul Quinto Arrio (Jack Hawkins) asume el cargo de nuevo comandante de la flota romana en el Mediterráneo; se trata de acabar con los piratas macedonios. Se entabla una batalla naval en mar

«Y, entonces, la frenética carrera de carros. La cámara acelera con las cuadrigas en la competición, dejando sin aire a los espectadores. Semejante ritmo y acción, tal dinámica tensión raramente habían llenado antes la gran pantalla. Esto es cine puro, en su máxima perfección técnica.» *Die Welt*

1 En el punto culminante de su gloria, pero no al final de su camino: Judah Ben-Hur (Charlton Heston) como auriga romano. Heston se entrenó durante meses para poder renunciar a un doble en muchas escenas espectaculares.

2 Muchos esclavos pierden la vida en la batalla naval cuando, encadenados a los bancos de remeros, son arrastrados al fondo por las galeras que se hunden.

3 Duelo final con 4 CV: en la carrera de cuadrigas en el circo de Jerusalén, Judah puede por fin vengarse de su enemigo mortal Mesala.

4 La sabiduría y la clemencia caracterizan las decisiones de Judah y le han convertido en uno de los comerciantes más ricos de Jerusalén. Su administrador Simónides (Sam Jaffe) y la hija de este, Esther (Haya Harareet, segunda por la izquierda), le admiran y le aman tanto como su propia madre Miriam (Martha Scott) y su hermana Tirzah (Cathy O'Donnell).

abierto y también se hunde el barco donde Judah está encadenado desde hace años a la cubierta inferior. Pero Judah sobrevive y consigue salvar a Quinto Arrio, que, en agradecimiento, acoge en su casa a su salvador como hijo adoptivo. Así, el esclavo de galeras número 41 se convierte en el ciudadano romano Ben-Hur, que recibe instrucción en Roma para ser auriga y puede gozar de la fama y el lujo durante algunos años. Pero se verá obligado a regresar a su patria, donde aún tiene una cuenta pendiente con Mesala.

Ben-Hur ha alcanzado fama de auriga invencible en el circo, y ¿dónde podría vengarse mejor de su antiguo amigo que en la arena? Nueve vueltas en cuadriga por la pista: hace mucho que no todos los tiros llegan a la meta en

una carrera mortífera sin reglas. Mesala tampoco, aunque en el lecho de muerte todavía consigue un último triunfo: Tirzah y Miriam han logrado sobrevivir al encierro, pero están enfermas de lepra y no tienen cura.

Judah las encuentra en el valle de los leprosos, y Tirzah está muy cerca de la muerte. En ese momento, Judah, que ya ha liquidado a su peor enemigo, Mesala, se da cuenta de que la venganza no le ha reportado ninguna satisfacción. Entonces vuelve a correr la noticia del curioso rabí que predica el perdón y el amor en el monte situado a las puertas de la ciudad. También la madre y Tirzah tienen que escuchar el mensaje de aquel Jesús de Nazaret. Pero llegan demasiado tarde; el procurador romano Pilato ya le ha condenado a muerte. No obstante, su muerte no es el

5 Mesala (Stephen Boyd) y Judah aún no se imaginan el odio que pronto les enemistará.

6 Un truco simple, pero muy efectivo: Wyler muestra a Jesús (Claude Heater) solo de espaldas… y así crea su aura mística y sobrenatural.

7 El odio y la esperanza de vengarse le mantienen con vida: durante tres años, Judah se mata trabajando en los bancos de remeros de las galeras romanas, hasta que un revés afortunado del destino le libera de esa esclavitud.

final: mientras el Hijo de Dios muere en la cruz, una tormenta irrumpe en la ciudad y, en medio del temporal, Miriam y Tirzah se curan por un milagro. Y Judah encuentra por fin la paz.

En el año del Señor 1959, el imperio de Hollywood se tambalea: el enemigo se llama televisión, y el número de sus seguidores aumenta constantemente. Los grandes estudios preparan el contraataque: imágenes en color y cada vez más panorámicas; los escenarios exóticos y un enorme despliegue de recursos en decorados, vestuario y actores atraerían a la gente al cine. *Ben-Hur,* con sus 365 papeles con texto, 50.000 figurantes y unos gastos de producción de 15 millones de dólares, fue, en la liga de películas monumentales de aquellos años (por ejemplo, *Quo vadis,* 1951, dirigida por Mervyn Leroy; *La túnica sagrada,* 1953, dirigida por Henry Koster, y *Los Diez*

Mandamientos, 1956, de Cecil B. DeMille), una empresa de superlativos: un filme coronado por un éxito comercial extraordinario y con un récord de 11 premios Óscar, que no se repitió hasta el año 1998 con *Titanic,* de James Cameron. No obstante, el productor Sam Zimbalist pagó muy caro el despliegue: murió durante el rodaje de *Ben-Hur* a causa de un infarto, seguramente provocado por el estrés. Aunque la Metro Goldwyn Mayer estaba a un paso de la bancarrota, la película recuperó con creces la inversión, a pesar de su enorme presupuesto. El cine de decorados avasallador alcanzó su zenit con *Ben-Hur;* era de prever que el sistema de estudios no se podría sanear con ese tipo de esfuerzos.

La elección del argumento parece esconder pocos riesgos. La novela del general Lew Wallace en la que se basa era un *best seller* desde que se publicó en 1880, y la sensacional película muda de Fred Niblo del año 1925 ya había estado precedida por una versión teatral espectacular. Siguiendo la costumbre de Hollywood de hacer un *remake* de todos los grandes éxitos pasado un tiempo razonable, se sirvieron a antojo del original para actualizar la nueva versión, sobre todo en el aspecto técnico, con una fotografía en 65 mm, tecnicolor y sonido estéreo.

Como acontecimiento cinematográfico enfocado por completo a los efectos visuales, *Ben-Hur* contiene una de las secuencias más famosas de la historia del cine, la carrera de cuadrigas en el circo de Jerusalén. Se tardó un

«Aparte de la calidad clásica de la puesta en escena y la excelencia de su Mesala, el *Ben-Hur* de William Wyler presenta una serie de otras cualidades que lo convierten en una joya mítica del género. Citemos, sin ningún orden concreto, la interpretación sobria y eficaz de Charlton Heston, las actuaciones contrastadas de numerosos secundarios, la magnificencia de ciertos decorados, la sorprendente carrera de cuadrigas realizada por Andrew Marton o la bellísima y variada composición musical de Miklós Rózsa.» *Positif*

«Tanto el productor, Zimbalist, como el escenógrafo, Tunberg, tienen un gran mérito, pero el mayor de todos le corresponde al director Wyler. Su ingenio, su inteligencia y su instinto formal están presentes prácticamente en todos los aspectos; ha establecido un modelo de excelencia con el que con toda seguridad serán medidas las generaciones venideras de los espectáculos cinematográficos.» *Time Magazine*

8 Con desfiles militares opulentos, el poder romano demuestra a los judíos quién lleva la voz cantante en Judea.

9 Como tribuno, Mesala ya es un hombre poderoso. Pero ser comandante de una capital de provincia no le basta. Mesala quiere ir a Roma, al lado del emperador. Y por ese plan lo sacrificará todo, incluso a su mejor amigo.

año en preparar y poner en escena la carrera, que dura nueve minutos. Entre las peculiaridades de una producción altamente organizada, se encuentra el hecho de que esa secuencia no fue dirigida por el oscarizado William Wyler; el trabajo recayó en Andrew Marton y Yakima Canutt, siendo este último —célebre por su arriesgada caída debajo del tiro de la silla de posta en *La diligencia* (1939) de John Ford— también el encargado de coordinar a los especialistas.

Algunos cineastas que después también alcanzaron fama mundial encontraron un puesto, de los que no aparecen en los créditos, en el equipo de producción de *Ben-Hur*. Por ejemplo, Sergio Leone trabajó de ayudante de dirección antes de dirigir sus propias películas de romanos. Y el departamento artístico empleó a Ken Adam, el diseñador y escenógrafo que poco después diseñaría los audaces decorados de los filmes de James Bond.

EP

LA DOLCE VITA ⚲

1959 -1960 - ITALIA / FRANCIA - 177 MIN.

DIRECTOR
FEDERICO FELLINI (1920-1993)

GUION
FEDERICO FELLINI, TULLIO PINELLI,
ENNIO FLAIANO y BRUNELLO RONDI

DIRECTOR DE FOTOGRAFÍA
OTELLO MARTELLI

MONTAJE
LEO CATOZZO

BANDA SONORA
NINO ROTA

PRODUCCIÓN
GIUSEPPE AMATO y ANGELO RIZZOLI
para RIAMA FILM, PATHÉ CONSORTIUM CINÉMA y GRAY-FILM

REPARTO
MARCELLO MASTROIANNI (Marcello Rubini), ANITA EKBERG (Sylvia),
ANOUK AIMÉE (Maddalena), YVONNE FURNEAUX (Emma), ALAIN CUNY (Steiner),
WALTER SANTESSO (Paparazzo), ADRIANO CELENTANO (cantante),
LEX BARKER (Robert), ALAIN DIJON (Frankie Stout),
ANNIBALE NINCHI (padre de Marcello), NADIA GRAY (Nadia) y NICO (invitado a la fiesta)

PREMIOS DE LA ACADEMIA DE 1961
ÓSCAR al MEJOR VESTUARIO (Piero Gherardi)

FESTIVAL DE CINE DE CANNES DE 1960
PALMA DE ORO (Federico Fellini)

FEDERICO FELLINI

LA
DOLCE
VITA

DISTRIBUZIONE
CINERIZ

MARCELLO MASTROIANNI · ANITA EKBERG

ANOUK AIMEE · YVONNE FURNEAUX · ALAIN CUNY · ANNIBALE NINCHI
WALTER SANTESSO · MAGALI NOEL · LEX BARKER · JACQUES SERNAS · NADIA GRAY

UNA CO-PRODUZIONE RIAMA FILM, ROMA
PATHE CONSORTIUM CINEMA, PARIGI

TOTALSCOPE
MARCHIO DEPOSITATO DALL'A.T.C.

REALIZZATA DA GIUSEPPE AMATO

LA DOLCE VITA

«Roma me parece simplemente fantástica, una especie de jungla, sensual y hermosa; a veces, llena de ruido; a veces, tranquila, donde uno puede esconderse en la espesura.»

¡Escándalo!, gritaba la prensa italiana. Espanto por esta obra depravada, licenciosa, desenfadada, blasfema. El Vaticano amenazó con la condenación, la *jet set* arrugó ofendida la nariz. El director Federico Fellini recibió insultos, incluso le retaron en duelo. Con *La dolce vita* se había zambullido en el mundo esplendoroso de las estrellas y estrellitas de Roma, de los intelectuales y los artistas, y ofrecía decadencia y superficialidad en lugar de valores y contenidos. El placer, según su dictamen, ha vencido a la razón, el silencio, a las explicaciones, el vicio, a la pureza.

Un Jesucristo de piedra vuela sobre Roma con los brazos abiertos, bendiciendo. Un helicóptero transporta con cuerdas la enorme estatua al Vaticano. Va acompañado de otro helicóptero, desde donde el reportero Marcello (Marcello Mastroianni) y el fotógrafo Paparazzo (Walter Santesso) siguen la acción. Los dos forman parte de la jauría de periodistas que provocan tormentas de *flashes* mientras alguna estrella de cine baja por la escalerilla del avión, que sacan el bloc de notas del bolsillo cuando algún noble está con su amante en un local nocturno. Mientras Paparazzo dispara con su cámara a los famosos, a ser posible en el momento en que muestran alguna debilidad, el encantador Marcello se les acerca discretamente, los engatusa y se los lleva por los locales. Su hogar son los cafés elegantes de la Via Veneto, lugar de ambiente de la farándula y palestra para las chicas jóvenes que esperan y desean ser descubiertas.

Marcello no es un simple observador; él mismo forma parte de la sociedad mundana. Vaga por la noche con Maddalena (Anouk Aimée), la hija de un multimillonario,

NINO ROTA Al principio fue una parada de autobús. Fellini encontró allí a un hombre ensimismado que esperaba una línea que normalmente circulaba por otro sitio. Fellini iba a explicárselo, pero luego llegó un autobús de aquella línea y se detuvo a sus pies. Fellini quedó profundamente impresionado y convencido de que se había topado con alguien que podía hacer cosas mágicas. Así más o menos —a veces situaba la parada en la Via Po de Roma; a veces, a las puertas de Cinecittà— describía Fellini el inicio de su amistad con el compositor Nino Rota poco después de la Segunda Guerra Mundial. De la relación de esos dos hombres geniales surgieron instantes de cine realmente mágicos. La triste canción de Gelsomina en *La strada* (1954) o la marcha circense de *Fellini ocho y medio* (1962): un crítico escribió que, en el caso de Rota, la música se convertía en un personaje. Nino Rota Rinaldi nació en 1911 en el seno de una familia de músicos de Milán. Muy pronto se le consideró un niño prodigio y recibió formación musical clásica en conservatorios de Italia y EE.UU. Componía obras para orquesta y coros, y escribió sus primeras bandas sonoras a principios de los años cuarenta. Después de su trabajo en *Sin piedad* (1948) de Alberto Lattuada, empezó a oírse lo que caracterizaría el sonido de Rota: hacía suyas melodías ya existentes, las transformaba y, a veces, también las citaba. Posteriormente recibiría un Óscar por la música de *El padrino. Parte II* (1974) de Francis Ford Coppola, que se basa en una composición escrita por el propio autor para la película *Fortunella* (1957) de Eduardo de Filippo.

Rota compuso docenas de canciones pegadizas; su música oscila entre la emoción y la ironía, pasa de repente de la melancolía a una canción animada, deja de ser estridente y se convierte en un fondo recatado. El músico trabajó con grandes directores, como Luchino Visconti, King Vidor y René Clément. Pero realmente legendario fue su trabajo en equipo con Fellini, para el que compuso la música de todas sus películas desde *El jeque blanco* (1952). Los dos se sentaban juntos al piano; Rota creaba, improvisaba; Fellini comentaba; y cada vez surgía un momento musical mágico del cine. La última ocasión fue para *Ensayo de orquesta* (1978). Nino Rota murió en 1974 en Roma. Fue uno de los compositores de bandas sonoras más importantes del siglo xx.

«De esta representación sensacional de ciertos aspectos de la vida de la Roma contemporánea, revelados a partir de las ruidosas vivencias de un hombre de la prensa irresponsable, surge un juicio gráfico brillante a todo un muestrario social en plena decadencia triste y, por último, una crítica mordaz a la tragedia de la gente excesivamente civilizada.» *The New York Times*

1 Un icono del cine: Anita Ekberg toma un baño nocturno en la Fontana di Trevi de Roma.

2 El fotógrafo de caza. Federico Fellini estaba orgulloso de que la palabra que él había inventado, *paparazzi*, se convirtiera en un término fijo para designar a los reporteros gráficos insistentes.

3 Con *La dolce vita* se inició la colaboración de dos genios, Fellini y Mastroianni, que apareció en seis películas del director como su álter ego.

o acompaña por Roma a una diva del cine norteamericana (Anita Ekberg) hasta la madrugada. Pasea con nobles por un palacio real durante una velada o calienta los ánimos en una fiesta de aspirantes a estrella y productores de cine, hasta que casi acaba en orgía. Recobra la tranquilidad con el grupo noctámbulo del intelectual Steiner (Alain Cuny), donde recupera su vocación de escritor, casi perdida, y la vuelve a perder.

El debate en torno a la película de Fellini se encendió porque mostraba abiertamente la sexualidad, de un modo hasta entonces inusual: la danza lasciva de Anita Ekberg en la salvaje actuación de *rock and roll* del joven Adriano Celentano o el célebre *striptease* de Nadia Gray delante de las miradas concupiscentes de los asistentes a una fiesta. La consecuencia: la gente hacía largas colas incluso en provincias para ver una obra de casi tres horas de

4 Ambiente de final de los tiempos al amanecer: la decadencia y despreocupación de la alta sociedad provoca una comparación con los últimos días de la Roma clásica.

5 Fellini formula una crítica acerada a los medios de comunicación, que aún sigue siendo válida. Aquí, una mujer se entera por los reporteros de la prensa amarilla de que su marido primero ha matado a los hijos y después se ha suicidado.

6 También ella sucumbió al encanto de la Ciudad Eterna: Anita Ekberg, Miss Suecia 1950, se trasladó a vivir a Roma después del rodaje de *La dolce vita*.

«*La dolce vita* resulta tan pretenciosa como sensacional y contradictoria.» *Time Magazine*

7 Una de las escenas que conmocionaron al Vaticano: una mujer con sotana; al fondo, la plaza de San Pedro. Y para rematarlo, ¡menuda mujer!

8 Fellini dijo que *La dolce vita* era la película de alguien que se estaba ahogando, un grito de auxilio desde el mundo de la superficialidad.

En cierto modo, tomando el timón por él, Marcello Mastroianni quiere dejar de ser periodista, pero no puede.

duración que, normalmente, solo se habría proyectado en cines con una programación exigente. *La dolce vita* se convirtió en el mayor éxito de Fellini, a pesar de estar narrada en episodios que no se unen por medio de un argumento emocionante. El único elemento de unión es el protagonista, Marcello, con el que nos movemos por las noches romanas.

La película fascina por sus valores visuales. A menudo se la ha comparado con una pintura, se la ha calificado de «cuadro de costumbres» o de «fresco barroco», sobre todo gracias a la actriz noruega Anita Ekberg. Su baño nocturno en la Fontana di Trevi se ha convertido en un hito de la historia del cine; su visita a la cúpula de San Pedro vestida con una sotana ceñida encendió los ánimos de los hombres de Iglesia católicos, sensibles con los símbolos. Antes del rodaje, la actriz ya era una sensación en Roma, y Fellini supo aprovechar hábilmente este hecho: tomando anécdotas reales de la prensa del corazón —la bofetada que Ekberg recibe de su marido en la película (Lex Baxter) ya

se la había dado en público su verdadero esposo— borra las fronteras entre las personas reales y los personajes cinematográficos. También hizo que algunos nobles y modelos se interpretaran a sí mismos con el objetivo de que los episodios parecieran lo más reales y auténticos posible. La prensa de otros países quedó sorprendida: a qué venía tanto escándalo si Fellini solo había compilado una crónica de escándalos para desenmascarar el mundo frívolo romano.

La dolce vita presenta la dependencia mutua de los medios de comunicación y los famosos, de los periodistas y las estrellas: unos necesitan material para sus historias; los otros, la atención de los medios para ser lo que son. Mucho antes de que ese intercambio se analizara detenidamente a consecuencia de los atentados terroristas del año 2001, Fellini reflexiona: un suceso, ¿es un suceso sin la presencia de los medios? Precisamente esta pregunta hace que la película siga estando de rabiosa actualidad.

NM

LA AVENTURA

L'AVVENTURA

1960 - ITALIA / FRANCIA - 145 MIN.

DIRECTOR

MICHELANGELO ANTONIONI (1912-2007)

GUION

MICHELANGELO ANTONIONI, ELIO BARTOLINI
y TONINO GUERRA

DIRECTOR DE FOTOGRAFÍA

ALDO SCAVARDA

MONTAJE

ERALDO DA ROMA

BANDA SONORA

GIOVANNI FUSCO

PRODUCCIÓN

LUCIANO PERUGIA, CINO DEL DUCA y AMATO PENNASILICO
para CINO DEL DUCA, PRODUZIONE CINEMATOGRAFICHE EUROPEE,
ROBERT & RAYMOND HAKIM COMPANY y SOCIÉTÉ CINÉMATOGRAPHIQUE LYRE

REPARTO

GABRIELE FERZETTI (Sandro), MONICA VITTI (Claudia),
LÉA MASSARI (Anna), DOMINIQUE BLANCHAR (Giulia),
JAMES ADDAMS (Corrado), RENZO RICCI (padre de Anna),
ESMERALDA RUSPOLI (Patrizia), LELIO LUTTAZZI (Raimondo),
GIOVANNI PETRUCCI (Goffredo) y DOROTHY DE POLIOLO (Gloria)

«La idea de perderte me mata. Y, sin embargo, ya no siento nada por ti.»

Esta película necesita buenos abogados defensores. Uno célebre, como el director español Pedro Almodóvar, por ejemplo, que dijo: «Cuando vi *La aventura,* me quedé conmocionado. Me sentí igual que Monica Vitti en la película, podía decir como ella: "No sé qué tengo que hacer… Bueno, vamos al club… Creo que tengo una idea… Ya la he olvidado…"». O una abogada competente como la estadounidense Pauline Kael, una gran crítica de cine, que escribió en la revista *Film Quarterly:* «*La aventura* es simplemente la película del año, puesto que Antonioni demuestra que las posibilidades del medio para expresar las cosas de manera seria, cultivada y personal aún no están agotadas».

Que la película necesitaba esas defensas es fácilmente comprensible teniendo en cuenta que, a primera vista, parece abultada, dispersa y prolija. En su estreno en Cannes, el público manifestó su disgusto a grito pelado. «¡Corten!», gritaban algunos en las tomas que les parecían demasiado largas; a otros, les molestó el extraño comportamiento de los protagonistas del filme. El final se comentó con risas burlonas, una reacción que, teniendo en cuenta la fuerza expresiva metafórica de la última imagen, cuesta imaginar: una terraza panorámica al amanecer; a la izquierda, al fondo de la imagen, se ve el Etna cubierto de nieve; en el centro, un banco, donde está sentado de espaldas a la cámara un hombre hundido, vestido con un traje. Junto a él, de pie y también de espaldas, hay una mujer rubia, vestida con una falda y un jersey oscuros, que le acaricia la cabeza con la mano derecha, sin decir nada. La mitad derecha de la imagen se completa con una

SICILIA EN EL CINE Unas linternas se balancean en la proa de un pequeño bote; a bordo, los pescadores de Acitrezza, una pequeña localidad cerca de Catania, reman en el mar. Noche tras noche, el mismo trabajo duro por un sueldo de miseria. *La terra trema* (1948) de Luchino Visconti es la primera gran película sobre Sicilia, sus habitantes, a veces rudos, y su lenguaje obstinado: en el filme se afirma que, allí, solo los ricos hablan italiano.

Explotación, tradición, ofensa y orgullo: estos son los temas que *La terra trema* asocia a la isla, hermosa y grande. El largometraje se basa en una novela de Giovanni Verga, natural de Catania, que tuvo una gran influencia en el cine de su tierra por su condición de representante del verismo italiano. Su drama de celos *I Malavoglia* (en español, *Los Malavoglia* o *Los Malasangre,* dependiendo de la edición), publicado en 1891, se desarrolla en Sicilia y ya fue llevado al cine en 1916 por Ugo Falena *(Cavalleria rusticana).* En 1939, Amleto Palermi trasladó el argumento al género del musical. La mafia se introdujo en el cine con *In nome della legge* (1949). Esta película neorrealista de Pietro Germi muestra la lucha de un juez joven contra las estructuras mafiosas; su siguiente trabajo de dirección *(Il camini della speranza,* 1951) también ofrecía un reflejo de la miseria social en el sur del país: mineros sicilianos en paro partían a Francia en busca de trabajo. En cambio, en *Divorcio a la italiana* (1961) se ocupaba con humor de las absurdas leyes conyugales y trataba con ironía la imagen que los sicilianos tenían de la honra y la virilidad.

Un siciliano ha fascinado especialmente a los cineastas: el bandido Salvatore Giuliano, que causó estragos en los años cuarenta y que fue calificado unas veces de nacionalista, otras de luchador por la libertad o, alguna vez, incluso de político inhabilitado, pero siempre como víctima, ya fuera de la sociedad o de determinados personajes que actuaban en un segundo plano. Hacia finales del siglo xx, la guerra sangrienta contra la mafia predominó en la imagen cinematográfica de Sicilia, por ejemplo, en *Dimenticare Palermo* (1989) de Francesco Rosi y *La escolta* (1993) de Ricky Tognazzi.

Giuseppe Tornatore ofreció una mirada más conciliadora de Sicilia. En sus películas sobre el cine, *Cinema Paradiso* (1989) y *El hombre de las estrellas* (1995), el director mostraba visiones idílicas de una Sicilia de épocas pasadas, mejor y digna de ser amada.

«Monica Vitti está realmente fascinante, soberbia en sus cambios de registro, en la expresión de los sentimientos interiores que le imponen las circunstancias.» *Le Monde*

1 La ocasión hace el amor: Claudia (Monica Vitti) y Sandro (Gabriele Ferzetti) de viaje por el sur de Italia. Si realmente se aman es algo que ni ellos mismos saben con exactitud.

2 Antonioni dijo en una entrevista que las películas no podían «entenderse» simplemente escudriñando su contenido. Según el director, más bien había que extraer preguntas de ellas.

3 Junto con Giulia (Dominique Blanchar), Claudia busca a la desaparecida Anna, en cuyo papel se irá metiendo. Ya lleva puesta su camisa.

pared sin ventanas. El hombre y la mujer se encuentran, en cierto modo, entre dos aguas, entre la extensa naturaleza y la arquitectura de piedra, entre una salida hacia la lejanía y un quedar prisioneros, insinuado por los muros. La imagen simboliza de esta manera el estado en que se encuentra la relación entre ambos: se enfrentan a la decisión de seguir juntos o separarse. Qué deciden finalmente es algo que la película deja abierto.

La mujer rubia es Claudia (Monica Vitti), la amiga de Anna (Léa Massari). Anna es de casa rica y sale con Sandro (Gabriele Ferzetti), aunque le ve poco porque su trabajo de ingeniero no le deja demasiado tiempo libre. Juntos viajan en un pequeño yate a las islas Lípari, con otros amigos. A bordo se encuentra un grupo de bohemios típicamente romanos, vanidosos, apáticos y cínicos. Durante una escala en una isla rocosa y yerma, cerca de Panarea, Sandro habla de matrimonio. Pero Anna no quiere, ya no

siente nada por él. Poco después, desaparece… para el resto de la película.

Sandro y Claudia la buscan; primero por separado y luego juntos, siguen algunas pistas vagas por Silicia, desde Milazzo hasta Messina, Noto y, finalmente, Taormina. No consiguen encontrar a Anna, pero descubren su inclinación mutua y acaban convirtiéndose en pareja. No obstante, en una fiesta, Sandro le es infiel con una aspirante a estrella estadounidense; Claudia, profundamente herida, se marcha. Él la alcanza en aquella terraza panorámica. Los dos lloran; ella, probablemente por la decepción; él, quizás por arrepentimiento o porque intuye que es incapaz de amar. Quizás, puesto que en las películas de Antonioni no suele decidirse nada, cosa que también está ligada al hecho de que el espectador se vea enfrentado a los acontecimientos fílmicos desde la nada y que apenas sepa algo sobre el origen de los personajes o su historia. Parecen

4 Ni rastro de Anna, en ninguna parte. El último lugar donde estuvo: la isla rocosa, yerma y vacía de Lisca Bianca, en el archipiélago de las Lípari. Los paisajes en las obras de Antonioni son siempre escenarios anímicos.

5 De forma caprichosa y brusca, simplemente desorganizada: Antonioni dibujaba a los personajes masculinos blandos y pálidos…

6 … a los personajes femeninos, en cambio, autosuficientes e indepen-

dientes. Tienen sus propias ideas, son «la curiosidad, el conocimiento del mundo», como escribió un crítico en el periódico alemán *Süddeutsche Zeitung*.

actuar al instante, por impulso. Con *La aventura,* empezó la llamada trilogía italiana de Antonioni; le siguieron *La noche* (1960) y *El eclipse* (1962). A estas obras, se las considera imágenes que reflejan mundos empíricos modernos en plena transformación, cuya característica principal es la pérdida de orientación motivada por el hecho de cuestionar los valores tradicionales y por el distanciamiento del ser humano respecto a su entorno natural y social, consecuencia básicamente de unas relaciones sociales cada vez más complejas.

En *La aventura*, Antonioni esboza ese camino hacia la abstracción: el personaje principal desaparece sin más a los 25 minutos de película, después de una conversación en la que rechaza el papel tradicional de esposa burguesa. Su lugar lo ocupa Claudia, que, a pesar de ser tan autosuficiente como Anna, aún no ha encontrado su propia identidad social. Por otro lado, el nuevo trabajo de Sandro como ingeniero le deparará un sueldo mucho más alto que la actividad creativa de arquitecto. Finalmente, en la película aparece una ciudad fantasma siciliana, probablemente resultado de la especulación inmobiliaria, cuyas casas deshabitadas deben interpretarse como símbolo del vacío del alma. Así, pues, *La aventura* trata sobre la grieta social que se abría entre la vieja y la nueva época, entre los romanos mundanos y los sicilianos sedentarios, que miran boquiabiertos y con avidez a una mujer forastera y sin compañía masculina.

La aventura es —quizás— la mejor película de Antonioni. Ningún otro largometraje ha mirado su presente a la cara de forma tan inteligente, tan distanciada y, aun así, tan emocional.

NM

PSICOSIS

PSYCHO

1960 - EE. UU. - 109 MIN.

DIRECTOR

ALFRED HITCHCOCK (1899-1980)

GUION

JOSEPH STEFANO, basado en la novela homónima
de ROBERT BLOCH

DIRECTOR DE FOTOGRAFÍA

JOHN L. RUSSELL

MONTAJE

GEORGE TOMASINI

BANDA SONORA

BERNARD HERRMANN

PRODUCCIÓN

ALFRED HITCHCOCK
para SHAMLEY PRODUCTIONS INC.

REPARTO

ANTHONY PERKINS (Norman Bates), JANET LEIGH (Marion Crane),
VERA MILES (Lila Crane), JOHN GAVIN (Sam Loomis), JOHN MCINTIRE (Al Chambers),
MARTIN BALSAM (Milton Arbogast), LURENE TUTTLE (señora Chambers),
SIMON OAKLAND (doctor Richmond), PATRICIA HITCHCOCK (Caroline)
y MORT MILLS (policía)

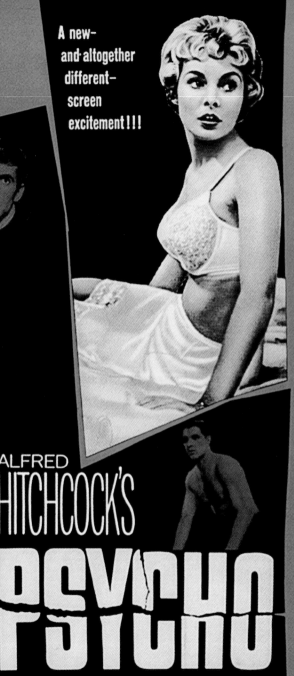

«¡Pero, madre, si es una forastera a la que no conozco!»

A eso se le llama ironías del destino: Marion Crane (Janet Leigh) no puede permitirse legalizar su relación con su amante, Sam Loomis (John Gavin), por lo que se convierte en una ladrona. Los 40.000 dólares que su jefe le confía les ayudarán a llevar una vida burguesa para que nunca más tengan que escabullirse a mediodía para disfrutar a escondidas de un rato de amor. Cuando un obstinado policía de provincias empieza a perseguirla, Marion descubre que su espontáneo plan tiene algunas lagunas. Sin embargo, no tendrá oportunidad de rectificar: una tormenta la obligará a alojarse en un motel apartado y será brutalmente asesinada bajo la ducha. Por lo que parece, la culpable es la madre del torpe propietario del establecimiento, Norman Bates (Anthony Perkins), que quiere evitar que su hijo tenga una aventura con la hermosa desconocida. Conmocionado por el sangriento crimen, Bates elimina las pruebas y hunde el coche de Marion en el pantano junto a los 40.000 dólares y el cadáver.

Sin embargo, la siniestra pareja pronto se verá acorralada. Sam, Lila (Vera Miles) —la hermana de Marion—

JANET LEIGH Jeanette Helen Morrison, nacida el 6 de julio de 1927 en Merced (California), terminó el instituto con 15 años, y se puso a estudiar música y psicología. Su descubrimiento por parte de Hollywood fue como un moderno cuento de hadas: parece ser que la actriz Norma Shearer vio una fotografía de Janet durante unas vacaciones en la nieve durante las que se alojó en el hotel en el que el padre de la futura estrella trabajaba de recepcionista. Poco tiempo después, la joven se codeaba con los grandes de la industria cinematográfica, como Robert Mitchum en *Negocio en vacaciones* (1949), James Stewart en *Colorado Jim* (1953), John Wayne en *Amor a reacción* (1957) o Charlton Heston y Orson Welles en *Sed de mal* (1958). Su papel más relevante fue sorprendentemente breve: en *Psicosis* (1960), de Hitchcock, Janet Leigh interpretó a Marion Crane, cuyo personaje es asesinado tras 45 minutos de película. A pesar de esto, la actriz, que ya hacía tiempo que gozaba de una gran popularidad, fue candidata al Óscar. Una de sus últimas grandes películas de Hollywood fue todo un clásico: *El mensajero del miedo* (1962), de John Frankenheimer, en la que ayudaba al desesperado Bennett Marco —interpretado por Frank Sinatra— a salir de diversos aprietos con la elegante y mundana contención que le era característica. Entre 1951 y 1962 estuvo casada con Tony Curtis, junto al que actuó en diversas películas y con el que tuvo dos hijas, Kelly y Jamie Lee Curtis, ambas actrices. Junto a Jamie Lee, Janet reapareció en una película en 1998. Fue *Halloween H20,* la séptima cinta de la saga de terror, la que lanzó al estrellato a su hija.

1 «Probablemente me vigilan.» Norman Bates (Anthony Perkins) es un desequilibrado que no sabe a quién debe temer más: a las seductoras desconocidas, a su misteriosa madre o a sí mismo.

2 La casa de los Bates, una de las más célebres de la historia del cine, se construyó expresamente para la película. El motel es auténtico, aunque en realidad se encuentra en otro lugar.

3 Para casarse con su amante, Sam Loomis (John Gavin), Marion Crane (Janet Leigh) comete un error mortal. Estamos ante un ejemplo de doble moral a lo Hitchcock: el comportamiento inmoral se castiga, aunque sea por motivos totalmente distintos.

y un detective privado llamado Arbogast (Martin Balsam) están buscando, respectivamente, a la desaparecida y el dinero que ha sustraído. También Arbogast será asesinado por la misteriosa anciana que, por lo que parece, se esconde en la casa familiar que se levanta detrás del motel. Cuando Sam y Lila avisan finalmente a la policía, descubren que la señora Bates lleva 10 años muerta…

Psicosis es, sin lugar a dudas, la película más osada de Hitchcock, y no únicamente por el primer plano de un sanitario, que en los años cincuenta se consideró sumamente escandaloso. Hitchcock se divierte destrozando una a una las expectativas del espectador y tampoco titubea a la hora de matar a su protagonista en el primer tercio de la cinta. Gran parte del argumento, como

3

«Tras sus películas de suspense e historias románticas, ¿podía Hitchcock proponer algo que chocara al público medio norteamericano, que todavía recordaba con un escalofrío películas extranjeras como *Las diabólicas*? La respuesta es un entusiasmado sí. En esta cinta mezcló la realidad con la fantasía en unas fascinantes proporciones y la remató con varias sorpresas ágiles, espeluznantes y desconcertantes.»

San Francisco Chronicle

el robo del dinero, se revelará como una simple maniobra de distracción.

Y aún hay más: básicamente, la trama solo sirve para despistar al espectador con todos los medios de la sugestión visual. La forma en la que toda la historia queda en un segundo plano tras la subversiva fuerza de las imágenes casi hacen de *Psicosis* una película experimental.

El ejemplo más célebre es la escena de la ducha, en la que durante 45 segundos pueden verse 70 planos distintos. Los brutales cortes entre las imágenes, sumados a la estridente música de Bernard Herrmann, hacen que el espectador prácticamente sienta en carne propia las cuchilladas que sufre la víctima. La secuencia resulta tan impresionante que, en adelante, Hitchcock puede permitirse

4 La famosa escena de la ducha sigue conmocionando al espectador actual. Existe una leyenda según la cual el responsable de esta secuencia no fue Hitchcock, sino Saul Bass, un genial realizador de títulos de crédito y mano derecha del director.

5 ¡Cuando mamá se entere! Norman invita a la hermosa desconocida a cenar.

renunciar casi por completo a cualquier exhibición de violencia: ya tiene al público donde quería.

Cabe destacar la capacidad de inventiva de Hitchcock y su director de fotografía, John L. Russell, que encuentran todo tipo de recursos formales para no mostrar el rostro de la madre de Norman hasta el final. Así, durante el asesinato de Arbogast en la casa de los Bates, hacen creer al espectador que la escena de la escalera únicamente puede rodarse desde una inusual perspectiva de pájaro.

Psicosis es también una película experimental desde el punto de vista narrativo. El argumento, como en una producción televisiva, se estructura alrededor de varios diálogos largos. La conversación entre Marion y Norman en el motel resulta significativa, puesto que se establece una afinidad entre el criminal y su futura víctima. En el curso de la misma descubrimos la afición de Norman, disecar pájaros. Estos animales contemplan los acontecimientos como testigos mudos e incorruptibles. Al igual que el agujero en la pared a través del que Norman contempla a Marion mientras ella se desnuda, remiten a la función de *voyeur* que lleva a cabo la cámara.

Psicosis está repleta de analogías de ese motivo como símbolo del observador y el observado, desde el desagüe de la ducha por la que desaparece la sangre de Marion hasta la sonriente calavera que mira fijamente al espectador en una de las últimas escenas. No hay lugar a confusiones: «Probablemente me vigilan. Que vigilen. Así se darán cuenta de la clase de persona que soy. No voy a matarte, tranquilízate. Seguro que me están vigilando. Mejor, mejor…». No es casual que estas palabras, que Hitchcock pone en boca de su protagonista, suenen como una declaración personal del realizador. Comprobamos así que, aunque *Psicosis* parezca brutal y chocante, en realidad es el manifiesto artístico de un maestro en el punto culminante de su carrera.   SH

DESAYUNO CON DIAMANTES ♟♟

BREAKFAST AT TIFFANY'S

1961 - EE. UU. - 115 MIN.

DIRECTOR

BLAKE EDWARDS (1922-2010)

GUION

GEORGE AXELROD, basado en una novela de
TRUMAN CAPOTE

DIRECTOR DE FOTOGRAFÍA

FRANZ F. PLANER

MONTAJE

HOWARD SMITH

BANDA SONORA

HENRY MANCINI

PRODUCCIÓN

MARTIN JUROW y RICHARD SHEPERD
para PARAMOUNT PICTURES

REPARTO

AUDREY HEPBURN (Holly Golightly), GEORGE PEPPARD (Paul Fred Varjak),
PATRICIA NEAL (2-E), BUDDY EBSEN (Doc Golightly), MICKEY ROONEY (señor Yunioshi),
MARTIN BALSAM (O. J. Berman), JOSÉ LUIS DE VILLALONGA (Villalonga),
JOHN MCGIVER (vendedor de *Tiffany*), ALAN REED (Sally Tomato)
y DOROTHY WHITNEY (Mag Wildwood)

PREMIOS DE LA ACADEMIA DE 1961

ÓSCAR a la MEJOR BANDA SONORA (Henry Mancini) y a la
MEJOR CANCIÓN (*Moon River*, música: Henry Mancini,
letra: Johnny Mercer)

AUDREY HEPBURN

PLAYS THAT DARING, DARLING
HOLLY GOLIGHTLY TO A NEW HIGH
IN ENTERTAINMENT DELIGHT!

BREAKFAST AT TIFFANY'S

A JUROW-SHEPHERD
PRODUCTION

GEORGE PEPPARD · PATRICIA **NEAL** · BUDDY **EBSEN** · MARTIN **BALSAM** AND **MICKEY ROONEY**

DIRECTED BY BLAKE EDWARDS · MARTIN JUROW AND RICHARD SHEPHERD · GEORGE AXELROD · BASED ON THE NOVEL BY TRUMAN CAPOTE · A PARAMOUNT RELEASE · MUSIC HENRY MANCINI · **TECHNICOLOR**

«¿Conoce usted esos días en que se ve todo de color rojo?»

Un amanecer de verano en la Quinta Avenida de Nueva York; Manhattan despierta. En uno de los escaparates de la joyería Tiffany's, conocida en todo el mundo, se refleja una figura femenina delicada, casi frágil; el cabello recogido en un moño alto, los ojos ocultos detrás de unas grandes gafas de sol, un traje de noche que deja al descubierto los hombros, un vaso de café en una mano, un cruasán en la otra: desayuno con o, mejor aún, delante de diamantes. Vemos a Holly Golightly (Audrey Hepburn) mirando el lujo resplandeciente de las vitrinas; ella misma, con sus joyas, parece guarnecida como una pieza de exposición: un instante de cine mágico.

Holly no forma parte de la *jet set* neoyorquina, de la clientela de la joyería, pero sus clientes sí, ya que la señora Golightly (podría traducirse como «tómatelo con calma») es una chica de compañía «de elegante delgadez», como Truman Capote, el autor de la novela en que se basa la película, describe a la joven de 18 años con «un rostro que había salido de la infancia, pero no había llegado a ser de mujer». Escapando de un matrimonio prematuro con un veterinario bastante mayor, ha huido de provincias y ha llegado a Nueva York para buscar su felicidad —y sobre todo una fuente de ingresos— en el escenario de la bohemia, los *playboys* y los esnobs, en el mundo de la propia

AUDREY HEPBURN Edda Hepburn van Hemmstra nació en Bruselas en 1929, en el seno de una familia acomodada y distinguida: la madre era una baronesa holandesa y el padre, un banquero británico. A los 12 años, después de estudiar conforme a su posición social en un internado de Londres, se fue con su madre (que se había separado de su marido porque este mantenía contactos con fascistas ingleses) a Ámsterdam, donde ambas, madre e hija, colaboraron con el movimiento de resistencia contra la ocupación alemana.

Después de la guerra, desarrolló una carrera «de película»: en 1951, tuvo su primera actuación en el cine con un pequeñísimo papel, en el que hace de cigarrera de un club nocturno y le dice a un señor mayor «No soy una señora, soy una chica» (*Risa en el paraíso*, dirigida por Mario Zampi). Después, la escritora francesa Colette la contrata para interpretar en Broadway el papel de Gigi en su obra de teatro homónima; 217 veces interpretó a la «casi» querida. A continuación, el director William Wyler se la llevó a Hollywood: en *Vacaciones en Roma* (1953), Audrey Hepburn interpreta al lado de Gregory Peck el papel de niña-mujer que a pesar de toda su ingenuidad (o precisamente por ella) despierta deseos prohibidos. Delicada y frágil, con ojos castaños de cervatillo: un nuevo tipo de estrella releva a los mitos eróticos nacidos durante la guerra. Audrey Hepburn recibió el Óscar a la mejor actriz por su papel de princesa Ana en *Vacaciones en Roma*. Asimismo, gracias a su modisto Givenchy, se convirtió en una precursora de la moda que negaba los atractivos físicos propagados anteriormente: pelo cortado a lo chico o cola de caballo en vez de melena larga rubia, zapatos planos en vez de tacón de aguja, vestidos holgados anchos en lugar de jerséis ceñidos.

A esta le siguieron 26 películas más. En *Para siemprc* (1989) de Spielberg, Audrey Hepburn hizo su última actuación en el cine cuatro años antes de su muerte: en el papel de ángel.

2

1 A veces basta con ver un rostro para poder explicar la historia de una película: Holly Golightly (Audrey Hepburn) busca hombres ricos.

2 En vez de un millonario, en su vida entra Paul (George Peppard); no tiene nada que ofrecer… excepto amor.

3 La chica de compañía analiza si estaría bien de novia, aunque se trate de una pantalla de lámpara de mesita de noche barata.

escenificación, las máscaras, el fingimiento y la autocontemplación. En ocasiones, ese ambiente se le hace insoportable y la deprime; entonces sufre sus *mean reds* (el doblaje español habla de «días rojos») y se la puede encontrar delante de Tifanny's contemplándose.

Vive sola con su gato en un edificio de apartamentos de Manhattan; y numerosos hombres maduros pagan por su compañía y por algo más. Por otro lado, cada semana va a visitar a Sally, un preso de Sing-Sing que la utiliza de correo de droga sin que ella se entere. Holly busca una relación sólida, a ser posible con un millonario que no pase de los 50. Pero encuentra justo todo lo contrario: Paul Varjak (George Peppard), un escritor fracasado y sin recursos, que se ha convertido en su nuevo vecino. Holly tiene algo en común con Paul; él también se deja mantener para asegurar su precaria existencia; una mujer casada le sustenta como amante.

La prostituta y el gigoló entablan conversación un día; a partir de ahí y poco a poco se desarrolla una relación

con altibajos, durante la cual se van manifestando sus respectivas personalidades: momentos de revelaciones sinceras en el mundo de la superficialidad y la inconsciencia.

Desviándose de la novela, donde Holly pretende seguir a la caza de millones precisamente en África, las últimas imágenes, que se cuentan entre los finales felices más célebres del cine, nos proponen un apasionado torbellino de emociones: Holly corre detrás de Paul, titubea y le abraza; Paul la besa y el gato, que se encuentra entre los amantes, completa la extravagante pareja. Llueve a cántaros, como si el tema musical *Moon River* que acompaña toda la película (Óscar al compositor Henry Mancini y al letrista Johnny Mercer) se hubiera desbordado. Holly y Paul han conseguido la normalidad; se acabó el vacío existencial, el andar a ciegas, la huída y la vida «a la deriva» de dos personas. La película se anticipa así a los estudios sobre la búsqueda urbana de sentido y felicidad con la que Woody Allen tendría tanto éxito casi 20 años más tarde.

Este filme se caracteriza por dos peculiaridades que hacen que todavía merezca la pena verlo. Por un lado, apuesta por la *moda:* para el papel de Holly Golightly, la joven de 18 años, no se contrató a Marilyn Monroe, sino a Audrey Hepburn. Esta, que ya había cumplido los 32, había sido modelo del modisto francés Hubert de Givenchy, quien con su musa acentuó un estilo de moda y un tipo de mujer cultivada, más bien discreta, delicada y juvenil, que relevó a las *sex-symbols* de grandes pechos de los años cincuenta. Audrey Hepburn llevó a la pantalla los rasgos típicos de la mujer elegante y de mundo de la década de 1960, que después Jacqueline Kennedy personificaría con tanta perfección.

Por otro lado, la película apuesta por los *momentos,* instantes cinematográficos intensos en el sentido más genuino de la palabra, cerrados en sí mismos y que van más allá de la narración. Holly Golightly sacando su zapato de un frutero o maniobrando con una boquilla de 40 cm de largo entre los invitados de una fiesta: esas instantáneas quedan grabadas en la memoria. Pero la escena más hermosa es y seguirá siendo la que da título a la película: Audrey Hepburn delante del escaparate de Tiffany's.

RV

4 Holly descubre que ella y Paul tienen algo en común: ambos son unos mantenidos, Paul de una mujer de los mejores círculos.

5 Los dos tienen la puerta del corazón abierta de par en par.

6 En las fiestas de la gente chic de Manhattan, las duchas también están llenas de parejitas: tan pronto como se encuentran, vuelven a perderse de vista.

7 La anfitriona avisa cuando alguien cae borracho con el grito de leñador «¡Árbol va!».

«Esta Hepburn va a conseguir que los pechos pasen de moda.» *Billy Wilder*

LAWRENCE DE ARABIA ♟♟♟♟♟♟♟

LAWRENCE OF ARABIA

1962 - GRAN BRETAÑA - 222 MIN.

DIRECTOR
DAVID LEAN (1908-1991)

GUION
ROBERT BOLT y MICHAEL WILSON

DIRECTOR DE FOTOGRAFÍA
FREDDIE YOUNG

MONTAJE
ANNE V. COATES

BANDA SONORA
MAURICE JARRE

PRODUCCIÓN
SAM SPIEGEL para HORIZON

REPARTO
PETER O'TOOLE (Thomas Edward Lawrence), ALEC GUINNESS (príncipe Feisal),
ANTHONY QUINN (Auda Abu Tayi), JACK HAWKINS (general Allenby),
OMAR SHARIF (Sherif Ali Ibn El Kharish), ANTHONY QUAYLE (colonel Harry Brighton),
CLAUDE RAINS (señor Dryden), ARTHUR KENNEDY (Jackson Bentley),
JOSÉ FERRER (gobernador turco) y DONALD WOLFIT (general Murray)

PREMIOS DE LA ACADEMIA DE 1962
ÓSCAR a la MEJOR PELÍCULA (Sam Spiegel), al MEJOR DIRECTOR (David Lean),
a la MEJOR FOTOGRAFÍA (Freddie Young), al MEJOR MONTAJE (Anne V. Coates),
a la MEJOR BANDA SONORA (Maurice Jarre), a los MEJORES DECORADOS
(John Box, John Stoll y Dario Simoni) y al MEJOR SONIDO (John Cox)

From the creators of "The Bridge On The River Kwai."
Columbia Pictures presents The SAM SPIEGEL · DAVID LEAN Production of

LAWRENCE OF ARABIA

*"I deem him one of the greatest beings alive in our time.
...we shall never see his like again. His name will live in history.
It will live in the annals of war...It will live in the legends of Arabia!"*
—WINSTON CHURCHILL

STARRING
ALEC GUINNESS · ANTHONY QUINN
JACK HAWKINS · JOSE FERRER
ANTHONY QUAYLE · CLAUDE RAINS · ARTHUR KENNEDY
AND INTRODUCING
PETER O'TOOLE as 'LAWRENCE' · OMAR SHARIF as 'Ali'
SCREENPLAY BY   PRODUCED BY   DIRECTED BY   A HORIZON PICTURES IN
ROBERT BOLT · SAM SPIEGEL · DAVID LEAN · TECHNICOLOR®

PHOTOGRAPHED IN
SUPER PANAVISION 70®

1

«Los mejores no vendrán por dinero. ¡Vendrán por mí!»

«Soy un caso aparte», anuncia Thomas Edward Lawrence (Peter O'Toole) ya al principio de la película, cuando intenta explicarle a un beduino la diferencia entre él y la gente de su tierra, «un país rico, de gente muy gorda». Diferente sí, pero ¿en qué sentido? ¿Quién fue realmente el oficial británico de Oxford que durante la Primera Guerra Mundial levantó a las tribus árabes contra los turcos aliados de Alemania y Austria? ¿Un soñador idealista? ¿Un narcisista megalómano? ¿Un sadomasoquista homosexual? No lo sabemos —dicen al unísono sus superiores y conocidos tras su muerte temprana en un accidente de moto—, apenas lo conocimos.

Lawrence tampoco sabe demasiado sobre su propia forma de ser —y cuando más tarde se conoce mejor tiene miedo de sí mismo—, de eso trata la monumental biografía de David Lean, que muestra las distintas facetas de ese personaje extraño, aunque sin querer resolver realmente el enigma de Thomas Edward Lawrence. *Lawrence de Arabia* no es una película sobre la guerra, la política y la historia colonial británica, se trata más bien del viaje de una persona para descubrirse a sí misma plasmado con imágenes poderosas, la epopeya de un ser al borde de la locura, al que solamente le atraen los desafíos imposibles: Lawrence cruza desiertos que nadie había cruzado antes y planea ataques por sorpresa a guardias turcos en apariencia invencibles. Forja alianzas frágiles entre tribus árabes enemistadas y acaba por tomar Damasco con su ejército árabe. Pero las expediciones mortificantes no van acompañadas de una purificación del alma —a la pregunta de qué le gusta tanto del desierto, Lawrence responde en una ocasión: «Está limpio»—, sino de la pérdida de la inocencia: alentado al principio por el ideal de ayudar a los

PETER O'TOOLE El papel que da título a *Lawrence de Arabia* de David Lean catapultó en 1962 a Peter O'Toole (1932-2013), que entonces tenía 29 años, a la primera fila de estrellas internacionales de la época. Antes, el actor de origen irlandés solo había interpretado algunos papeles menores, como el de gaitero en la película de Robert Stevenson *Secuestrado* (1959), y los británicos le conocían hasta entonces como un actor de teatro prometedor que había conseguido llegar al Royal Shakespeare Theatre de Stratford-upon-Avon. La década de 1960 trajo el éxito a O'Toole, ya que obtuvo varias veces la candidatura al Óscar, aunque no llegó a ganar ninguno. Con su encanto irlandés, una picardía que resplandecía de sus ojos azules y sus maneras siempre algo irónicas, dio pruebas de ser el actor ideal sobre todo en comedias excéntricas como *¿Qué tal, Pussycat?* (1965) y *Cómo robar un millón y...* (1966). O'Toole tuvo menos suerte con sus papeles posteriores, si se exceptúa su aparición en *Yo, Viernes* (1975) de Jack Gold, una nueva interpretación de la antigua historia de aventuras, que muestra al indígena Viernes como un hombre más avispado. Además, sus problemas con el alcohol se fueron haciendo notar poco a poco. O'Toole trabajó tanto en la televisión como en el cine. Apareció como rey Príamo en *Troya*, la adaptación cinematográfica en torno a Homero de Wolfgang Petersen (Troy, 2004), así como en la varias veces galardonada historia de amor de longevos protagonistas *Venus* (2007). En el año 2003 se le concedió un Óscar honorífico por toda una carrera, por cierto, a pesar de sus reticencias iniciales: según manifestó, él seguía considerando la posibilidad de ganar la estatuilla compitiendo con sus colegas. O'Toole falleció el 14 de diciembre de 2013 en Londres.

«Pero, como ya se ha comentado antes, el desierto sirve también para reflejar el estado anímico del protagonista: si al principio de la película aún seduce romántico en tonos vivos amarillos, naranjas y rojos, con la creciente desilusión palidece en un blanco grisáceo calizo y acaba en un gris amarillento sucio.» *Neue Zürcher Zeitung*

2

1 El desierto tiene vida: el director David Lean y el director de fotografía Freddie Young ganaron sendos Óscar por sus espectaculares imágenes.

2 El amigo más fiel de Lawrence: el papel de Sherif Ali Ibn El Kharish le reportó a Omar Sharif el éxito internacional como actor.

3 Una travesía por el desierto como viaje de introspección: el comandante Lawrence (Peter O'Toole) es un personaje indescifrable, que no siempre se lo pone fácil a sus semejantes.

árabes a conseguir la independencia, Lawrence acaba dándose cuenta de que sus patrones, los ingleses, nunca lo permitirán. Por eso, al final, el señor Dryden (Claude Rains) de la oficina árabe del gobierno británico le reprocha que diga «medias mentiras» y opina que eso es aún peor que faltar del todo a la verdad por razones políticas.

Sin embargo, a esas alturas la motivación de Lawrence ya no gira en torno a la política: la fuerza de voluntad y el apasionamiento del británico han impresionado tanto a los árabes que le han dado un título de honor y el narcisista Lawrence se solaza en la gloria de sus éxitos y de su popularidad; cada vez es más megalómano y se comporta como si fuera el Mesías del pueblo árabe.

Además, en sus campañas ha aprendido a matar y el poder que ejerce al hacerlo le produce placer. En una ocasión, los turcos lo hacen prisionero, lo torturan y lo violan: y también eso, así lo insinúa tímidamente la película,

parece provocarle algo más que repugnancia. El príncipe Feisal (Alec Guinness) describe a su compañero de armas en presencia del reportero estadounidense Jackon Bently (Arthur Kennedy) de la siguiente manera: «En el comandante Lawrence, la clemencia es una pasión; en mí, solo buena educación. Juzgue usted cuál de los dos motivos es más digno de confianza». Lawrence tiene razones para preocuparse por sus inclinaciones: cuando rechazan su súplica desesperada por un «puesto vulgar», su siguiente misión se convierte en una carnicería demente contra un regimiento turco agotado, en la que Lawrence se enfrasca en un auténtico delirio homicida.

El director David Lean y el cámara Freddie Young le dieron un marco espectacular a Peter O'Toole, por entonces casi todavía un completo desconocido en uno de sus papeles de carácter moldeados con sus máximos méritos artísticos: en Technicolor y SuperPanavisión-70 se

«David Lean y el cámara Freddie Young han conseguido sacar a la luz el tormento cruel y solitario del desierto con una artística utilización del color y un montaje magnífico en prácticamente todos los fotogramas.» *Variety*

4 Un orgulloso jefe de tribu: la relación de Sherif Ali con el egocéntrico Lawrence no siempre carece de turbulencias.

5 ¿Visionario político o soñador ingenuo? Lawrence reúne a los árabes para atacar a los turcos.

6 El trabajo administrativo no es uno de sus fuertes: las querellas entre las distintas tribus árabes le destrozan los nervios a Lawrence.

7 Un aliado de poco fiar: Auda Abu Tayi (Anthony Quinn) considera las campañas militares de Lawrence sobre todo como correrías.

despliegan grandiosas panorámicas del desierto, tan bello como inmisericorde, con esferas solares ardientes, tormentas de arena y un horizonte que se extiende como una línea. El rodaje duró en total 10 años; de ellos, diez meses se pasaron realizando tomas solo en Jordania. En una ocasión, parece que un barco cruce el desierto: Lawrence ha llegado al canal de Suez. Igual de impactante es la llegada de Sherif Ali Ibn El Kharish (Omar Sharif) a su primer encuentro con Lawrence: un espejismo que, de repente, cristaliza una persona real.

El hecho de que, sin embargo, la puesta en escena no se base en valores visuales por sí mismos y de que, a pesar de las imponentes imágenes de paisajes y escenas dinámicas de batallas, siempre permanezca en un primer plano el drama de un personaje fascinante, interpretado por un elenco de primera clase, convierte por último a *Lawrence de Arabia* en uno de los mejores filmes monumentales de todos los tiempos.

LP

MATAR UN RUISEÑOR ⚉⚉⚉

TO KILL A MOCKINGBIRD

1962 - EE. UU. - 129 MIN.

DIRECTOR

ROBERT MULLIGAN (1925-2008)

GUION

HORTON FOOTE, basado en la novela
homónima de HARPER LEE

DIRECTOR DE FOTOGRAFÍA

RUSSELL HARLAN

MONTAJE

AARON STELL

BANDA SONORA

ELMER BERNSTEIN y MACK DAVID

PRODUCCIÓN

ALAN J. PAKULA para PAKULA-MULLIGAN, BRENTWOOD PRODUCTIONS
y UNIVERSAL INTERNATIONAL PICTURES

REPARTO

GREGORY PECK (Atticus Finch), MARY BADHAM (Jean Louise Scout Finch),
PHILLIP ALFORD (Jeremy Jem Finch), ROBERT DUVALL (Arthur Boo Radley),
JOHN MEGNA (Dill Harris), BROCK PETERS (Tom Robinson), FRANK OVERTON (*sheriff* Tate),
ROSEMARY MURPHY (Maudie Atkinson), RUTH WHITE (señora Dubose),
ESTELLE EVANS (Calpurnia), COLLIN WILCOX (Mayella Ewell), JAMES ANDERSON (Bob Ewell)
y ALICE GHOSTLEY (Stephanie Crawford)

PREMIOS DE LA ACADEMIA DE 1962

ÓSCAR al MEJOR ACTOR (Gregory Peck), al MEJOR GUION ADAPTADO (Horton
Foote) y a los MEJORES DECORADOS (Alexander Golitzen, Henry Bunstead y Oliver Emert)

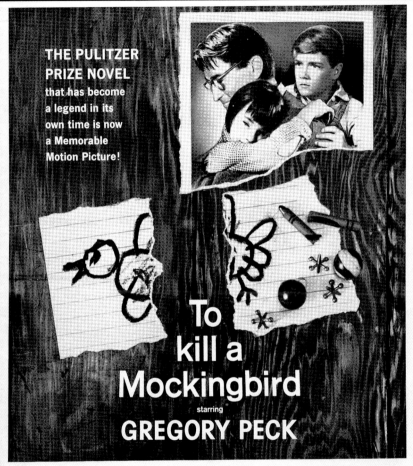

THE PULITZER PRIZE NOVEL that has become a legend in its own time is now a Memorable Motion Picture!

To kill a Mockingbird

starring

GREGORY PECK

WITH MARY BADHAM · PHILLIP ALFORD · JOHN MEGNA · RUTH WHITE · PAUL FIX · BROCK PETERS · FRANK OVERTON ROSEMARY MURPHY · COLLIN WILCOX   Screenplay by HORTON FOOTE · Based upon Harper Lee's novel "To Kill a Mockingbird"
Music by ELMER BERNSTEIN · Directed by ROBERT MULLIGAN · Produced by ALAN PAKULA · A Pakula-Mulligan, Brentwood Productions Picture · A UNIVERSAL RELEASE

THEATRE

Universal Release

Ad Mat No. 602—6 Col.x14½"—1200 Lines

MAT No. 602

«En el futuro habría de pensar muchas veces en aquellos días. En Jem, en Dill, en Boo Radley, en Tom Robinson y en Atticus.»

Si se considera la historia de EE. UU., sus mitos, miedos y esperanzas, y se escucha atentamente el gran relato de la convivencia de generaciones y razas en un país de contradicciones peligrosas y optimismo ilimitado, entonces no se pasará por alto un libro y una película: *Matar un ruiseñor.* La novela, escrita por Harper Lee, y el largometraje, filmado por Robert Mulligan, se han grabado en la memoria colectiva como solo lo han hecho las aventuras de Tom Sawyer y Huckleberry Finn.

Es la época de la Gran Depresión. Los Estados del Sur se ven especialmente afectados por la crisis; el idilio de las pequeñas ciudades se ve amenazado por la miseria, el racismo y la ignorancia. Pero los hijos del viudo Atticus Finch (Gregory Peck) viven ese mundo como una gran aventura. Por todas partes se pueden hacer descubrimientos. Una rueda vieja de coche se convierte en un juguete sensacional; unos muñecos de jabón, un reloj roto con cadena y una navaja, en un tesoro bien guardado. Su

máximo interés se dirige a la casa del misterioso Boo Radley (Robert Duvall). Nadie le ha visto desde hace años y por eso ahora vaga como un fantasma por los sueños de Jem (Phillip Alford), que tiene 10 años, y de su hermana pequeña Scout (Mary Badham). Su imaginación hace de cualquier acercamiento a la finca una peligrosa prueba de valor. Pero también el caso más reciente de su padre capta su atención. El valiente abogado defiende al negro Tom Robinson (Brock Peters), acusado de violación. Todo el proceso es una injusticia que clama al cielo. Y, así, Jem y Scout comprenden paulatinamente las lecciones de su padre, que se enfrenta al mal en una guerra abierta. Su educación en la tolerancia y la compasión es lo que al final hará que también superen su mayor miedo: el miedo a Boo Radley.

Mary Badham, en su papel de la infantil Scout, se ganó especialmente el corazón de los espectadores, pequeños y mayores. Su mezcla de terquedad respondona

GREGORY PECK   Encarnó el ideal americano de modestia y estabilidad como ningún otro, ni siquiera Gary Cooper cuyo papel en *Solo ante el peligro* (1952) él había rechazado. Poco antes, el actor que nunca acabó sus estudios había interpretado a un vaquero caballeroso en *El pistolero* (1950), y no quiso quedar encasillado al menos en esos personajes. Así pues, se mantuvo fiel a la variedad, tanto al interpretar a un periodista comprometido al menos en esos personajes. Así pues, se cinista neoyorquino en *El hombre del traje gris* (1956) o a un general duro en *Los cañones de Navarone* (1961). Incluso ennobleció con una reposada elegancia a personajes sospechosos como el abogado acusado injustamente en *El Cabo del Terror* (1962). Su capitán Ahab en *Moby Dick* (1956) lució casi los rasgos de Abraham Lincoln, con el que siempre se comparó al gran hombre de mirada clara. En la comedia, a pesar de éxitos como *Vacaciones en Roma* (1953) y *Arabesco* (1966), se sintió incómodo. No obstante, quienes caen en la trampa de su fama de muermo mayor de Hollywood no solo pasan por alto su inmenso carisma: este serio actor luchó por sus ideales, y no solo en el cine. Se comprometió con innumerables organizaciones caritativas, participó en marchas de protesta al lado de Martin Luther King y en 1970 consideró seriamente presentar una candidatura contra el gobernador de California Ronald Reagan. Gregory Peck murió en el año 2003 a la edad dc 87 años. Brock Peters, el actor que interpretó a Tom Robinson en *Matar un ruiseñor* (1962), fue quien pronunció la oración fúnebre.

2

1 Curiosidad infantil: Scout (Mary Badham) y Jem (Phillip Alford) con su amigo Dill Harris (John Megna).

2 Impotencia infantil ante el mal en el mundo de los adultos: los pequeños siguen en la tribuna el proceso contra un inocente. La mirada escéptica de Scout vale por mil palabras. Su padre apenas tiene posibilidades de éxito.

y de ingenuidad curiosa, interpretada con una mímica inimitable, derriba muros. Al final de la película, bastan tres palabras para conseguirlo: «Usted es Boo». También impresiona el debut de un Robert Duvall lívido, que se encerró en casa durante seis semanas para esa breve aparición. Y finalmente tenemos a Gregory Peck, que en su papel del padre dulce y abogado íntegro Atticus Finch se convirtió en el modelo de todos los padres y abogados que llegaron después de él. Sin embargo, algo decisivo para el enorme éxito de esta película apacible fue la adaptación consecuente de la novela: todo se explica exclusivamente desde la perspectiva de los niños. En sus excursiones descubren el reino de sombras entre el bien y el mal, se protegen del temor al mundo de los adultos con el poder de la imaginación; su confianza en la protección paternal hace saltar cualquier realidad. En ninguna otra parte se muestra esto de forma tan evidente como en la escena delante de la cárcel, realmente amenazadora. Una

turba de linchamiento exige a Atticus que entregue al acusado Tom Robinson. Scout desarma la agresión, de la que apenas es consciente, con sus preguntas curiosas. Jem y Scout también presencian la larga escena del juicio, que acaba con una enternecedora manifestación de respeto de la población negra hacia Atticus. Así, la película se llena de pequeño espectáculo y queda libre del carácter excesivamente melodramático de un tradicional drama sobre el racismo.

La película, extraordinaria desde cualquier punto de vista, recibió ocho candidaturas a los Óscar, entre otras a la mejor banda sonora. Elmer Berstein la compuso a partir de escalas simples, como hacen los niños al tocar despreocupados las teclas de un piano. Pero esta sensible adaptación literaria no tuvo ninguna oportunidad frente a la competencia de la epopeya del desierto *Lawrence de Arabia* (1962). Los galardones fueron a parar solamente al guion adaptado de Horton Foote (con el que la autora

3 Bob Ewell (James Anderson) está lleno de odio. El abogado Atticus Finch (Gregory Peck) no le cree una palabra.

4 Una simple argucia prueba la mentira de la supuesta víctima. El acusado Tom Robinson (Brock Peters) es diestro.

5 Atticus y Tom luchan en nombre de la verdad contra el racismo de una población conchabada.

«Si consigues aprender una sola cosa, Scout, te llevarás mucho mejor con todos tus semejantes. Nunca llegarás a comprender a una persona hasta que no veas las cosas desde su punto de vista... Hasta que no logres meterte en su piel y sentirte cómodamente.»

Cita de la película: Atticus (Gregory Peck)

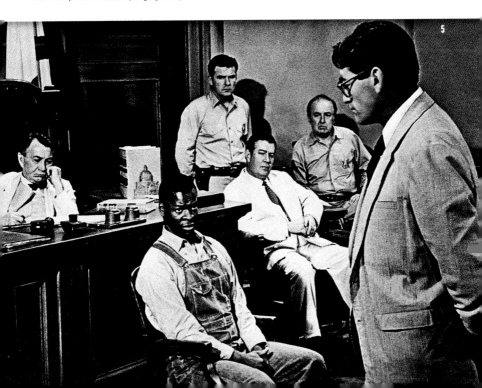

6 Con pulso tranquilo, el mal en el punto de mira: Atticus, el demócrata capaz de defenderse, mata a un perro rabioso.

7 El veredicto es deprimente. A pesar de todas las pruebas inequívocas, Atticus no puede salvar a su cliente.

8 Boo Radley (Robert Duvall) es un tipo inofensivo. Pero solo su sombra ya le produce escalofríos en la espalda a Jem.

«*Matar un ruiseñor* es, ante todo, la recreación de un mundo infantil, un mundo bastante horrible y macabro donde el principal foco de interés del lugar es un loco con fama de peligroso, donde los perros se vuelven rabiosos cada cierto tiempo y los dramas adultos latentes solo roban protagonismo de vez en cuando de una manera violenta y aterradora a la vez que impredecible.»
Sight and Sound

estuvo más que satisfecha, al contrario de lo que suele ser habitual) a los decorados (en los estudios de la Universal se reconstruyó con todo detalle la ciudad natal de Harper Lee, Monroeville) y al mejor actor, Gregory Peck. Hasta su muerte, el artista calificó *Matar un ruiseñor* como su película preferida y durante muchos años le unió una gran amistad con Harper Lee. En el año 2003, el American Film Institute eligió a Atticus Finch como el mayor héroe de la pantalla de todos los tiempos. Por delante de Indiana Jones, James Bond y… Lawrence de Arabia.

PB

TELÉFONO ROJO.
¿VOLAMOS HACIA MOSCÚ?

DR. STRANGELOVE OR HOW I LEARNED TO STOP WORRYING AND LOVE THE BOMB

1963 - GRAN BRETAÑA - 93 MIN.

DIRECTOR

STANLEY KUBRICK (1928-1999)

GUION

STANLEY KUBRICK, PETER GEORGE y TERRY SOUTHERN,
basado en la la novela *Two Hours to Doom* de PETER GEORGE

DIRECTOR DE FOTOGRAFÍA

GILBERT TAYLOR

MONTAJE

ANTHONY HARVEY

BANDA SONORA

LAURIE JOHNSON

PRODUCCIÓN

STANLEY KUBRICK para HAWK

REPARTO

PETER SELLERS (capitán Lionel Mandrake / presidente Merkin Muffley / doctor
Strangelove), GEORGE C. SCOTT (general Buck Turgidson), STERLING HAYDEN (general
Jack D. Ripper), PETER BULL (embajador soviético Alexi de Sadesky),
KEENAN WYNN (coronel Bat Guano), SLIM PICKENS (comandante T. J. King Kong),
TRACY REED (señorita Scott), PETER BULL (embajador De Sadesky)
y JAMES EARL JONES (teniente Lothar Zogg)

«¡Señores, no pueden pelearse aquí! ¡Es la sala de guerra!»

La historia iba absolutamente en serio. Su autor era un experto: en la década de 1950, Peter George, antiguo oficial de la Royal Air Force, publicó en EE. UU. el *thriller Two Hours to Doom* (que allí se titularía *Red Alert*) con el seudónimo Peter Bryant. Por su parte, Stanley Kubrick llevaba ya tiempo pensando en la posibilidad de rodar una película sobre la amenaza atómica y, cuando leyó el libro de George, supo que había encontrado el material adecuado.

El director empezó a escribir el guion en colaboración con el autor de la novela. Según parecía, iba a tener un tono dramático. Sin embargo, Kubrick descubrió la comicidad absurda del tema y modificó sus premisas iniciales. Así, *Teléfono rojo. ¿Volamos hacia Moscú?* se convirtió en una comedia mordaz sobre el ejército y el fin del mundo. En el proyecto se conjugaron el extraordinario talento visual del genial cineasta, la agudeza del humorista Terry Southern —contratado para pulir los diálogos— y la presencia del actor cómico Peter Sellers, que improvisó buena parte de sus réplicas. La importancia de Sellers para el filme no solo se pone de manifiesto en el hecho de que el director le confiara tres papeles: este consiguió que

el rodaje se realizara en el país natal del actor, Inglaterra (en el que se establecería el propio Kubrick), porque Sellers no podía salir del mismo a causa de un proceso de divorcio pendiente.

En *Teléfono rojo. ¿Volamos hacia Moscú?*, Kubrick decidió tergiversar las formas de percepción habituales. Ya al principio, el espectador cinematográfico experimentado notará que, en lugar de la acostumbrada música de fondo, aparece un texto sobreimpreso: «Para su tranquilidad: los organismos de seguridad de las fuerzas aéreas estadounidenses evitarían con toda certeza situaciones y acontecimientos como los que aparecen en esta película. Se ha establecido explícitamente que ninguno de sus personajes representan personas vivas o muertas». En los créditos iniciales, vemos un vuelo sobre el mar mientras un bombardero reposta en el aire. Escuchamos el suave foxtrot *Try a little tenderness*, que, junto con la selección de imágenes y el montaje, convierte el acercamiento entre ambos aviones militares en algo muy parecido a un sensual acto amoroso.

La trama propiamente dicha comienza en la base aérea de Burpleson, cuyo comandante, el general Jack D.

GEORGE C. SCOTT El general Buck Turgidson es un personaje en las antípodas del presidente Muffley que interpreta Peter Sellers. Stanley Kubrick confió este papel al actor George C. Scott y elogió públicamente en una entrevista sus extraordinarias cualidades. George Campbell Scott, nacido en 1927, sirvió cuatro años en el cuerpo de marines de EE. UU., tras los que empezó a actuar en la universidad y en escenarios de provincias. Después de pasar por Broadway, la serie de televisión *East Side/West Side* (1963-1964) le hizo famoso en todo el país. Su debut cinematográfico se produjo en 1956 con *Marcado por el odio* (1956), aunque su nombre no figura todavía entre los protagonistas. En años posteriores, se pondría a las órdenes de directores como Otto Preminger, John Huston y Mike Nichols. Scott también trabajó detrás de las cámaras en producciones televisivas como *The Andersonville Trial* (1970) y películas como *La furia* (1972) y *The Savage Is Loose* (1974). Entre sus mayores éxitos figura la biografía de tintes épicos *Patton* (1969). En 1971, el papel protagonista de esta película le valió un Óscar a este actor con fama de tener un carácter difícil, galardón que rechazaría por motivos ideológicos. Fallecido en 1999, Scott dejó seis hijos. De ellos, Campbell Scott, nacido en 1961, siguió los pasos de su progenitor. Los aficionados al cine le conocerán por éxitos de taquilla como *Solteros* (1992) y *The Amazing Spider-Man* (2012).

Ripper (Sterling Hayden), envía un escuadrón de bombarderos hacia la Unión Soviética en un ataque de paranoia. Tras dar la orden, hace sellar herméticamente las instalaciones e imposibilita la comunicación con los pilotos mediante un código especial. Los intentos del oficial de enlace británico Mandrake (Peter Sellers) de influir en él fracasan. En el Pentágono se ha reunido el comité de crisis bajo la dirección del presidente Muffley (Peter Sellers). A pesar de las protestas del general de las fuerzas aéreas Buck Turgidson (George C. Scott), se permite la entrada del embajador soviético, Alexi de Sadesky (Peter Bull), en

«La comedia negra de Stanley Kubrick: la extraordinaria historia de un general americano psicótico que lanza un ataque nuclear masivo sobre Moscú.» *Film Review*

1 La mano ortopédica del doctor Strangelove (Peter Sellers) no es lo único que parece tener voluntad propia. Él mismo se enfurece a veces.

2 La culpa de todo la tiene la libido. El general Jack D. Ripper (Sterling Hayden) suelta insensateces acerca de la mezcla de valiosos fluidos corporales y manifiesta abiertamente su predilección por los símbolos fálicos.

3 El presidente Merkin Muffley (Peter Sellers) provoca la cólera de sus generales cuando el embajador soviético, De Sadesky (Peter Bull), solicita ser recibido en la secretísima sala de guerra.

4 Según sus órdenes, los hombres de Ripper defienden la base de sus propios camaradas, pues creen que se trata de un ejército enemigo invasor.

el santuario de la jefatura militar. De Sadesky y Muffley informan al presidente de la URSS de la amenaza y, presas del pánico, reciben la noticia de que este país dispone de una «máquina del Juicio Final» que responderá automáticamente a un ataque nuclear y que no puede desactivarse.

La única opción de Muffley es comunicar a los soviéticos las coordenadas de los objetivos con la esperanza de que los bombarderos puedan ser detenidos a tiempo. A pesar de todo, ni aun así se consigue poner freno a la catástrofe: una vez que Mandrake ha descifrado la palabra clave y, tras muchos esfuerzos, ha logrado

«Tras la triste realidad se presenta siempre el humor macabro como telón de fondo. Todos estamos demasiado familiarizados con el vocabulario utilizado por ambos bandos durante la guerra fría. Por su parte, los personajes se representan conscientemente como el cliché que vemos a diario en las fotografías de los periódicos.» *Filmblätter*

5 El oficial de enlace británico Mandrake (Peter Sellers) contempla con incredulidad cómo el desequilibrado general estadounidense Jack D. Ripper (Sterling Hayden) está a punto de desencadenar la Tercera Guerra Mundial.

6 Cuando recibe la llamada del Pentágono, el general Buck Turgidson (George C. Scott) se encuentra en pleno *tête-à-tête* con su secretaria, la señorita Scott (Tracy Reed).

7 El mayor King Kong (Slim Pickens) inspecciona sus bombas atómicas decoradas con saludos.

8 Para su inminente misión, King cambia su casco de piloto por un apropiado sombrero vaquero y acompaña en persona a la bomba hasta su objetivo.

«El humor del doctor Strangelove nace de un principio cómicobásico: las personas que intentan ser graciosas nunca lo son tanto como las que intentan ser serias sin conseguirlo.» *Chicago Sun-Times*

enviarla a Washington, se puede hacer regresar a todos los aviones… excepto a uno. El B 52 del mayor T. J. King Kong (Slim Pickens) ha sido alcanzado durante un ataque con misiles que ha destruido los dispositivos de comunicación. Sin importarle los destrozos, Kong no quiere renunciar a llevar a cabo su misión e incluso se encarama sobre las bombas al ver que el dispositivo de lanzamiento no funciona. Sentado a horcajadas sobre una de ellas, se enfrenta a unos circuitos electrónicos que echan chispas. La compuerta se abre, la bomba cae y Kong cabalga hacia el fin del mundo mientras sacude alegremente su sombrero vaquero y lanza gritos de júbilo. HK

JAMES BOND CONTRA GOLDFINGER ⚱

GOLDFINGER

1964 - GRAN BRETAÑA - 106 MIN.

DIRECTOR

GUY HAMILTON (n. 1922)

GUION

IAN FLEMING, RICHARD MAIBAUM y PAUL DEHN,
basado en la novela homónima de IAN FLEMING

DIRECTOR DE FOTOGRAFÍA

TED MOORE

MONTAJE

PETER R. HUNT

BANDA SONORA

JOHN BARRY

PRODUCCIÓN

ALBERT R. BROCCOLI y HARRY SALTZMAN
para EON PRODUCTIONS y UNITED ARTISTS

REPARTO

SEAN CONNERY (James Bond), HONOR BLACKMAN (Pussy Galore),
GERT FRÖBE (Auric Goldfinger), SHIRLEY EATON (Jill Masterson),
TANIA MALLET (Tilly Masterson), HAROLD SAKATA (Oddjob), BERNARD LEE (M),
MARTIN BENSON (Martin Solo), CEC LINDER (Felix Leiter) y LOIS MAXWELL (señorita Moneypenny)

PREMIOS DE LA ACADEMIA DE 1964

ÓSCAR a los MEJORES EFECTOS SONOROS (Norman Wanstall)

THE ONE AND ONLY...

ALBERT R. BROCCOLI & HARRY SALTZMAN PRESENT

SEAN CONNERY AS JAMES BOND 007

IN IAN FLEMING'S

GOLDFINGER A

HONOR BLACKMAN   GERT FROBE
AS PUSSY GALORE   TECHNICOLOR   AS GOLDFINGER

SHIRLEY EATON   TANIA MALLET   HAROLD SAKATA   BERNARD LEE AS 'M'

SCREEN PLAY BY   PRODUCED BY
RICHARD MAIBAUM & PAUL DEHN   HARRY SALTZMAN & ALBERT R. BROCCOLI
DIRECTED BY GUY HAMILTON   EON PRODUCTIONS LTD.

United Artists
Entertainment from
Transamerica Corporation

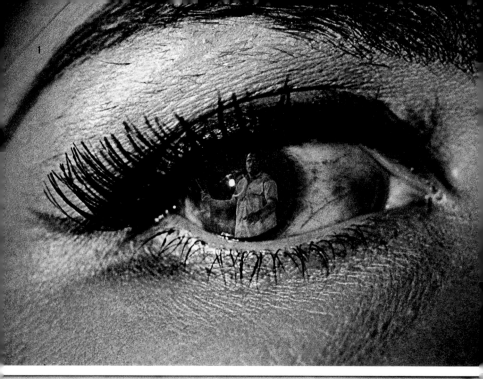

«This heart is cold, he loves only gold.»

La canción que Shirley Bassey interpreta en los títulos de crédito nos advierte de que un tal Goldfinger tiene un corazón de piedra y de que solo ama el oro. Sobre el fondo, de intenso color negro, vemos la consecuencia de esta pasión: un cuerpo de mujer totalmente cubierto de oro en cuya superficie se vislumbran centelleantes retazos de imágenes. Las explosiones, las persecuciones y las escenas de amor nos dan una idea de los trepidantes acontecimientos que se avecinan, claramente marcados por la guerra fría. Si no contamos la parodia *Casino Royale*, la película es la tercera aventura del agente secreto británico James Bond, alias 007 (Sean Connery). En ella nos cuentan la historia de Auric Goldfinger (Gert Fröbe), un alemán cuyos negocios faltos de escrúpulos solo tienen un objetivo. Este moderno Midas desea poseer tanto oro como sea posible, dado que durante la década de 1960 este metal precioso garantiza el poder político y económico. Además, planea nada más y nada menos que contaminar todas las reservas de oro de EE. UU., que se custodian en

Fort Knox, mediante la detonación de una bomba atómica. De esta manera, la economía del mundo occidental se paralizará y el valor de sus propios recursos experimentará un enorme incremento. No obstante, James Bond sigue a Auric Goldfinger hasta EE. UU. El agente 007 descubre el plan pero su intento de informar a sus contactos fracasa. Finalmente, conquistará a la mano derecha de Goldfinger, Pussy Galore (Honor Blackman), la cual, poniendo de manifiesto su talla moral, no vacila en informar al FBI al respecto.

Las mujeres se dejan seducir fácilmente por el resplandor del oro y se convierten en marionetas sin voluntad. Sin embargo, el codiciado metal es también su perdición. Por ejemplo, Jill Masterson (Shirley Eaton) se ahoga a causa de una tenue capa de color dorado sobre la piel. El oro convierte los cuerpos femeninos en ambivalentes superficies de proyección y decorado de la película. La única excepción la constituye Pussy Galore. Al principio, también está obsesionada por la promesa de una inima-

LAS CHICAS BOND Con la excepción de la virtuosa señorita Moneypenny (que durante las décadas de 1960 y 1970 fue casi siempre interpretada por Lois Maxwell), desde los años sesenta, una gran cantidad de mujeres decoraron con sus cuerpos las apariciones de James Bond (entre otros, Sean Connery). Sobre todo al principio de la serie, nombres explícitos como Honey (Ursula Andress) o Pussy Galore (Honor Blackman) no dejaban ninguna duda acerca de la misión de sus bellas acompañantes y, en menos ocasiones, adversarias: Rosie (Gloria Hendry), Tiffany (Jill St. John), Kissy (Mie Hama), Bambi (Lola Larson), Tilly (Tania Mallet), Bonita (Nadja Regin) y muchas otras tuvieron relaciones con 007 antes de su muerte cinematográfica. ¿Qué más cabía esperar?
Sin embargo, incluso en la cama James Bond sigue estando al servicio de Su Majestad. Como Ian Fleming deja todavía más claro en la novela del mismo título en la que se basa *James Bond contra Goldfinger* (1964), Pussy, encarnada por Honor Blackman, se mueve por su lesbianismo más allá de las normas burguesas imperantes. La relación sexual que mantiene con James Bond significa, por tanto, su reinserción social. Esta división de papeles entre géneros se mantuvo hasta la década de 1990. Así, en *GoldenEye* (1995) Judi Dench se convirtió en «M», la primera mujer en dirigir el legendario MI 6. Las chicas Bond más recientes, como Jinx Johnson (Halle Berry) y en especial Vesper Lynd (Eva Greene), destacan también por la seguridad que muestran en sí mismas.

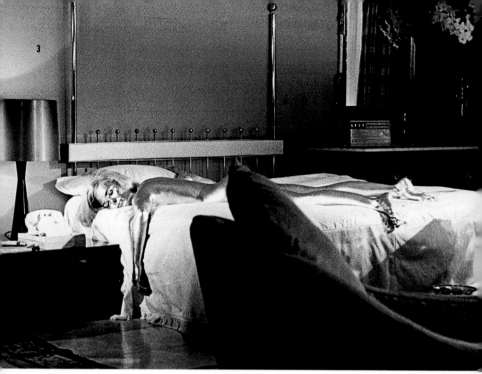

3

1 La mirada del mal: James Bond (Sean Connery) ha caído en una trampa.

2 Una ventana al patio. Incluso mientras vigila a Goldfinger (Gerd Fröbe), Bond tiene tiempo para flirtear un poco.

3 Jill Masterson (Shirley Eaton), recubierta de una mortal capa de oro y convertida en icono del capitalismo.

4 El nacimiento de la elegancia. Vestido de etiqueta, Bond no se pierde ni una fiesta.

5 Estereotipos nacionales: Goldfinger y su sirviente asiático, el mudo Oddjob (Harold Sakata).

6 Dominio técnico al servicio de Su Majestad: Bond siempre tiene preparada la herramienta más apropiada.

ginable cantidad de riqueza y poder. Pero tras entregarse físicamente a James Bond este objetivo pierde todo su atractivo. Ahora, el oro —como dice la conservadora secretaria de Scotland Yard, la señorita Moneypenny (Lois Maxwell)— tiene un único significado para ella: la alianza que espera lucir pronto. Para los protagonistas masculinos, el oro es un medio para lograr una meta, el control político del mundo. Auric Goldfinger coopera con los comunistas norcoreanos, asume sin problemas la muerte de miles de inocentes y gasea a los socios que se convierten en un estorbo. En el contexto de la película es mucho más relevante que su única intención sea acaparar todas las existencias del metal precioso —por otra parte, limitadas—, lo que congelaría el flujo de dinero a escala mundial. Por el contrario, James Bond, al igual que Moisés ante el becerro de oro, no se dobla ante el hermoso

brillo del metal, ya que para él solo tiene un valor práctico. Así, cuando el agente intenta desactivar la bomba atómica durante un enfrentamiento en Fort Knox, utiliza los lingotes como herramienta.

Si consideramos los estándares de aquel momento, la cinta tenía un ritmo trepidante y se apoyaba en un gran número de efectos audiovisuales y en el atractivo sexual de sus intérpretes. En cuanto a su aparatosa puesta en escena, actualmente nos parece algo anticuada. Por suerte, aún nos queda el humor: sobre todo el estereotipado reparto de papeles y la monolítica actitud de donjuán de James Bond, que si bien no actúa como emisario divino sí lo hace como salvador de la economía mundial, nos resultan hoy involuntariamente paródicos y, por tanto, especialmente divertidos.

PLB

«Se da por supuesto —lo cual sucede, justo en el lado contrario, en las películas de Godard— que todos conocemos los clichés y nos podemos divertir con ellos.» *Sight and Sound*

DOCTOR ZHIVAGO ♟♟♟♟♟

1965 - EE. UU. - 200 MIN.

DIRECTOR

DAVID LEAN (1908-1991)

GUION

ROBERT BOLT, basado en la novela homónima
de BORIS PASTERNAK

DIRECTOR DE FOTOGRAFÍA

FREDDIE YOUNG

MONTAJE

NORMAN SAVAGE

BANDA SONORA

MAURICE JARRE

PRODUCCIÓN

CARLO PONTI PARA MGM

REPARTO

GERALDINE CHAPLIN (Tonya), JULIE CHRISTIE (Lara), TOM COURTENAY (Pasha / Strelnikov),
OMAR SHARIF (Yuri Zhivago), ALEC GUINNESS (Yevgraf),
SIOBHAN MCKENNA (Anna), RALPH RICHARDSON (Alexander Gromeko),
ROD STEIGER (Komarovsky), RITA TUSHINGHAM (la niña) y ADRIENNE CORRI (Amelia)

PREMIOS DE LA ACADEMIA DE 1965

ÓSCAR al MEJOR GUION ADAPTADO (Robert Bolt), a la MEJOR FOTOGRAFÍA (Freddie Young),
a la MEJOR BANDA SONORA (Maurice Jarre), a los MEJORES DECORADOS
(John Box, Terence Marsh y Dario Simoni) y al MEJOR VESTUARIO (Phyllis Dalton)

A LOVE CAUGHT IN THE FIRE OF REVOLUTION

Turbulent were the times
and fiery was
the love story
of Zhivago,
his wife...
and the
passionate,
tender
Lara.

METRO-GOLDWYN-MAYER presents A CARLO PONTI PRODUCTION

DAVID LEAN'S FILM OF BORIS PASTERNAK'S

DOCTOR ZHIVAGO

STARRING
GERALDINE CHAPLIN · JULIE CHRISTIE · TOM COURTENAY
ALEC GUINNESS · SIOBHAN McKENNA · RALPH RICHARDSON
OMAR SHARIF {AS ZHIVAGO} ROD STEIGER · RITA TUSHINGHAM

WINNER OF
6
ACADEMY
AWARDS!

SCREEN PLAY BY   DIRECTED BY
ROBERT BOLT · DAVID LEAN   IN PANAVISION® AND METROCOLOR

MGM

DOCTOR ZHIVAGO

«El individualismo romántico está muerto. La historia lo ha destruido.»

Como muchos de sus coetáneos, el bolchevique Strelnikov (Tom Courtenay), quien gracias a su individualismo fanático ha logrado llegar a comandante sanguinario y temido del Ejército Rojo, también cree que los poemas del doctor Yuri Zhivago (Omar Sharif), médico y escritor, un «juego formal individualista», no deben tener ningún significado en el mundo de una nueva Rusia que se transforma rápidamente. Pero Zhivago sigue imperturbable: con una ingenuidad infantil que desarma, avanza por la revolución y la guerra civil, intenta mantenerse al margen de todo y se retira de la vida pública. Así se refugia en el campo, en su amor por Lara (Julie Christie) y en el arte, pero no obstante, los acontecimientos que lo trastocan todo siempre acabarán por alcanzarle.

La obra de Boris Pasternak en la que está basada la película de David Lean se convirtió en un conocido asunto político entre el Este y el Oeste durante la guerra fría: la novela *doctor Zhivago* se publicó por primera vez en una editorial italiana y se convirtió en un *best seller* absoluto en los años posteriores en Europa Occidental y también en EE.UU. Por otro lado, el libro estuvo prohibido en la URSS durante 30 años. En 1958, Boris Pasternak ganó el Premio Nobel de Literatura, aunque no pudo recogerlo por las presiones de su gobierno. Dos años más tarde, el escritor fallecía.

El «escándalo» todavía estaba bastante fresco en la memoria del público cuando David Lean abordó la adaptación literaria de *doctor Zhivago,* su proyecto posterior al

OMAR SHARIF Antes de que el nombre de Omar Sharif le sonara al público europeo y estadounidense por su papel de príncipe de una tribu árabe en *Lawrence de Arabia* (1962), el actor, nacido en Alejandría en 1932 con el nombre de Michael Shalboub, ya hacía 10 años que rompía los corazones de las espectadoras de Egipto, su país natal, donde, siendo una gran estrella, también había podido contribuir al éxito de su propia productora. La década de 1960 fue la gran época del apuesto Sharif, que a menudo representó personajes completamente diferentes: el guerrero Sohamus en *La caída del Imperio Romano* (1963), un sacerdote en *Y llegó el día de la venganza* (1964), el poeta soñador Doctor Zhivago en la adaptación de la obra literaria homónima de Pasternak realizada por David Lean *Doctor Zhivago* (1965) —un papel que le convertiría en el ideal de las mujeres de todo el mundo— o un marido celoso que destroza su matrimonio por culpa de la desconfianza en *Una cita* (1969) de Sidney Lumet. En la década de 1970, la popularidad de Sharif comenzó a decaer, a la vez que seguía llamando la atención con sus escapadas como *playboy*. Además, conquistó la fama de ser uno de los mejores jugadores de *bridge* del mundo. Omar Sharif —cuyo hijo Tarek interpretaba al joven Yuri en *Doctor Zhivago*— sigue trabajando como actor hoy en día, generalmente en películas y miniseries de televisión.

1 Se puede acabar con el individualismo romántico, pero no con el amor: Yuri (Omar Sharif) se enamora de Lara (Julie Christie).

2 Un cínico simpático y oportunista: Komarovsky (Rod Steiger) se preocupa por el bienestar de Lara.

3 Un invierno duro y desórdenes de una guerra civil: los protagonistas

tienen que aguantar ciertas cosas en la Rusia de la revolución.

4 Una esposa comprensiva: Tonya (Geraldine Chaplin) se muestra indulgente con Yuri.

«Las despedidas de Yuri y Lara pertenecen al arsenal clásico del cine romántico. Donde muchos habrían patinado hacia lo cursi, Lean sostuvo, con voluntad de estilo y una puesta en escena refinada, una autonomía artística que respetó la grandeza literaria de la novela.» *Rheinischer Merkur/Christ und Welt*

gran éxito de taquilla que fue *Lawrence de Arabia* (1962). La historia de Pasternak sobre un inconformista conformista que intenta reafirmarse en el trasfondo de un nuevo gran orden parece hecha a medida del estilo de «espectáculo íntimo» de Lean —así lo definió él mismo en una ocasión—, que una vez más permite esperar un retrato de caracteres preciso ante un fondo histórico lo más espectacular posible.

Y, realmente, en *doctor Zhivago* hay espectáculo en abundancia: unos 800 operarios trabajaron durante dos años bajo la batuta del escenógrafo de cine John Box en un terreno cercano a Madrid construyendo la imponente red de calles de Moscú que se ve desde la ventana de la casa de los suegros de Zhivago (Ralph Richardson y Siobhan McKenna) mientras, fuera, la caballería del zar provoca una masacre contra los manifestantes bolcheviques. Además, Lean y el director de fotografía Freddie Young volvieron a conseguir espectaculares planos de paisajes en formato panorámico: especialmente de las masas de nieve del gélido invierno «ruso», filmadas por el equipo en el este de Finlandia, cerca de la frontera soviética.

Al contrario que el personaje «más grande que la vida misma» de T. E. Lawrence de su película anterior, *Lawrence de Arabia,* en esta ocasión el protagonista no hace nada heroico. Mientras el mundo cae en ruinas a su alrededor, Yuri Zhivago se entretiene mirando por la ventana: Omar Sharif lo interpreta como un soñador ingenuo que, falto de voluntad y reacio a tomar decisiones, se ve arrastrado por unos acontecimientos sobre los que nunca puede decidir.

La pasividad del protagonista hace que recaiga más peso en otros personajes: por ejemplo, en su hermanastro Yevgraf (Alec Guinness), un oficial bolchevique de la policía secreta que siempre ayuda a Yuri a salir de diversas dificultades y que, como narrador, nos conduce de un acontecimiento a otro cuando la trama efectúa grandes saltos en el tiempo.

La figura más fascinante es sin duda Komarovsky (Rod Steiger), un astuto hombre de negocios, donjuán cínico y oportunista político, que bordea siempre la coyuntura

4

de los tiempos con éxito. Un hombre con defectos que, sin embargo, no resulta del todo antipático: aunque Yuri y Lara le desprecian profundamente, él siempre cuida de ellos. Pero, sobre todo, en contraposición con el fanático Strelnikov y el soñador Zhivago, es un hombre sumamente vital y jovial; convirtiéndose así en el equivalente masculino de Lara, a la que había seducido en su tiempo, antes de que fuera esposa de Strelnikov y amante de Zhivago. A Lara, sus prójimos la consideran de diferentes maneras: Komarovsky le reprocha que sea una ramera

—aunque no lo haga realmente de forma malintencionada—; Yuri ve en ella a una musa, y la señora Tonya (Geraldine Chaplin), la comprensiva esposa de Yuri, la tiene por una «cobarde». En realidad, la verdad está en algún punto intermedio: Lara es ante todo una superviviente nata.

Con un simbolismo que no da lugar a falsas interpretaciones, Lean pone en escena la supervivencia del individuo y su creatividad artística en circunstancias adversas: a cada duro invierno le sigue una primavera con narcisos en flor, Yuri se aferra siempre con desesperación

5 No puede determinar su propio destino: unos revolucionarios secuestran a Yuri.

6 Intentando acabar la historia de su hermano: el general Yevgraf Zhivago (Alec Guinness) y la niña (Rita Tushingham), que a lo mejor es hija de Yuri.

7 El refugio de Yuri: el escritor quiere recuperar la creatividad lejos del barullo revolucionario.

8 Médico, poeta y soñador ingenuo: Yuri Zhivago se deja llevar por la vida sin voluntad.

a una balalaica que heredó de su madre («una gran artista»), aunque no sepa tocarla; más tarde se la dará a su vez a la hija que tiene con Lara.

A pesar de las en parte fundamentadas objeciones críticas de los periodistas de cine de la época (el guionista Robert Bolt había escamoteado en la adaptación grandes pasajes de la novela, por lo que la trama a veces parece algo brusca, y los notables de la escena británica que se amontonan en el filme parecían tan rusos como una com-

pañía japonesa de teatro *kabuki*), la historia de amor con final trágico se convirtió en uno de los mayores éxitos de la década de 1960. La gente hacía largas colas en las taquillas y algunos cines proyectaron *doctor Zhivago* durante varios años sin interrupción. Quizás también se debió a la música, ya que el pegadizo tema central de balalaica compuesto por Maurice Jarre refleja muy bien la película en su totalidad: una ingenuidad inmensa al más alto nivel artesanal. LP

PIERROT EL LOCO

PIERROT LE FOU

1965 - FRANCIA / ITALIA - 110 MIN.

DIRECTOR

JEAN-LUC GODARD (n. 1930)

GUION

JEAN-LUC GODARD

DIRECTOR DE FOTOGRAFÍA

RAOUL COUTARD

MONTAJE

FRANÇOISE COLLIN

BANDA SONORA

ANTOINE DUHAMEL, BORIS BASSIAK, JEAN-BAPTISTE LULLY
y ANTONIO VIVALDI

PRODUCCIÓN

GEORGES DE BEAUREGARD para ROME PARIS FILMS, SOCIÉTÉ NOUVELLE
DES CINÉMATOGRAPHIE y DINO DE LAURENTIIS CINEMATOGRAFICA

REPARTO

JEAN-PAUL BELMONDO (Ferdinand Griffon Pierrot), ANNA KARINA (Marianne Renoir),
GRAZIELLA GALVANI (la esposa de Ferdinand), DIRK SANDERS (Fred),
PASCAL AUBIER (segundo hermano), PIERRE HANIN (tercer hermano),
JIMMY KAROUBI (enano), ROGER DUTOIT (gánster), HANS MEYER (gánster),
KRISTA NELL (señora Staquet) y SAMUEL FULLER (él mismo)

LA SOCIÉTÉ NOUVELLE DE CINÉMATOGRAPHIE
PRÉSENTE **JEAN-PAUL BELMONDO**

DANS UN FILM DE
JEAN-LUC GODARD

AVEC
ANNA KARINA
GRAZIELLA GALVANI
DIRK SANDERS
ROGER DUTOIT
AVEC LA PARTICIPATION EXCEPTIONNELLE DE
RAYMOND DEVOS
DIRECTEUR DE LA PHOTOGRAPHIE RAOUL COUTARD
MUSIQUE ANTOINE DUHAMEL ÉDITIONS HORTENSIA

Pierrot LE FOU

SNC

«Si ya está loco, ¡entonces vale!»

Hastiado de su existencia burguesa, Ferdinand (Jean-Paul Belmondo) se fuga con la joven Marianne (Anna Karina), quien está involucrada en los turbios negocios de armas de su hermano Fred (Dirk Sanders); por eso en su piso de París hay un cadáver y varios fusiles, pero también una maleta llena de dólares. Así pues, la pareja decide tomar el dinero y huir de los gánsteres políticos en dirección sur. Cuando su coche se incendia junto con toda la pasta, a los amantes no les queda más remedio que abrirse paso hasta el Mediterráneo cometiendo pequeños hurtos. Una vez allí, viven una temporada en completa libertad en una casa solitaria de la playa. Hasta que surgen diferencias entre los dos y ella decide regresar al crimen.

Con arreglo a este argumento, *Pierrot el Loco* podría ser una película policiaca lineal basada en el modelo americano. Claro que el nombre de Jean-Luc Godard garantiza otra cosa. Su legendaria primera obra, *Al final de la escapada* (1959), ya era mucho más que una simple variante del género. Un golpe de ingenio de la *nouvelle vague* que desarticulaba las convenciones del cine narrativo con una ligereza frívola. El director francés siguió consecuentemente ese camino con *Pierrot el Loco*.

Godard renunció al guion y en su lugar apostó por la improvisación libre. La espontaneidad se nota claramente en *Pierrot el Loco*. La película sigue una lógica muy particular, a menudo asociativa, que se manifiesta en una estructura menos parecida a una narración cinematográfica clásica que a un *collage* que abarca los elementos más dispares. En el fluir de las imágenes, constantemente se montan cuadros, carteles publicitarios o tiras de cómic;

JEAN-PAUL BELMONDO Su rasgo más característico, una nariz deformada a causa de una fractura, lo consiguió de joven practicando el boxeo. Jean-Paul Belmondo, hijo de un matrimonio de artistas y nacido en París en 1933, presentaba una sólida formación de actor y muchas tablas cuando llegó al cine a mediados de la década de 1950. Se hizo famoso casi de la noche al día con su papel de Ganoven, tan sinvergüenza como romántico, en *Al final de la escapada* (1959) de Jean-Luc Godard. En adelante, en su país llamaron a Belmondo *Bebel* y una ola de imitadores, bautizada por los sociólogos como «belmondismo», causó estragos entre la juventud.

François Truffaut dijo de él que era el mejor actor francés de su generación y, de hecho, en los años sesenta participó en una serie de películas excelentes: por ejemplo, en la comedia de Godard *Una mujer es una mujer* (1961) y en la película de aventuras de Truffaut *La sirena del Mississippi* (1969), en la que Belmondo convenció en un papel romántico como el de *Pierrot el Loco* (1965). Rodó tres filmes con Jean-Pierre Melville, entre ellos la brillante película de gánsteres *El guardaespaldas* (1963). Belmondo trabajó en algunos de los mayores éxitos de taquilla de las décadas de 1960 y 1970. De ellos el que mejor mostraba su encanto, su temperamento y su forma atlética fue *El hombre de Río* (1963). En los años sesenta, Belmondo se concentró cada vez más en películas policiacas con mucha acción y en comedias que mostraban su masculinidad con más o menos ironía. Una excepción fue *Stavisky* (1974) de Alain Resnais, producida por el propio Belmondo. Desde entonces, actuó sobre todo en filmes comerciales mediocres. A finales de la década de 1980, cuando su tirón en la taquilla de los cines decayó levemente, regresó al teatro con un éxito espectacular.

1 Jean-Paul Belmondo era la máxima estrella masculina del cine francés en los años sesenta. En *Pierrot el Loco,* interpreta a Ferdinand Griffon *Pierrot,* el héroe romántico: un personaje que supo encarnar de forma tan convincente como tipo con agallas y comediante.

2 La pareja ilegítima huyendo: Ferdinand deja tras de sí su vida burguesa por Marianne (Anna Karina).

3 Dos iconos de la *nouvelle vague:* Anna Karina y Jean-Paul Belmondo viven un *amour fou* (amor loco).

4 La danesa Anna Karina rodó ocho películas dirigidas por Jean-Luc Godard, su marido en aquella época.

5 El *homme faible* (hombre débil) se enamora de una aventurera: un papel que Belmondo repetiría en *La sirena del Mississippi* (1969) de Truffaut.

se incluyen citas cinematográficas y literarias, y la película pasa bruscamente del cine policiaco al musical, del melodrama a la comedia grotesca. También hay sitio tanto para una pantomima satírica sobre la guerra de Vietnam como para la aparición de un invitado especial, Sam Fuller, que cuenta su definición del séptimo arte cuando explica a Ferdinand: «El cine es como un campo de batalla. Amor, odio, acción, violencia, muerte. En una palabra: emoción».

La frase de Fuller no solo anticipa el curso trágico de la historia, también señala el elemento de autorreflexión que contiene *Pierrot el Loco.* Porque, en su búsqueda de nuevas soluciones fílmicas, la película de Godard es también un análisis del propio cine, una obra de crítica filmada. Al romper la ilusión aquí y allá, algo típico de Godard, por ejemplo cuando los actores se dirigen directamente a la cámara, nos invita claramente a seguir la película con la cabeza despierta. Quienes lo aceptan, viven *Pierrot el Loco* como un intento fascinante de acercarse a la realidad en toda su complejidad. Godard muestra las influencias de las que se alimenta su película, ya sean de naturaleza privada, económica, cultural o incluso política. Y, con ello, se presenta como cronista de su tiempo, mucho más que otros cineastas de la *nouvelle vague*.

No obstante, *Pierrot el Loco* es ante todo una cosa: un filme hermoso, seductor y romántico con dos héroes que saben agotar por completo su enorme potencial interpretativo. Anna Karina, en aquella época aún casada con Godard, encarna a Marianne con profundidad y un encanto anárquico a la vez. Belmondo, por el contrario, muestra con la máxima agilidad una vulnerabilidad que ya se intuía detrás de la rudeza del personaje de Ganoven que interpretó en *Al final de la escapada*. Su Ferdinand —Marianne le llama *Pierrot*, payaso— es un pensador melancólico en busca de la verdad. Una temeridad que tenga que chocar con la vinculación concreta y sensual de Marianne con el mundo.

«Durante dos o tres años, tuve la impresión de que todo estaba hecho, de que no quedaba nada por hacer que no se hubiera hecho ya. Resumiendo, era pesimista. Después de *Pierrot,* dejé de tener esa impresión de todo. Sí. Queda todo por filmar, queda hablar de todo. Todo está por hacer.» *Jean-Luc Godard, en: Cahiers du cinéma*

Cuando la cámara de Raoul Coutard se abandona al goce de la luz resplandeciente mediterránea y captura con suaves movimientos en formato panorámico Scope cómo vagan sin compromiso los amantes, las imágenes contienen buenos auspicios que al final se revelarán engañosos. Cuando Ferdinand se entera de que Marianne le ha engañado, de que Fred no es su hermano sino su amante, les mata a tiros, se pinta la cara de azul, se ata dos cargas de dinamita a la cabeza y se vuela por los aires.

JH

ANDREI RUBLEV

STRASTI PO ANDREJU

1966 - URSS - 205 MIN.

DIRECTOR

ANDREI TARKOVSKY (1932-1986)

GUION

ANDREI TARKOVSKY y
ANDREI MICHALKOV-KONTCHALOVSKY

DIRECTOR DE FOTOGRAFÍA

VADIM JUSSOV

MONTAJE

LUDMILA FEJGINOWA, T. JEGORYTSCHEWA
y O. SCHEWKUNENKO

BANDA SONORA

VYACHESLAV OVCHINNIKOV

PRODUCCIÓN

MOSFILM

REPARTO

ANATOLI SOLONITSYN (Andrei Rublev), IVAN LAPIKOV (Kyrill),
NIKOLAI GRINKO (Daniil), NIKOLAI SERGEYEV (Theophanes, el griego),
IRMA RAUSCH (loca), NIKOLAI BURLYAYEV (Boriska),
JURI NAZAROV (Gran Duque y su hermano), ROLAN BYKOV (bufón), IGOR DONSKOY (Cristo),
MIJAIL KONONOV (Foma) y YURI NIKULIN (Patrik)

ANDRIEJ RUBLOW

W rolach głównych: Anatolij Sołonicyn, Iwan Łapikow,   Nikołaj Grińko, Nikołaj Burlajew.   Produkcja: MOSFILM

EROL I/73/2

«Tú fundes campanas, yo pinto iconos: menudo día de fiesta para la humanidad.»

El campesino mira atónito hacia arriba. «Vas a llegar al cielo», le grita al piloto de un globo remendado que cada vez se alza más alto por encima del paisaje invernal. En la altura de vértigo, el silbido del viento y el chirrido de las sogas anuncian la desgracia que amenaza al temerario. Y con razón: el viaje se interrumpe bruscamente y el globo cae al fondo a la velocidad de un rayo.

Andrei Tarkosvky anticipa así de forma alegórica el tema de su película sobre artistas *Andrei Rublev*. Al mostrar el ascenso y la caída del fanático en la secuencia inicial, el cineasta ruso remite al anhelo de libertad y de superación de las fronteras humanas. Aparentemente, el filme trata de la vida de un pintor de iconos ruso de principios del siglo xv. Sin embargo, los ocho episodios de esta obra en blanco y negro de tres horas de duración reflejan en realidad la esencia del arte y ofrecen un panorama de la historia de la nación rusa bajo el yugo de los tártaros.

Con ampulosidad épica pero libre de todo énfasis nacionalista, el director despliega la imagen de un universo en el que es imposible mover los límites entre el bien y el mal. A pesar del horror del mundo, Rublev (Anatoli Solonitsyn), el monje pintor, está convencido de la bondad inherente al ser humano. Así, también ve el arte como algo que ofrece consuelo y fuerza para el cambio. Pero su imagen altamente idealizada se desmorona cuando, en el ataque de los tártaros, rusos luchan contra rusos hasta masacrarse; él mismo tiene que matar en defensa propia. Sacudidas sus convicciones más básicas, deja de creer en el sentido del arte, abandona los pinceles y, en adelante, guarda silencio. Sin embargo, regresa a la pintura cuando presencia cómo el joven Boriska (Nikolai Burlyayev) es capaz de llevar alegría a la gente al fundir una nueva campana sacrificando todas sus fuerzas. Así reconoce que también el artista, como cualquiera en la dura lucha cotidiana por la supervivencia, tiene que luchar por lo que quiere lograr.

CINE DE ARTISTAS Las películas de artistas representan una forma especial de cine biográfico y se dedican a la vida de personalidades históricas, y en ocasiones también ficticias, generalmente pintores, músicos o escritores. En su calidad de género a veces también muy didáctico, este tipo de cine pudo establecerse gracias a una serie de películas de gran éxito, puesto que las biografías de artistas, a menudo llenas de matices, así como las historias —a veces muy interesantes— de la creación de nuevas formas y técnicas siempre han ofrecido un tema sensacional y también efectivo para los medios de comunicación. La vida, la obra y el prestigio del artista suelen ser conocidos por el amplio público. Para poder convencer a los espectadores de la autenticidad de la película, la mayoría de filmes del género utiliza una forma de representación histórica. Los personajes y los lugares de la acción se acostumbran a reconstruir con fidelidad. Son pocas las películas que rompen con este principio y prefieren actualizar el tema (*Caravaggio*,1986).

El cine parece ser una plataforma óptima para consagrar los mitos populares que existen sobre los artistas geniales que, no obstante, sufren en solitario y suelen ser ignorados por la opinión pública. La paleta de las formas de representación alcanza desde el «divino artista» apasionado (*El tormento y el éxtasis*, 1965) hasta las personas útiles para la sociedad (*Goya, genio y rebeldía*,1971), pasando por el artista loco como marginado (*Van Gogh*,1990) y el moderno «héroe loco y trágico» (*Pollock, la vida de un creador*, 2000).

1 El hermano del Gran Duque (Juri Nazarov en un papel doble), al que le habría gustado subir al trono, y sus tropas hacen causa común con los tártaros y saquean la iglesia con cúpulas de Vladimir.

2 Inspiración y pasión en la lucha contra el frío glacial que impera: el bufón (Rolan Bykov) y el pintor (Anatoli Solonitsyn) combaten por un mundo más humano.

3 En el misterioso silencio de las grandes salas de la iglesia revocadas en blanco, Tarkovsky dispone el encuentro de Andrei con el Gran Duque. El amplio espacio vacío se convierte en superficie donde se proyectan tanto el director como el pintor.

«Es una película de una poesía brutal, de delirio al estilo de Dostoievski, con una precisión calculada de forma conmovedora y a ratos desconcertante.» *Die Welt*

Siempre se ha señalado que Tarkosvky se proyectaba en el monje Rublev y que el verdadero tema de la película era el presente. Por eso no sorprende que las autoridades soviéticas no autorizaran sin más el filme cuando estuvo acabado en el año 1966. Algunas escenas de tortura especialmente crueles y la representación en teoría poco patriótica de la historia rusa escandalizaron a los censores. El director se opuso con firmeza a las exigencias de introducir cambios en el contenido de la cinta, que originalmente duraba 220 minutos. Al final acortó algunas escenas, aunque sin tocar el contenido ni el mensaje. Hasta febrero del año 1969 no se realizó una proyección «semioficial». Solo eso ya bastó para llamar la atención: ese mismo año, se presentó en Cannes a pesar de faltarle la autorización para ser proyectada en el extranjero y recibió el premio de la crítica internacional. La distribución total de la película no se autorizó hasta 1973.

Desde entonces, *Andrei Rublev* se ha convertido en uno de los filmes sobre arte más importantes, ya que hay pocas películas que reflejen el tema con tanta seriedad y desde tantas perspectivas. La estructura narrativa episódica hizo posible que Tarkosvky considerara toda una variedad de posiciones y puntos de vista. De ese modo, el director ruso ofrece también respuestas muy distintas a la cuestión de qué es una obra de arte. Cuando, por ejemplo, un bufón hace mofa de los popes y de los señores en el primer episodio, se trata de relacionar el arte y la crítica política o social. En varios episodios se confronta a Andrei, meditabundo y parco en palabras, con Kyrill (Ivan Lapikov), su compañero sin talento pero ambicioso, cuya desmesura acabará en fatalidad.

Kyrill está dispuesto a renegar de él mismo y de Andrei cuando por fin le llega el reconocimiento público, esperado durante tanto tiempo. Está claro que con esto se alude a Judas y a Jesucristo, y que al arte se le atribuye implícitamente una función redentora. La forma narrativa no lineal, un elemento típico del cine de Tarkosvky, alcanza aquí su pleno desarrollo. La cámara enfoca y enfatiza en tomas largas algunos fenómenos naturales ajenos a los sucesos: colinas nevadas y bosques pantanosos, caballos salvajes y lluvia incesante. Es como si el director buscara un lenguaje visual primigenio oculto en la naturaleza pero, a pesar de todo, trascendente. AZ

4 «No quiero horrorizar a la gente», dice Rublev refiriéndose a su relación con el arte. El desencanto ante el horror de un mundo salido de madre ha conducido al pintor a refugiarse en su interior.

5 Con cautela y sin utilizar frases estereotipadas, Tarkovsky pone en escena a Kyrill (Ivan Lapikov) como contrario de Andrei.

5

BONNIE Y CLYDE ♟♟

BONNIE AND CLYDE

1967 - EE. UU. - 111 MIN.

DIRECTOR
ARTHUR PENN (1922-2010)

GUION
DAVID NEWMAN y ROBERT BENTON

DIRECTOR DE FOTOGRAFÍA
BURNETT GUFFEY

MONTAJE
DEDE ALLEN

BANDA SONORA
CHARLES STROUSE y LESTER FLATT &
EARL SCRUGGS (canción Foggy Mountain Breakdown)

PRODUCCIÓN
WARREN BEATTY para TATIRA-HILLER PRODUCTIONS,
SEVEN ARTS y WARNER BROS.

REPARTO
WARREN BEATTY (Clyde Barrow), FAYE DUNAWAY (Bonnie Parker),
MICHAEL J. POLLARD (C.W. Moss), GENE HACKMAN (Buck Barrow),
ESTELLE PARSONS (Blanche), DENVER PYLE (Frank Hamer), DUB TAYLOR (Ivan Moss),
EVANS EVANS (Velma Davis) y GENE WILDER (Eugene Grizzard)

PREMIOS DE LA ACADEMIA DE 1967
ÓSCAR a la MEJOR ACTRIZ SECUNDARIA (Estelle Parsons)
y a la MEJOR FOTOGRAFÍA (Burnett Guffey)

Clyde was the leader, Bonnie wrote poetry.

C.W. was a Myrna Loy fan who had a bluebird tattooed on his chest. Buck told corny jokes and carried a Kodak. Blanche was a preacher's daughter who kept her fingers in her ears during the gunfights. They played checkers and photographed each other incessantly. On Sunday nights they listened to Eddie Cantor on the radio. All in all, they killed 18 people.

They were the strangest damned gang you ever heard of.

WARREN BEATTY
FAYE DUNAWAY

BONNIE *and* CLYDE x

MICHAEL J. POLLARD · GENE HACKMAN · ESTELLE PARSONS

WRITTEN BY DAVID NEWMAN and ROBERT BENTON · MUSIC BY Charles Strouse · PRODUCED BY WARREN BEATTY · DIRECTED BY ARTHUR PENN

1

«Señora Parker, no crea todo lo que lee en los periódicos. Está usted hablando con la ley.»

Las amarillentas fotografías en blanco y negro de granjeros pobres que se muestran al principio de *Bonnie y Clyde* trasladan al espectador a la época de la Gran Depresión en EE. UU. Escuchamos una y otra vez el ruido mecánico de los disparadores, y vemos más imágenes de pobreza y desesperación. Las instantáneas recuerdan la obra de la norteamericana Dorothea Lange, seguramente la cronista más honesta de esos años.

Finalmente aparece el retrato de la pareja de delincuentes que da título a la película: un hombre joven y una mujer rubia y delgada. Al igual que las fotografías, el recuerdo de Clyde Barrow y Bonnie Parker se nos antoja algo desdibujado. Por este motivo, el siguiente fotograma, la imagen ampliada de unos sensuales labios rojos, supone un gran contraste. Pertenecen a Bonnie Parker (Faye Dunaway), camarera en un pueblo sureño de mala muerte a la que el aburrimiento de su existencia lleva a bailar desnuda sobre la cama y mirarse con malicia en el espejo. Su frustración sexual es evidente. Así, el atractivo joven que conoce frente a su casa supone una agradable novedad. Bonnie está totalmente encantada con la actitud chulesca de Clyde Barrow (Warren Beatty), quien —según sus propias palabras—, es un golfo con traje y sombrero panamá. Para poner en práctica sus grandilocuentes afirmaciones, Clyde atraca un colmado. En un arranque de euforia infantil, la pareja roba un coche y se da a la fuga por los Estados del sur del país. Su actitud anarquista y despreocupada para con la autoridad hace que los jóvenes criminales pierdan rápidamente su inocencia y se conviertan en asesinos buscados.

DEDE ALLEN El lenguaje fílmico de *Bonnie y Clyde* (1967) abarca un espectro realmente ilimitado de elementos innovadores y dinámicos, lo que, entre otras cosas, debe atribuirse al guion de los futuros directores Robert Benton y David Newman, que colaboraron en una primera fase de desarrollo del filme con el director de la *nouvelle vague* François Truffaut. Sin embargo, el trabajo nada convencional que Arthur Penn realizó tras las cámaras —que puede considerarse propio de un *auteur*— se benefició extraordinariamente del montaje de Dede Allen (1923-2010). El primer gran encargo le llegó a esta montadora de la mano del director Robert Wise, que la contrató para el drama sobre el racismo *Odds Against Tomorrow* (1959), producido exclusivamente en Nueva York. Su trabajo con el realizador Robert Rossen en *El buscavidas* (1961) constituye un hito dentro de la historia del cine. Este proyecto, firmado por todo un veterano de Hollywood, desprende tanta frescura como la obra de Truffaut o Godard, un mérito que debe atribuirse en parte al montaje. Durante las décadas de 1960 y 1970, Allen dejó su huella en una enorme cantidad de películas y colaboró regularmente con Arthur Penn y Sidney Lumet. Su labor en la mastodóntica película de Warren Beatty *Rojos (Reds)* (1981) se vio recompensada únicamente por una candidatura a los Premios Óscar, circunstancia que se repetiría con *Tarde de perros* (1975), de Sidney Lumet, y *Jóvenes prodigiosos* (1999), de Curtis Hanson. La montadora también demostró su talento en cintas de entretenimiento como *El club de los cinco* (1984) o *La familia Addams* (1991). Entre sus últimos trabajos se encuentra el muy elogiado *thriller* de ciencia ficción *The Final Cut* (2003), del jordano Omar Naim.

El jefe de los estudios Warner Brothers, Jack Warner, miraba *Bonnie y Clyde* con suspicacia, quizá porque esta película representaba a la perfección los cambios que se estaban dando en Hollywood durante la década de 1960: un actor asociado con varias empresas independientes para producir una cinta bajo la dirección de un individualista con aspiraciones artísticas. A medida que disminuía la influencia del estudio, la financiación y comercialización se convertían en su principal tarea. La representación sin tapujos de la violencia y el sexo que se hacía en *Bonnie y Clyde* demostró que incluso los grandes estudios podían dejar definitivamente a un lado el Production Code, un código que durante décadas había velado por la «inocuidad moral» de las producciones hollywoodenses. El drástico lenguaje visual del filme encendió los ánimos de muchos, incluidos ciertos críticos de renombre. Tras el estreno en el festival de Montreal de 1967, consideraron la cinta únicamente como una exhibición violenta de muy mal gusto. Tras una carrera comercial más que discreta, gracias a la campaña de algunos críticos comprometidos, cuya cabecilla fue la hasta entonces desconocida Pauline Kael, la película volvió a ponerse en cartel.

«Aunque el uso que hace Penn de la violencia es mucho más complejo, sofisticado y profundo que en la mayoría de los filmes que siguieron, *Bonnie y Clyde* es todavía el inquieto progenitor del cine de la brutalidad que caracteriza a gran parte de la cinematografía norteamericana contemporánea.»
Lester D. Friedman

2

1 No solo es una mujer independiente, también resulta muy *sexy*. El estilo de Bonnie Parker creó moda y Faye Dunaway se convirtió en el icono de una generación de mujeres emancipadas.

2 Bajo una lluvia de balas de la policía, Clyde Barrow (Warren Beatty) se abre paso a tiros. Esta escena resulta trepidante gracias a la puesta en escena y el montaje.

3 De momento, la vida de estafador es solo un juego. Sin embargo, la rebelión de los protagonistas contra la ley tendrá consecuencias brutales.

A pesar de que los protagonistas pertenecen a una era muy lejana, el público, especialmente el más joven, se identificaba con estos fuera de la ley. Su periplo huyendo de las autoridades podía interpretarse como una rebelión contra el *establishment*. Incluso el retrato de una población insegura castigada por la depresión y el gobierno se correspondían en cierta manera con la atmósfera que respiraban los espectadores en los EE. UU. contemporáneos. Los problemas políticos, tanto en el interior como el exterior del país, hacían peligrar seriamente la confianza del pueblo. El ambiente era propicio a las reflexiones críticas, algo que jugó un papel determinante en *Bonnie y Clyde* y que algunos expertos consideraron la verdadera causa del disgusto provocado por la cinta.

Aunque *Bonnie y Clyde* se merece sin lugar a dudas la acusación de ofrecer una visión excesivamente romántica de la vida de dos gánsteres, la película recurre a un lenguaje sobrio en su representación de la muerte. El disparo en la cara que recibe a bocajarro el empleado del banco es tan estremecedor y desagradable como el fallecimiento de Buck (Gene Hackman), el hermano de Clyde, que muere como un animal horas después de recibir un balazo en la cabeza. Así mismo, el abatimiento a tiros de la pareja al final de la película es un momento de irreal y atemporal calidad cinematográfica gracias a la utilización de la cámara lenta y un cambio constante de la perspectiva. Estremeciéndose bajo una lluvia de balas disparada por la policía, los delincuentes bailan la danza de la muerte y se convierten en un mito. Sin embargo, su desaparición no es sinónimo de martirio liberador. En la última escena podemos ver al líder del golpe policial, que observa los cadáveres con asco. Un brusco fundido en negro y un cierto mal sabor de boca.

DG

EL GRADUADO ⚊

THE GRADUATE

1967 - EE. UU. - 105 MIN.

DIRECTOR

MIKE NICHOLS (1931-2014)

GUION

CALDER WILLINGHAM Y BUCK HENRY, basado
en la novela homónima de CHARLES WEBB

DIRECTOR DE FOTOGRAFÍA

ROBERT SURTEES

MONTAJE

SAM O'STEEN

BANDA SONORA

DAVE GRUSIN y PAUL SIMON

PRODUCCIÓN

LAWRENCE TURMAN para EMBASSY PICTURES
CORPORATION y LAWRENCE TURMAN INC.

REPARTO

ANNE BANCROFT (señora Robinson), DUSTIN HOFFMAN (Benjamin Braddock),
KATHARINE ROSS (Elaine Robinson), WILLIAM DANIELS (señor Braddock),
MURRAY HAMILTON (señor Robinson), ELIZABETH WILSON (señora Braddock),
BUCK HENRY (recepcionista del hotel), WALTER BROOKE (señor McGuire),
ALICE GHOSTLEY (señora Singleman) y NORMAN FELL (señor McCleery)

PREMIOS DE LA ACADEMIA DE 1967

ÓSCAR al MEJOR DIRECTOR (Mike Nichols)

This
is
Benjamin.

He's
a little
worried
about
his
future.

THE GRADUATE

«Señora Robinson, está intentando seducirme, ¿verdad?»

«Una palabra, Benjamin, solo te diré una palabra», susurra el viejo amigo de la familia Braddock, el señor McGuire (Walter Brooks), al oído del joven Benjamin (Dustin Hoffman), que acaba de licenciarse en la universidad, durante la fiesta que los padres de este celebran en su casa de Beverly Hills. Parece que va a revelarle algo tremendamente significativo pero solo dice «¡Plástico!». Benjamin no tiene ni idea de lo que quiere decir.

«Plástico» es la palabra del futuro. Sin embargo, el nuevo y mágico material no interesa en absoluto a su interlocutor. De hecho, a Benjamin Braddock le atraen otras cosas que las nuevas ideas empresariales de su padre y los amigos de este, aunque es cierto que nadie sabe con exactitud qué es lo que el joven desea... y mucho menos, él. Hasta este momento, el futuro ha sido lo que los demás —padres, entorno, etiqueta social— han decidido por él o el resultado inevitable de ciertas circunstancias. No sabe a dónde dirigir sus pasos pero, ante todo, tiene claro que no quiere ser como sus padres, superficiales y acomodados.

El ex universitario se refugia en su habitación y se sienta ante el viejo acuario, en el que nada un desangelado muñeco submarinista. De repente, la señora Robinson (Anne Bancroft) hace su aparición y el futuro de Ben vuelve a parecer tremendamente prometedor.

Lo que sigue es una de las escenas de seducción más sugerentes jamás rodadas en Hollywood. La señora Robinson convence a Ben para que la lleve a casa en su nuevo Alfa-Romeo color cereza. Esta atractiva mujer de cuarenta y tantos años es la esposa del colaborador más importante del padre del joven y, además, amiga de su madre. Con nuevas excusas, consigue llevar al ingenuo Ben al dormitorio. Al final de la secuencia, ella queda desnuda frente a él y le hace una proposición inequívoca. Presa del pánico, Ben huye de la habitación cuando oye acercarse el coche del señor Robinson (Murray Hamilton).

No obstante, el que ha visto una vez a la señora Robinson de esta guisa ya no puede sacársela de la cabeza. Apenas dos días después, nuestro protagonista acepta su

ANNE BANCROFT Cuando en *El graduado* Anne Bancroft, vestida con un abrigo atigrado, minifalda y medias negras, entra en el bar del hotel, debe representar a una mujer calculadora y sensual que, a punto de cumplir los 50 años, se propone seducir a un universitario de 21. Más tarde, se quita la blusa como si fuera la cosa más normal del mundo y se apoya provocativamente en la cama del hotel luciendo un sujetador de encaje para bajarse las medias que cubren sus esbeltas piernas. Algo en la actriz sugería realmente el particular encanto de la madurez, aunque Anne Bancroft solo tenía 36 años cuando encarnó a la señora Robinson. Su adusto rostro de facciones duras y los mechones grises —casi plateados— de su cabello negro, que parecían bocanadas heladas del humo de los cigarrillos que su personaje fumaba constantemente, le conferían carácter. Su versión característica pero distintiva de la esposa que se lanza a la búsqueda de aventuras amorosas vestida de vampiresa marcó los sueños eróticos de toda una generación.
Sin embargo, las aptitudes interpretativas de Anne Bancroft, nacida en Nueva York en 1931 como Anna Maria Italiano, no pueden reducirse al papel de seductora madura. La actriz goza de una larga experiencia en teatro; ha llegado a interpretar *Madre Coraje,* de Brecht, en Broadway. Criada en el Bronx, ha sabido integrar sus raíces en su trabajo. En *El milagro de Ana Sullivan* (1961), de Arthur Penn, encarnó sin ningún tipo de sentimentalismos a una maestra con problemas de vista que se ocupaba de una sordomuda cansada de vivir. Su esfuerzo fue recompensado con un Óscar a la mejor actriz. En *El hombre elefante* (1980), de David Lynch, interpretó otro personaje de enorme presencia: una estrella de teatro que demuestra ante su público su admiración por el deforme protagonista y, con ese gesto, logra un impacto tan fuerte como en la piel de la precaria seductora del tímido Benjamin Braddock. Anne Bancroft falleció en Nueva York en 2005.

3

1 Anne Bancroft en el papel de la seductora señora Robinson. Cada una de sus bocanadas de humo equivale a una peligrosa insinuación sexual.

2 Al principio, Benjamin Braddock (Dustin Hoffman) es solo un juguete para la señora Robinson. Sin embargo, el chico también tiene su amor propio.

3 Benjamin no quiere estar supeditado al futuro que sus padres han decidido para él. Todo parece cobrar sentido cuando conoce a la hija de la señora Robinson.

4 Benjamin no se libra de los consejos y preguntas paternas sobre su futuro ni siquiera en la piscina.

5 La señora Robinson sabe exactamente lo que quiere. Por su parte, Benjamin no sabe exactamente por dónde empezar.

oferta y la llama desde la habitación de un hotel. Dos horas más tarde, están en la cama. Para Ben, es la primera vez. Desde entonces, se verán cada día. En la película se hace un hábil uso de las sobreimpresiones para mostrar el paso del tiempo como un cambio sin transiciones entre habitaciones de hotel, el cuarto del joven, de una cama blanca a una colchoneta flotante. La señora Robinson no impone demasiadas condiciones, con una excepción: Benjamin no debe ver a su hija Elaine (Katharine Ross). Su amante romperá esa promesa y las consecuencias serán importantes: un amor romántico, rebelión, una persecución y, finalmente, una espectacular huída de una boda junto a la novia. La segunda película de Mike Nichols con Dustin Hoffman, que en aquella época pareció convertirse en una estrella de la noche a la mañana, comienza como una comedia y termina como un melodrama.

La cinta se centra en las discretas transiciones que se producen en el camino de iniciación de Benjamin Braddock, un inmaduro graduado que se convertirá en un hombre decidido, y cabe decir que la concepción formal del proceso es magistral. Además del *zoom*, se recurre a menudo a una fluida técnica de sobreimpresiones casi imperceptible para el espectador. Los medios estilísticos expresan tanto los cambios repentinos como las furtivas novedades en la vida del joven. El tiempo transcurrido en la película queda en suspenso, mientras que las distancias se superan con ligereza. Al ritmo de las canciones del álbum *Sounds of Silence*, de Simon & Garfunkel, presenciamos una especie de pasaje cinematográfico que nos permite asistir al proceso de maduración de Benjamin como si nos percatáramos gradualmente de nuestros propios sentimientos y anhelos. No es casualidad que se recurra una y otra vez a las imágenes acuáticas: acuarios, piscinas e incluso una perspectiva subjetiva que parece haberse filmado a través de unas gafas de bucear. Muchos de estos enfoques subrayan la metamorfosis, la necesidad de encontrar un camino nuevo. El despertar de Ben a la vida adulta tiene lugar en un ambiente resquebrajado, en un espacio poco seguro. Sin embargo, el filme es sobre todo una colección de imágenes impresionantemente precisas de la superficie amable y abigarrada de un entorno decadente.

SR

«En la escena más célebre de su carrera, la actriz Anne Bancroft, en la piel de la señora Robinson, únicamente muestra una pierna; una pierna estirada provocativamente en primer plano, mientras que, al fondo y muy pequeña, aparece la figura de un tímido joven.»

Stuttgarter Zeitung

2001, UNA ODISEA DEL ESPACIO ♦

2001: A SPACE ODYSSEY

1968 - GRAN BRETAÑA - 141 MIN.
(VERSIÓN ORIGINAL: 160 MIN.)

DIRECTOR

STANLEY KUBRICK (1928-1999)

GUION

STANLEY KUBRICK y ARTHUR C. CLARKE,
basado en un relato de ARTHUR C. CLARKE

DIRECTOR DE FOTOGRAFÍA

GEOFFREY UNSWORTH
y JOHN ALCOTT (TOMAS ADICIONALES)

MONTAJE

RAY LOVEJOY

BANDA SONORA

ARAM KHATSCHATURIAN, RICHARD STRAUSS,
JOHANN STRAUSS y GYÖRGY LIGETI

PRODUCCIÓN

STANLEY KUBRICK para POLARIS, HAWK y MGM

REPARTO

KEIR DULLEA (David Bowman), GARY LOCKWOOD (Frank Poole),
WILLIAM SYLVESTER (Doctor Heywood Floyd), LEONARD ROSSITER (Smyslov),
DANIEL RICHTER (Moonwatcher, líder de los monos), ROBERT BEATTY (Halvorsen),
FRANK MILLER (jefe de control de la misión), MARGARET TYZACK (Elena),
SEAN SULLIVAN (Michaels) y BILL WESTON (astronauta)

PREMIOS DE LA ACADEMIA DE 1968

ÓSCAR a los MEJORES EFECTOS ESPECIALES (Stanley Kubrick)

An epic drama of adventure and exploration

...taking you half a billion miles from Earth...
further from home than any man in history.
Destination: Jupiter.

MGM PRESENTS A STANLEY KUBRICK PRODUCTION

2001
a space odyssey

CINERAMA Super Panavision™ and Metrocolor

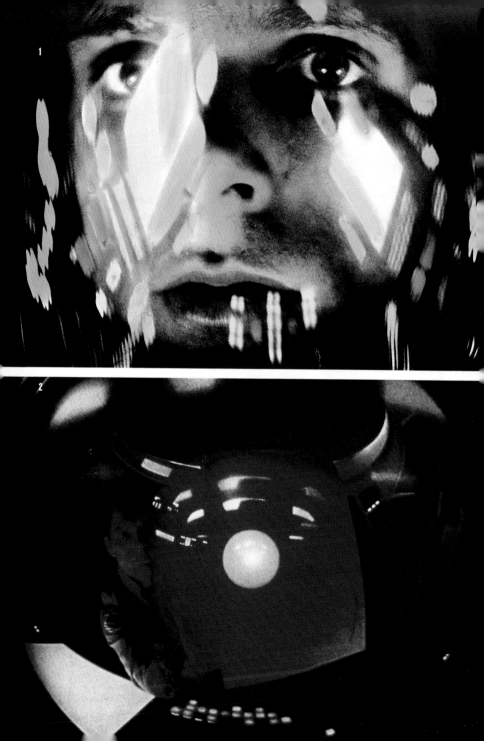

«Me estoy empleando al máximo, que creo que es a todo lo que puede aspirar una entidad consciente.»

Una luminosa puerta se abre y succiona la cápsula espacial con su piloto Dave Bowman (Keir Dullea), que pasa a toda velocidad por un corredor de luz, destellos, puntos, rejas, rayos que fluyen formando continuamente figuras nuevas. Después vuela por encima de abismos con ríos brillantes, a través de una niebla resplandeciente, sobre océanos relucientes. Bowman se retuerce de dolor. Su boca se abre en un grito silencioso. En su ojo abierto bruscamente se reflejan los fuegos artificiales de colores que explotan. Ve lo que todavía nadie ha visto. El viaje acaba de repente en una habitación blanca decorada con muebles antiguos. El astronauta mira fuera de la cápsula. Frente a él hay un hombre de pie con un traje espacial. Es él mismo, algunos años más viejo. Descubre a un hombre canoso comiendo en la mesa: vuelve a ser él mismo. Tira un vaso, se rompe contra el suelo, y ve a un anciano en la cama: sigue siendo su propia persona. A los pies del lecho se alza el monolito negro y rectangular que Bowman y su nave espacial han traído hasta aquí, más allá de Júpiter. Ahora, en la cama yace un embrión. Renacido como hijo de las estrellas, flota en una bolsa amniótica a través del universo, hacia la Tierra.

La última parte de *2001, una odisea del espacio* es una de las grandes maravillas de la historia del cine. Un paso enigmático y visualmente imponente a otra dimensión, en la que el tiempo y el espacio no significan nada. Los célebre efectos especiales a través del corredor de luz, que aumentan aún más su efecto psicodélico con la música contemplativa de György Litegi, coronan la obra maestra de efectos especiales de Kubrick, creada por él y su equipo de expertos solo con maquetas e iluminación, sin ordenadores. En lo que respecta a su afán de autenticidad y su fuerza visionaria, esta película todavía no ha sido superada. Un monolito del género de ciencia ficción, en el que, sin embargo, cualquier pregunta sobre su sentido rebota en una superficie lisa y negra.

Kubrick describe en tres episodios la creación de nuevas formas de existencia de la existencia misma: la

MATCH CUT Consciente de su victoria, el mono se pone de pie. En la mano derecha sostiene un hueso con el que acaba de matar a golpes a otro mono. Parece adivinar el poder que ha ganado al descubrir el arma. Levanta su brazo peludo y arroja el hueso al aire. La cámara sigue en un primer plano el hueso, que cada vez sube más y más alto en el cielo. Cuando vuelve a caer en tierra... un corte. El azul del cielo se ha convertido en el negro del universo; en lugar del hueso, una nave espacial alargada flota por el cosmos. Ese corte salva millones de años y kilómetros, y une el pasado prehistórico con el futuro lejano; es un intervalo en el que está comprendida toda la historia de la humanidad. El ejemplo, sacado de *2001, una odisea del espacio* (1965-1968), es el *match cut* (corte compaginado) más famoso de la historia del cine. El concepto designa el salto entre dos tomas que pueden estar muy lejos la una de la otra temporal o espacialmente, y por lo tanto, suponen sincronizaciones casuales en la estructura de la imagen. Elementos parecidos de la acción, como un movimiento o una persona similares, pueden enlazar los dos fotogramas y así crear una impresión de continuidad. Puede ser que en algunas ocasiones el *match cut* llegue a confundir; sin embargo, es un elemento importante en la economía de la narración cinematográfica, puesto que consigue abolir los límites de espacio y tiempo.

1 El viaje a otra dimensión, en el espejo del casco de un astronauta. Douglas Trimbull fue uno de los principales responsables de los efectos especiales; su película *Las naves misteriosas* (1972), rodada pocos años después, se convirtió en un clásico de la ciencia ficción.

2 Un ojo de HAL 9000, el superordenador que controla todas las funciones de la nave. Si se cambiara cada letra por la siguiente del abecedario, se llamaría IBM. Pero el coguionista Arthur C. Clarke remarcó que HAL respondía a Heuristic Algorithmic Computer (ordenador heurístico de algoritmos).

3 Una cápsula espacial corta el tubo de oxígeno del astronauta Poole (Gary Lockwood): al mando, el ordenador de a bordo HAL. Su justificación fría es que se trata de una misión demasiado importante como para ponerla en juego por errores humanos.

«Intenté crear una experiencia visual, que evitara el encasillamiento en las palabras y penetrara directamente en el subconsciente con un contenido emocional y filosófico.» *Stanley Kubrick*

4 Keir Dullea como el astronauta David Bowman, el último superviviente de la misión a Júpiter.

5 El descubrimiento de un hueso como arma. Tras el disfraz de mono se esconde Dan Richter, que coreografió la mayoría de las escenas de la época primitiva. Sus monos parecen tan vivos que algunos miembros del jurado los tomaron por auténticos, y por eso la película no tuvo posibilidades en la categoría de los Óscar al mejor vestuario y maquillaje.

6 En la Luna se descubrió un misterioso monolito. «Su origen y su propósito sigue siendo un misterio total», dice el doctor Heywood Floyd (William Sylvester), un científico estadounidense.

evolución del mono al hombre, el salto de la inteligencia artificial al ser capaz de sentir y el paso de la tercera dimensión a otras. Testigo —o causa— de esas transformaciones es el monolito, que llega de no se sabe dónde y aparece en medio de la sabana entre una tribu de monos. A la sombra de ese monolito, uno de los simios descubre en un hueso un arma. Los monos matan a otros animales, se hacen carnívoros y, gracias a su superioridad técnica, vencen a una tribu rival; es el inicio del sometimiento de la naturaleza, el inicio de la humanidad. Después vienen sucesivos estadios de la evolución: un científico estadounidense viaja a la Luna en misión secreta. Bajo la superficie se ha descubierto un monolito que envía un fuerte resplandor en dirección a Júpiter. Los expertos están seguros: la

7 Poole y Bowman hablan de desconectar a HAL después de que haya cometido un error. Para que no pueda oírles, hablan en una cápsula espacial. Qué mala suerte que HAL también pueda leer los labios.

piedra tallada tiene cuatro millones de años y fue enterrada adrede. La nave espacial *Discovery* camino a Júpiter. Solo HAL, el ordenador de a bordo, conoce el verdadero motivo de su viaje: buscar vida extraterrestre. Tres miembros de la tripulación están en estado de hibernación, otros dos controlan el vuelo. Cuando HAL, el cerebro electrónico más complicado jamás construido, comete un error, los hombres consideran la posibilidad de desconectarlo. Pero la máquina lucha por su vida y mata a casi todos los tripulantes; solo Bowman puede salvarse y reducir al ordenador. Junto a la nave flota un monolito negro. Bowman prosigue su viaje a Júpiter en una cápsula espacial.

La película resulta algo exigente con el espectador: no sigue un modelo narrativo usual, da saltos excesivos en el tiempo y el espacio. Los personajes, por su parte, son simplemente funcionales, no caracteres. Esta falta de identificación y la perfección técnica y formal hacen que *2001* parezca fría y reservada. Solamente hay diálogos más o menos en una cuarta parte de sus 160 minutos.

Kubrick hace que hablen las imágenes en vez de las palabras.

2001 no supuso tan solo un enorme enriquecimiento del género de ciencia ficción, sino que también marcó nuestra visión del universo: con un Sol resplandeciente, cuyos rayos se reflejan en la nave blanca mientras la cara a la sombra se hunde en un negro profundo; con la estilográfica que flota por la cabina, que se le ha escurrido de la mano a un pasajero dormido en el vuelo hacia la Luna; con el silencio fantasmagórico en el que un astronauta muerto y vestido con su traje espacial amarillo da vueltas para siempre sobre sí mismo por el universo; con la estación espacial redonda que gira sobre su propio eje como una rueda gigante; con el destello azul del planeta Tierra. El universo es un descubrimiento de Stanley Kubrick. Algunos años después, las imágenes de las misiones *Apollo* mostrarían que las visiones del director eran del todo realistas —por cierto, para gran alivio de este—. Nunca, ni antes ni después, una película ha conseguido transmitir una idea así del infinito.   NM

HASTA QUE LLEGÓ SU HORA

C'ERA UNA VOLTA IL WEST

1968 - ITALIA / EE. UU. - 165 MIN.

DIRECTOR

SERGIO LEONE (1929-1989)

GUION

SERGIO DONATI y SERGIO LEONE, basado en un relato
de DARIO ARGENTO, BERNARDO BERTOLUCCI y SERGIO LEONE

DIRECTOR DE FOTOGRAFÍA

TONINO DELLI COLLI

MONTAJE

NINO BARAGLI

BANDA SONORA

ENNIO MORRICONE

PRODUCCIÓN

FULVIO MORSELLA para RAFRAN, EURO INTERNATIONAL y PARAMOUNT

REPARTO

CLAUDIA CARDINALE (Jill MacBain), HENRY FONDA (Frank),
CHARLES BRONSON (Armónica), JASON ROBARDS (Cheyenne), GABRIELE FERZETTI (Morton),
FRANK WOLFF (Brett MacBain), KEENAN WYNN (*sheriff*), PAOLO STOPPA (Sam),
LIONEL STANDER (barman), WOODY STRODE (miembro de la banda)
y JACK ELAM (miembro de la banda)

C'ERA UNA VOLTA IL WEST con HENRY FONDA CLAUDIA CARDINALE JASON ROBARDS
REGIA DI SERGIO LEONE GABRIELE FERZETTI NEL RUOLO DI ARMONICA CHARLES BRONSON PAOLO STOPPA
E IN ORDINE ALFABETICO UNA PRODUZIONE RAFRAN·S.MARCO
TECHNICOLOR® TECHNISCOPE® JACK ELAM LIONEL STANDER WOODY STRODE FRANK WOLFF KEENAN WYNN

«—¿Qué espera ése ahí fuera? ¿Qué está haciendo? —Está tallando un trozo de madera. Y tengo el presentimiento de que cuando acabe... va a ocurrir algo.»

Espera. Una estación de ferrocarril solitaria. Tres hombres con abrigos largos. La rueda de paletas rechina. Una gota del depósito de agua hace paf en el sombrero de uno de los hombres (Woody Strode); luego en el de otro, y en el del tercero. Una mosca zumba alrededor de la cara sin afeitar del cabecilla (Jack Elam). Se posa en sus labios. Él la ahuyenta; la mosca regresa. Finalmente la atrapa en el cañón de su pistola. Sonriendo, escucha atentamente el zumbido dentro de su Colt. Un silbido en la lejanía. Los hombres se preparan. El tren llega. Nadie se apea. Vuelve a partir. De repente: una melodía fúnebre. Al otro lado del andén hay un hombre, toca la armónica. Hace una pausa y pregunta: «¿Y Frank?. El cabecilla, al otro lado de la vía, contesta: «Nos ha enviado a nosotros». «¿Hay un caballo para mí?» «Ja, ja, ja, para ti. Parece ser que hay un caballo de menos.» «Yo diría que sobran dos.» Desenfundan, disparan, caen al suelo tocados.

Un cuarto de hora es lo que dura este principio increíblemente lento, que se desenfrena de repente en una acción relámpago a la que solo sobrevive un hombre herido de levedad: el hombre de la armónica (Charles Bronson). Los elementos estilísticos del *spaghetti western* se concentran en este inicio formando una singular composición de tensión dramática: los primeros planos de los rostros, que trasladan a la pantalla cada poro; contrapicados distorsionadores y el cambio a tomas panorámicas del vasto paisaje vacío; diálogos escasos y la dilatación del tiempo antes del duelo decisivo. Armónica quiere vengar

---

ENNIO MORRICONE Sergio Leone debe en gran parte el éxito de *Hasta que llegó su hora* al compositor Ennio Morricone, que creó una melodía para cada personaje principal, con la que se anunciaba su aparición en escena: la armónica fúnebre para Charles Bronson, el coro de voces femeninas para Claudia Cardinale. Por eso, la película suele compararse con una ópera, sus temas son independientes y siguen impresionando aun sin las imágenes, más allá del filme. La banda sonora es una de las más conocidas de la historia del cine y el compositor se hizo famoso con ella en todo el mundo. Leone y Morricone se conocían de la escuela. Morricone, nacido en Roma en 1928, comenzó a estudiar música a los 12 años y después trabajó tocando en clubes nocturnos. Escribió las primeras composiciones para el cine a principios de la década de 1960.
Llamó la atención por primera vez en 1964 con una partitura pegadiza para el filme *Por un puñado de dólares* de Leone; grabadas en la memoria están también sus melodías de *El bueno, el feo y el malo* (1966) o *El clan de los sicilianos* (1969). Trabajó con Bernardo Bertolucci en la grandiosa obra *Mil novecientos* (1976), con Brian de Palma en *Los intocables de Eliot Ness* (1987) y con Roman Polanski en *Frenético* (1987).
Varias veces candidato al Óscar, por ejemplo, por la partitura de *La misión* (1986), este reconocido italiano no ha recibido el premio hasta la fecha. Por lo menos el Óscar honorífico que le fue otorgado en 2007 lo reconoció como uno de los compositores de cine más importantes y polifacéticos del siglo xx. De su pluma han surgido más de 400 bandas sonoras. Aun cuando de todas ellas solo creó una décima parte para películas del Oeste, el nombre de Ennio Morricone está —muy a su pesar— ligado de forma inseparable al *spaghetti western* de los años sesenta.

1 Charles Bronson en el papel de Armónica. La película se comparó con una ópera porque Ennio Morricone compuso un tema musical para cada uno de los protagonistas.

2 Típico de un *western* de Sergio Leone: primeros planos en los que se aprecie cada gota de sudor. En la imagen, en el rostro del malvado Frank (Henry Fonda).

3 En las películas de Leone, hasta las escenas más brutales parecen una obra de arte. Escribió el guion de la película con Bernardo Bertolucci, el director de *El último tango en París* (1972), y con Dario Argento, que se especializaría en el cine de terror.

«*Hasta que llegó su hora* se parece más a una ópera que a un *western*. Puede que este sea el motivo por el que la película nunca tuvo el éxito que merecía en EE. UU. Revitaliza mitos arcaicos, el amor y la muerte, la violencia y la traición. Lo hace en forma de *western*, pero va mucho más allá.» *Die Zeit*

la muerte de su hermano y necesita las dos horas y media enteras que dura el filme para encontrarse por fin cara a cara con Frank, aquel que al principio envió a unos cuantos a buscarle a la estación. Y es que Frank tenía otras cosas que hacer. Estaba borrando del mapa a una familia de colonos indefensos, disparando en persona contra un niño pequeño que le miraba directamente a los ojos, azules y fríos.

El público estadounidense debió de gritar horrorizado cuando vio por primera vez el rostro del asesino Frank: hasta entonces, Henry Fonda siempre había interpretado en los *westerns* al bueno; ahora encarnaba al malo insondable. El cambio de papeles de Fonda se anuncia en la sala de cine: lo que veréis en esta película no tiene nada que ver con un clásico filme del Oeste de Hollywood. Por eso, Woody Strode y Jack Elam, actores secundarios de incontables *westerns* americanos, mueren a tiros ya al principio. Lo que veréis es la inversión del mito del lejano Oeste, que acostumbra a hablar de héroes gloriosos con móviles honestos. Refiriéndose a *Hasta que llegó su hora*, Sergio Leone dijo que había querido barrer todas las mentiras que existían sobre la historia de la colonización de EE. UU. Su obra trata de la sangre y del dinero sucio que fluyó en el proceso de civilización del país.

Además de una venganza, Leone narra la historia de la construcción del ferrocarril y la supresión de los viejos pistoleros. Frank trabaja de mano derecha de un empresario achacoso que sueña con alcanzar el Pacífico con su

4 Cuando Jill (Claudia Cardinale) llega a su nuevo hogar, su familia ha sido asesinada. La película se rodó en España, incluido el memorable viaje a la granja a través del Valle de la Muerte californiano.

5 A Jill se le ha metido en la cabeza fundar la ciudad de Sweetwater. El hecho de que la cultura estadounidense del Oeste nazca precisamente del regazo de una antigua prostituta también podría ser un comentario cínico de Leone sobre la historia de la colonización del país.

ferrocarril. Se encarga de eliminar cualquier obstáculo que entorpezca el proyecto. Así, el colono y sus hijos tenían que morir porque en su parcela se encontraba el único manantial de agua en muchas millas a la redonda. El pobre hombre sabía que el ferrocarril tenía que pasar por allí… y ya se veía de jefe de estación y fundando una nueva ciudad. Pero hay algo con lo que Frank no contaba: el colono viudo se había casado poco antes en Nueva Orleans con una prostituta de lujo (Claudia Cardinale). Poco a poco, ella se va dando cuenta del tesoro que ha heredado en medio del desierto. Con la ayuda y la protección de Armónica y de *Desperado* Cheyenne (Jason Robards), pretende hacer realidad el plan de su esposo muerto.

Sergio Leone se convirtió junto con Sergio Corbucci en uno de los impulsores más importantes del *spaghetti western* gracias a su «trilogía del dólar», protagonizada por Clint Eastwood. En la actualidad, esas tres películas parecen estudios previos para una gran jugada definitiva, y es que *Hasta que llegó su hora* es un filme perfecto en varios sentidos: en el reparto, en la construcción de la tensión dramática y en la configuración de las imágenes. Mediante la disposición artística de cada toma, el *zoom*, la cámara lenta en los *flash-backs* y los complicados movimientos de cámara, la película parece casi un experimento formal. Y por eso, Leone también tuvo que vérselas con el reproche de manierista; algunos críticos y también varios colegas, entre ellos, Wim Wenders, calificaron su *western* de terrible porque era «lo último posible, el final de un oficio». Sin embargo, seguramente todavía ningún otro filme ha dejado más atónita a la gente que este.

NM

EASY RIDER.
EN BUSCA DE MI DESTINO
EASY RIDER

1969 - EE. UU. - 95 MIN.

DIRECTOR
DENNIS HOPPER (1936-2010)

GUION
PETER FONDA, DENNIS HOPPER y TERRY SOUTHERN

DIRECTOR DE FOTOGRAFÍA
LÁSZLÓ KOVÁCS

MONTAJE
DONN CAMBERN

BANDA SONORA
STEPPENWOLF, ROGER MCGUINN, THE BYRDS,
THE BAND y THE JIMI HENDRIX EXPERIENCE

PRODUCCIÓN
PETER FONDA para PANDO, RAYBERT PRODUCTIONS,
BBS y COLUMBIA PICTURES CORPORATION

REPARTO
PETER FONDA (Wyatt), DENNIS HOPPER (Billy), JACK NICHOLSON (George Hanson),
LUKE ASKEW (Hitchhiker), LUANA ANDERS (Lisa), SABRINA SCHARF (Sarah),
TONI BASIL (Mary), KAREN BLACK (Karen), WARREN FINNERTY (ranchero)
y ROBERT WALKER JR. (Jack)

THIS YEAR IT'S EASY RIDER

PANDO COMPANY in association with RAYBERT PRODUCTIONS presents

easy rider starring PETER FONDA · DENNIS HOPPER · JACK NICHOLSON

Written by
PETER FONDA
DENNIS HOPPER
TERRY SOUTHERN

Directed by
DENNIS HOPPER

Produced by
PETER FONDA

Associate Producer
WILLIAM HAYWARD

Executive Producer
BERT SCHNEIDER

COLOR

RESTRICTED — Persons under 16 not admitted unless accompanied by parent or adult guardian. Released by COLUMBIA PICTURES

1

2

«Antes este era un país agradable. No sé qué es lo que le habrá pasado.»

Libertad. Y la imposibilidad de ser libre en un país donde la gente tiene miedo de romper sus ataduras. El abogado George Hanson (Jack Nicholson) le explica junto a la hoguera a Billy (Dennis Hopper), lento de entendederas porque siempre está fumado, las razones por las que el propietario del motel les ha cerrado la puerta en las narices a él y a su amigo Wyatt (Peter Fonda). Por qué la dueña de un local de provincias no les sirvió y, en vez de eso, fueron expulsados por el populacho y su *sheriff*. «Te tienen miedo —explica el abogado, que tampoco está muy sobrio—, tienen miedo de lo que representas.» Una vida informal, al margen de la sociedad, en la que solo cuenta la existencia, la propia individualidad.

Billy y Wyatt han conocido al abogado en una celda de la cárcel donde dormía la mona. Ahora les acompaña en su viaje desde Los Ángeles hasta el carnaval de Nueva Orleans. Circulan en sus motos por carreteras vacías e interminables, a través de paisajes soberbios, hasta que el sol se oculta como una bola roja detrás del horizonte. Wyatt se ha ceñido espuelas en las botas; en la espalda de su chaqueta de cuero negro luce una bandera de los EE UU. Billy lleva un sombrero sobre su cabello largo y ralo y pantalones de ante. Son *cowboys* modernos en busca de espacios abiertos y libertad. Pero el ideal primitivo norteamericano que persiguen se ha perdido hace mucho tiempo.

Easy Rider es una de las películas de culto de los años sesenta, un estado de ánimo vital que fascina en el celuloide. Una *road movie* sobre la juventud, las drogas, el irse y el evadirse, con una banda sonora que se convirtió

DENNIS HOPPER «¡Me follaré todo aquello que se mueva!» En el papel del violento Frank Booth en *Terciopelo azul* (1985) de David Lynch celebraba su regreso. Y menudo regreso. No hay casi ni una frase en la que no escupa la palabra «joder», entre dos aspiraciones profundas de una botella de gas hilarante. Desde entonces, Dennis Hopper encarnó lo imprevisible, lo fogoso, lo demente. Interpretó variaciones de ese papel en *Red Rock West* (1992) de John Dahl, en *Speed. Máxima potencia* (1994) de Jan de Bont y en *Waterworld* (1995) de Kevin Reynolds y Kevin Costner. Solo en la década de 1990 se le pudo ver en más de 40 películas; en total, en más de 100. En una entrevista a un periódico, dijo: «Ya no espero que me ofrezcan el papel de mi vida. Sencillamente, trabajo. Procuro tener siempre qué hacer, porque amo mi profesión». Dennis Hopper (1936-2010) llegó a Hollywood a los 18 años. Un año más tarde, después de algunos primeros contratos en televisión, actuó al lado de James Dean, su modelo a seguir, en *Rebelde sin causa* (1955) de Nicholas Ray y en *Gigante* (1956) de George Stevens. Pero Hopper pasaba por ser una persona difícil, fue al Actor's Studio de Nueva York y se pasó al teatro. Regresó a Hollywood en 1969 como director y actor principal de la película *Easy Rider*. Pero el enorme éxito exigió su tributo: drogas, una vida disipada. Después del fracaso de *The Last Movie* (1969-1971), realizada justo después de *Easy Rider*, Hopper desapareció. Después, reapareció y actuó en algunas películas europeas, como en *El amigo americano* (1977) de Wim Wenders o *White Star* (1982) de Roland Klick. Trabajó de fotógrafo y se dedicó a coleccionar pintura, por lo que poseía algunas obras importantes del pop art. Posteriormente volvió a dirigir, por ejemplo, la conmovedora película policíaca *Colors. Colores de guerra* (1988), que se desarrolla en Los Ángeles. Pero el punto de inflexión de su carrera lo marcó *Terciopelo azul*: tras sus éxitos en las décadas de 1950 y 1960, con esa película comenzó su tercera carrera. Por fin las palabras fuertes de su Frank Booth parecieron volver a adecuarse a su biografía: «¡Vamos a hacer kilómetros, joder!».

1 Buscadores de libertad en el país de la falta de libertad: Peter Fonda en el papel del tranquilo y reflexivo Wyatt…

2 … y Dennis Hopper en el del fogoso y explosivo Billy. Ambos nombres aluden a dos héroes del Oeste: Wyatt Earp y Billy *el Niño*.

3 El abogado George Hanson (Jack Nicholson) viaja hacia Nueva Orleans. Qué bien que su madre le haya guardado la vieja gorra de fútbol americano del instituto.

4 *Nacido para ser salvaje*: Peter Fonda ya era un experto motorista antes del rodaje, por eso su Chopper era más extremada que la de Dennis Hopper.

en un enorme éxito, igual que la producción, que costó 400.000 dólares. Canciones de The Byrds, The Band o Fraternity of Man no solo sirven de fondo a las imágenes, las comentan. De forma programática, Steppenwolf hace retronar su himno a la libertad *Born to Be Wild* al principio de la película; *It's Alright Ma (I'm Only Bleeding)* suena hacia el final. Según Peter Fonda, el productor y uno de los protagonistas, Bob Dylan se negó a que saliera su versión original del tema porque la película le pareció demasiado desesperanzadora. Wyatt y Billy mueren, un blanco con una escopeta les tira de la moto: desde una camioneta, al adelantarles, así de simple. En vez de Dylan, Roger McGuinn cantó la canción.

El final pesimista cuestiona el propio modelo de vida del «rodar libres por la carretera». Peter Fonda dijo en una entrevista para la revista alemana *Filmkritik*: «Sabíamos que ya no puede haber héroes, pero aun así hemos intentado vivir como tales. Esa nostalgia está en la película tanto como su desilusión». Al principio surgió el deseo de viajar en moto por el país, y los amigos Hopper y Fonda simplemente hicieron de él una película. Por el camino se crearon los distintos episodios, como la visita a un campamento *hippy* de Nuevo México o el encuentro con el granjero que alimenta a su gran familia con lo que obtiene de su propia tierra. Hopper y Fonda, igual que sus héroes, fueron insultados durante el rodaje por campesinos blancos del sur; incluso les amenazaron con una escopeta. Y, como ellos, fumaban hierba.

En un cementerio de Nueva Orleans, los dos personajes se toman un *tripi* con dos prostitutas; para ellas, será un viaje de pesadilla. En tomas cortas como *flashes*,

«*Easy Rider* es una película muy seductora. En sí es magistral: las imágenes son fantásticas, los diálogos encajan como nunca antes en un filme "joven", la dramaturgia es tan sencilla como convincente.» *Die Welt*

Hopper visualiza la droga no como una liberación de las ataduras de la conciencia, sino como un arco de imágenes angustiosas, que despiertan desesperación y miedo. «La jodimos», le dice poco después Wyatt pensativo a su compañero de viaje Billy. Es cierto que han llegado a Nueva Orleans, pero su verdadero objetivo les falla. Wyatt esconde en el depósito de su moto miles de dólares que habían ganado antes con la droga. Un dinero que tenía que asegurarles la libertad. Pero quienes quieren dejar atrás la sociedad, llevar una vida distinta, libre, tienen que separarse también de sus símbolos y de sus valores materiales. Igual que el granjero que, lejos de la civilización, recolecta los frutos de lo que ha sembrado.

En largas tomas panorámicas se celebra una mirada a la naturaleza, que manifiesta la profunda compenetración, casi religiosa, que Hopper y Fonda parecen sentir por su país. No por los EE. UU. de hoy, sino por los del pasado, de los que aún es testimonio el paisaje. Al llegar a Nueva Orleans, Wyatt afirma que si Dios no existiera, habría que inventarlo. George no lo ha conseguido. El populacho le mató a golpes por la noche. Y, en una visión que se le aparece como un rayo, Wyatt prevé su propio final.   NM

4

COWBOY DE MEDIANOCHE ♟♟♟

MIDNIGHT COWBOY

1969 - EE. UU. - 113 MIN.

DIRECTOR
JOHN SCHLESINGER (1926-2003)

GUION
WALDO SALT, basado en la novela homónima
de JAMES LEO HERLIHY

DIRECTOR DE FOTOGRAFÍA
ADAM HOLENDER

MONTAJE
HUGH A. ROBERTSON

BANDA SONORA
JOHN BARRY, FLOYD HUDDLESTON y FRED NEIL

PRODUCCIÓN
JEROME HELLMAN para FLORIN PRODUCTIONS
y JEROME HELLMAN PRODUCTIONS

REPARTO
DUSTIN HOFFMAN (Rico Salvatore *Ratso* Rizzo), JON VOIGHT (Joe Buck), SYLVIA MILES (Cass),
JOHN MCGIVER (señor O'Daniel), BRENDA VACCARO (Shirley), BARNARD HUGHES (Towny),
RUTH WHITE (Sally Buck), JENNIFER SALT (Annie), GILMAN RANKIN (Woodsy Niles),
PAUL MORRISSEY (invitado a la fiesta) y VIVA (Gretel McAlbertson)

PREMIOS DE LA ACADEMIA DE 1969
ÓSCAR a la MEJOR PELÍCULA (Jerome Hellman),
al MEJOR DIRECTOR (John Schlesinger) y al MEJOR GUION ADAPTADO (Waldo Salt)

A JEROME HELLMAN-JOHN SCHLESINGER PRODUCTION

DUSTIN HOFFMAN
JON VOIGHT

"MIDNIGHT COWBOY"

BRENDA VACCARO   JOHN McGIVER   RUTH WHITE   SYLVIA MILES   BARNARD HUGHES

Screenplay by WALDO SALT Based on the novel by JAMES LEO HERLIHY Produced by JEROME HELLMAN Directed by JOHN SCHLESINGER

Music Supervision by JOHN BARRY "EVERYBODY'S TALKIN'" sung by NILSSON   ORIGINAL MOTION PICTURE SCORE AVAILABLE ON UNITED ARTISTS RECORDS

COLOR by DeLuxe

X PERSONS UNDER 17 NOT ADMITTED

50 GO United Artists
Entertainment from Transamerica Corporation

«Sinceramente, empiezas a oler mal, y para un semental en Nueva York, eso es un problema.»

Cowboy de medianoche es un retrato de una gran cuidad que también puede considerarse una especie de *western* tardío. Tras el realismo agridulce de la radiografía urbana se oculta el melancólico canto del cisne del ideal norteamericano del solitario héroe de la pradera. Estamos ante una balada sobre la pérdida de la inocencia, encarnada en Joe Buck (Jon Voight), el último vaquero que trata de aferrarse a ese sueño en la Nueva York de los años sesenta. Joe ha llegado de Tejas para hacer realidad las fantasías sexuales de las mujeres ricas e insatisfechas de la Gran Manzana. Sin embargo, tras sus encuentros con homosexuales, drogadictos y cristianos fanáticos, termina como chapero en los callejones que rodean la calle 42. Solo le hace compañía una radio, cuyas promesas de libertad y *glamour* resuenan cada vez más huecas en sus oídos, y un amigo tuberculoso que viste un traje raído y

responde a un nombre peculiar: Rico *Ratso* Rizzo (Dustin Hoffman).

Ratso no es el primero que se aprovecha del ingenuo Joe y desaparece con su dinero. No obstante, cuando el tejano se arregla y, pavoneándose, contempla su reflejo en el espejo por las mañanas sigue siendo igual de atractivo. Cree que su traje de vaquero es el último grito en los apartamentos de lujo de Manhattan. Ratso, el timador cojo, se convierte en su «representante» y le concierta citas con hombres y mujeres. Con cada uno de ellos, el aspirante a *cowboy* pierde una ilusión. Los dos hombres cometen pequeños robos y pasan horas en el maltrecho apartamento sin agua ni electricidad que Ratso llama hogar. Sueñan con Florida, con vivir con la gente guapa y rica, y comprenden demasiado tarde el incalculable valor de su amistad. Más allá del triste final, esta fascinante

DUSTIN HOFFMAN Es uno de los actores de más renombre del cine internacional y uno de los pocos que alcanzaron el estrellato como intérprete «de carácter». Su característico físico, su voz nasal y cierta falta de confianza en sí mismo lo predestinaron a encarnar personajes complicados. El intérprete nació en Los Ángeles en 1937. Tras estudiar música en el Santa Monica City College y recibir cursos de actuación en la Pasadena Playhouse, fue aceptado en 1958 en el neoyorquino Actor's Studio de Lee Strasberg. El éxito le llegaría a los 30 años con su participación en el clásico de Mike Nichols *El graduado* (1967). Su interpretación del universitario recién licenciado Benjamin Braddock, casi 10 años menor que él, también le valió su primera candidatura al Óscar.

El actor, considerado una persona difícil, dejó pasar otros dos años antes de encarnar el papel de Ratso en *Cowboy de medianoche* (1969), una actuación que le granjeó los mayores elogios. Seguirían películas como *Pequeño gran hombre* (1970) —que se convirtió en el apodo de este actor de 1,66 metros de altura y en la que interpretaba a un pionero del Oeste de 121 años—, el drama carcelario *Papillon* (1973) junto a Steve McQueen y *Lenny* (1974), la biografía del humorista satírico Lenny Bruce. El éxito de taquilla *Tootsie* (1982) le brindó la oportunidad de demostrar de manera sorprendente su legendaria capacidad de transformación. Además, el papel de un actor en paro que se ve obligado a travestirse constituyó una de sus escasas incursiones en la comedia. Anteriormente, se había lucido en el *thriller* político *Marathon Mann* (1976) y había obtenido su primer Premio de la Academia por *Kramer contra Kramer* (1979), un sensible drama sobre un proceso de divorcio. Desde su interpretación de un autista en *Rain Man* (1988), filme en el que se ganó definitivamente su fama de perfeccionista pedante, suele contentarse con papeles poco arriesgados y cameos. A pesar de todo, ha podido demostrar su valía en cintas como *Billy Bathgate* (1991), *Estallido* (1995) y *El mundo según Barney* (2010).

«Cuando Joe Buck se dirige en autobús a Manhattan, con el transistor pegado a la oreja e imaginándose a esas mujeres maduras y ricas del Upper West Side desesperadas por sus servicios, no tiene ni idea de lo que le espera. Tras conocer a Ratso (Hoffman) —y ser timado por él—, un pobre delincuente de tres al cuarto, se embarca en un camino sin retorno que le adentra en el bullicio del infierno moderno.»

The Washington Post

1 Ante nosotros, don Quijote y Sancho Panza: Joe Buck (Jon Voight) y Rico Salvatore Rizzo (Dustin Hoffman).

2 Dustin Hoffman sufre en un papel que le permitió lucirse como actor y por el que fue candidato al Óscar.

3 Rico *Ratso* Rizzo tiene mucho tiempo libre. Sus altruistas servicios no siempre resultan de ayuda a Joe.

4 El ingenuo Joe descubre la auténtica vida en la gran ciudad y sus ilusiones empiezan a desvanecerse.

5 El cínico Ratso, enfermo de gravedad, es un hombre desconfiado.

historia de amor es el tierno mensaje de la película, que aún hoy resulta irresistible para el espectador. Este efecto se debe al *leitmotiv* de la canción *Everybody's Talkin'*, interpretada por Harry Nilsson, al ingenio visual del director John Schlesinger y a los dos protagonistas.

La interacción de Jon Voight, un completo desconocido hasta esta película, y Dustin Hoffman, que afronta un personaje digno de compasión con orgullosa solemnidad, transmite una compenetración difícilmente superable. El optimismo inquebrantable de Joe es la luz en este sombrío

6

6 En un mundo implacable, solo ayudan los bolsillos llenos. El timador Ratso estudia la situación.

7 Un vaquero pueril como encarnación del ideal de la inocencia norteamericana: Jon Voight en el papel que le dio a conocer. Su aspecto juvenil refuerza la impresión de que estamos ante un ser sexualmente ingenuo.

mundo en el que no hay lugar para los sentimientos y donde todo queda eclipsado por la necesidad material. Resulta imposible olvidar el ataque de cólera de Ratso cuando, en medio de un tráfico infernal, casi es atropellado por un taxi: «¡Qué estoy pasando! ¡Qué estoy pasando!». Los dos tratan de reafirmar su existencia. La fulgurante reacción de Hoffman estaba dirigida, al parecer, a un auténtico taxista que giró en la calle y estuvo a punto de lastimarle. Sin embargo, este no es el único episodio que pone de manifiesto el atrevimiento experimental con el que Schlesinger consigue transmitirnos la sensación de estar realmente en la gran ciudad. El británico retrata con minuciosidad casi documental la suciedad y violencia que reinaban en la Nueva York de 1969 con imágenes de pesadilla, aunque sin pasar por alto las grandes esperanzas de aquella época. La revolución del sexo y las drogas parece haber acabado; de las utopías solo queda la pornografía y la prostitución. A pesar de todo, Joe Buck no

llegará a perder nunca su inocencia. Su ingenua sexualidad, que se expresa en la fantasía infantil del vaquero, se erige como el enigma más ambiguo de la película. Aunque se comercia con el sexo en cada esquina como si fuera una mercancía, para él el amor físico, así como su compraventa, es la cosa más natural del mundo. Unos inquietantes *flash-backs* nos permiten descubrir la traumática juventud del tejano, marcada por los malos tratos y los abusos. Pero el conjunto no nos deja emitir un juicio psicológico.

La concesión del Óscar a la mejor película simbolizó una apuesta por una innovadora y emocionante forma de hacer cine que influiría en el nuevo Hollywood y el cine independiente. El hecho de que, en su momento, *Cowboy de medianoche* recibiera la clasificación X, reservada al cine pornográfico, debido a algunas escenas consideradas de gran crudeza difícilmente puede entenderse en nuestros días. PB

7

GRUPO SALVAJE
THE WILD BUNCH
1969 - EE. UU. - 145 MIN.

DIRECTOR
SAM PECKINPAH (1925-1984)

GUION
WALON GREEN, ROY N. SICKNER y SAM PECKINPAH

DIRECTOR DE FOTOGRAFÍA
LUCIEN BALLARD

MONTAJE
LOU LOMBARDO

BANDA SONORA
JERRY FIELDING

PRODUCCIÓN
PHIL FELDMAN para WARNER BROS.
y SEVEN ARTS

REPARTO
WILLIAM HOLDEN (Pike Bishop), ROBERT RYAN (Deke Thornton),
ERNEST BORGNINE (Dutch Engstrom), EDMOND O'BRIEN (Sykes),
WARREN OATES (Lyle Gorch), BEN JOHNSON
(Tector Gorch), JAIME SANCHEZ (Ángel), EMILIO FERNÁNDEZ (Mapache),
STROTHER MARTIN (Coffer), L. Q. JONES (T.C.) y ALBERT DEKKER (Pat Harrigan)

Unchanged men in a changing land.
Out of step, out of place and desperately out of time.
A PHIL FELDMAN PRODUCTION
THE WILD BUNCH
WILLIAM HOLDEN · ERNEST BORGNINE · ROBERT RYAN · EDMOND O'BRIEN · WARREN OATES · JAIME SANCHEZ · BEN JOHNSON
EMILIO FERNANDEZ · STROTHER MARTIN · L. Q. JONES · Screenplay by WALON GREEN and SAM PECKINPAH
Produced by PHIL FELDMAN · Directed by SAM PECKINPAH
TECHNICOLOR® PANAVISION® FROM WARNER BROS.-SEVEN ARTS
69/169

«Todos soñamos con volver a ser niños, incluso los peores de nosotros. Tal vez los peores, más que nadie.»

A los hombres que cabalgan lentamente hacia la ciudad se les nota que han superado más de una dificultad de la vida. Su camino les lleva a lo largo de la línea del ferrocarril; dedican miradas hoscas a un grupo de niños que pasan riendo alegremente. Un plano tomado más de cerca muestra la crueldad del juego de los pequeños: están observando a dos escorpiones que intentan en vano librarse de la superioridad mortífera de unas «hormigas asesinas». Los chicos impiden con unos palitos que los animales atormentados huyan.

Debajo de un toldo, un predicador ambulante lanza improperios contra el vicio del alcohol; poco después, los abstemios se ponen en marcha en procesión, acompañados de una orquesta de viento. En ese momento, Pike Bishop (William Holden) y su gente han llegado a su objetivo: la oficina de pagos del ferrocarril que pretenden robar pasando inadvertidos. Pero en los tejados merodean unos personajes desastrados que despiertan poca confianza y que quieren hacerse merecedores de la prima ofrecida por las cabezas de Bishop y los miembros de su banda. Uno de la pandilla de Bishop repara en los cañones de escopeta; Bishop organiza con sangre fría la escapada. Mucha gente ajena al asunto puebla las calles; no obstante, los cazarrecompensas abren fuego y disparan salvajemente contra la multitud. Las balas silban en el fuego cruzado, los caballos relinchan, la gente corre presa del pánico en medio de la confusión, busca cobijo; los que han sido alcanzados caen al suelo. Los bandidos tampoco conocen

---

ERNEST BORGNINE A lo largo de su extensa carrera, Ernest Borgnine (1917-2012), nacido como Ermes Effron Borgnino, conoció todas las caras del oficio de actor. Actuó en teatros de provincias, en producciones de primera clase y en películas de serie B, y en el escenario del auditorio de invitados de honor en la ceremonia de entrega de los Óscar cuando, en 1956, recibió su Premio de la Academia por el drama intimista *Marty* (1955), dirigido por Delbert Mann. El papel del callado carnicero Marty fue uno de los pocos papeles de protagonista de Borgnine; la película, una producción excepcional. Con su fisonomía inconfundible, marcada por una dentadura imperfecta, nariz de boxeador y cejas pobladas, Borgnine no correspondía a los ideales de un ídolo de la pantalla. A pesar de todo, en las décadas de 1950 y 1960 se convirtió en un secundario familiar para los fervientes aficionados al cine.

Borgnine, que estuvo 10 años en el ejército, interpretó con entusiasmo al sargento sádico Judson en *De aquí a la eternidad* (1953), de Fred Zinnemann, y al héroe paternal que daba título a la serie de televisión *McHale's Navy* (1962-1966). Participó en *El vuelo del fénix* (1966) y en la película bélica *Doce del patíbulo* (1967), ambas de Robert Aldrich, y también aceptó papeles en algunas películas monumentales y *westerns*, así como en algunas oscuras producciones europeas. A veces se le vio haciendo de fornido repugnante y a menudo también de tipo con corazón. Ese papel estándar lo colmó con una calidez simpática que se contagió a los espectadores de cine y televisión en el personaje de Dominic Santini de la serie de aventuras *Airwolf* (1984-1986), la misma forma de actuar decisiva que le deparó una popularidad adicional en la década de 1980.

2

1 Pike Bishop (William Holden) no quiere dejar correr el engaño del general guerrillero Mapache.

2 Dutch (Ernest Borgnine) se muestra ajeno a los nobles motivos de Bishop, pero le sigue fiel hasta la muerte.

3 Bishop y su gente atacan por sorpresa el cuartel de Mapache, donde este —después del trabajo hecho— se deja mimar por algunas chicas ligeras de cascos.

4 A pesar de estar gravemente herido, Bishop no hace ningún preparativo para abandonar la lucha contra un enemigo demasiado fuerte. Para él y Dutch, no hay escapatoria.

el perdón y utilizan a los transeúntes sin escrúpulos para cubrirse. Solo cinco bandidos sobreviven a la terrible matanza.

En estas primeras escenas ya se ha esbozado qué pretende Peckinpah con su película. En su *western* no hay héroes venerables del calibre de un John Wayne o un Randloph Scott, tampoco reflexiones morales sobre la ley: el retén contratado por el jefe del ferrocarril Harrigan (Albert Dekker) se compone de un montón roñoso de rústicos ávidos de disparar y de codiciosos ladrones de cadáveres. Solo Deke Thornton (Robert Ryan), el cabecilla, mantiene cierta compostura. Pero él también actúa en interés propio: le han prometido el indulto si da caza a su antiguo amigo Pike Bishop.

Peckinpah desbarata con rigurosidad el viejo cliché del *western* de que ese tipo de conflictos se arreglan limpiamente, en un duelo heroico hombre contra hombre. Los protagonistas y sus esbirros entablan una pequeña guerra sucia: aún seguirá con más brutalidad al otro lado de la frontera de México, donde las milicias del general Mapache (Emilio Fernández) han instaurado un régimen de terror en el que saquean pueblos indios, torturan y asesinan a sus habitantes, y en el que, a su vez, son perseguidas por las tropas de Pancho Villa. La violencia no hace excepciones con mujeres y niños. Peckinpah demuestra con una precisión sin disimulos lo que pueden hacer las balas; hace brotar la sangre y muestra a cámara lenta cuerpos humanos que se desgarran aquí y allá por el

«Violenta, reflexiva y autoritaria, esta película aísla a Peckinpah del resto de directores de *westerns* de su generación.» *Sight and Sound*

impacto de los proyectiles ejecutando una danza espantosa en el momento de la muerte.

Grupo salvaje no se puede desligar de su contexto histórico. Por primera vez, unas imágenes sin censurar de los escenarios de la guerra de la época, divulgadas en los medios de comunicación de masas, hacían consciente a la opinión pública de hasta qué punto se veían afectadas las víctimas civiles. Y aunque Peckinpah mostró en algunas entrevistas cierto afecto por los valentones perdidos de su grupo de hombres, cuya época había caducado definitivamente, jamás dejó lugar a dudas sobre la devas-

tación espiritual que les caracterizaba. Aunque la gran calidad de la puesta en escena de la película es indiscutible, el realismo sin precedentes de las representaciones de violencia provocó vivas discusiones el año de su estreno. Peckinpah también entró en conflicto con el productor, que hizo acortar la película sin su autorización a una duración supuestamente más comercial. En algunos países, aún se eliminaron más pasajes, de manera que por el mundo circulaban copias de distinto metraje. En 1982, en EE. UU. salió al mercado una versión integral con la duración original de 145 minutos. HK

MUERTE EN VENECIA

MORTE A VENEZIA

1970 - ITALIA - 135 MIN.

DIRECTOR

LUCHINO VISCONTI (1906-1976)

GUION

LUCHINO VISCONTI y NICOLA BADALUCCO,
basado en la novela homónima de THOMAS MANN

DIRECTOR DE FOTOGRAFÍA

PASQUALE DE SANTIS

MONTAJE

RUGGERO MASTROIANNI

BANDA SONORA

GUSTAV MAHLER

PRODUCCIÓN

LUCHINO VISCONTI
para ALFA CINEMATOGRAFICA

REPARTO

DIRK BOGARDE (Gustav von Aschenbach), SILVANA MANGANO (la madre de Tadzio),
BJÖRN ANDRESEN (Tadzio), ROMOLO VALLI (director del hotel), MARK BURNS (Alfred),
MARISA BERENSON (la esposa de von Aschenbach), FRANCO FABRIZI (peluquero),
ANTONIO APPICELLA (vagabundo), SERGIO GARFAGNOLI (adolescente polaco)
y NORA RICCI (gobernanta)

LA WARNER BROS. PRESENTA
UN FILM PRODOTTO E DIRETTO DA

LUCHINO VISCONTI
DIRK BOGARDE

MORTE A VENEZIA

DAL RACCONTO DI **THOMAS MANN**

CON **BJORN ANDRESEN** E **MARK BURNS**, ROMOLO VALLI · NORA RICCI · MARISA BERENSON · CAROLE ANDRÉ
E CON LA PARTECIPAZIONE STRAORDINARIA DI

SILVANA MANGANO

SCENEGGIATURA DI
LUCHINO VISCONTI E **NICOLA BADALUCCO**

DIRETTORE DELLA FOTOGRAFIA
PASQUALE DE SANTIS

PRODUZIONE ESEGUITA ASSOCIATO
ROBERT GORDON EDWARDS

PRODUZIONE ESEGUITA
MARIO GALLO

UNA COPRODUZIONE ITALO-FRANCESE
ALFA CINEMATOGRAFICA (ROMA) E P.E.C.F. (PARIGI)

PANAVISION® · TECHNICOLOR®

«Tu música nace muerta.»

Venecia a principios del siglo XX. Gustav von Aschenbach (Dirk Bogarde), un compositor alemán maduro, visita la ciudad de las lagunas para recuperarse de una crisis nerviosa. Se hospeda en un hotel junto al mar, donde también se ha acuartelado una noble polaca (Silvana Mangano) con sus hijos y sus criados. Su hijo Tadzio (Björn Andresen), un adolescente pálido y delicado, con largos cabellos rubios, llama la atención de Aschenbach. Pronto incluso despertará en él una admiración apasionada que provocará que sus días cada vez estén más determinados por la observación del bello muchacho. Al final, la fascinación por el hermoso adolescente se apoderará por completo del compositor, que decide entrar en contacto con él. Ignora la amenaza del cólera que se propaga por la ciudad y, al final, enfermará y morirá.

Son pocas las versiones cinematográficas de clásicos de la literatura que hayan conseguido salir de la sombra del libro. *Muerte en Venecia* de Luchino Visconti es una de esas excepciones. Algo que también se basa en el hecho de que el director italiano no vaciló en exponerse a los reproches de falta de fidelidad a la obra por su adaptación de la célebre novela de Thomas Mann, en la que efectuó cambios notorios para llevar a la pantalla con más claridad su visión del argumento.

A lo largo de su carrera, Visconti no trabajó solo en el cine; también puso en escena óperas. Este segundo talento fluye siempre en sus películas. La importancia del aspecto musical en *Muerte en Venecia* se puede reconocer en que Visconti convierte en compositor al escritor Aschenbach, para el que Thomas Mann se inspiró en Gustav Mahler.

La música de Mahler está cargada de significado en la película. Su *Quinta Sinfonía* sirve de fondo a la secuencia de los créditos iniciales y acompaña la llegada de Aschenbach a Venecia a bordo de un vapor que asoma en el amanecer. Se volverá a utilizar constantemente a lo

LUCHINO VISCONTI Era el vástago de una antigua familia noble italiana y se definía como marxista, cosa que no le impidió procurarse un estilo de vida opulento. Estas caras aparentemente tan dispares de su personalidad han dejado huella en la filmografía de Luchino Visconti (1906-1976): después de algunos años de aprendizaje colaborando con Jean Renoir, debutó como director, aún durante el fascismo, con *Obsesión* (1943), que, por su estilo naturalista, se convirtió en el chispa inicial del neorrealismo italiano. Su película *La tierra tiembla* (1948), la historia de un pescador explotado por mayoristas, está considerada una obra maestra del movimiento. Posteriormente, con *Rocco y sus hermanos* (1960), que trata de la desintegración de una familia que se muda a Milán desde el sur para trabajar, Visconti también manifestó sus simpatías por la gente sencilla.

Sin embargo, con *Senso* (1954) creó la primera de sus espléndidas películas en color que parecían óperas y que determinaron su obra posterior. Muchos críticos consideran que, de todas esas grandes producciones, *El gatopardo* (1963), basada en una novela de Giuseppe Tomasi di Lampedusa, es la mejor película de Visconti. La epopeya de imágenes majestuosas sobre una familia de nobles italianos en el siglo XIX le reportó la Palma de Oro en el Festival de Cine de Cannes y le convirtió en un director internacional estrella. Pudo seguir revalidando su fama con películas como *Muerte en Venecia* (1970) o *Luis II de Baviera* (1972), una biografía del excéntrico rey de Baviera. Paralelamente a su trabajo cinematográfico, Visconti trabajó también con éxito como director de escena en el teatro y en la ópera. La carrera de María Callas está estrechamente relacionada con él.

2

1 Ángel de la muerte: como encarnación de la belleza ideal, el pálido adolescente Tazdio (Björn Andresen) se convierte en una obsesión para el maduro esteta Von Aschenbach.

2 Igual que para Visconti, la carrera de Silvana Mangano (izquierda) empezó en el neorrealismo de la posguerra, del que se la consideró un icono.

3 En el papel del compositor Gustav von Aschenbach, Dirk Bogarde consiguió realizar el mejor trabajo de su carrera.

4 Visconti y el director de fotografía Pasquale de Santis trasladan las exquisitas descripciones de la novela de Thomas Mann a lo visual con composiciones de imágenes primorosas, movimientos de cámara y *zooms*.

3

largo de todo el filme. Y la gravedad elegiaca de la pieza continúa en el ritmo casi tardo de las imágenes, a través de las cuales el drama se desarrolla en *zooms* lentos y en recorridos de cámara cautelosos, que captan la atmósfera sensual y morbosa de Venecia en los colores mate del verano sofocante y en formato panorámico Scope. Además, en la película de Visconti impera una paz extraña que refuerza el poder de la música dosificada. Se habla muy poco, no hay voz de narrador, tampoco monólogos interiores. La cámara, que explora los acontecimientos a distancia, y la expresiva interpretación de Dick Bogarde traducen con mucho acierto a lo puramente visual las exquisitas descripciones de

«*Muerte en Venecia* es lo que debía ser, y lo que esperábamos que fuera: la obra consumada de un clásico de la gran pantalla.»

Le Monde

Thomas Mann y la sutil ironía del texto. Visconti muestra en *flash-blacks* el origen de la decadencia de Aschenbach. La felicidad familiar destruida. Frustración sexual. Pero, sobre todo, su fracaso como artista que, en su pretensión de expresar con la música una belleza verdadera y absoluta, no solo sigue renqueando al gusto de la época sino que también niega la propia sexualidad. Su amigo Alfred (Mark Burns) le replica que la esencia de la música es ambigua. Aschenbach se cierra en contra desesperado. Son los instantes en que Visconti interrumpe el tranquilo fluir de su película y el pasado gana terreno como un recuerdo febril en el presente apático. Entonces se hace evidente la mentira existencial que Aschenbach descubre en Venecia: al reconocer en Tadzio la perfección y la sensualidad a la vez, el solemne esteta se ve proyectado en su deseo sexual. En Visconti, los rasgos homosexuales son más evidentes que en Mann.

Cuando Aschenbach reconoce su deseo, ya es demasiado tarde. Es un hombre envejecido con un cuerpo caduco. Visconti muestra con ironía amarga el intento de recuperar la juventud en la peluquería. Al final, el compositor está extenuado en una tumbona de playa. Los cabellos teñidos de negro le gotean por el rostro cubierto de sudor. Entonces ve a Tazdio de pie junto a la orilla, que se gira y le hace señas desde lejos. Un último saludo del mensajero de la muerte.   JH

LA NARANJA MECÁNICA

A CLOCKWORK ORANGE

1971 - GRAN BRETAÑA - 137 MIN.

DIRECTOR

STANLEY KUBRICK (1928-1999)

GUION

STANLEY KUBRICK, basado en la novela
homónima de ANTHONY BURGESS

DIRECTOR DE FOTOGRAFÍA

JOHN ALCOTT

MONTAJE

BILL BUTLER

BANDA SONORA

WALTER CARLOS

PRODUCCIÓN

STANLEY KUBRICK para POLARIS PRODUCTIONS,
HAWK FILMS LTD y WARNER BROS.

REPARTO

MALCOLM MCDOWELL (Alex), PATRICK MAGEE (Frank Alexander),
MICHAEL BATES (jefe de policía Barnes), WARREN CLARKE (Dim),
JOHN CLIVE (actor teatral), PAUL FARRELL (vagabundo),
ADRIENNE CORRI (señora Alexander), CARL DUERING (doctor Brodsky), CLIVE FRANCIS (Joe),
MICHAEL GOVER (director de la cárcel) y MIRIAM KARLIN (señorita Weatherly)

Being the adventures
of a young man
whose principal
interests are rape,
ultra-violence
and Beethoven.

STANLEY KUBRICK'S
CLOCKWORK ORANGE

A Stanley Kubrick Production "A CLOCKWORK ORANGE" Starring Malcolm McDowell • Patrick Magee • Adrienne Corri
and Miriam Karlin • Sceenplay by Stanley Kubrick • Based on the novel by Anthony Burgess • Produced and
Directed by Stanley Kubrick • Executive Producers Max L. Raab and Si Litvinoff • WARNER BROS. A WARNER COMMUNICATIONS COMPANY

«Videa bien, hermanito, videa bien.»

La naranja mecánica estuvo prohibida en Inglaterra hasta 1999, año de la muerte de Stanley Kubrick, quien mantuvo en secreto las razones que le indujeron a autocensurar su película en 1974. Quizá le disgustaba tener que hacer frente una vez más a la acusación de exaltación de la violencia, o es posible que estuviera amenazado. Lo cual no tendría nada de extraño, pues su película se mantuvo mucho tiempo en el centro de una viva controversia. El motivo: por muy estéticamente que procediese Kubrick y por mucho que evitase cualquier comentario en *La naranja mecánica*, nadie hasta entonces había mostrado la violencia en el cine. Los críticos lo acusaban, por un lado, de solazarse hurgando en lo «ultrabrutal» y, por otro, de no cuestionarlo; temían que las escenas violentas provocasen fácilmente su imitación. Pero Kubrick no era un moralista. Tampoco era un psicólogo; no explicaba lo que mostraba. Era el público el que tenía que decidir lo que quería ver en su película. Incluso a riesgo de ser incluido en la lista de los cabezas rapadas de la derecha radical.

Botas de deporte y gorra negras, camisa y pantalones blancos, protector abdominal: este es el uniforme de Alex (Malcolm McDowell) y de sus *drugos*, banda juvenil constantemente a la búsqueda del «espectáculo del horror». Para ellos, una noche redonda consiste en tomar unas copas en la cafetería Korova, encontrar a un vagabundo, pegarse con una banda rival, provocar accidentes de tráfico con un coche robado, entrar en la casa de campo de un escritor y forzar a su mujer procurando al mismo tiempo que él sea testigo de la violación. Después otro «moloko plus» en la cafetería y a «sobar».

No es tanto la brutalidad lo que confiere a *La naranja mecánica* un aire tan terrible. Es la coreografía con que esta se escenifica. Concretamente Alex, un enamorado hasta la idolatría de la música de Ludwig van Beethoven,

MALCOLM MCDOWELL Sin él, no hubiera existido *La naranja mecánica* (1971). Stanley Kubrick quería a Malcolm McDowell como Alex: o él o nadie. A sus 27 años no tenía un gran currículo; acababa de rodar su primera gran película, *Si...* (1968), de Lindsay Anderson, un sobrecogedor drama de internado. No obstante, Kubrick apostó por el joven y desconocido actor porque veía en él al hombre en estado natural. Así alcanzó McDowell el estrellato.

El éxito lo marcó con fuego, pues desde entonces su rostro pasó a traducir como ningún otro el mal, lo insondable y siempre peligroso, hasta el punto de que interpretó casi exclusivamente papeles de canalla. Nacido en Leeds en 1943, McDowell se dedicó a vender café antes de matricularse en Londres en la escuela de arte dramático e incorporarse a la Royal Shakespeare Company. Después de *La naranja mecánica* rodó dos películas con Lindsay Anderson, las inteligentes sátiras *Un hombre de suerte* (1973) y *Britannia Hospital* (1982). Volvió a causar sensación en 1979 interpretando al emperador romano en la controvertida película *Calígula* de Tinto Brass. Después desapareció de la pantalla —prescindiendo de algunos papeles secundarios de interés, como *El beso de la pantera* (1982), de Paul Schrader— para reaparecer casi exclusivamente en películas de serie B. Sin embargo, en la década de 1990 McDowell no paró; interpretó alrededor de 50 personajes en películas cinematográficas y series de televisión, por ejemplo, como antagonista del capitán Kirk y del capitán Picard en *Star Trek: La próxima generación* (1994) y en *Gangster N.º 1* (2000), de Paul McGuigan.

2

1 Aquí llega Alex (Malcolm McDowell). En la actualidad, este personaje es sinónimo de violencia y brutalidad.

2 Condenado a mirar: Alex en la terapia Ludovico.

3 Un *moloco-plus velocet o synthemesco*: para Dim (Warren Clarke) es el estimulante adecuado para un poco de ultraviolencia.

4 «Ahí estaba yo, es decir, Alex, y mis tres *drugos*, o sea, Pete, Georgie y Dim, sentados en el Milk Bar Korova exprimiéndonos los *rasudoques* para encontrar algo con que ocupar la noche.»

disfruta con sus escenas y las estiliza hasta convertirlas en arte. En la casa del escritor parodia a Gene Kelly, canta *Singin' In The Rain* y, sin perder el ritmo, patea el vientre del dueño de la casa, que está atado. A diferencia de sus tres amigos, que quieren sacar algún partido de sus expediciones, a Alex el dinero no le interesa. Así llega el enfrentamiento; sus amigos lo denuncian cuando por error mata a golpes a una mujer con un objeto de arte, un pene enorme. Condenado a 14 años de cárcel, sale antes

de tiempo gracias a un nuevo programa de reinserción social y a una terapia diferente. En adelante sufrirá terribles náuseas ante la sola idea de tocar un pelo a alguien. Pero, una vez fuera, Alex no tardará en enfrentarse a su propio pasado: se reencuentra con toda la gente que antes había sufrido sus excesos y que ahora se venga de él en su indefensión.

La naranja mecánica es un discurso completo sobre la relación entre el poder, la estética y los medios.

La película no ofrece respuestas, simplemente plantea problemas y cuestiones. Por ejemplo, la hipótesis de que la violencia cinematográfica se prolonga necesariamente en la realidad. La terapia de Alex consiste en ver películas brutales. Y cuanto más tiempo pasa atado ante la pantalla sin que se le permita cerrar los ojos, peor se siente por el efecto de una droga que se le ha inyectado. El método transforma al Alex autor del crimen en un Alex espectador. Ahora bien, lo que para él, el pendenciero de otros tiempos, es una tortura para quien contempla la película es el máximo placer: ser puramente ojos sin implicarse

«En mi opinión, Kubrick ha realizado una película que explota solo el misterio y la variedad de la conducta humana. Como rehusa utilizar las emociones de un modo convencional, exigiendo en su lugar que asumamos un control constante e intelectual de las cosas, resulta una experiencia cinematográfica de lo más inusual y desorientadora.» *The New York Times*

5 El semanario alemán *Spiegel* publicó: «Una sátira cinematográfica de una perfección casi inimaginable y de una maldad realmente satánica». En esta escena, el propio Kubrick lleva la cámara manual.

6 El escritor Alexander (Patrick Magee). Una víctima de Alex y sus *drugos*. Pero se vengará.

7 Violencia esteticista: Alex golpea a su víctima con una obra de arte, un falo gigante.

activamente, ser un mero observador sin despegarse lo más mínimo de la butaca. Kubrick introduce formalmente al espectador en la película: Alex mira a la cámara en varias ocasiones, parece hablar directamente a la sala de cine. Antes de violar a la esposa del escritor, se arrodilla en el suelo. «Videa bien», dice a la vez al maniatado y a los espectadores, «mira bien». El verdadero escándalo de *La naranja mecánica* está en que el público se sorprende a sí mismo expectante por saber lo que va a suceder; no subleva lo que la película muestra, sino la propia reacción ante las imágenes. Concretamente, la fascinación ante esta película virtuosista e inolvidable. NM

«Probablemente pocas veces se ha visto —y esto debe reconocerse abiertamente con todo el distanciamiento— una película de una brillantez técnica tan soberbia.» *Der Tagesspiegel*

DEFENSA - DELIVERANCE

DELIVERANCE

1972 - EE. UU. - 105 MIN.

DIRECTOR

JOHN BOORMAN (n. 1933)

GUION

JAMES DICKEY, basado en su novela homónima

DIRECTOR DE FOTOGRAFÍA

VILMOS ZSIGMIND

MONTAJE

TOM PRIESTLEY

BANDA SONORA

ERIC WEISSBERG y STEVE MANDEL

PRODUCCIÓN

JOHN BOORMAN para ELMER PRODUCTIONS y WARNER BROS.

REPARTO

JOHN VOIGT (Ed Gentry), BURT REYNOLDS (Lewis Medlock),
NED BEATTY (Bobby Trippe), RONNY COX (Drew Ballinger), ED RAMEY (anciano),
BILLY REDDEN (Lonny), SEAMON GLASS (Muecas primero), RANDALL DEAL (Muecas segundo),
BILL MCKINNEY (montañero), HERBERT COWBOY COWARD (hombre desdentado),
LEWIS CRONE (primer diputado) y JAMES DICKEY (*sheriff* Bullard)

This is the weekend they didn't play golf.

Deliverance

A JOHN BOORMAN FILM Starring **JON VOIGHT · BURT REYNOLDS** in **"DELIVERANCE"**
Co-Starring NED BEATTY · RONNY COX · Screenplay by James Dickey Based on his novel · Produced and Directed by John Boorman
PANAVISION® · TECHNICOLOR® · From Warner Bros. A Warner Communications Company [R] **RESTRICTED** Under 17 requires accompanying Parent or Adult Guardian

«En eso consiste el juego: en sobrevivir.»

Sosegadamente sigue el río su sinuoso curso por la naturaleza salvaje, por el bosque cerrado, por las rocas escarpadas. Cuatro hombres de la ciudad se proponen disfrutar de este idilio viajando en canoa. Lewis (Burt Reynolds), Ed (Jon Voight), Bobby (Ned Beatty) y Drew (Ronny Cox) reman río abajo en dos canoas. Los campesinos se encargarán, por indicación suya, de conducir sus coches hasta el lugar de destino, adonde piensan llegar dos días después. Solo que su viaje aventurero terminará convirtiéndose en puro terror.

Todo comienza de forma armónica. El primer día, los aventureros disfrutan del paraíso de los exploradores: reman, acampan en tiendas, pescan con flecha y arco y tocan la guitarra frente al fuego del campamento. Los problemas empiezan al día siguiente, cuando Ed y Bobby se marchan con su canoa. Hay dos campesinos al acecho; son dos tipos groseros de dientes cariados. Atan a Ed a un árbol y golpean, humillan y violan a Bobby. Cuando tratan de hacer lo mismo con Ed, una flecha hiere al cabecilla.

Lo ha matado Lewis, quien ha dado alcance a sus amigos en compañía de Drew. El otro agresor huye. Los cuatro amigos entierran el cadáver. Han perdido todo interés por la aventura; quieren subir a las canoas para volver cuanto antes a su casa. Pero el río, que transcurre entre abruptas paredes rocosas, se llena de innumerables atacantes…

Impresionantes desplazamientos en canoa a través de los rápidos, sobrecogedores paisajes naturales: *Defensa - Deliverance* es una formidable película de acción y de aventuras. John Boorman en la dirección, Tom Priestley en el montaje (ambos fueron proclamados candidatos al Óscar) y Vilmos Zsigmond en la fotografía (Óscar por *Encuentros en la tercera fase*, 1977) crearon un lenguaje cinematográfico de gran belleza, de una composición refinada y de una inmediatez que sitúa al espectador directamente en la acción. Casi se perciben físicamente la pujanza de la naturaleza y la amenaza de los agresores. También es notable la sensibilidad de Goorman para los símbolos discretos y eficaces; en una de las primeras escenas, Drew

JOHN BOORMAN La civilización debe arreglárselas con la barbarie. Esta fórmula no solo está en la base de *Defensa - Deliverance* (1972), sino que es fundamental en otras películas de John Boorman. Así, en la película de ciencia ficción *Zardoz* (1973-1974), Sean Connery lucha contra un sistema terrorista de esclavitud; y en *La selva esmeralda* (1985), drama que transcurre en una selva virgen, el hijo de un ingeniero (interpretado por su propio hijo Charley) cae en manos de unos indígenas que viven en un mundo arcaico. El británico John Boorman (n. 1933) accede a las fórmulas del cine de género por vías propias. En *Esperanza y gloria* (1987), en la que trabaja sobre sus experiencias juveniles durante la Segunda Guerra Mundial, cuenta los acontecimientos desde la perspectiva de un niño. El bandido de *El general* (1998) se comporta como los gánsteres que conoce a través del cine. Finalmente, en *El sastre de Panamá* (2001), Boorman presenta a su «héroe» (Pierce Brosnan, ídolo femenino y actor 007) como un personaje detestable. Boorman debutó en el cine en 1965 dirigiendo *Catch Us if You Can / Having a Wild Weekend*, con Dave Clark Five. El éxito le llegó con su segunda película, el drama de gánsteres *A quemarropa* (1967).

3

1 Minutos terribles: Ed (Jon Voight) debe contemplar cómo violan a su compañero Bobby sin poder hacer nada.

2 «El viaje río abajo recuerda el trayecto de Kurtz, el diabólico personaje de Conrad, al corazón de las tinieblas del Congo» (*New York Times*).

3 Defensa arcaica: Ed arremete contra los agresores con arco y flechas.

«Inquietante y al mismo tiempo fascinante retrato de unos hombres que, lejos de su entorno habitual, deberán abrirse camino en un ambiente en el que las reglas de la civilización no tienen validez ninguna.»

Motion Picture Guide

«Es la mejor película que he hecho, es como si te levantaran de la silla y te estrellaran contra las rocas. Lo sientes todo y sales de la sala de cine arrastrándote.» *Burt Reynolds en: Motion Picture Guide*

4 Bobby (Ned Beatty), Lewis (Burt Reynolds), Drew (Ronny Cox) y Ed esperan con impaciencia su aventura de hombres: dos días en plena naturaleza.

5 Los hombres dejan los coches en un pequeño pueblo, y así se desprenden de un pedazo de civilización.

con su guitarra y un campesino joven con su banjo entablan un diálogo musical. El juego de preguntas y respuestas da lugar a un dúo en toda regla, en el transcurso del cual el hombre de la ciudad debe rendirse ante la destreza del joven, que aparentemente es deficiente psíquico. Se trata de un sombrío presagio del destino que aguarda a los cuatro amigos.

La película es fulminante en su superficie, y compleja y de difícil comprensión en su contenido. Basándose en su novela *Liberación* (1970), el escritor estadounidense James Dickey, conocido como poeta, redactó un guion que no admite interpretaciones sencillas. La película no debe entenderse como una simple parábola del hombre enfrentado a la naturaleza, ni hay que ver a los astutos campesinos como símbolos de una naturaleza virgen. También hay que descartar una lectura del tipo «arrogantes hombres de ciudad contra campesinos perjudicados»; ni quienes viajan en canoa ni sus agresores encajan en el cliché correspondiente.

Lo que queda es la historia de cuatro hombres que se defienden en un ambiente hostil recurriendo a modos y maneras que desconocen; hombres de ciudad que, lejos de la civilización, deben luchar por su supervivencia con arcos y flechas. Además, la película relata esta historia, por así decirlo, desde una perspectiva segura, y no acaba de ofrecer al espectador una explicación satisfactoria. Lewis, el más preparado físicamente de todos, queda descartado pronto por una herida, y el esmirriado de Ed, que da la impresión de ser solo cabeza, tiene que matar en defensa propia.

A pesar de todo, cuando están por fin a salvo, los supervivientes no acaban de encontrar la paz, puesto que el *sheriff* (James Dickey, guionista, como actor invitado) les toma declaración con total escepticismo y los terribles acontecimientos les persiguen incluso en sueños.

HJK

6 El material de deporte se convierte en arma mortal: Ed se defiende con arco y flechas.

7 Simplemente hay que borrar las huellas: Lewis (Burt Reynolds) oculta el cadáver de uno de los rústicos agresores, al que ha abatido con una flecha. Los hombres creen que la pesadilla ha acabado. En realidad, acaba de comenzar.

CABARET ♀♀♀♀♀♀♀♀

1972 - EE. UU. - 124 MIN.

DIRECTOR

BOB FOSSE (1927-1987)

GUION

JAY PRESSON ALLEN, basado en la pieza teatral homónima de
JOE MASTEROFF, JOHN KANDER y FRED EBB, la obra *I am a Camera* de
JOHN VAN DRUTEN y los cuentos *The Berlin Stories* de CHRISTOPHER ISHERWOOD

DIRECTOR DE FOTOGRAFÍA

GEOFFREY UNSWORTH

MONTAJE

DAVID BRETHERTON

BANDA SONORA

JOHN KANDER y RALPH BURNS

PRODUCCIÓN

CY FEUER, HAROLD NEBENZAL; MARTIN BAUM para ABC PICTURES CORPORATION
y EMMANUEL WOLF para ALLIED ARTISTS

REPARTO

LIZA MINNELLI (Sally Bowles), MICHAEL YORK (Brian Roberts),
HELMUT GRIEM (Maximilian von Heune), JOEL GREY (presentador),
FRITZ WEPPER (Fritz Wendel), MARISA BERENSON (Natalia Landauer),
ELISABETH NEUMAN-VIERTEL (señorita Schneider), HELEN VITA (señorita Kost),
SIGRID VON RICHTHOFEN (señorita Mayr) y GERD VESPERMANN (Bobby)

PREMIOS DE LA ACADEMIA DE 1972

ÓSCAR al MEJOR DIRECTOR (Bob Fosse), a la MEJOR ACTRIZ (Liza Minneli),
al MEJOR ACTOR SECUNDARIO (Joel Grey), a la MEJOR FOTOGRAFÍA (Geoffrey Unsworth),
a la MEJOR BANDA SONORA (Ralph Burns), al MEJOR MONTAJE (David Bretherton),
a los MEJORES DECORADOS (Rolf Zehetbauer, Hans Jürgen Kiebach y Herbert Strabel)
y al MEJOR SONIDO (Robert Knudson)

LIFE IS A

CABARET

Allied Artists and ABC Pictures Corp. present An ABC Pictures Corp. Production Liza Minnelli Michael York
Helmut Griem in A Feuer & Martin Production Cabaret with Marisa Berenson and Joel Grey as "Emcee"
Based on the Musical Play "Cabaret" Book by Joe Masteroff Music by John Kander Lyrics by Fred Ebb Based on the Play by and Stories by
Produced on the   John Van Druten Christopher Isherwood
New York Stage by Harold Prince Dances and Musical Screenplay by Jay Allen Music by John Kander
Numbers Staged by Bob Fosse
Lyrics by Fred Ebb Produced by Cy Feuer Directed by Bob Fosse Technicolor® Distributed by Allied Artists

«*Soy la divina decadencia.*»

Berlín, 1931. La ciudad, marcada por la crisis económica, está abierta al mundo y a los sentidos. Para olvidar los problemas de cada día, la gente se divierte en locales nocturnos como el Kit Kat Club. Cada noche el presentador saluda al público diciendo «Willkommen, Bienvenue, Welcome». Su rostro, diabólicamente pintado, se refleja en los bastidores. La película escenifica el club nocturno como si fuera un espejo deformante, lo presenta como una caricatura de la vida. *Life is a cabaret:* la canción interpretada por Liza Minnelli debe entenderse en sentido literal.

Al igual que muchos extranjeros, el estudiante inglés Brian (Michael York) se siente atraído por la palpitante metrópoli. Conoce en una pensión a la estadounidense Sally Bowles (Liza Minnelli), que trabaja como cantante en el Kit Kat Club y sueña con ser una estrella del cine. Para ello pone en juego no solo su temperamento, sino también su cuerpo. Por su libertad sexual y por su inclinación al

2

1 Cigarrillos, labios pintados de rojo y una voz de locura: el papel de Sally Bowles convirtió a Liza Minelli en una estrella internacional.

2 «La vida es un cabaré»: en el escenario se abordan los grandes temas de la época.

3 Brian llega a Berlín como escritor tímido. Al principio, sus intentos de seducir a Sally no se ven coronados por el éxito.

4 Sally entre dos hombres: hasta más tarde no se enterará de que Brian (Michael York) y Maximilian (Helmut Griem) mantienen una relación sexual.

lujo, Sally es hija de la modernidad hedonista, tras la cual late una profunda añoranza de la felicidad. Sin embargo, bajo esta superficie decadente, aparece cada vez más una personalidad infantil y vulnerable, y Brian, que en un primer momento se resiste a sus avances eróticos, se enamora de ella. Las relaciones son felices hasta que en la vida de Sally aparece el barón Max von Heune (Helmut Griem), que es rico, joven y guapo. Seducida por sus atractivos y su riqueza, pierde progresivamente los estribos. Brian está celoso y al mismo tiempo eróticamente confundido. El triángulo, simplemente insinuado al principio, es explícito al final. Ambos se han acostado con el barón. Sally está embarazada. Mientras Sally y Brian viven su desastre privado, en las calles de Berlín los nazis se preparan para hacerse con el poder, con la perspectiva de un fascismo en expansión, que pretende descartar la modernidad urbana y utiliza para su ideología los valores rurales conservadores; con lo que los proyectos de vida de la pareja parecen destinados al fracaso. Brian vuelve a Inglaterra y Sally tratará de triunfar en Berlín como actriz.

A pesar de *Chicago* (2002), *Cabaret* es sin duda una de las últimas grandes películas musicales; obtuvo ocho Óscar. A diferencia de la mayoría de estos filmes, como *Un americano en París* (1951) o *Cantando bajo la lluvia* (1952), la adaptación cinematográfica del musical de

«*Cabaret* son los bailes, las canciones de éxito. Es una historia turbulenta inspirada en las novelas de Christopher Isherwood. Es el mito del Berlín de los años treinta. Es ante todo Bob Fosse, que interpreta de maravilla el mundo del cabaret, su poesía patética, inestable, falsa y dolorosamente auténtica.» *Le Monde*

«Es uno de los mejores musicales después de *Cantando bajo la lluvia*, *Les girls* y *The Pajama Game*. Es la gran época de Hollywood reviviendo en esta obra maestra realizada Bob Fosse.» Lettres Françaises

Broadway escrito por John Kander y Fred Ebb y estrenado en 1966, que a su vez estaba basado en las narraciones cortas *The Last of Mr. Morris* y *Adiós a Berlín* de Christopher Isherwood publicadas con el título de *The Berlin Stories*, no resulta anacrónica para la sensibilidad actual. La explicación está, por un lado, en la extraordinaria popularidad que han adquirido sus canciones y, por otro, en Liza Minnelli, que entonces tenía 25 años y cuya identificación con *Cabaret* no se ha repetido con ninguna otra actriz respecto de su película. Por otra parte, es el momento de recordar la peculiar estructura del filme. Frente a lo que sucede en

las demás películas del género, en *Cabaret* hay una separación estricta entre los números musicales y la acción. Ningún personaje empieza a cantar directamente; antes de hacerlo, las entradas en escena dispuestas por el director y coreógrafo Bob Fosse comentan la historia. Concretamente el presentador (Joel Grey), que no está implicado en la trama, aporta en sus intervenciones una nota ácida. Los elementos de la acción y los números musicales se desarrollan en ocasiones en un montaje paralelo irónico. Es el caso de la danza popular bávara que se confronta mediante cortes rápidos con imágenes

5

5 A casi ninguna estrella se la vincula tanto con una película como a Liza Minelli con *Cabaret*. Fue el papel de su vida.

6 Sally es una persona extravagante. Queda pendiente saber cómo cambiará su vida por la pujanza del fascismo.

de nazis que golpean brutalmente al director del club nocturno. De este modo, la escena de violencia real parece formar parte de la danza escénica y viceversa. Por sus imágenes oscuras —en las que reaparece la tradición expresionista—, por su música —inspirada en Kurt Weil— y por la singular coreografía de Bob Fosse, *Cabaret* viene a ser una reminiscencia de los años veinte, aunque no faltan las referencias a la década de 1970, época de realización de la película. El resultado final de la película se basa sobre todo en las escenas bailadas y cantadas, que se desarrollan en su mayoría sobre el escenario. Una sola excepción: en un *Biergarten* (una cervecería al aire libre) un adolescente rubio entona una canción popular. Al principio solo aparece su rostro, pero después la cámara descubre los brazaletes con la cruz gamada. Uno tras otro, todos los clientes de la cervecería se suman a la canción, que cambia de ritmo y se convierte en música marcial hasta que al final todo el mundo levanta su mano saludando a Hitler. Resulta difícilmente explicable que, en un primer momento, esta escena se ocultara a los espectadores alemanes; solo la protesta enérgica de numerosos críticos la reintegró a la película. **KK**

EL PADRINO ♟♟♟

THE GODFATHER

1972 - EE. UU. - 175 MIN.

DIRECTOR

FRANCIS FORD COPPOLA (n. 1939)

GUION

FRANCIS FORD COPPOLA y MARIO PUZO, basado
en su novela homónima

DIRECTOR DE FOTOGRAFÍA

GORDON WILLIS

MONTAJE

MARC LAUB, BARBARA MARKS, WILLIAM REYNOLDS,
MURRAY SOLOMON, y PETER ZINNER

BANDA SONORA

NINO ROTA

PRODUCCIÓN

ALBERT S. RUDDY para PARAMOUNT PICTURES

REPARTO

MARLON BRANDO (Don Vito Corleone), AL PACINO (Michael Corleone),
DIANE KEATON (Kay Adams), ROBERT DUVALL (Tom Hagen),
JAMES CAAN (Santino Sonny Corleone), JOHN CAZALE (Frederico Fredo Corleone),
RICHARD S. CASTELLANO (Peter Clemenza), STERLING HAYDEN (capitán McCluskey),
TALIA SHIRE (Constanzia Connie Corleone-Rizzi), JOHN MARLEY (Jack Woltz),
RICHARD CONTE (Don Emilio Barzini), AL LETTIERI (Virgil Sollozzo),
AL MARTINO (Johnny Fontane), GIANNI RUSSO (Carlo Rizzi)
y SIMONETTA STEFANELLI (Appollonia Vitelli-Corleone)

PREMIOS DE LA ACADEMIA DE 1972

ÓSCAR a la MEJOR PELÍCULA (Albert S. Ruddy), al MEJOR ACTOR (Marlon Brando)
y al MEJOR GUION ADAPTADO (Mario Puzo y Francis Ford Coppola)

PARAMOUNT PICTURES presents

The Godfather

AN
Albert S. Ruddy
PRODUCTION

STARRING
Marlon Brando
AND
Al Pacino James Caan Richard Castellano Robert Duvall
Sterling Hayden John Marley Richard Conte Diane Keaton

PRODUCED BY   DIRECTED BY   SCREENPLAY BY
Albert S. Ruddy Francis Ford Coppola   Mario Puzo AND Francis Ford Coppola
BASED ON
Mario Puzo's NOVEL "The Godfather" MUSIC SCORED BY Nino Rota Color By Technicolor® A Paramount Picture

R RESTRICTED
UNDER 17 REQUIRES ACCOMPANYING
PARENT OR ADULT GUARDIAN

SOUNDTRACK ALBUM AVAILABLE ON PARAMOUNT RECORDS

1

«Le haré una oferta que no podrá rechazar.»

Las temibles palabras no se pronuncian nunca. En esta película nadie habla de mafia o de Cosa Nostra, si bien se trata de una historia épica contada desde el corazón mismo del crimen organizado. El concepto se define con otro término: la Familia. «De hecho, no es una novela sobre el crimen sino sobre una familia», comentaba Mario Puzo. Al principio, Francis Coppola no quiso asumir la dirección de la película porque había leído el libro de Puzo sin demasiada atención y, erróneamente, pensaba que era un simple *thriller* sobre el mundo de la hampa. No obstante, terminó por reconsiderar su decisión por diversas razones, entre otras, por haber descubierto el aspecto familiar de la historia, que lo fascinó.

Así, no es casual que el filme comience y termine con una celebración familiar, una boda y un bautizo. El matrimonio entre Connie Corleone (Talia Shire) y Carlo Rizzi (Gianni Russo) es festejado por todo lo alto. En el jardín de los Corleone toca una orquesta y la multitud de invitados se agolpa en la pista de baile. Se come, se bromea, los niños corretean y, una y otra vez, alguien levanta su copa para brindar por la felicidad de la novia. Mientras tanto, fuera de la propiedad, los agentes del FBI apuntan las matrículas de los coches.

El padre de la novia, Vito Corleone (Marlon Brando), es uno de los cinco «Don» de la comunidad italiana de Nueva York y, en consecuencia, la lista de invitados es ilustre. Según la tradición, no puede rechazar ninguna petición el día de la boda de su hija. Rodeado de hijos y hombres de confianza, se acomoda en su despacho con las persianas bajadas. Su pose aristocrática iluminada por una luz ámbar es la imagen de la dignidad y el poder. Con actitud paternalista, concede audiencia a los que acuden a él en busca de favores: escucha sus peticiones y acepta sus buenos deseos y sus manifestaciones de respeto.

Estas escenas transmiten calidez, al igual que todas las que domina Marlon Brando como El Padrino Vito Corleone. El color se hace menos intenso cuando su hijo Michael (Al Pacino), que ha cometido dos asesinatos, se refugia en el antiguo hogar de su familia en la Sicilia abrasada por el sol. Más adelante, Michael, que aspiraba a llevar una vida respetable y por ello se había distanciado de sus parientes, se convertirá en el instigador de un auténtico baño de sangre. Para entonces, las imágenes serán ya de un frío tono azul.

El desencadenante de los violentos enfrentamientos es la decisión de Vito Corleone de negar a Virgil Sollozzo

MARLON BRANDO Una de las curiosidades de *El Padrino* (1972) es que su éxito se debe a una concatenación de casualidades e imponderables. Para Mario Puzo la novela fue un trabajo de encargo que abordó con escaso interés, Francis Ford Coppola no quiso asumir la dirección de la película en un primer momento y el estudio puso objeciones a la elección del protagonista. En efecto, en aquel momento la carrera de Marlon Brando (1924-2004) , iniciada en la década de 1940 en los escenarios neoyorquinos, se encontraba en horas bajas. Si en 1947 su interpretación de Stanley Kowalski en *Un tranvía llamado deseo* había sido todo un éxito, en 1951 recuperó este papel en la versión cinematográfica de Elia Kazan. Brando, un actor del método, se convertiría en una leyenda en Hollywood: cuatro candidaturas consecutivas al Óscar hablan por sí solas. Al principio solía encarnar a jóvenes rebeldes, pero sus incursiones en el cine histórico y en el musical pronto demostraron que era un actor versátil. En la década de 1960, encadenó una serie de fracasos y se ganó mala fama entre los productores de la meca del cine debido a su carácter caprichoso. En 1972 las cintas *El Padrino* y *El último tango en París* propiciaron su retorno y le valieron una candidatura al Óscar cada una. En el caso de la película de Coppola, se impuso a sus competidores pero no aceptó el galardón por razones políticas.

«Como ninguna otra película de Hollywood de los últimos años, la historia de la familia mafiosa neoyorquina de los Corleone refleja el desgarramiento, las coacciones y los miedos de la sociedad norteamericana, en la que las antiguas normas morales del bien y el mal se tambalean cada vez más bajo el efecto de Vietnam y de una profunda crisis de la evidencia nacional.» *Kölner Stadt-Anzeiger*

2

1 Proposiciones que no se pueden rechazar: Marlon Brando en el papel de Don Vito Corleone.

2 Favor con favor se paga: quienes se han comprometido una vez con Don Corleone le estarán obligados eternamente.

3 El comienzo muestra al clan familiar a la altura de su poder: Connie Corleone (Talia Shire) se casa con Carlo Rizzi (Gianni Russo).

(Al Lettieri) su ayuda en el tráfico de drogas que este dirige. Sonny (James Caan), el temperamental hijo de Vito, parece ser de otra opinión, lo que lleva a Sollozzo a intentar eliminar al patriarca. Corleone recibirá cinco disparos, pero sobrevivirá. Michael, que hasta ese momento se había mantenido al margen de los asuntos de la Familia, está consternado. Dada su condición de no implicado, se le considera libre de toda sospecha y es convocado a la mesa de negociaciones, oportunidad que el joven aprovecha para matar a Sollozzo y también a McCluskey (Sterling Hayden), un policía corrupto. Tras estos hechos, se traslada a Sicilia sin comunicárselo a su prometida, Kay (Diane Keaton).

En la tierra de sus antepasados, Michael experimenta un proceso de endurecimiento. Se enamora y, fiel a la tradición, pide la mano de la chica al padre de esta. A pesar de todo, el largo brazo de sus enemigos llega hasta Italia y su joven esposa, Appollonia, muere en un atentado con coche bomba dirigido a él. En Nueva York, se sigue librando

una guerra subterránea, cuya siguiente víctima será Sonny, el hermano de Michael. Vito Corleone, aún convaleciente, queda conmocionado pero renuncia a la venganza para poner punto final a los asesinatos. Michael regresa a EE.UU. y se casa con Kay, que durante su ausencia ha trabajado como maestra. El pequeño de los Corleone, en cuyos ojos se refleja la frialdad de su carácter, sabe que las viejas rencillas siguen abiertas y planea el golpe definitivo. Mientras está en la iglesia ejerciendo de padrino en el bautizo de su sobrino recién nacido, los enemigos de la Familia son eliminados, incluido Carlo, el marido de Connie, que había tendido una trampa mortal a Sonny.

Connie reacciona con furia, Kay hace preguntas comprometidas y Michael, con sangre fría, niega su responsabilidad en los hechos. Kay ve cómo los hombres reunidos en el despacho de su marido la excluyen. Antes de que la puerta se cierre, llega a ver a Michael aceptar elegantemente los respetos de sus hombres de confianza y subordinados, que le saludan como nuevo Don.

6

4 Las raíces de los Corleone están en Sicilia. Allí, Michael (Al Pacino) se refugia de sus esbirros.

5 Michael Corleone sigue los pasos de su padre.

6 Michael y su futura esposa Kay (Diane Keaton).

7 Michael, como mediador, camino de un encuentro con Virgil Sollozzo (Al Lettieri).

8 Una boda siciliana: durante su estancia en Sicilia, Michael se enamora de Appollonia (Simonetta Stefanelli).

«Y todo el rato creemos que estamos viendo una historia de crímenes de la mafia, pero realmente estamos viendo uno de los grandes melodramas de una familia americana.» *The Austin Chronicle*

7

Además de la inteligente escenificación del poder y sus manifestaciones por parte de Vito Corleone y su sucesor, Michael, el espectador suele recordar las brutales escenas violentas: la cabeza cercenada de un caballo en la cama del productor cinematográfico Jack Woltz, las balas que destrozan a Sonny, el disparo en las gafas de Moe Greene, el copropietario del casino, y la devastación bíblica del fulminante final. Sin embargo, estas drásticas secuencias son breves en comparación con la duración de las escenas familiares. Los negocios de los Corleone, incluidos los asesinatos y las coacciones, siempre tienen

«Escena a escena (la larga secuencia de la boda, el sangriento descubrimiento de John Marley en su cama, Pacino alisándose nervioso el cabello antes de la masacre en un restaurante, el colapso del padrino en el jardín), Coppola ha realizado hábilmente una obra maestra indiscutible y perdurable.»

San Francisco Chronicle

9 Sonny acaba de descubrir que Carlo maltrata a su hermana… y le da una paliza de muerte a su cuñado.

10 A Sonny Corleone (James Caan) le tienden una emboscada y lo acribillan a balazos.

11 Después de sufrir nuevos abusos de su marido, Conny pide ayuda a su hermano y, sin sospecharlo, lo atrae a una trampa.

«El pastiche épico de criminales de finales de la década de 1940 y principios de la de 1950, perfecto en cuanto a reparto y escenografía, está bien nutrido de idilios familiares pintorescos y de efectos brutales.» *Der Spiegel*

lugar lejos de este círculo. A menudo, estos hechos están relacionados con viajes y desplazamientos en automóvil que los distancian del núcleo familiar. Salir de este implica un riesgo: el intento de asesinato de Vito Corleone se produce cuando el Don, espontáneamente, decide detenerse a comprar fruta, y el impulsivo Sonny muere porque abandona apresuradamente la fortaleza familiar.

Por el contrario, Michael Corleone, un hombre moderno al principio de la película, no logra liberarse de los vínculos familiares. Aunque le gusta considerarse una persona independiente, en realidad se ha convertido en una víctima de la tradición familiar, una marioneta atrapada por su destino. Este simbolismo queda plasmado a la perfección en la portada de la novela y el cartel de la película. HK

EL DISCRETO ENCANTO DE LA BURGUESÍA ⚊

LE CHARME DISCRET DE LA BOURGEOISIE

1972 - FRANCIA - 102 MIN.

DIRECTOR

LUIS BUÑUEL (1900-1983)

GUION

LUIS BUÑUEL y JEAN-CLAUDE CARRIÈRE

DIRECTOR DE FOTOGRAFÍA

EDMOND RICHARD

MONTAJE

HÉLÈNE PLEMIANNIKOV

BANDA SONORA

GUY VILLETTE

PRODUCCIÓN

SERGE SILBERMAN para GREENWICH FILM PRODUCTIONS

REPARTO

FERNANDO REY (Rafaele Costa, embajador de Miranda), PAUL FRANKEUR (monsieur Thévenot),
DELPHINE SEYRIG (madame Thévenot), BULLE OGIER (Florence),
STÉPHANE AUDRAN (madame Sénéchal), JEAN-PIERRE CASSEL (monsieur Sénéchal),
MILENA VUKOTIC (Inés, la doncella), JULIEN BERTHEAU (obispo Dufour),
CLAUDE PIÉPLU (coronel) y MICHEL PICCOLI (ministro)

PREMIOS DE LA ACADEMIA DE 1972

ÓSCAR a la MEJOR PELÍCULA EXTRANJERA

SERGE SILBERMAN présente

le charme discret
de la bourgeoisie

avec par ordre
d'entrée en scène
FERNANDO REY
PAUL FRANKEUR
DELPHINE SEYRIG
BULLE OGIER
STEPHANE AUDRAN
JEAN-PIERRE CASSEL
JULIEN BERTHEAU
MILENA VUKOTIC
MARIA GABRIELLA MAIONE
CLAUDE PIEPLU
MUNI
FRANÇOIS MAISTRE
PIERRE MAGUELON
MAXENCE MAILFORT

scénario de
LUIS BUNUEL
avec la collaboration de
JEAN-CLAUDE CARRIERE

décors de
PIERRE GUFFROY
Directeur de la Photographie
EDMOND RICHARD
Directeur de la Production
ULLY PICKARD
un film produit par
SERGE SILBERMAN
PANAVISION SPHERIQUE
EASTMANCOLOR
Distribué par 20th Century Fox

UNE PRODUCTION
GREENWICH FILM PRODUCTION
© COPYRIGHT MCMLXXII

UN FILM DE LUIS BUNUEL

«No hay nada como un Martini, sobre todo si es seco.»

Si una anécdota puede definir una película, ésa es la de la concesión de los Óscar de 1972. Cuando se hizo pública oficialmente la candidatura del filme, el anciano surrealista y azote de la burguesía Luis Buñuel, que por entonces contaba 72 años, declaró a la prensa mexicana que estaba absolutamente seguro de que obtendría el galardón: al fin y al cabo, había pagado religiosamente los 25.000 dólares que costaba la victoria. Añadió, además, que los norteamericanos tendrían algún que otro fallo, pero que siempre cumplían su palabra. Cuando estos comentarios se publicaron, las voces de protesta se alzaron en todo Hollywood. El productor de la película, Serge Silberman, tuvo serios problemas para contener la oleada de indignación. Pero, en efecto, *El discreto encanto de la burguesía* ganó el Óscar a la mejor película extranjera y el director se volvió a reafirmar proclamando a los cuatro vientos: «Los norteamericanos tendrán sus defectos, pero siempre cumplen su palabra».

Para el que sería su antepenúltimo filme, el viejo maestro volvió a desatar a la bestia del surrealismo, si

FERNANDO REY Participó en tantas películas que es casi seguro que todos lo hemos visto en alguna ocasión, aunque quizá no seamos conscientes de ello. Por breves que fueran sus interpretaciones, siempre estaba a la altura. Debido a la frecuencia de sus apariciones, un crítico lo definió una vez como un «requisito» de las películas de la década de 1980. Su filmografía consta de prácticamente 200 cintas. De entre todas ellas, el español Fernando Rey alcanzó la fama y el reconocimiento gracias a diversas películas de su mejor amigo, Luis Buñuel, y a sus grandes papeles en *Contra el imperio de la droga* (1971) y *French Connection II* (1975). En ellas encarnó a un distinguido narcotraficante francés que se enfrenta a un investigador neoyorquino pequeñoburgués y mordaz (Gene Hackman). Su persecución en el metro de la Gran Manzana ha pasado a la historia. La escena en la que Rey, con su cuidada barba y su elegante manera de manejar el bastón, saluda con aire de suficiencia a su perseguidor desde el tren mientras este se queda en el andén es insuperable. Solamente Rey podía brindarnos esa expresión ambivalente de decadencia y galantería, de lascivia y aristocracia con todos sus matices.
Sus memorables colaboraciones con el exiliado Buñuel empezaron en México con *Viridiana* (1961). Después vinieron *Tristana* (1969-1970), *El discreto encanto de la burguesía* (1972) y *Ese oscuro objeto del deseo* (1977), la última película del director español. Resulta difícil de creer, pero Buñuel descubrió a Rey mientras este interpretaba a un cadáver. El realizador quedó francamente entusiasmado con la enorme «expresividad» del actor. Un encuentro dictado por el destino.

1 El embajador de Miranda (Fernando Rey) no le hace ascos a un buen bocado. La señora Thévenot (Delphine Seyrig) sabe apreciarlo.

2 La avidez aumenta cuanto más inalcanzable es la meta, más categórica la moral, y cuanto menos sospecha el marido.

3 La pesadilla del privado es volver a encontrarse en el teatro y no saberse el texto.

bien cabe destacar que la estética turbadora que caracterizó su primer trabajo, *Un perro andaluz* (1929), en el que colaboró con Salvador Dalí, quedaba ya lejos. Más bien se trataba de la sequedad de un cineasta de mente abierta con una larga trayectoria a sus espaldas y que, tras vivir largos años en el exilio, ya no tenía necesidad de demostrar al mundo que su arte era anárquico y subversivo. Si se quiere buscar fallos en la película, hay que decir que no tiene argumento y que los personajes parecen marionetas sin alma que bailan en un decorado llamativo. Sin embargo, esta crítica pasa por alto el contenido revolucionario de

la cinta sin advertir que se trata de un grotesco carnaval cinematográfico acerca de los valores y los clichés imperantes en la clase burguesa.

La historia puede resumirse fácilmente: seis personas adineradas intentan celebrar una suntuosa cena en un exquisito ambiente de calma y tranquilidad. Sin embargo, siempre se presenta uno u otro obstáculo, ya sea equivocarse misteriosamente de fecha o ser molestados por un fallecimiento en el restaurante. En otra ocasión, intentan de nuevo quedar y se les presenta en casa una compañía de paracaidistas que está de maniobras. Otro día, el grupo

«La grandeza presuntuosa del título de la película caracteriza a la propia burguesía, el trazo visual del filme y el método analítico de Buñuel. Ningún director demuestra semejante distanciamiento, semejante pasividad e indiferencia aparentes frente a sus personajes, ninguno les deja en libertad tan incondicional para que se dejen persuadir por un ambiente, una atmósfera y sean en cada escena algo nuevo, diferente.» *Die Zeit*

consigue finalmente reunirse y, cuando ya ha tomado asiento y se dispone a comer, se encuentra de repente en un escenario frente a un pollo asado de goma mientras, a su espalda, los espectadores no paran de gritarles porque no han empezado aún a recitar su texto.

Esta última escena no es la única que, al final, se revela como el sueño de uno de los protagonistas. Otros muchos sucesos oníricos trastornan al grupo, que no consigue nunca sentarse a la mesa, de manera que sus civilizados y superficiales deseos quedan en agua de borrajas. En una ocasión, se produce un sueño dentro de un sueño.

A medida que avanza la película, los espectadores tienen cada vez menos referencias. El mundo real y el onírico se mezclan para crear una nueva realidad: el surrealismo cinematográfico. A pesar de todo, este carnaval que se desencadena en su vida no consigue que los seis burgueses pierdan las formas: se aferran con teatralidad a sus actitudes cultivadas y a sus gestos amables cargados de hipocresía. En el sentido literal de la expresión, no pierden los papeles, ya que en realidad nunca dejan de interpretar un papel poniéndose y quitándose las máscaras de las apariencias y la meticulosidad.

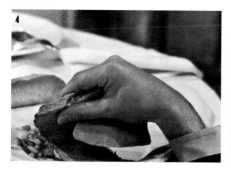

El regalo envenenado que Buñuel ofrece a los espectadores en esta película explosiva —además de una estupenda receta de Martini extra seco— es de una agudeza y una sequedad únicas. Es un lobo con piel de cordero. El juego va tan lejos que el espectador se descubre sintiendo simpatía por las pequeñas y trilladas vulgaridades que los protagonistas intercalan con naturalidad en su discurso o dejan traslucir con sus gestos indolentes. Sentimos la adrenalina que produce el placer ante la desgracia ajena y sabemos que ya no podremos renunciar a esa malvada pero exquisita sensación.   SR

«Las repeticiones que fija la vida, pues ¿quién come y duerme y ama solo una vez?, la repetición y el esfuerzo vano por alcanzar una meta son temas básicos en muchas películas de Buñuel porque son estructuras básicas de sueños. En *El discreto encanto de la burguesía* se han convertido en tema por sí mismas.» *Der Tagesspiegel*

4 Instante inadvertido: mientras el grupo se oculta de los terroristas, el embajador se emplea a fondo.

5 Inversión: los muertos hacen guardia mientras los vivos duermen. Buñuel hace suyos los principios del carnaval.

6 Un obispo con escopeta de caza (Julien Bertheau) concede la absolución. Juzga al asesino confeso de su padre.

UNA MUJER BAJO LA INFLUENCIA
A WOMAN UNDER THE INFLUENCE
1974 - EE. UU. - 155 MIN.

DIRECTOR
JOHN CASSAVETES (1929-1989)

GUION
JOHN CASSAVETES

DIRECTOR DE FOTOGRAFÍA
MITCH BREIT y CALEB DESCHANEL

MONTAJE
DAVID ARMSTRONG, TOM CORNWELL y ROBERT HEFFERNAN

BANDA SONORA
BO HARWOOD

PRODUCCIÓN
SAM SHAW para FACES

REPARTO
PETER FALK (Nick Longhetti), GENA ROWLANDS (Mabel Longhetti),
FRED DRAPER (George Mortensen), LADY ROWLANDS (Martha Mortensen),
KATHERINE CASSAVETES (mamá Longhetti), MATTHEW LABORTEAUX (Angelo Longhetti),
MATTHEW CASSEL (Tony Longhetti), CHRISTINA GRISANTI (María Longhetti),
O.G. DUNN (Garson Cross), MARIO GALLO (Harold Jensen)
y EDDIE SHAW (doctor Zepp)

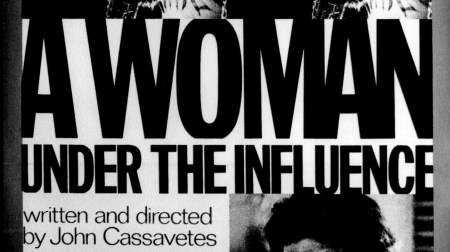

A WOMAN
UNDER THE INFLUENCE

written and directed
by John Cassavetes

...TION PETER FAL... ...CASSAVETES produced by SAM SHAW **R** RESTRICTED

«Dime qué quieres que sea. Cómo quieres que sea. Puedo serlo. Puedo ser cualquier cosa. Pero dímelo, Nicky.»

Dos personas tratan de jugar a ser un matrimonio y fracasan estrepitosamente. Dos actores confieren a sus personajes toda la dignidad y la ridiculez de la condición humana y, durante más de dos horas, mantienen al público electrizado con su descorazonadora guerra doméstica. Esta es la receta de una de las películas más conocidas de John Cassavetes, gurú del cine independiente. Su esposa, Gena Rowlands, interpreta magistralmente a una madre al borde de un ataque de nervios. Hace tiempo que Mabel Longhetti no encuentra las palabras adecuadas para expresarse, por lo que echa mano de su prácticamente inagotable arsenal de gestos, tics, pantomima y mímica. Sus desdeñosos movimientos con las manos, los ojos en blanco y las mandíbulas apretadas son su forma de reaccionar ante los esfuerzos de las personas que la rodean para encorsetarla. Se trata de los gritos mudos de una persona desesperada, tan terroríficos como cómicos. Peter Falk encarna a su esposo, Nick, un sencillo obrero de la construcción al cual le cuesta tanto encontrar las palabras como controlar su propio cuerpo. El hombre grita, sus gestos no culminan nunca, una y otra vez extiende su dedo medio, y en una ocasión llega a asestar un golpe. Entre la pareja, tres hijos y la voluntad de buscar entre el caos de sus sentimientos la ternura que una vez cimentó su amor: ambos saben que se aman, pero no saben cómo deben hacerlo.

Una mujer bajo la influencia nació como una obra de teatro, pero Gena Rowlands no se vio capaz de vivir este tiovivo emocional cada noche sobre un escenario. Por este motivo, la película se filmó casi exclusivamente en una

JOHN CASSAVETES Desde su debut con *Sombras* (1959), John Cassavetes se convirtió en una pieza indispensable de la historia del cine independiente estadounidense. A él hay que agradecerle que, actualmente, los cineastas que trabajan al margen de la industria no tengan que arruinarse para rodar una película. Cassavetes, hijo de un inmigrante griego y nacido en Nueva York en 1929, financiaba sus proyectos con su trabajo como actor en cintas como *Código del hampa* (1964), *Doce del patíbulo* (1967) y *La semilla del diablo* (1968). Además, sacaba un gran partido del trabajo con sus amigos íntimos y familiares directos: el director / actor lograba así un altísimo nivel de compromiso por poco dinero. Los nombres de los intérpretes como Seymour Cassel, Peter Falk o Ben Gazzara y del productor Al Ruban pueden leerse en los títulos de crédito de sus películas más importantes: *Maridos* (1970), *Así habla el amor* (1971), *Una mujer bajo la influencia* (1974) y *The Killing of a Chinese Bookie* (1976). Gena Rowlands, que se casó con él en 1954, solía hacerse con el papel protagonista, como en *Gloria* (1980). Aun cuando el director firmaba de vez en cuando películas de género, como en este caso, los temas que le interesaba tratar en ellas eran otros: la individualidad de personajes inconfundibles con todas sus contradicciones, la amenaza de las convenciones y la expresión plena de la propia personalidad. Directores en activo como Larry Clark (*Kids*, 1995) y Todd Solondz (*Happiness*, 1998) suelen citarle como su mayor maestro.

casa, con los diálogos escritos pero sin guion. No había ningún plan preconcebido y la cámara podía moverse en todo momento. El resultado, casi un documental, se debe únicamente al particular método de trabajo de Cassavetes, cuya dirección de actores se basaba en el método. Su estilo se hace evidente gracias a un sencillo truco intelectual: Mabel, a quien le encanta improvisar la interpretación del «cisne agonizante», es, como el propio Cassavetes, actriz y realizadora, bailarina y coreógrafa a la vez. Ella es la directora de su propio *tour de force* interpretativo. Cuando Nick invita a sus amigos a desayunar espaguetis en su casa, ella les anima a sacar lo mejor de sí mismos: un obrero negro se arranca con un aria operística, mientras que otro parece fascinado por unos pasos de baile. Sin embargo, Nick la obliga a callar. Mabel tiene más suerte con los niños, aunque el padre de estos la toma por loca

cuando les permite correr medio desnudos por la casa con sus propios hijos. El hombre tampoco tiene mucho interés por el baile. En las fotografías del actor y director John Cassavetes tomadas durante el rodaje se aprecian los mismos gestos que hace Mabel: las irritantes sonrisitas, la intimidante proximidad respecto a los demás, el brazo echado sobre los hombros. El cineasta animaba a sus actores a utilizar de manera productiva sus propios sentimientos y encontrar formas de expresión que se apartaran de los convencionalismos. El resultado es una película sobre el amor y la familia que, entre otros temas, trata de su propia génesis como obra cinematográfica.

Pero el mundo no se rige por estas normas sino que se identifica más con el estilo masculino de Nick. Mabel es demasiado propensa al ataque de nervios (el propio Cassavetes estuvo más de una vez a punto de provocar

1 Hace tiempo que Mabel Longhetti (Gena Rowlands) está al borde de un ataque de nervios.

2 El papel de esposa supera las fuerzas de Mabel. Solo tiene la sensación de no tener que disimular cuando hace de madre.

3 Nick vuelve a dejarla plantada y Mabel se lanza al cuello del primer hombre que encuentra en un bar.

4 El albañil Nick (Peter Falk) ama a su esposa por encima de todo, pero pierde el control con facilidad.

5 Un hombre de verdad no tiene problemas. Al menos, no habla de ellos, ni siquiera con los compañeros.

3

esta reacción en su querido equipo). Nick interna a su mujer en un psiquiátrico. Seis meses después, sus intentos por obligar a su familia a vivir según determinadas pautas han fracasado. Durante una excursión ha bebido cerveza con sus hijos porque no sabía qué más hacer con ellos. Cuando Mabel vuelve a casa, Nick invita a todos sus parientes y amigos para que vean que su esposa se ha curado: «¡Vamos a divertirnos!». En realidad, no está más cuerdo que Mabel. Su empeño en afirmarse como hombre conduce directamente al desastre.

A pesar de todo, a Cassavetes no le interesan los juicios de valor. Más bien se centra en la continua exhortación de Nick, «Sé tú misma», que también puede resultar amenazante: esta es la esquizofrenia de la vida matrimonial. En palabras del cineasta: «No creo que la destrucción de Mabel se deba a un problema social. Las razones hay que buscarlas en las relaciones interpersonales de la gente. Todo aquel que ama a alguien puede volverlo loco».

PB

«Mabel no está loca. Es diferente. No está loca, ¡así que no digas que está loca!.»

Cita de la película: Nick

CHINATOWN ⚊

1974 - EE. UU. - 131 MIN.

DIRECTOR
ROMAN POLANSKI (n. 1933)

GUION
ROBERT TOWNE

DIRECTOR DE FOTOGRAFÍA
JOHN A. ALONZO

MONTAJE
SAM O'STEEN

BANDA SONORA
JERRY GOLDSMITH

PRODUCCIÓN
ROBERT EVANS para LONG ROAD,
PENTHOUSE y PARAMOUNT PICTURES

REPARTO
JACK NICHOLSON (J. J. Jake Gittes), FAYE DUNAWAY (Evelyn Cross Mulwray),
JOHN HUSTON (Noah Cross), PERRY LÓPEZ (teniente Lou Escobar LAPD),
JOHN HILLERMAN (Russ Yelburton), DARRELL ZWERLING (Hollis I. Mulwray),
DIANE LADD (Ida Sessions), ROY JENSON (Claude Mulvihill),
ROMAN POLANSKI (el hombre del cuchillo) y RICHARD BAKALYAN (detective Loach LAPD)

PREMIOS DE LA ACADEMIA DE 1974
ÓSCAR al MEJOR GUION (Robert Towne)

a *Robert Evans* production of a

Roman Polanski film

Jack Nicholson · Faye Dunaway

co-starring
JOHN HILLERMAN · PERRY LOPEZ · BURT YOUNG and JOHN HUSTON
production designer   associate producer   music scored by
RICHARD SYLBERT · C.O. ERICKSON · JERRY GOLDSMITH
written by   produced by   directed by
Robert Towne · Robert Evans · Roman Polanski

TECHNICOLOR® · PANAVISION®
A PARAMOUNT PRESENTATION

«Solo soy un fisgón.»

Los Ángeles, 1937. Cuando el detective privado J. J. Gittes (Jack Nicholson) es contratado para espiar a un marido infiel, cree que se va a tratar de un trabajo perfectamente rutinario. Sin embargo, el caso toma rápidamente un giro inesperado. El investigado, un alto funcionario del servicio municipal de aguas, es asesinado, y cuando la atractiva viuda (Faye Dunaway) encarga a Gittes que se encargue del caso, este descubre inesperadamente un espectacular asunto delictivo de especulación urbanística. A partir de entonces, Gittes se enfrenta constantemente a nuevas y misteriosas vinculaciones. Sobre todo las de dudosos gánsteres que intentan impedir violentamente que siga metiendo la nariz en las sospechosas maquinaciones en las que, al parecer, se encuentran implicadas influyentes personalidades de la ciudad. También la fascinante y misteriosa mujer que ha contratado a Gittes parece saber más del asunto de lo que aparenta.

Chinatown es, para muchos críticos, una de las mejores películas que se han hecho, y no solo en la década de 1970. Su realización es una de esas ocasiones fortuitas tan frecuentes en la historia de Hollywood, en las que de la dinámica rutinaria de la fábrica de sueños surgen obras maestras: la coincidencia de talentos y profesionales extraordinarios en el momento justo. Fue Jack Nicholson, que en aquella época todavía no era una estrella de primer orden, quien animó a Robert Towne, que hasta entonces trabajaba sobre todo como guionista, a escribir la historia. Robert Evans, un brillante director de estudio de Paramount, que finalmente se decidió a hacer las veces de productor, se enteró de la existencia del proyecto, se aseguró la colaboración del autor y del actor, y consiguió a Roman Polanski como director, con quien ya había trabajado en *La semilla del diablo* (1968) y que, no obstante, tras la espantosa muerte de su mujer Sharon Tate (n. 1947)

ROBERT EVANS Nacido en Nueva York en 1930, Robert Evans es una de las personalidades más brillantes del nuevo Hollywood, donde debutó como actor a los 14 años. Su verdadera entrada en el negocio del cine se produjo cuando Norma Shearer, la viuda del magnate de Hollywood Irving Thalberg, consiguió que interpretara el papel de su marido en *El rastro del asesino* (1957). Debido a que su carrera de actor no se desarrolla como él hubiera deseado, Evans intentó trabajar como productor independiente —sin que pudiera realizar película alguna— antes de ser contratado en 1965 por la Paramount. En muy poco tiempo se convirtió en jefe de estudio y, gracias a una serie de éxitos espectaculares, entre los cuales se cuentan *La semilla del diablo* (1968), *Love Story* (1970), *El Padrino* (1972), *El Padrino II* (1974) y *Chinatown* (1974), consiguió situar de nuevo la vieja «montaña» entre las principales productoras. Con *Chinatown*, que, entre otras candidaturas a los Óscar, obtuvo la de mejor película, realizó su antiguo deseo de intervenir personalmente en la producción. Evans abandonó después la Paramount para producir tres películas. Sus siguientes proyectos, entre otros, *Marathon Man* (1976) y *Domingo negro* (1977), fueron menos convincentes desde el punto de vista financiero, y el estrepitoso desastre de *Cotton Club* (1984), junto a escándalos privados, tuvo como consecuencia que Evans desapareciera casi por completo de las pantallas durante algunos años. En 1990 regresó al negocio con *The Two Jakes*, una continuación de *Chinatown*. Evans, cuya vida fue seguida ávidamente por la prensa desde los inicios de su carrera, publicó una interesante autobiografía, *The Kid Stays in the Picture* (1994), que sería adaptada con el mismo título en forma de documental en el año 2002.

«Debido a que *Chinatown* utiliza el pasado solo para poder mostrar que nuestro presente surgió de sus contradicciones, el filme es justo la antítesis de una película nostálgica.» *Frankfurter Allgemeine Zeitung*

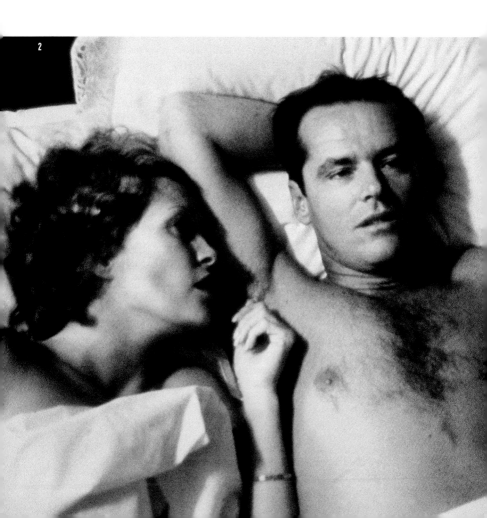

2

1 Una vampiresa del cine al estilo de las décadas de 1930 y 1940: la mujer misteriosa (Faye Dunaway) sirve de pantalla de proyección para los anhelos masculinos de aventura y erotismo.

2 Jugando con fuego: el detective privado (Jack Nicholson) pierde la distancia profesional con su seductora clienta.

3 Hombre con cuchillo: Polanski en su cameo como gánster «rajador de narices».

había regresado a Europa. Al contratar a Faye Dunaway para el segundo papel protagonista, apostó por una estrella con fama de no ser precisamente fácil, por lo que el rodaje también resultó complicado —como se podía esperar de tal concentración de personalidades excéntricas—. Evans incluso habló de la «Tercera Guerra Mundial» que estalló sobre todo entre Towne y Polanski. El resultado fue un éxito. *Chinatown* acumuló 11 candidaturas a los Óscar, pero solo Robert Towne pudo llevarse finalmente el trofeo a casa.

La fascinación que todavía emana de *Chinatown* y que la convirtió rápidamente en un clásico procede en buena parte del hecho de que apenas haya otra película que consiga evocar la época dorada de Hollywood, los años treinta y cuarenta, sin convertirse en un mero homenaje o caer, como sucede con tantas otras producciones, en un exceso de nostalgia. Por supuesto, al ver la película de Polanski —fue la primera que realizó a partir de un guion que no era suyo—, uno se acuerda de los clásicos personajes de detective de Bogart, del Marlowe de *El sueño eterno* (1946), de Howard Hawks, o de su cínico colega Spade de *El halcón maltés* (1941), realizada por el legendario John Huston, que, en *Chinatown*, hace una grandiosa aparición como patriarca monstruoso, brutal y, al mismo tiempo, suntuosamente sentimental, en quien confluyen todas las tramas. Sin embargo, a diferencia de Bogart, Nicholson solo es un héroe relativo. J. J. Jakes Gittes es un pequeño fisgón simpático con tendencia a fanfarronear y a contar chistes obscenos, que posee encanto y conoce buenas artimañas, aunque emprende, como moralista, una lucha sin salida y debe soportar muchas afrentas. Es inolvidable la escena en que Roman Polanski, en el papel de un gánster repugnante, le hace un corte en la nariz con un cuchillo. La figura de Nicholson no tiene solo el potencial romántico de los héroes de Bogart. Gittes no provoca nostalgia, sino que él mismo

4

4 La dama y el detective: *Chinatown* evoca el cine clásico de Hollywood sin caer en la glorificación nostálgica.

5 Sabueso con la nariz rajada: para Gittes (Jack Nicholson), la curiosidad tiene consecuencias dolorosas.

padece de ella, a causa de *Chinatown*, el lugar en que fracasó anteriormente como policía, una especie de sinónimo del exotismo peligrosamente atractivo de la jungla de la gran ciudad que parece tener un misterioso eco en Faye Dunaway. *Chinatown* depara a Gittes una segunda derrota que esta vez será total. En un típico final a lo Polanski —de hecho, el guion de Townes preveía un final feliz—, pierde a su amor y contribuye involuntariamente al triunfo del mal.

Una especial cualidad de la película consiste en el hecho de que Polanski y su cámara John A. Alonzo consiguieron transportar el eficaz blanco y negro del cine negro a una fotografía en color de aspecto realista. Resultan asimismo sorprendentes el hecho de que apenas se note que la ciudad es un escenario y la forma convincente y plástica en que se desarrollan sus paisajes urbanos. En *Chinatown*, Los Ángeles, al contrario de lo que sucede en muchos casos en el nuevo cine negro, no es un tenebroso tugurio, sino una metrópoli casi rural,

todavía en formación, y que aparece a menudo a la resplandeciente luz del día. Las imágenes hacen sospechar al espectador que la ciudad y los valles que la rodean deben ganar terreno al desierto, y que se mantienen con vida de forma artificial con el aporte de agua, gracias a un complicado sistema de canalización que, en la película, especuladores criminales manipulan para sus fines. Un escándalo que tiene modelos históricos: Robert Town, al escribir su guion, se inspiró en casos históricos de comienzos del siglo xx. Era la época en que se ponían las bases para la futura riqueza de la metrópoli del cine, establecida en California en buena parte por el hecho de que había mucho sol y terrenos baratos para los estudios. Se produjo una gran demanda y con ella vinieron los especuladores, la corrupción y la violencia. Esta es la mórbida base sobre la que se construyó L.A., la ciudad de los ángeles y la patria de la fábrica de sueños, y también el tema de *Chinatown*.

JH

TIBURÓN ♟♟♟

JAWS

1975 - EE. UU. - 124 MIN.

DIRECTOR

STEVEN SPIELBERG (n. 1946)

GUION

CARL GOTTLIEB y PETER BENCHLEY,
basado en su novela homónima

DIRECTOR DE FOTOGRAFÍA

BILL BUTLER

MONTAJE

VERNA FIELDS

BANDA SONORA

JOHN WILLIAMS

PRODUCCIÓN

RICHARD D. ZANUCK y DAVID BROWN para ZANUCK / BROWN
PRODUCTIONS y UNIVERSAL PICTURES

REPARTO

ROY SCHEIDER (jefe de policía Martin Brody), ROBERT SHAW (Quint),
RICHARD DREYFUSS (Matt Hooper), MURRAY HAMILTON (alcalde Larry Vaughn),
LORRAINE GARY (Ellen Brody), CARL GOTTLIEB (Ben Meadows),
JEFFREY KRAMER (Lenny Hendricks), SUSAN BLACKLINIE (Chrissie),
CHRIS REBELLO (Mike Brody) y JAY MELLO (Sean Brody)

PREMIOS DE LA ACADEMIA DE 1975

ÓSCAR al MEJOR MONTAJE (Verna Fields), a la MEJOR BANDA
SONORA (John Williams) y al MEJOR SONIDO
(Robert L. Hoyt, Roger Herman Jr., Earl Mabery y John R. Carter)

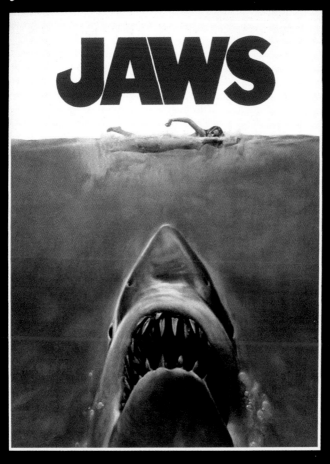

The terrifying motion picture
from the terrifying No. 1 best seller.

JAWS

ROY SCHEIDER **ROBERT SHAW** **RICHARD DREYFUSS**

JAWS

Co-starring LORRAINE GARY · MURRAY HAMILTON · A ZANUCK/BROWN PRODUCTION
Screenplay by PETER BENCHLEY and CARL GOTTLIEB · Based on the novel by PETER BENCHLEY · Music by JOHN WILLIAMS
Directed by STEVEN SPIELBERG · Produced by RICHARD D. ZANUCK and DAVID BROWN · A UNIVERSAL PICTURE ·
TECHNICOLOR® PANAVISION®

ORIGINAL SOUNDTRACK AVAILABLE ON **MCA** RECORDS & TAPES

1

«Vais a necesitar una barca más grande.»

Una cálida noche de verano, una fiesta en la playa, demasiado vino tinto, un poco de sexo adolescente: este puede ser un contexto habitual en el cual Hollywood sitúe la trama de una película de terror. Su borracho acompañante duerme la mona a la orilla del mar y la joven Chrissie (Susan Backlinie) es descuartizada por un tiburón mientras se baña a medianoche. El hecho de que el monstruo de ojos inexpresivos surja de las profundidades cínicamente con su inocente color blanco no hace más que convertirlo en algo más amenazador: el tiburón simboliza el miedo y la mala conciencia que hay en todos nosotros, lo desconcertante, el horror salvaje y arcaico; el mal en sí.

Sin embargo, en la pequeña y paradisiaca ciudad costera de Amity (en inglés, *amistad*), nadie quiere ni oír hablar de una amenaza para el mundo feliz y el libre mercado, y todavía menos de boca de un policía llegado de Nueva York, el jefe Martin Brody (Roy Scheider), que, para colmo, tiene miedo al agua.

De manera que las autoridades, representadas por el alcalde Larry Vaughn (Murray Hamilton), y la opinión pública, preocupada solo por ganar dinero y divertirse, se oponen a Brody, que quiere cerrar las playas a causa de la amenaza. Así sucede lo que tenía que suceder y, el siguiente día de baño, se produce la segunda víctima.

La recompensa de 3.000 dólares que se ofrece a quien capture el tiburón provoca una auténtica fiebre de cacería en Amity y, de hecho, pronto la masa de curiosos podrá ver un tiburón muerto en el muelle. Sin embargo, enseguida se verá que ese animal no puede ser el temido asesino: en su estómago solo se encuentran pececillos, una lata de conservas y una matrícula de automóvil de Louisiana.

EL FIN DE LAS CRIATURAS ARTIFICIALES «Compresores, tanques, tornos, tubos neumáticos, sopletes, lámparas de soldar, cuerdas, generadores, cables de cobre, hierro y acero, plásticos, motores eléctricos, aparatos de aire comprimido, prensas hidráulicas»: todo esto fue necesario para dar vida a *Bruce*, como llamó afectuosamente el equipo de rodaje a la maqueta del tiburón blanco. En su libro *The Jaws Log (Cuaderno de trabajo de Tiburón)*, el coguionista Carl Gottlieb habla de las inmensas dificultades que supuso simular auténticos ataques de un tiburón con modelos de tamaño natural (pues en realidad *Bruce* estaba formado por tres maquetas). El rodaje tuvo que interrumpirse una y otra vez a causa de problemas técnicos, ya que no se había tenido en cuenta la necesidad de comprobar la impermeabilidad de *Bruce*. El hecho de que hiciera falta convencer al veterano de Hollywood Robert A. Mattey, autor, entre otros, de los efectos especiales de *Mary Poppins* (1964), de Walt Disney, el cual, de hecho, ya estaba jubilado, deja bien claro que a mediados de la década de 1970 la época de los monstruos cinematográficos elaborados de forma convencional ya tocaba a su fin. *Bruce* fue uno de los últimos de su especie, y los artesanos de la talla de Bob Mattey fueron sustituidos progresivamente por programadores informáticos. En 1981, Spielberg demostró que también sabía integrarlos en su trabajo en *En busca del arca perdida*, en la que secuencias enteras fueron elaboradas por medio de animaciones creadas con ordenador.

«Si *Tiburón* fue algo así como un *passe-partout* para encuadrar los miedos de la década de 1970, desde los miedos puritanos al sexo hasta la guerra de Vietnam, sus héroes fueron modelos de la masculinidad estadounidense herida, que se reúnen en una situación que lo confirma.» *Georg Seeßlen: Steven Spielberg und seine Filme*

3

1 Martin Brody (Roy Scheider), el jefe de la policía, no tiene que luchar solamente contra la naturaleza, sino también contra la ignorancia de quienes están bajo su protección, y contra sus propios miedos.

2 Final de una fiesta en la playa: la bella Chrissie (Susan Backlinie) es la primera víctima del tiburón.

3 Prototipos de 3,7 metros de largo y unos 1.000 kilos de peso dieron vida al tiburón monstruo, al que el equipo bautizó con el nombre de Bruce en honor del abogado de Spielberg.

Un trío desigual se pone en marcha para matar a la bestia: un policía que tiene miedo al agua, un joven universitario de buena familia llamado Matt Hooper (Richard Dreyfuss) y el cazador de tiburones y veterano de Vietnam Quint (Robert Shaw), una especie de moderno capitán Acab que apenas puede ocultar su psique maltrecha bajo la máscara de un desprecio genérico por su entorno. Para estos tres hombres, la caza representa también la búsqueda de sí mismos.

A menudo se ha llamado la atención sobre el hecho de que la amenaza al hogar y a la familia por parte del monstruo anónimo, una mezcla espantosa de falo y vagina, tiene aspectos sexuales evidentes. Pero *Tiburón* es también una película sobre los terrores humanos primitivos y las debilidades del carácter, de cuya superación nacen los héroes. El hecho de que también trate sobre la sociedad capitalista que se pone a sí misma en peligro, sobre el patriótico EE. UU., la histeria de las masas, la culpa, la expiación y

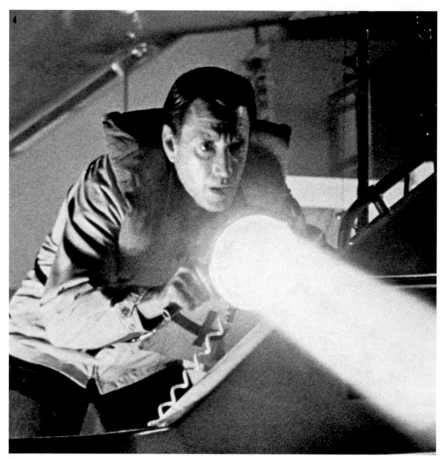

4 Al jefe de la policía, que le tiene miedo al agua, le espera una terapia de *shock*.

5 Tres hombres y el mar: *Tiburón* es también una parábola de los conflictos en la sociedad estadounidense.

6 La maldad vive de la estupidez humana.

el sacrificio del individuo por la sociedad, deja claro que Spielberg convierte un argumento que en principio podría parecer sencillo en una historia con muchos niveles posibles de lectura.

Esto no debería hacer olvidar de ningún modo que *Tiburón* es uno de los *thrillers* más perturbadores y angustiosos de todos los tiempos. Cuando Spielberg cuenta que, durante el rodaje, se sintió como si pudiera dirigir a los espectadores con el bastón eléctrico de un boyero, la comparación nos permite imaginar la gélida precisión con la que el director, apoyado por una banda

sonora increíblemente sugestiva, hace crecer la tensión narrativa y después la disminuye para empezar a preparar el siguiente clímax dramático.

Un simple ejemplo del virtuosismo de la técnica narrativa de Spielberg: integrada en la escena en que los hombres se muestran sus cicatrices bajo cubierta, el espectador escucha el suceso histórico del *USS Indianapolis*, el barco que transportó la bomba de Hiroshima al Pacífico. Al ser bombardeado por submarinos japoneses, su tripulación se tiró al mar, y la mayoría de los soldados fueron devorados por los tiburones.

Spielberg y sus guionistas consiguen crear un contrapunto en la secuencia propiamente humorística e ilustran ya la crueldad del monstruo antes de su aparición. Al mismo tiempo, la historia de Quint proporciona a los acontecimientos una dimensión política. Al fin y al cabo, esta escena también nos dice algo sobre el acto de narrar, sobre todo el hecho de que, al hacerlo, uno se puede ver superado rápidamente por la realidad: justo en el instante en que Quint y Hooper intentan olvidar su angustia cantando a grito pelado, Spielberg acciona de nuevo su bastón eléctrico. SH

«Las primeras secuencias no tienen muchos ejemplos equiparables en el cine actual. Al igual que la escena de la ducha de *Psicosis*, permanecerán en la mente de toda una generación.»

Les Keyser: Hollywood in the Seventies

ALGUIEN VOLÓ SOBRE EL NIDO DEL CUCO ⚱⚱⚱⚱⚱

ONE FLEW OVER THE CUCKOO'S NEST

1975 - EE. UU. - 134 MIN.

DIRECTOR

MILOŠ FORMAN (n. 1932)

GUION

LAWRENCE HAUBEN y BO GOLDMAN, basado en
la novela homónima de KEN KESEY y en una obra teatral de DALE WASSERMAN

DIRECTOR DE FOTOGRAFÍA

HASKEL WEXLER, WILLIAM A. FRAKER y BILL BUTLER

MONTAJE

LYNZEE KLINGMAN, SHELDON KAHN
y RICHARD CHEW (supervisión del montaje)

BANDA SONORA

JACK NITZSCHE

PRODUCCIÓN

SAUL ZAENTZ y MICHAEL DOUGLAS para FANTASY FILMS y N. V. ZVALUW

REPARTO

JACK NICHOLSON (Randle Patrick McMurphy), LOUISE FLETCHER (enfermera Mildred Ratched),
WILLIAM REDFIELD (Harding), BRAD DOURIFF (Billy Bibbit), WILL SAMPSON (jefe Bromden),
DANNY DEVITO (Martini), MICHAEL BERRYMAN (Ellis), PETER BROCCO (coronel Matterson),
DEAN R. BROOKS (doctor John Spivey) y ALONZO BROWN (Miller)

PREMIOS DE LA ACADEMIA DE 1975

ÓSCAR a la MEJOR PELÍCULA (Saul Zaentz y Michael Douglas),
al MEJOR DIRECTOR (Miloš Forman), al MEJOR ACTOR (Jack Nicholson),
a la MEJOR ACTRIZ (Louise Fletcher) y al MEJOR GUION ADAPTADO
(Lawrence Hauben y Bo Goldman)

JACK NICHOLSON

ONE FLEW OVER THE CUCKOO'S NEST

Fantasy Films presents
A MILOS FORMAN FILM · JACK NICHOLSON in"ONE FLEW OVER THE CUCKOO'S NEST"
Starring LOUISE FLETCHER and WILLIAM REDFIELD · Screenplay LAWRENCE HAUBEN and BO GOLDMAN
Based on the novel by KEN KESEY · Director of Photography HASKELL WEXLER · Music · JACK NITZSCHE
Produced by SAUL ZAENTZ and MICHAEL DOUGLAS · Directed by MILOS FORMAN

R RESTRICTED

United Artists

NOW AVAILABLE IN SIGNET PAPERBACK AND VIKING/COMPASS TRADE PAPERBACK

«Por lo menos lo he intentado.»

La primera toma promete un idilio: una cadena de colinas suavemente ondulante, iluminada por los primeros rayos del sol naciente, se refleja en la superficie del agua, mientras se oye una música apacible. La película termina con una utopía: el jefe indio Bromden (Will Sampson), un gigantesco paciente de la institución psiquiátrica en régimen de internado emplazada en medio de este paisaje, arranca de su base un enorme hidrante de mármol del baño, rompe la ventana y huye hacia la libertad como si flotara. Entre estas imágenes, el director Miloš Forman desarrolla una parábola sobre la impotencia y la presión de la adaptación del individuo en el contexto de un sistema represivo en forma de drama tragicómico sobre la vida, la muerte y la supervivencia puramente vegetativa en el manicomio.

La casa de ventanas enrejadas registra un nuevo ingreso: Randle P. McMurphy (Jack Nicholson), un criminal condenado por violencia y estupro es internado para su observación; está bajo sospecha de fingir estar loco solo para librarse del duro trabajo de un campamento penitenciario. Pronto queda claro que McMurphy es la única persona del lugar que todavía tiene suficiente fantasía e iniciativa para contrarrestar un poco el aburrimiento paralizante que predomina allí. Sin embargo, por ello entra en conflicto con la primera enfermera Mildred Ratched (Louise Fletcher), que se ha propuesto organizar los días

JACK NICHOLSON Con su aspecto taimado, astuto y voluptuoso, su mímica y gestualidad agresivas, y sus famosas muecas maliciosas, Jack Nicholson sigue siendo, hoy en día, el actor ideal para personajes cuya existencia no se ve determinada por el intelecto, sino por un instinto animal. En sus papeles más conocidos interpretó a rebeldes —*Alguien voló sobre el nido del cuco* (1975)—, locos —*El resplandor* (1980)—, asesinos estúpidos —*El honor de los Prizzi* (1985)—, tenaces detectives privados —*Chinatown* (1974) y *The Two Jakes* (1990)— y, como apoteosis de sus creaciones, el malvado y siempre sonriente payaso asesino Joker en *Batman* (1988), de Tim Burton. De hecho, durante mucho tiempo no parecía que Nicholson, nacido en 1937 en Neptune, Nueva Jersey, estuviera destinado a hacer una gran carrera como actor. Desde finales de los años cincuenta integró el círculo del legendario productor de películas de explotación y director Roger Corman, aunque solo interpretó pequeños papeles en sus películas de terror y roqueros, además de escribir guiones (entre los cuales se encuentra el del *western* de Monte Hellman *A través del huracán* (1965) y el de la película de Corman sobre el LSD *The Trip* (1967). El punto de inflexión de su carrera le llegó con su papel de abogado permanentemente alcoholizado en *Easy Rider. En busca de mi destino* (1969), el drama de Dennis Hopper sobre la pérdida del «sueño americano», que se convirtió en la película de culto de toda una generación y supuso para Nicholson recibir una candidatura a los Óscar. Su ascenso a la categoría de superestrella se produjo durante los años setenta; desde entonces ha ganado tres Óscar, ha dirigido varias películas y sigue estando muy presente en el mundo del espectáculo como litigante maduro. En los últimos años ha demostrado sus destacadas habilidades dramáticas en *A propósito de Schmidt* (2003) e *Infiltrados* (2006), pero se reservó lo mejor para el final: *Ahora o nunca* (2010), una tragicomedia dirigida por Rob Reiner que, sin embargo, no gozó del favor de la crítica.

2

1 Inconformista e inadaptado: el paciente del psiquiátrico Randle P. Murphy (Jack Nicholson) cree que está en un juego que puede controlar.

2 Aunque a veces es muy dominante, los pacientes ven al fantasioso Randle como un héroe.

3 Una vez más, Randle anima la compañía e infunde valentía a sus compañeros (con Brad Dourif como Billy Bibbit) para que tomen la iniciativa.

«Miloš Forman retoma la tradición de exigir la libertad individual: siguiendo una ética que libera a las personas en lugar de sujetarlas a un sistema mediante exigencias. El modelo contrario y oculto de la película es un mundo en el que un tipo estrafalario no ha ingresado en la clínica psiquiátrica, un mundo en el que a nadie se le imponen roles ni reglas de juego y en el que no se considera peligroso a quien no se puede contar ni entre los locos ni entre los normales.» *Neue Zürcher Zeitung*

de forma tan vacía e insulsa como sea posible. McMurphy empieza a socavar su autoridad, bien en pequeñas cosas como el hecho de cuestionar el desarrollo siempre idéntico del día, bien con verdaderas malas pasadas (una escapada de la clínica que termina con una divertida excursión de pesca). Mientras que los pacientes experimentan, gracias a las actividades de McMurphy, un aumento de su auto-estima, en la reacción de la enfermera Ratched y su nega-tiva a no tolerar nada que no sea la rutina se revela el carácter totalitario de su estricto régimen, siempre atrin-cherado tras una conducta pseudodemocrática.

Interpretar la película como una crítica de la moder-na psiquiatría supondría un malentendido. Es evidente que el director Forman apunta más alto: se trata de una alegoría del poder y la sociedad. Una de las escenas clave de *Alguien voló sobre el nido del cuco* es el momento en que se hace evidente que la mayoría de los pacientes está en la clínica por propia decisión y que, por tanto, estos se someten voluntariamente a la tiranía y a las humillaciones cotidianas. Contrasta con ello una escena en que McMurphy, quien sí está encarcelado, fracasa en su intento de arran-car un hidrante de mármol del baño, tras lo cual comenta, nada resignado: «Por lo menos lo he intentado». De hecho, el carterista McMurphy nunca se hace cargo de la seriedad de su situación, y se imagina que está en un juego hasta que ya es demasiado tarde para salir de él. En una ocasión, hacia el final de la historia, tiene la oportuni-dad de escapar: la ventana ya está abierta. La cámara

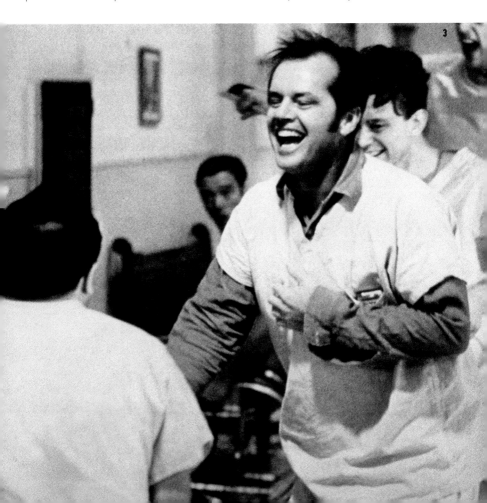

3

enfoca largo rato el rostro de McMurphy hasta que se dibuja una sonrisa en sus labios: se queda, y el «juego» continúa.

Pero lo cierto es que la broma no va a seguir por mucho tiempo, ya que el personal de la clínica responde con una violencia física y psíquica cada vez mayores a la creciente toma de conciencia de sí mismos y la consecuente rebeldía de los pacientes. Al final, McMurphy es sometido a una lobotomía y se convierte en un idiota que sonríe apaciblemente. El jefe indio decide asesinar a su amigo y terminar por su cuenta lo que había comenzado.

«El "nido del cuco" que describe Forman es nuestro nido, es el mundo en el que vivimos, pobres locos, sometidos a la severa autoridad burocrática de unos, a las presiones económicas de otros; aquí la promesa de bienestar, allí estelas de libertad, pero siempre obligados a tragarse las píldoras amargas de miss Ratched.» *Le Monde*

6

4 La dictadora de la pseudodemocracia: la enfermera Mildred Ratched (Louise Fletcher) mortifica a los pacientes.

5 El jefe indio (Will Bromden) corona lo que Randle había empezado: se escapa.

6 Sexo, drogas y excursiones de pesca: el dionisiaco Randle se deleita con el sexo opuesto.

Miloš Forman, que había conseguido su fama de principal exponente de la «Nueva Ola» checa en los años sesenta, gracias a sarcásticos retratos de la vida cotidiana, orientó su adaptación de la novela de Ken Kesey (en la que la historia se cuenta desde el punto de vista del indio) partiendo, sobre todo, de sus propios intereses y preferencias, con lo que su suave sátira deja claramente en un segundo plano el potencial crítico de la trama en favor del entretenimiento. La puesta en escena es más bien poco espectacular: al fin y al cabo, *Alguien voló sobre* *el nido del cuco* funciona sobre todo como cine de actores, en el que el absolutamente dionisiaco Nicholson tiene su contrapeso en la hipócrita amabilidad de Louise Fletcher y el estoicismo de Will Sampson.

Sin embargo, el jefe indio Bromden es quien experimenta la mayor transformación: de ser un hombre que ha escogido el camino de la introversión y lo soporta todo en su supuesta condición de sordomudo pasa a convertirse en un rebelde activo en el que pervivirá el espíritu de su amigo muerto.

LP

TAXI DRIVER

1975 - EE. UU. - 113 MIN.

DIRECTOR

MARTIN SCORSESE (n. 1942)

GUION

PAUL SCHRADER

DIRECTOR DE FOTOGRAFÍA

MICHAEL CHAPMAN

MONTAJE

TOM ROLF, MELVIN SHAPIRO
y MARCIA LUCAS (control del montaje)

BANDA SONORA

BERNARD HERRMANN

PRODUCCIÓN

JULIA PHILLIPS y MICHAEL PHILLIPS para BILL / PHILLIPS
y COLUMBIA PICTURES CORPORATION

REPARTO

ROBERT DE NIRO (Travis Bickle), CYBILL SHEPHERD (Betsy), JODIE FOSTER (Iris),
HARVEY KEITEL (deportista), ALBERT BOOKS (Tom), PETER BOYLE (Wizard),
MARTIN SCORSESE (viajero), STEVEN PRINCE (Andy, traficante de armas),
DIAHNNE ABBOTT (confitera) y VICTOR ARGO (Melio)

FESTIVAL DE CANNES DE 1976

PALMA DE ORO a la MEJOR PELÍCULA (Martin Scorsese)

COLUMBIA PICTURES presents

ROBERT DE NIRO

TAXI DRIVER

A BILL/PHILLIPS Production of a MARTIN SCORSESE Film

JODIE FOSTER ALBERT BROOKS as "Tom" HARVEY KEITEL

LEONARD HARRIS PETER BOYLE as "Wizard" and

CYBILL SHEPHERD as "Betsy"

Written by PAUL SCHRADER Music BERNARD HERRMANN Produced by MICHAEL PHILLIPS

and JULIA PHILLIPS Directed by MARTIN SCORSESE Production Services by Devon/Persky-Bright

R RESTRICTED

Columbia Pictures

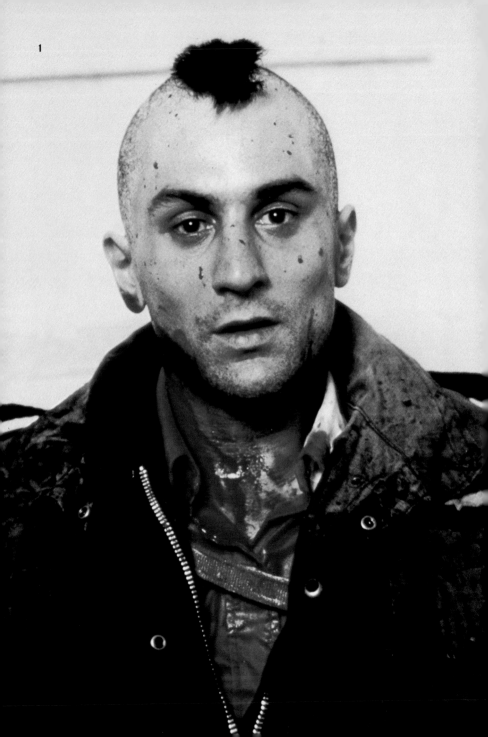

«¿Hablas conmigo?»

Los nerviosos y metálicos compases del tema musical de la secuencia inicial indican claramente que la película va a resultar amenazadora. En la calle, una densa nube de vapor brota desde el suelo y deja la pantalla en blanco. Como surgiendo de la nada, un taxi amarillo atraviesa la inquietante cortina de vapor y humo a cámara lenta. La música en *off* se pierde a lo lejos en armonías graves, el fantasmal taxi desaparece y tras él la nube vuelve a cerrarse. Dos ojos negros aparecen en primer plano, acompañados por un melodioso tema de *jazz*. Miran a uno y otro lado bajo la luz vacilante de las farolas, como observando el entorno. Son los ojos de Travis Bickle (Robert de Niro), un taxista neoyorquino que terminará convirtiéndose en ángel vengador.

Taxi Driver ha dividido a la crítica desde su estreno en 1976. Para unos, el protagonista sufre una desorientación moral, presume de ser el salvador de una joven prostituta y al final, en una sangrienta locura homicida encubierta, ajusticia a tres figuras sospechosas, por lo que la prensa lo aplaude como si fuera un héroe. Tras un análisis más detenido, otros críticos advirtieron en las melancólicas imágenes un lenguaje cinematográfico magistralmente estilizado y descubrieron en la figura del loco homicida Travis Bickle un tipo urbano sociopatológico de los que se dan en todas partes. «En cada calle, en cada ciudad hay un don nadie que sueña con ser alguien», decía uno de los textos de los carteles.

Travis no puede dormir por la noche. Se hace taxista para ganar «unos duros». «Llevo a la gente cuando y adonde quiera», dice en la entrevista de solicitud de empleo; incluso a los barrios que sus colegas evitan desde hace tiempo. Son zonas en las que la luz es excesiva o bien

BERNARD HERRMANN En *El hombre que sabía demasiado* (1956), hizo un cameo y actuó de sí mismo dirigiendo la orquesta sinfónica de Londres. También había compuesto la música de la película. En definitiva, Bernard Herrmann, que había nacido en Nueva York el 29 de junio de 1911, inmortalizó a más de un clásico. Comenzó trabajando para la radio; después colaboró en el cine, entre otros con Alfred Hitchcock, Orson Welles, François Truffaut, Brian de Palma y Martin Scorsese. Dotó de un rostro musical inconfundible y de un aura tonal a películas tales como *De entre los muertos* (1958), *Psicosis* (1960), *Con la muerte en los talones* (1959), *Ciudadano Kane* (1941), *El cuarto mandamiento* (1942), *Fahrenheit 451* (1966) y *Taxi Driver* (1975). Nadie utilizó la orquesta con el eclecticismo de Herrmann. Podía componer en una línea conservadora y clásica, pero también alcanzar zonas sonoras en las que, al compás de unos instrumentos de vientos sonoros y oscuros, la cuerda imitaba el sonido de cables metálicos oscilantes. A Hermann le fascinaban la literatura romántica y sombría de las hermanas Brönte y el *Moby Dick* de Melville. El mar con su poder incontenible le ofrecía una partitura para sus composiciones. Podía escuchar el ascenso y el descenso de las aguas profundas e inspirarse en ello para escribir música. Como persona, Hermann no era de trato fácil, tal vez por ser un gran artista. Era irascible y obstinado. Se enemistó con Hitchcock cuando trabajaba con él en *Cortina rasgada* (1966). Sin embargo, también se comportó como un verdadero profesional en su último trabajo para el cine. Lo terminó la víspera de su muerte, que tuvo lugar el 24 de diciembre de 1975. Era la música de *Taxi Driver*.

1 Imágenes de sangre como alegoría del ángel vengador: Travis (Robert de Niro) al final de su trauma bélico.

2 Taxista y ex marine, Travis Bickle como «sonado» a la carga en Nueva York.

3 El macarra Sport (Harvey Keitel) es de los que no aceptan consejos de nadie. Travis también. Y, sin embargo, ambos son radicalmente diferentes.

4 Una amenaza de violencia es violencia. Travis corta el camino a un ladrón de tiendas.

« *Taxi Driver* de Martin Scorsese es un filme patrio de un sin patria, un *western* que transcurre en los cañones de las calles de Nueva York, con un *cowboy* del asfalto que, en lugar de a caballo, cabalga en un taxi amarillo.» *Der Spiegel*

escasa, en las que las bandas callejeras campan a sus anchas y en las que prostitutas adolescentes esperan clientes bajo una estridente publicidad luminosa. Travis obtiene el trabajo. Él y su taxi son una sola cosa y la catástrofe inicia su curso.

Al igual que Travis, el espectador contempla la noche desde el taxi en marcha. Pocas veces ha aparecido Nueva York en secuencias tan impresionantes. El estilo fotográfico alterna entre el enfoque semidocumental y el subjetivo. La sugestiva música de Bernard Herrmann, que no se limita a acompañar a la película, sino que la

estructura acústicamente, da lugar a una unión absolutamente peculiar de imagen y sonido. Viajar en el taxi viene a ser nada menos que una metáfora del cine.

Travis fracasa en su intento de entablar una relación amorosa con Betsy (Cybill Shepherd), que colabora en la campaña electoral. Incapaz de hacerse comprender y de expresar sus sentimientos, acaba recurriendo a las armas. Recorre la ciudad solo y sin rumbo fijo. La historia de Travis es similar a la del taxi amarillo que parte en dos la nube de humo en la secuencia inicial. También él surge de la nada, se deja ver brevemente a la luz nocturna de la gran ciudad y vuelve a desaparecer en la nada.

Travis no es un héroe, aunque en el estreno de la película muchos celebraron su implacable locura homicida. Naturalmente, la violencia es un tema importante en el filme, pero en este caso no se trata de la violencia física, sino de la social. Travis personifica a un hombre que se ha perdido en la gran ciudad. Robert de Niro dotó a este tipo de un rostro propio y de un cuerpo inconfundible.

Scorsese destaca por realizar sus películas en el papel. Las dibuja previamente a modo de boceto en un guion gráfico. Sus imágenes son un verdadero lenguaje. Paul Schrader escribió el guion de *Taxi Driver*. Fue la primera colaboración íntima entre estos dos fanáticos del

«Una película sumamente curiosa, inquietante, arriesgada y fascinante; sincrética, irisada, un reptil al acecho, cambiando de color como un camaleón, elevada a lo mítico y amalgama sintética de las más contradictorias influencias, tendencias y pretensiones metafísicas: rara, nerviosa, histérica.» *Frankfurter Rundschau*

5 Jodie Foster en el papel de Iris. En algunas escenas delicadas, la dobló su hermana, algo mayor.

6 El mundo del interior no es la realidad de fuera.

7 Ayudante de campaña electoral y objeto de deseo: Cybill Shepherd como Betsy.

cine. Inolvidables las escenas en las que Travis se planta ante el espejo con el torso desnudo y con el revólver desenfundado y se bate en duelo consigo mismo: «¿Hablas conmigo? ¿Me estás largando un rollo?». Es una escena repetidamente evocada, pero el modelo no ha sido todavía superado. Un clásico moderno.

SR

LA GUERRA DE LAS GALAXIAS ♟♟♟♟♟♟♟

STAR WARS

1977 - EE. UU. - 121 MIN.

DIRECTOR

GEORGE LUCAS (n. 1944)

GUION

GEORGE LUCAS

DIRECTOR DE FOTOGRAFÍA

GILBERT TAYLOR

MONTAJE

PAUL HIRSCH, MARCIA LUCAS y RICHARD CHEW

BANDA SONORA

JOHN WILLIAMS

PRODUCCIÓN

GARY KURTZ para LUCASFILM LTD.

REPARTO

MARK HAMILL (Luke Skywalker), HARRISON FORD (Han Solo),
CARRIE FISHER (princesa Leia Organa), ALEC GUINNESS (Ben Obi-Wan Kenobi),
PETER CUSHING (Tarkin), DAVID PROWSE (Darth Vader),
JAMES EARL JONES (voz de Darth Vader), KENNY BAKER (R2-D2), ANTHONY DANIELS (C-3PO),
PETER MAYHEW (Chewbacca), PHIL BROWN (Owen Lars) y SHELAGH FRASER (Beru Lars)

PREMIOS DE LA ACADEMIA DE 1977

ÓSCAR a la MEJOR BANDA SONORA (John Williams), al MEJOR MONTAJE
(Paul Hirsch, Marcia Lucas y Richard Chew), a la MEJOR DIRECCIÓN ARTÍSTICA
y MEJORES DECORADOS (John Barry, Norman Reynolds, Leslie Dilley y Roger Christian),
al MEJOR VESTUARIO (John Mollo), al MEJOR SONIDO (Don MacDougall, Ray West,
Bob Minkler y Derek Ball), a los MEJORES EFECTOS ESPECIALES
(John Stears, John Dykstra, Richard Edlund, Grant McCune y Robert Blalack)
y PREMIO ESPECIAL a los EFECTOS SONOROS (voces de los extraterrestres
y de los robots, Ben Burtt)

TWENTIETH CENTURY-FOX Presents A LUCASFILM LTD PRODUCTION STAR WARS
Starring MARK HAMILL HARRISON FORD CARRIE FISHER
PETER CUSHING
and
ALEC GUINNESS

Written and Directed by
GEORGE LUCAS

Produced by
GARY KURTZ

Music by
JOHN WILLIAMS

Making Films Sound Better

DOLBY SYSTEM®
Noise Reduction · High Fidelity

PANAVISION® PRINTS BY DE LUXE® TECHNICOLOR®

Original Motion Picture Soundtrack on 20th Century Records and Tapes

© 1977 20TH CENTURY-FOX

PRINTED IN U.S.A.

ONE SHEET STYLE "C"

«¡Que la fuerza te acompañe!»

Algo va mal en las galaxias. Con la bendición del emperador, Grand Moff Tarkin (Peter Cushing) y el lúgubre Lord Vader (David Prowse / James Earl Jones) someten uno tras otro los sistemas planetarios de la antigua República. Tarkin tiene el mando de una poderosa nave espacial, cuya potencia de fuego alcanza a destruir planetas enteros. La llamada Estrella de la Muerte es el arma más peligrosa del Universo, exceptuando quizá la fuerza, una energía cósmica omnipotente. Quienes han aprendido a dominarla tras años de entrenamiento ascético disponen de poderes sobrenaturales. Con la ayuda de la fuerza, los caballeros Jedi eran antaño los guardianes de la justicia y de la paz. Ahora Darth Vader, un Jedi renegado, es uno de los últimos que dispone de ese poder. Así, él y Tarkin forman una alianza del mal casi imbatible en el vasto universo, antes tan pacífico.

Tan solo unos pocos rebeldes luchan para restablecer el antiguo orden. Los planos de construcción de la Estrella de la Muerte, que han caído en sus manos, podrán serles de ayuda. Pero la nave de la princesa Leia (Carrie Fisher), que pretende llevar esos planos a su patria, es capturada. Tiene el tiempo justo de archivarlos en el androide R2-D2 (Kenny Baker). Si este pequeño robot consigue entregar a tiempo los planos al viejo caballero Jedi *Obi-Wan* Kenobi (Alec Guinness), aún habrá esperanza para la causa de los rebeldes.

El viaje de R2-D2 y su compañero, el robot de comunicaciones C-3PO (Anthony Daniels) irresoluto y siempre empeñado en guardar las buenas maneras, los lleva al planeta Tatooine, donde van a parar a la propiedad del granjero Owen Lars (Phil Brown). Su sobrino Luke Skywalker (Mark Hamill) anhela una vida más emocionante

ÓPERAS DEL ESPACIO EN SERIE Una obertura: al principio de *La guerra de las galaxias* (1977), un bloque de texto más largo se desliza por el fondo de la pantalla y narra los prolegómenos de la historia. Lo que viene después no es una aventura singular, es todo un universo. *La guerra de las galaxias* se planteó desde el principio como un proyecto compuesto de diversas partes —a la primera le siguieron *El Imperio contraataca* (1980) y *El retorno del Jedi* (1983)—. Desde *Star Wars: Episodio I. La amenaza fantasma*, 1999), tres «precuelas» narran también la historia anterior de esta saga ambientada en el espacio sideral. El mundo de las galaxias de Lucas fue creciendo ya durante las primeras versiones del guion. Esto no supone ninguna excepción en los géneros fantástico y de ciencia ficción, puesto que donde se inventan mundos extraños y nuevos en su totalidad también surgen preguntas sobre cómo comenzó todo: pasado y futuro, la acción no encuentra final.

En la década de 1930, ya hubo series de ciencia ficción: héroes del universo como *Flash Gordon* (1936) y *Buck Rogers* (1939) procuraron el éxito en la pantalla a sus modelos de cómic. Las series, siempre de 13 capítulos, narraban en episodios la historia de soberanos terribles, bellas mujeres y heroicos salvadores del universo. Pasados 20 minutos, la acción se interrumpía en el momento de máxima emoción… ¡continuará la semana que viene en esta sala de cine!

El universo de *Star Trek* ha gozado hasta ahora de una popularidad y una difusión increíbles: desde que se emitió el primer capítulo de la serie televisiva de la nave *Enterprise* en 1966, ya se han realizado cinco series posteriores y 12 películas de cine, y cada eslabón de esta larga cadena de historias independientes completa el colosal inventario de personajes y sucesos, épocas y espacios, que componen este mundo fantástico.

2

1 Érase una vez en una lejana galaxia… Con hábito de monje y espada láser, Ben *Obi-Wan* Kenobi (Alec Guinness) encarna desde los mitos medievales hasta el futuro de alta tecnología en la saga de las galaxias de Lucas.

2 La máscara de la maldad: Darth Vader (David Prowse) no se arredra ante nada para someter a la galaxia.

3 Para Lucas, el mejor amigo del hombre es un pequeño androide fiel: la princesa Leia (Carrie Fisher) le confía informes importantes a R2-D2 (Kenny Baker).

que la de agricultor. Preferiría de largo luchar con los héroes de la rebelión contra el Imperio, tal como antiguamente hizo su padre, un Jedi legendario al que, sin embargo, Luke solo conoce de historias…

El sueño de esas aventuras parece a su alcance cuando él y los dos androides encuentran a Obi-Wan. Las tropas de asalto imperiales ya les pisan los talones, de manera que al viejo caballero Jedi no le queda más remedio que ponerse en camino con Luke y los androides hacia Alderaan, el planeta de Leia, para entregar los planos de la Estrella de la Muerte y preparar un contraataque.

Reciben la ayuda del mercenario Han Solo (Harrison Ford), que con su nave espacial *Halcón Milenario* ha escapado volando de todos los cruceros estelares imperiales. Pero ni aun así consiguen alcanzar su objetivo: Tarkin y Darth Vader han borrado entretanto el planeta Alderaan del mapa.

Después de que nuestros héroes liberen a la princesa Leia de la Estrella de la Muerte, se prepara la batalla final entre el Imperio y los rebeldes delante del sistema Javin. El tendón de Aquiles de la gigantesca estación espacial es una pequeña abertura de ventilación y, finalmente, Luke es quien, tras duros combates, consigue que la nave quede destruida tras una potente explosión. Solo Darth Vader escapa del infierno. Así, parece que en la guerra de las galaxias se ha ganado una batalla, pero no pasará mucho tiempo hasta que el Imperio contraataque…

George Lucas comenzó a trabajar en la saga de las galaxias al tiempo que su drama juvenil *American Graffiti* se convertía en uno de los éxitos sorpresa de la temporada de 1973: un éxito, sin embargo, del que el director sacó mucho menos provecho que los estudios que habían producido la película. Fue el impulso decisivo para que Lucas no volviera a dejar nunca más el control supremo de uno

«Quería hacer una película para niños, que pudiera presentarles algo así como una moral simple. Ahora, a los niños ya no les dicen: "Eh, esto está bien, y esto está mal".» *George Lucas en una entrevista con David Sheff*

3

«Una combinación de pasado y futuro, de *western* y odisea del espacio, de mito y mundo de los sueños: es posible que *La guerra de las galaxias* sea la pieza de escapismo más perdurable que jamás se haya filmado.» *Sacramento Bee*

de sus proyectos en manos ajenas: *La guerra de las galaxias* fue producida por su propia empresa y de los efectos especiales se ocuparon los estudios Industrial Light & Magic, también fundados por Lucas. Las participaciones en la mercadotecnia (juguetes, ropa, etc.) y la explotación de la banda sonora de la película redondearon el negocio. Con ello, Lucas anunciaba tiempos en los que los beneficios principales de una película de cine ya no se obtendrían en las taquillas. Había nacido el cine de los videoclubs.

Sin duda alguna, una condición para el éxito rotundo de una película era que estuviese destinada a un público lo más amplio posible. Lucas remarcó que, al escribir el guion, siempre tuvo en mente a niños de entre ocho y nueve años. No obstante, la película agradó a gente de todas las edades, ya que, con su ópera del espacio, Lucas no persiguió el objetivo de abandonar viejos géneros o de disfrutar desbaratándolos. Al contrario: igual que su colega Steven Spielberg, siguió un camino regio que lo llevó a regresar a las formas narrativas clásicas: atendió a las

4 No es una compañía muy bien organizada, sino un montón de individualistas resueltos de lo más variado: igual que Chewbacca (Peter Mayhew) y Han Solo (Harrison Ford), los rebeldes provienen de todos los rincones de la galaxia.

5 En marcha, ¡ar! Las tropas de asalto imperiales de camino hacia sus quehaceres asesinos diarios.

5

expectativas del público y aplicó una técnica que se movía en el más alto nivel.

Por lo que respecta al contenido, La guerra de las galaxias parece una incursión a través de la historia de la cultura y de la cinematografía. Lucas mezcló elementos de la mitología de caballeros y héroes con el mundo de la alta tecnología de las naves espaciales; se inspiró en uniformes militares alemanes y de la Unión Soviética, dio forma a la religión Jedi siguiendo el modelo del culto de los chamanes de Centroamérica y concibi el Imperio como una dictadura orwelliana. El androide C-3PO está claramente inspirado en la mujer-máquina de Metrópolis (1926) de Fritz Lang y la ceremonia del homenaje final a los héroes muestra rasgos comunes con la película de Leni Riefenstahl sobre el Congreso del Partido Nazi Triumph des Willens (1935). Resumiendo: con La guerra de las galaxias se creó un macrocosmos intercultural en el que a todo espectador se le ofrecía algo que redescubrir.

Sin embargo, el auténtico gran éxito residió en que la película de Lucas (a pesar de la intrincada trama) narra una historia que se puede reducir en gran parte a la lucha del bien contra el mal. La guerra de las galaxias no es asunto de héroes desdibujados. Lucas envía a la batalla a personajes claramente perfilados, y nadie debería dudar en serio de quién saldrá vencedor al final. Con ello, la obra de ciencia ficción por excelencia se convirtió en una revista fácil de digerir, cuyo encanto no radica en una ideología complicada, sino en sus momentos espectaculares y en

6

6 Domina millones de idiomas y, sin embargo, casi nunca encuentra el tono correcto: a diferencia del valeroso R2-D2, C-3PO (Anthony Daniels) demora a sus amigos con sus titubeos.

7 Sueñan con un mundo mejor, y arriesgan su vida por ello: la princesa Leia y Luke Skywalker (Mark Hamill).

8 Hoy impensable, mañana cotidiano: *La guerra de las galaxias* no arrastra a los espectadores a un mundo de laboratorio aséptico, sino a un futuro de alta tecnología con vestigios de cosas corrientes.

> **«Es una historia de guerra tremendamente entretenida, tiene personajes memorables y convence visualmente. ¿Qué más se le puede pedir a una película?»** *San Francisco Chronicle*

sus valores visuales. Fue este factor lo que convirtió la película en el punto de contacto con la industria del entretenimiento de videojuegos y de juegos de ordenador que estaba naciendo. En las consolas y en los monitores, podían repetirse y alargarse a gusto las batallas del universo. Y además se acortaba el tiempo hasta la segunda entrega…

EP

ANNIE HALL ♟♟♟♟

1977 - EE. UU. - 93 MIN.

DIRECTOR

WOODY ALLEN (n. 1935)

GUION

WOODY ALLEN y MARSHALL BRICKMAN

DIRECTOR DE FOTOGRAFÍA

GORDON WILLIS

MONTAJE

RALPH ROSENBLUM y WENDY GREENE BRICMONT

BANDA SONORA

CARMEN LOMBARDO e ISHAM JONES

PRODUCCIÓN

CHARLES H. JOFFE y JACK ROLLINS
para UNITED ARTISTS

REPARTO

WOODY ALLEN (Alvy Singer), DIANE KEATON (Annie Hall), TONY ROBERTS (Rob),
CAROL KANE (Allison), PAUL SIMON (Tony Lacey), COLLEEN DEWHURST (Hall madre),
JANET MARGOLIN (Robin), SHELLEY DUVALL (Pam), CHRISTOPHER WALKEN (Duane Hall),
SIGOURNEY WEAVER (prometida de Alvy) y BEVERLY D'ANGELO (actriz de televisión)

PREMIOS DE LA ACADEMIA DE 1977

ÓSCAR a la MEJOR PELÍCULA (Charles H. Joffe), al MEJOR DIRECTOR (Woody Allen),
a la MEJOR ACTRIZ (Diane Keaton) y al MEJOR GUION ORIGINAL
(Woody Allen y Marshall Brickman)

WOODY
ALLEN

DIANE
KEATON

TONY
ROBERTS

CAROL
KANE

PAUL
SIMON

JANET
MARGOLIN

SHELLEY
DUVALL

CHRISTOPHER
WALKEN

COLLEEN
DEWHURST

"ANNIE HALL"

A nervous romance.

A JACK ROLLINS - CHARLES H. JOFFE PRODUCTION

Written by WOODY ALLEN and MARSHALL BRICKMAN • Directed by WOODY ALLEN

1

ANNIE HALL

«Con los intelectuales pasa una cosa, son la prueba de que se puede ser absolutamente brillante y a la vez no enterarse de nada.»

«Ustedes ya se lo sabrán. Dos vetustas damas residen en un hotel con pensión completa. Dice una a la otra: "Entiendo que la comida aquí es malísima". Y la segunda responde: "Sí, desde luego, y además las raciones son minúsculas".» Como insinúa Alvy Singer (Woody Allen) al comienzo de *Annie Hall*, para él este chiste define la vida misma: soledad y sufrimiento para terminar demasiado pronto.

Singer es un cómico de café neoyorquino, un cínico profesional, un judío paranoico y un misántropo total. Por ejemplo, si en una tienda de discos el vendedor le llama la atención sobre «Wagner en oferta especial», «él sabe inmediatamente con qué intención lo dice»; desprecia Los Ángeles por ser una «ciudad cuya única ventaja cultural es que con el semáforo en rojo se puede torcer a la derecha».

El hilo conductor de la película, que el montaje de Ralph Rosenblum debía construir a partir de un paisaje de 30.000 metros de escenas y *sketchs* aparentemente sin ilación alguna, es la relación de Alvy con Annie Hall (Diane Keaton), ya cancelada al principio del filme.

Annie es la calcomanía de una mujer urbana seudointelectual y estresada, crecida en provincias, lo cual no deja de constituir un pecado original irreparable en la concepción del mundo de Alvy. Él, por el contrario, enmascara su mezcla de odio a sí mismo, autocompasión y egoísmo, de la que su psicoterapeuta no ha podido liberarlo después de 15 años de tratamiento, con malignos comentarios de todo y de todos, en primer lugar de sí mismo. En una entrevista de televisión confiesa que en su reclutamiento fue calificado de «AGV»: «apto como rehén en caso de guerra».

DIANE KEATON En *Annie Hall* (1979), Woody Allen se retrató a sí mismo, pero también a su amiga y compañera de varios años Diane Keaton, que prestó incluso su verdadero nombre —Hall— al personaje de Annie. Las semejanzas se extienden desde su comportamiento estresado, ligeramente precipitado, hasta su forma de vestir, al que Allen se refiere con las siguientes palabras: «Este tipo de mujer, sabe usted, que lleva camiseta de fútbol y falda... y también botas de boxeo, sí, y guantes». Keaton nació el 5 de enero de 1946 en Los Ángeles. Woody Allen la conoció en 1969, cuando actuaban juntos en su obra teatral *Tócala otra vez, Sam*. Posteriormente Diane Keaton interpretó, junto a Al Pacino, el poco agradecido personaje de la esposa de Michael Corleone en la trilogía *El padrino* (1972, 1974, 1990), de Francis Ford Coppola. Tanto antes como después de separarse de él, intervino en varias películas de Woody Allen; obtuvo un Óscar por su actuación en *Annie Hall*. En 1981 rodó *Rojos* junto a Warren Beatty, con quien por aquellas fechas compartía su vida. Pero demostró su talento para salir de la sombra de sus hombres cuando a principios de la década de 1980 apareció como directora. Su película *Unstrung Heroes*, rodada en 1995, es una pequeña obra maestra que desgraciadamente pasó inadvertida. Finalmente, en la década de 1990 logró emanciparse de Woody Allen también como actriz, por ejemplo en *El club de las primeras esposas* (1996) o en *La habitación de Marvin* (1996).

Marion Meade, autora de una biografía de Allen, observa acertadamente que *Annie Hall* se podía titular con plena justicia *Alvy Singer* o, mejor aún, *Allan Konigsberg*, que es el verdadero nombre de Woody Allen, ya que no es difícil identificar al protagonista como un autorretrato del director, quien incluso empezó trabajando como autor de gags para cómicos de café. El mismo Allen insistió durante mucho tiempo en dar a su película el título de *Anhedonie* (incapacidad enfermiza para percibir la alegría). Al enterarse, Arhur Krim, presidente de United Artist y amigo íntimo, lo amenazó con tirarse por la ventana.

«Personal como la historia que nos explica, lo que separa esta película de los trabajos anteriores de Allen y de su última comedia es su credibilidad general. A los personajes centrales y a todos los que se cruzan en su camino se les puede reconocer como tipos contemporáneos. La mayoría de nosotros incluso hemos compartido muchas de sus fantasías.» *Time Magazine*

1 Jamás se haría socio de un club que aceptara a gente como él: Alvy Singer es el álter ego cinematográfico de Woody Allen.

2 Entre neuróticos: los intelectuales neoyorquinos Annie (Diane Keaton), Alvy y Dick (Dick Cavett) analizan la vida y, sobre todo, a sí mismos.

3 La vida en la gran ciudad está llena de meteduras de pata y de trampas.

4 Naturalmente, Alvy también venera el cine europeo y a Ingmar Bergmann.

La estructura de la película, en el fondo inexistente, permitió a Allen todo tipo de chistes y de comentarios mordaces, en una palabra, le permitió ser demoledoramente agudo. No obstante, *Annie Hall* es especialmente importante en la obra de Allen por dos motivos. En primer lugar, en este filme lleva a su extremo el juego con los planos de la realidad y de la narración. Si anteriormente había dado tratamiento de reportaje a *Toma el dinero y corre* (1969), en *Annie Hall* el reportaje no es más que una forma narrativa de tantas, incluso hay una secuencia de dibujos animados. Allen / Alvy no deja de dirigirse al público, haciendo, por ejemplo, que en la cola formada ante las taquillas del cine se encuentren frente a frente el nervioso profesor universitario y Marshall McLuhan, teórico de la comunicación, quien aclara al fatuo presumido que se equivoca totalmente en la interpretación de sus teorías.

Por otra parte, cuando, recurriendo al procedimiento de la pantalla partida, confronta la familia antisemita de la alta burguesía con el heterogéneo grupo proletario judío, ambas partes llegan incluso a mantener una conversación entre sí; para Allen, el anarquismo de la técnica narrativa de *Annie Hall* es un tiro de despeje.

Pero también fue un acto de liberación la creación de un álter ego, que en definitiva le facilitó un cierto distanciamiento de su vertiente cómica. Desde *Annie Hall*, el neurótico urbano que es Woody Allen se ha convertido en un personaje artístico de libre disposición, que se introduce incluso en el contexto de temas más serios —por ejemplo, en *Hannah y sus hermanas* (1985) o en *Maridos y mujeres* (1992)— y se siente cómodo en Manhattan, como sucede en el drama *Interiores* (1978), rodado un año después. SH

EL CAZADOR ♟♟♟♟♟

THE DEER HUNTER

1978 - EE. UU. - 183 MIN.

DIRECTOR

MICHAEL CIMINO (n. 1943)

GUION

DERIC WASHBURN, MICHAEL CIMINO,
LOUIS GARFINKLE y QUINN K. REDEKER

DIRECTOR DE FOTOGRAFÍA

VILMOS ZSIGMOND

MONTAJE

PETER ZINNER

BANDA SONORA

STANLEY MYERS

PRODUCCIÓN

BARRY SPIKINGS, MICHAEL DEELEY, MICHAEL CIMINO y JOHN PEVERALL
para EMI FILMS LTD. y UNIVERSAL PICTURES

REPARTO

ROBERT DE NIRO (Michael), JOHN CAZALE (Stan), JOHN SAVAGE (Steven),
CHRISTOPHER WALKEN (Nick), MERYL STREEP (Linda),
GEORGE DZUNDZA (John), CHUCK ASPEGREN (Axel), SHIRLEY STOLER (madre de Steven),
RUTANYA ALDA (Angela) y PIERRE SEGUI (Julien)

PREMIOS DE LA ACADEMIA DE 1978

ÓSCAR a la MEJOR PELÍCULA (Barry Spikings, Michael Deeley,
Michael Cimino y John Peverall), al MEJOR DIRECTOR (Michael Cimino), al MEJOR ACTOR
SECUNDARIO (Christopher Walken), al MEJOR MONTAJE (Peter Zinner) y al MEJOR SONIDO
(C. Darin Knight, Richard Portman, Aaron Rochin y William L. McCaughey)

THE DEER HUNTER

EMI Films present

ROBERT DE NIRO IN A MICHAEL CIMINO Film THE DEER HUNTER

co-starring
JOHN CAZALE · JOHN SAVAGE · MERYL STREEP · CHRISTOPHER WALKEN
Music composed by STANLEY MYERS · Director of Photography VILMOS ZSIGMOND, A.S.C.
Associate Producers MARION ROSENBERG · JOANN CARELLI · Production Consultant JOANN CARELLI
Story by MICHAEL CIMINO, DERIC WASHBURN and LOUIS GARFINKLE, QUINN K. REDEKER
Screenplay by DERIC WASHBURN · Produced by BARRY SPIKINGS · MICHAEL DEELEY · MICHAEL CIMINO and JOHN PEVERALL
Directed by MICHAEL CIMINO

Technicolor® · Panavision® DO DOLBY SYSTEM® Stereo Distributed by EMI Films Limited ©1978 by EMI Films, Inc.   EMI

«Hay que hacerlo de un tiro. Un ciervo debe ser abatido de un solo tiro.»

Hay películas que dejan de hechizar a la que se disuelve la tensión dramática. Y hay películas que no pierden emoción ni después de ser vistas varias veces. La escena, al final de *El cazador*, en la que Nick (Christopher Walken) sale del cuarto trasero de un antro de juego de Saigón con un pañuelo rojo en la cabeza es uno de los momentos eternamente mágicos del cine. Su viejo amigo Michael (Robert de Niro) lo aborda para llevárselo a casa. Pero Nick no lo reconoce: ha sentido demasiadas veces en su sien el cañón de una pistola con una sola bala en el tambor. Su vida ha estado en juego demasiado a menudo como para que aún pueda estar vivo. Michael intenta convencerlo en vano de que se vaya con él. Pero, de repente, en los ojos de Nick se enciende algo así como un recuerdo.

Ríe, coge la pistola, se la acerca a la cabeza y aprieta el gatillo.

Michael, Nick y Steven (John Savage), tres amigos de una ciudad obrera siderúrgica de Pennsylvania, llegan a Vietnam a finales de la década de 1960. Por casualidad, se encuentran en medio de la guerra y, por desgracia, caen en manos del Vietcong. Para que sus torturadores se diviertan apostando, los prisioneros tienen que competir a la ruleta rusa, hasta que solo quedan Michael y Nick. Ambos están sentados en la mesa, cara a cara. Michael exige tres balas en lugar de una para aumentar el riesgo. Se la juega y gana: los dos atacan por sorpresa a los guerrilleros del Vietcong, liberan a Steven de una jaula sumergida en el agua y huyen. Pero el único que consigue

MICHAEL CIMINO Sus películas son siempre controvertidas: *El cazador* (1978), galardonada con varios Óscar en Hollywood y criticada en Europa por falsear la guerra de Vietnam; el *western* épico tardío *La puerta del cielo* (1980), celebrada en Europa como pieza maestra y masacrada en EE. UU. como «catástrofe». *Manhattan sur* (1985), en la que un policía se introduce por su cuenta en la mafia china de Nueva York, se ganó el reproche de racista; *El siciliano* (1987), la opulenta biografía del héroe nacional Salvatore Giuliano, fue tildada de cursilería histórica.
Michael Cimino se formó en diversas especialidades. Estudió arquitectura y pintura antes de rodar anuncios publicitarios a finales de la década de 1960. En 1973 escribió en colaboración con John Milius el guion de *Harry el Fuerte*, con Clint Eastwood, que, junto a Jeff Bridges, también interpretó el papel principal en la primera película de Cimino *Un botín de 500.000 dólares* (1974): un *thriller* tragicómico sobre un gánster que busca su dinero. Los temas que caracterizan la obra de Cimino ya sonaron en su debut: compañerismo entre hombres, ambientes dibujados al detalle y tomas panorámicas saturadas de color que semejan lienzos pintados. En 1980, su caro empeño por la autenticidad arrastró a la quiebra incluso a la productora y distribuidora United Artists: *La puerta del cielo* se tiene hoy en día por sinónimo de estrepitoso fracaso. A pesar de su última película, *Sunchaser* (1996), bastante convencional, Michael Cimino debe ser considerado uno de los directores más virtuosos de EE. UU. en lo visual.

1 Una pareja unida luego por la guerra: Linda (Meryl Streep) y Michael (Robert de Niro).

2 Los amigos Michael y Nick (Christopher Walken) de caza en las montañas.

3 La cantina de la colonia siderúrgica de Clairton, en Pennsylvania. Una localidad ficticia que Cimino compuso a partir de escenarios de ocho ciudades.

«Igual de cómodo en el lirismo que en el realismo, virtuosode la imagen impactante, pero también con sentido de la parábola, perfectamente maestro de su técnica, Michael Cimino es un cineasta completo.» *Le Monde*

llegar a casa sano y salvo es Michael. Steven pierde las piernas, Nick se queda enganchado en Saigón. Y gana dinero con el juego mortal.

Solo una tercera parte de la gran epopeya, la parte central, se desarrolla en Vietnam. Estos fotogramas se cuentan entre los más conmovedores que jamás se hayan filmado sobre una guerra. El desprecio por la vida humana

propio de cualquier guerra, el odio, la impotencia, el miedo y el orgullo como lo único que algunos aún intentan mantener: Michael Cimino lo concentra todo en el símbolo de la ruleta rusa. No obstante, el hecho de que solo muestre a los estadounidenses como víctimas de la guerra de Vietnam despertó protestas sobre todo en Europa: el reproche fue que las torturas a prisioneros de guerra fueron mucho más

4 Después del rodaje, Robert de Niro dijo que este había sido el papel que más le había agotado físicamente hasta la fecha.

5 La revista *Newsweek* publicó: «Una de las secuencias más aterradoras e insoportablemente tensas jamás filmadas, y la excoriación más brutal de la violencia en la historia de la gran pantalla».

6 Condecoraciones ganadas, pero casi todo perdido: al regresar, Michael visita a su amor secreto, la esposa de su amigo Nick.

frecuentes en los campamentos del ejército de EE. UU. La controversia por una película supuestamente racista acabó provocando un escándalo en el Festival de Cine de Berlín de 1979, cuando primero la Unión Soviética y después todos los países de la Europa del Este retiraron a sus participantes.

Pero Cimino no se centra para nada en un comentario político sobre la guerra de Vietnam. Su película es más bien la historia del desarraigo de lo que fue un hogar y la destrucción de todo lo que posibilitó la amistad. Al principio de *El cazador,* Cimino deja casi una hora para los rituales de los amigos Michael y Nick. Cómo trabajan por última vez en los altos hornos, cómo beben con sus compañeros en la pequeña comunidad donde viven sobre todo inmigrantes bielorrusos. Cómo celebran alegremente la boda de Steven tras la ceremonia ortodoxa rusa, antes de luchar en Vietnam. Una vez más, los amigos van de caza a las montañas de Pennsylvania, el mundo natural opuesto

«No puede haber disputas sobre la interpretación. De Niro, John Savage en el papel de compañero de Clairton que va a la guerra y Meryl Streep como mujer que queda atrás: todos son primeros actores extraordinariamente en forma.» *Time Magazine*

al sucio lugar de la fundición de acero. La ambición de cazador de Michael de abatir un ciervo de un solo disparo cambiará con la experiencia de Vietnam. Llegará al extremo de que, tras su regreso en la tercera parte de la película, tendrá dificultades para reencontrar su patria. Porque falta algo y porque ha hecho una promesa. Por eso parte de nuevo, a buscar a Nick a Saigón. Al final, el pequeño grupo del funeral entona el himno *God bless America* en la taberna, pero lo canta de un modo que es cualquier

cosa menos triunfal. Son personas heridas las que se han reunido allí, todas han perdido algo: el amigo, el cuerpo ileso, la familiaridad con algo y la confianza en algo. La culpa es de EE. UU. y, sin embargo, ésa es su patria, su identidad. Este desconcierto, esta contradicción es lo que Cimino refleja en *El cazador,* y proporciona una descripción exacta, delicada y con una excelente fotografía del estado de la sociedad estadounidense después de Vietnam.   NM

EL TAMBOR DE HOJALATA ⚊

LE TAMBOUR

1979 - RFA / FRANCIA / POLONIA /
YUGOSLAVIA - 145 MIN.

DIRECTOR

VOLKER SCHLÖNDORFF (n. 1939)

GUION

JEAN-CLAUDE CARRIÈRE, VOLKER SCHLÖNDORFF
y FRANZ SEITZ, basado en la novela homónima de GÜNTER GRASS

DIRECTOR DE FOTOGRAFÍA

IGOR LUTHER

MONTAJE

SUZANNE BARON

BANDA SONORA

MAURICE JARRE y FRIEDRICH MEYER

PRODUCCIÓN

FRANZ SEITZ y ANATOLE DAUMAN para BIOSKOP FILM,
ARTÉMIS PRODUCTIONS, ARGOS FILMS y HALLELUJAH FILMS

REPARTO

DAVID BENNENT (Oskar Matzerath), ANGELA WINKLER (Agnes Matzerath),
MARIO ADORF (Alfred Matzerath), DANIEL OLBRYCHSKI (Jan Bronski),
KATHARINA THALBACH (Maria), HEINZ BENNENT (Greff), ANDRÉA FERRÉOL (Lina Greff),
CHARLES AZNAVOUR (Sigismund Markus), MARIELLA OLIVERI (Roswitha),
ILSE PAGÉ (Gretchen Scheffler) y OTTO SANDER (músico Meyn)

PREMIOS DE LA ACADEMIA DE 1979

ÓSCAR a la MEJOR PELÍCULA EXTRANJERA

FESTIVAL DE CINE DE CANNES DE 1979

PALMA DE ORO (Volker Schlöndorff)

Der Film
nach dem Roman
von Günther Grass
Die Blechtrommel
Ein Film von
Volker Schlöndorff
Im Verleih UIP

«Veo la luz de este mundo en una bombilla de 60 vatios.»

Comienza en un campo de patatas y acaba en otro. «Empiezo mi historia mucho antes de mí mismo», dice la voz en *off* del narrador, y describe los acontecimientos que conducen al engendramiento de su madre. Un hombre huye de la policía, una campesina le brinda refugio debajo de su ancha falda y ¡zas!, ocurre. Con Oskar, el narrador, sucede algo igual de curioso: su cariñosa madre Agnes (Angela Winkler) está casada con el zafio y escandaloso abacero Alfred Matzerath (Mario Adorf) y ama al delicado polaco Jan Bronski (Daniel Olbrychski). En esta «trinidad», es engendrado Oskar. Tal y como la madre le prometió al nacer, cuando Oskar cumple tres años recibe de regalo un tambor de hojalata. Y toma una importante decisión: por asco a los adultos, que se emborrachan, y no paran de comer y vociferar, Oskar decide seguir siendo pequeño. Se tira por las escaleras del sótano y deja de crecer. Los 18 años siguientes, pasa por la vida con el cuerpo de un niño de tres años y un tambor de hojalata colgando del cuello. Y quien quiere quitárselo nota el poder del pequeño Oskar: grita y todos los cristales se rompen en pedazos.

Oskar no es un niño normal. Puede pensar y tomar decisiones desde su nacimiento. Y, desde su nacimiento, es un automarginado. *El tambor de hojalata* presenta un panorama opulento de la historia polaco-alemana vista a través de los ojos de un marginado. Este panorama abarca desde 1899 hasta 1945, desde la convivencia pacífica de alemanes y polacos en Danzig, pasando por el ataque alemán a la ciudad, y hasta la huida de Oskar hacia el Oeste (a quien la cámara sigue en la imagen final desde el campo de patatas). La gran política se aprecia siempre en las pequeñas cosas, como cuando un retrato de Ludwig von Beethoven debe ceder su sitio a uno de Hitler. Oskar no toma partido por nadie, se mantiene al margen. Una vez, provoca el desconcierto en un mitin nazi con su

VOLKER SCHLÖNDORFF Con un reparto ideal para la adaptación de *El tambor de hojalata* (1979), *Die Zeit* dijo sobre el director Volker Schlöndorff: «junto a Fassbinder sin duda el artesano cinematográfico más perfecto de Alemania, pero no un director cuyas películas se puedan sumar en un estilo Schlöndorff inconfundible». Sin embargo, la mayoría sí pueden reunirse bajo un lema: adaptación literaria.

Schlöndorff (n. 1939) aprendió el oficio en el París de los existencialistas y de la *nouvelle vague*. Fue ayudante de Jean-Pierre Melville y de Louis Malle hasta que en 1966 rodó *El joven Torless*, basándose en una narración de Robert Musil. A este autor, le siguieron otros grandes nombres de la literatura, cuyas obras fueron llevadas a la pantalla por Schlöndorff: Heinrich von Kleist con *El rebelde* (1969), Marcel Proust con *Un amor de Swann* (1983), Arthur Miller con *Muerte de un viajante* (1985). En la década de 1970 se ocupó cada vez más del momento político y rodó con Margarethe von Trotta, su esposa en aquella época, *El honor perdido de Katharina Blum* (1975), basado en la obra de Heinrich Böll. Como trabajo colectivo de diversos directores, entre los que se contaron Alexander Kluge y Rainer Maria Fassbinder, surgió *Alemania en otoño* (1977-1978), un filme sobre el ambiente en ese país tras el secuestro de Hanns Martin Schleyer por terroristas de la RAF. Schlöndorff volvió a ese mismo tema en 1999 con el drama *El silencio tras el disparo,* que narra la historia de ex terroristas ocultados en la República Democrática Alemana.

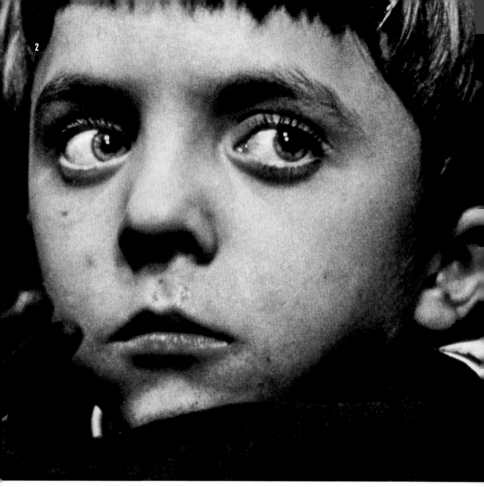

1 El día que cumple tres años, Oskar Matzerath (David Bennent) recibe un tambor de hojalata como regalo…

2 … y por repugnancia hacia el mundo de los adultos decide dejar de crecer a partir de ese momento.

3 El padre núm. 1 de Oskar, el abacero Alfred Matzerath (Mario Adorf), es un ferviente admirador de Hitler.

«Schlöndorff ha buscado conscientemente una forma narrativa sencilla. Se eliminaron fragmentos enteros, y aun así, me da la impresión de que ha conseguido arrojar una luz diferente a toda la historia.» *Günter Grass en: Sequenz*

tambor, y sigue tocando hasta que todos se balancean al ritmo del vals *El Danubio azul:* una escena que recuerda la rivalidad entre *La Marsellesa* y el himno alemán *Die Wacht am Rhein* en *Casablanca* (1942). Otra vez, se deja llevar por los nazis: ha descubierto almas afines en un circo, enanos que actúan en él de payasos y después en la asistencia a las tropas. Oskar se les une y pronto llevará también uniforme nazi.

La narración literaria es tan intermitente y episódica como tornasolada es su versión cinematográfica. La adaptación de la novela, publicada en 1959 por el Premio Nobel de Literatura Günter Grass, es una farsa frenética, una pantomima hecha con unas ganas desbordantes de contar fábulas. Por eso, a veces la película es naturalista (como en la inolvidable escena en la que se pescan anguilas con la cabeza de un caballo), a veces grotesca (la mirada de Oskar a través del útero), y a veces cómica (cuando persiguen por los sembrados al abuelo de Oskar en imágenes gesticulantes del cine mudo).

Este imponente mosaico se une a las reflexiones impertinentes de la voz en *off* de Oskar. El intérprete del protagonista es quizás el mayor golpe de suerte de la película. Durante los preparativos para la filmación de la «más inadaptable de las novelas» (según el periódico alemán *Die Zeit)*, a Volker Schlöndorff le llamaron la atención sobre David Bennent, que entonces tenía 12 años. El hijo del renombrado actor Heinz Bennent sufría un trastorno de crecimiento. Él hizo que Oskar irradiara una enorme

«Una pintura al fresco muy alemana, la historia del mundo vista y vivida desde abajo: enormes imágenes espectaculares ligadas por el diminuto Oskar.»

Volker Schlöndorff en: Die Blechtrommel – Tagebuch einer Verfilmung

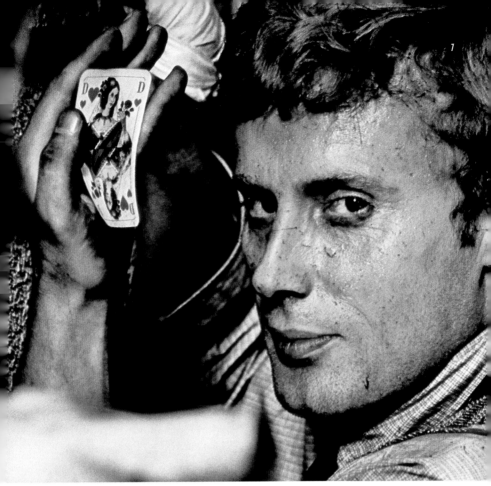

4 Polvos efervescentes en el ombligo: Oskar tiene su primera experiencia erótica con la criada Maria (Katharina Thalbach).

5 Con el redoble de su tambor y sus gritos, Oskar entorpece el encuentro

íntimo de los jueves de su madre con Jan.

6 Por fin alguien de la misma altura: Oskar se enamora de la liliputiense Roswitha (Mariella Oliveri).

7 Comodín salvaje: aparte de jugador y donjuán, Jan Bronski (Daniel Olbrychski) es también un anti-fascista.

seriedad y profundidad. Schlöndorff quedó tan entusiasmado con David Bennent que decidió no llevar a la pantalla la parte del libro que transcurre después de 1945 para no tener que dar a otro actor el papel de un Oskar adulto. En la década de 1980, Schlöndorff escribió el guion de la segunda parte, aunque nunca se realizó.

En 1979, *El tambor de hojalata* ganó la Palma de Oro de Cannes junto a *Apocalypse Now* (1979) y recibió el Óscar a la mejor película extranjera. En 1997, se añadió un nuevo capítulo a la historia de su recepción qwue, en su absurdidad, encaja de lleno en el tono de la película: un juez de Oklahoma mandó confiscar las cintas de vídeo de *El tambor de hojalata* porque consideró obscena la película, ya que mostraba relaciones sexuales con una persona menor de 18 años.

HJK

MAD MAX

1979 - AUSTRALIA - 93 MIN.

DIRECTOR
GEORGE MILLER (n. 1945)

GUION
JAMES MCCAUSLAND y GEORGE MILLER

DIRECTOR DE FOTOGRAFÍA
DAVID EGGBY

BANDA SONORA
BRIAN MAY

MONTAJE
TONY PATERSON y CLIFF HAYES

PRODUCCIÓN
BYRON KENNEDY para MAD MAX FILMS,
KENNEDY MILLER PRODUCTIONS y CROSSROADS

REPARTO
MEL GIBSON (Max Rockatansky), JOANNE SAMUEL (Jessie Rockatansky),
HUGH KEAYS-BYRNE (Cortauñas), STEVE BISLEY (Jim Goose),
ROGER WARD (Fifi Macaffee), TIM BURNS (Johnny), VINCENT GIL (Jinete Nocturno),
GEOFF PARRY (Bubba Zanetti), DAVID BRACKS (Mudguts) y PAUL JOHNSTONE (Cundalini)

«¡Lo has visto!...
¡Lo has oído!...
¿Y todavía preguntas?»

Después de que uno de sus compañeros haya sido quemado vivo por una banda de motoristas, el policía Max Rockatansky (Mel Gibson) le explica a su esposa Jessie (Joanne Samuel) que intenta encontrarle algún sentido al asunto. Pero le resulta imposible.

Max no está solo en su perplejidad. De hecho, la producción de bajo presupuesto del director australiano George Miller tampoco da ninguna explicación a los espectadores sobre la «guerra» que se disputa abiertamente entre motoristas y policías. Una imagen insertada al principio de la película define lapidariamente el lugar y el tiempo de la acción: «en algún lugar del futuro cercano». Una placa en una carretera polvorienta anuncia que se encuentran en la Anarchie Road; otro cartel muestra el número de los que allí han perdido la vida recientemente. Y entonces se pone en marcha también una salvaje persecución entre el

Jinete Nocturno (Vincent Gil), que se califica a sí mismo de máquina suicida a gasolina, y los guardianes de la ley, que parecen divertirse al menos tanto como el pandillero psicópata con la carrera mortal por la carretera desierta. Después de diversas acrobacias espectaculares y media docena de choques, el motorista se queda literalmente en el camino: al final hay un obstáculo de más en la carretera.

La lógica tampoco tiene demasiado papel en la historia del «interceptor» Max, cansado de su trabajo (corta el camino en la carretera a los canallas), que se transforma en un vengador sin piedad cuando una banda dirigida por el Cortauñas (Hugh Keays-Byrne) asesina a su mujer y a su hijo: los contrincantes nunca se buscan y, sin embargo, siempre se encuentran.

Si el argumento de *Mad Max* podría derivar de un *western* de venganza de la década de 1950, los escenarios

ACROBACIAS Con toda seguridad, *Mad Max* (1979) no es una de esas películas que cautivan al público con complejos retratos de personajes o profundidad filosófica. Sin embargo, incluso los enemigos más vehementes del filme tuvieron que reconocer el soberano dominio de las formas de expresión cinematográficas del director George Miller y la virtuosidad técnica de las acrobacias coordinadas por Grant Page, cuya perfección circense, exhibida como valor visual, remite en último lugar al origen del cine: las ferias y los espectáculos de vodevil donde servían los primeros proyectores y cinematógrafos servían a todo el mundo distracción sin pretensiones. Al principio, los acróbatas (al menos en el cine de EE.UU.) eran simples extras o figurantes conscientes de que sus oportunidades de ser contratados aumentaban si podían ofrecer habilidades que no dominaba cualquiera. Por eso, en el mundo de la división del trabajo en el cine se desarrolló rápidamente una profesión que pronto implicó no solo a los dobles de los actores en las situaciones peligrosas, sino también la coordinación (y puesta en escena) de las secuencias de acción. Jamás se demandó un arrojo especial, más bien al contrario: el coordinador de acrobacias se centra sobre todo en la perfección técnica y en minimizar los riesgos: después de todo, una toma echada a perder puede costarle mucho dinero a la productora, y a los especialistas, incluso la vida.

3

1 La carretera es el campo de batalla, donde muchos se vienen abajo.

2 Max (Mel Gibson), en el suelo en la imagen, emprende una lucha despiadada y vengativa contra los asesinos de su familia.

3 Un motero haciendo su trabajo: la violencia carece de sentido.

4 No son moralistas: los compañeros policías de Max.

5 Fuera de la carretera: la película *Mad Max* muestra escenas de acción vertiginosa.

y los personajes parecen estilizados como en un cómic, los protagonistas hablan en bocadillos memorables y su motivación es el placer del movimiento.

Con ello, *Mad Max* se encuentra en cierto modo en el final del trayecto de una serie de películas como *Easy Rider. En busca de mi destino* (1969), de Dennis Hopper, y *Punto límite: cero* (1970), de Richard C. Sarafian, que a principios de la década entendían el coche y/o la moto como expresión de libertad individual. Pero ya en *Carretera asfaltada en dos direcciones* (1970), el director Monte Hellman señaló la obsesión de sus héroes por el motor como parte de un deterioro de la comunicación; en *Mad Max,* a los protagonistas solo les queda la violencia sin sentido.

No obstante, todo esto no debe entenderse como crítica social: la película conoce el tirón comercial de la acción y la violencia, y las exhibe como el punto culminante,

compuesto con habilidad, de la trama: un producto susceptible de ser explotado.

Aun así, George Miller apenas escenifica la violencia contra las personas al componer las imágenes, donde los aspectos de contenido están en un primer plano (una vez le arrancan un brazo a un motorista). Por lo general, la impresión de enorme violencia de la película surge del montaje dinámico. Los detalles más atroces se dejan a la imaginación del espectador: en la escena en que los motoristas matan a la familia de Max, se ve a Jessie corriendo con el niño en medio de la carretera; al fondo, los pandilleros se acercan rápidamente con sus motos. En la siguiente toma, ya han pasado rugiendo junto a la cámara, y solo un zapato volando permite adivinar el destino de Jessie. Asimismo, cuando Max, que llega demasiado tarde, aparece por fin en la escena, la cámara se

queda en un plano general: en la lejanía, se le ve desmo-
ronarse en la carretera junto a los cadáveres.

En el papel de Max debutó un actor por entonces
completamente desconocido: la producción no podía ni
quería permitirse una gran estrella. Pero la película concedió a su héroe una primera salida a escena sumamente
interesante: Miller montó tomas de las botas y los guantes
de Max, el uniforme de cuero y las gafas de sol creando así
la imagen típica de un policía frío. El rostro no se ve hasta
mucho después, y casi resulta una sorpresa descubrir de
repente la cara de aspecto aún juvenil de Mel Gibson. LP

«*Mad Max* es un *western.* Tiene el mismo argumento, pero, en vez montar a caballo, montan motos y coches. La gente dice que el *western* está muerto, pero no lo está, se ha convertido en cine de acción con coches.» *George Miller en: Cinema Papers*

APOCALYPSE NOW ♟♟

1979 - EE. UU. - 153 MIN.

DIRECTOR
FRANCIS FORD COPPOLA (n. 1939)

GUION
JOHN MILIUS, FRANCIS FORD COPPOLA y MICHAEL HERR
(comentarios en off), inspirado en la narración *El corazón de
las tinieblas* de JOSEPH CONRAD

DIRECTOR DE FOTOGRAFÍA
VITTORIO STORARO

MONTAJE
LISA FRUCHTMAN, GERALD B. GREENBERG,
RICHARD MARKS y WALTER MURCH

BANDA SONORA
CARMINE COPPOLA, FRANCIS FORD COPPOLA
y THE DOORS (canción: *The End*)

PRODUCCIÓN
FRANCIS FORD COPPOLA para ZOETROPE STUDIOS

REPARTO
MARLON BRANDO (coronel Walter E. Kurtz), ROBERT DUVALL (teniente coronel
William Kilgore), MARTIN SHEEN (capitán Benjamin L. Willard),
FREDERIC FORREST (Jay Hicks Chef), ALBERT HALL (jefe Phillips),
SAM BOTTOMS (Lance B. Johnson), LAURENCE FISHBURNE (Tyrone Miller Clean),
DENNIS HOPPER (fotógrafo de prensa), G. D. SPRADLIN (general R. Corman)
y HARRISON FORD (coronel G. Lucas)

PREMIOS DE LA ACADEMIA DE 1979
ÓSCAR a la MEJOR FOTOGRAFÍA (Vittorio Storaro) y al MEJOR SONIDO
(Walter Murch, Mark Berger, Richard Beggs y Nathan Boxer)

FESTIVAL DE CANNES DE 1979
PALMA DE ORO (Francis Ford Coppola)

«Me encanta el olor del napalm de buena mañana.»

Vietnam, 1969. El capitán Willard recibe la misión secreta de localizar y matar al coronel Kurtz (Marlon Brando), un condecorado oficial del ejército de EE.UU. Y es que Kurtz, que se ha vuelto loco, elude el control de sus superiores y tiene a su mando, en la región despoblada más allá de la frontera camboyana, un ejército de nativos, vietnamitas del sur y soldados en desbandada de EE.UU., a los que moviliza arbitrariamente en campañas militares mortales. Willard emprende la búsqueda. Remonta un río en plena selva a bordo de una patrullera. Y cuanto más se adentra en la selva, cuanto más se acerca a Kurtz, más parece que el horror de la guerra se adueña de él y de sus cuatro acompañantes.

Ninguna otra película de la década de 1970 ha atraído tanto la atención ya desde antes de su estreno como *Apocalypse Now* de Francis Ford Coppola, quien fue el primero en atreverse a realizar una gran producción sobre la guerra de Vietnam. Y lo hizo con una independencia francamente categórica. Su propia productora, American Zoetrope, financió el filme y, por lo tanto, *Apocalypse Now* se creó sin el apoyo ni la intromisión del Pentágono, obligatorios hasta la actualidad en el cine bélico de EE.UU. Después, Coppola afirmó que al principio había querido rodar una película de acción lucrativa. En lugar de eso, el proyecto se convirtió en una pesadilla inaudita, no solo desde el punto de vista económico, para el director premiado por *El Padrino* (1972).

Por tener un clima parecido al de Vietnam, Coppola decidió rodar la película en Filipinas, algo que ya desde un principio prometía aventuras, puesto que allí no existía la infraestructura necesaria. Así, por ejemplo, el equipo militar se tuvo que conseguir mediante un trato con el dictador Marcos, que en esa misma época dirigía una guerra civil contra rebeldes comunistas. Esto provocó que de vez en cuando se recibiera la orden de que los helicópteros abandonaran el rodaje a corto plazo para entrar en acción en la guerra real. Las circunstancias adversas también hicieron que fuera difícil conseguir

FRANCIS FORD COPPOLA Francis Ford Coppola nació en 1939 y creció en un barrio privilegiado de las afueras de Nueva York. Su padre Carmine, músico y compositor, crearía posteriormente la música de algunas de sus películas. Coppola estudió primero teatro en la Hofstra University y después cine en la UCLA. Al mismo tiempo, trabajó de ayudante de dirección con Roger Corman, quien también produjo su primer largometraje *Dementia 13* (1963). Ya a los 31 años tuvo su primer gran éxito al ser premiado con un Óscar por el guion de *Patton* (1969). Poco después se hizo famoso en todo el mundo como cineasta y se convirtió en el «niño prodigio» del nuevo Hollywood: la saga de la mafia *El padrino* (1972) se erigió en uno de los mayores éxitos cinematográficos de todos los tiempos y ganó tres Óscar, entre ellos, el de mejor película. Un éxito que aún sería superado por *El padrino II* (1974), puesto que el film se llevó seis premios de la Academia, entre ellos, el de mejor director. Entre una y otra película, Coppola había rodado el excelente *thriller* de escuchas *La conversación* (1974), que fue galardonado en Cannes con la Palma de Oro a la mejor película. En 1976, Coppola empezó a trabajar en su film sobre Vietnam *Apocalypse Now* (1974), que él mismo producía y que lo llevaría al borde de la ruina. Pero al cabo de casi cuatro años el director triunfó de nuevo. La película ganó la Palma de Oro y dos Óscar, y se recuperó de los inmensos gastos. En cambio, el romance *Corazonada* (1981) hizo que el director y su productora American Zoetrope contrajeran incontables deudas. Con las películas que realizó desde entonces, como *Cotton Club* (1984) o *El padrino III*, Coppola no consiguió repetir sus grandes éxitos de la década de 1970.

2

1 Buda perverso: Marlon Brando volvió a crear historia con su papel de coronel Kurtz. La estrella no aparece hasta el final de la película como soberano grasiento y filósofo de un régimen brutal en la selva.

2 Discusión sobre el coronel Kurtz: el capitán Willard (Marteen Sheen) y el fotógrafo (Dennis Hopper).

3 Coppola filmó *Apocalypse Now* en Filipinas. Entre otros medios, se utilizaron helicópteros que abandonaron brevemente la guerra real para intervenir en la película.

> **«Vietnam fue la guerra televisiva por definición; ningún otro conflicto militar de la época moderna se ha mostrado con tanta profusión, y, sin embargo, en cierto modo, a uno le parece estar viendo esa guerra por primera vez.»** *Frankfurter Allgemeine Zeitung*

estrellas para el proyecto. Y, luego, tres semanas después de que Harvey Keitel asumiera el papel de Willard, lo sustituyeron por el casi desconocido Martin Sheen porque la interpretación expresiva de Keitel no se correspondía con las ideas de Coppola, que tenía en mente un protagonista más pasivo. Fue este un error caro, pero nada grave si lo comparamos con lo que vendría después: un tifón devastador que destruyó las costosas escenografías, el ataque al corazón casi mortal de Martin Sheen, la dificultad de trabajar con el excéntrico y voluminoso Brando y, sobre todo, los problemas que comportaron los

constantes cambios de guion de Coppola provocaron que se tuvieran que interrumpir los trabajos varias veces y que el rodaje se alargara de cuatro a 15 meses. El presupuesto de 16 millones de dólares se agotó muy pronto y Coppola, próximo al colapso físico y psíquico, se vio obligado a hipotecar su finca particular para poder reunir otra vez la misma cifra. La prensa barruntó un inmenso desastre. Sin embargo, después de que la post producción consumiera otros dos años y a pesar de la distinta repercusión que tuvo en la crítica, la película acabó siendo un éxito de taquilla, aunque entre tanto muchas otras

películas habían llevado a la pantalla el tema de la guerra de Vietnam.

La fama de *Apocalypse Now* no se puede separar de las espectaculares circunstancias de su realización. Algunos (incluso Coppola) han visto en ellas una analogía con el «Vietnam» real. Aún más interesante es la tenacidad con que Coppola se va desligando en la película de la estética del realismo externo que suele imperar en el género del cine bélico. A la guerra de Vietnam, se la ha calificado a menudo de «psicodélica». Coppola y el director de fotografía Vittorio Storato trasladan ese concepto a las imágenes de un modo brillante. El viaje por el río de Willard, inspirado en la narración *El corazón de las tinieblas* de Joseph Conrad, es a ojos vista un viaje a su propio yo, a sus abismos interiores. Así pues, las distintas paradas del viaje adoptan visualmente un carácter cada vez más irreal y onírico. Al principio aparece el encuentro de Willard con el teniente coronel Kilgore (Robert Duvall), un fanático del surf que, con su escuadra de helicópteros y al ritmo de la *Cabalgata de las valquirias* de Wagner, provoca una matanza en una aldea vietnamita, porque allí, en la playa, hay olas perfectas. En este punto, Willard aún parece un simple espectador en un espectáculo que Coppola escenifica irónicamente al estilo de un ataque de la caballería en el Salvaje Oeste. Una sátira furibunda que utiliza con maestría algunas convenciones estéticas para sus fines.

4

4 El largo viaje río adentro es una metáfora del abandono de la civilización.

5 El coronel Kurtz ha perdido todo
rasgo de humanidad. El capitán
Willard acepta el papel que le corresponde y ejecuta al viejo Dios.

«Lo irracional determina en todas partes el panorama; la guerra y sus militares generalmente parecen figuras de una fantasía alucinógena, todo tiene un no sé qué de enfermizo, algo que Coppola ha sabido trasladar a la pantalla con los medios técnicos más modernos.» *Der Tagesspiegel*

El viaje de Willard concluye en el reino de los muertos sangriento y extraño de Kurtz. Una fantasía infernal exótica y
multicolor que irradia una teatralidad obscena en medio
de la jungla. Kurtz, personaje al que Brando presta la figura de un Buda perverso, reside en un templo oscuro y,
cuando recibe a Willard, ambos se unen en la sombra. En
el destino del viaje, en el corazón de las tinieblas, lo bueno
y lo malo ya no se distinguen, y Willard se ha deshecho de
todo distanciamiento. Kurtz se ha convertido en parte de él.
Y, cuando Willard lo mata finalmente en una especie
de ritual arcaico, se alude a aquel núcleo oscuro del interior del ser humano, que ningún proceso de civilización

conseguirá suprimir jamás (en última instancia, la esencia
a la que se puede reducir cualquier guerra, da igual con
qué medios se dirija).

En el año 2001, Coppola llevó a los cines una versión
unos 49 minutos más larga de su película, con el título de
Apocalypse Now redux. Contiene algunas secuencias que
fueron víctimas del montaje en la versión antigua y, según
Coppola, responde mucho más a sus intenciones originales.
Si bien la versión *redux* es sin duda algo más compleja, no
implica ninguna modificación ni mejora fundamentales
respecto a la primera versión del filme.

JH

TORO SALVAJE ♟♟

RAGING BULL

1980 - EE. UU. - 129 MIN.

DIRECTOR

MARTIN SCORSESE (n. 1942)

GUION

PAUL SCHRADER, MARDIK MARTIN, basado en la autobiografía
de JAKE LA MOTTA, con la colaboración de JOSEPH CARTER y PETER SAVAGE

DIRECTOR DE FOTOGRAFÍA

MICHAEL CHAPMAN

MONTAJE

THELMA SCHOONMAKER

BANDA SONORA

PIETRO MASCAGNI (*Cavalleria Rusticana*) y diversas canciones
con arreglos de ROBBIE ROBERTSON

PRODUCCIÓN

ROBERT CHARTOFF y IRWIN WINKLER para
CHARTOFF-WINKLER PRODUCTIONS y UNITED ARTISTS

REPARTO

ROBERT DE NIRO (Jake La Motta), CATHY MORIARTY (Vickie La Motta),
JOE PESCI (Joey La Motta), FRANK VINCENT (Salvy),
NICHOLAS COLASANTO (Tommy Como), THERESA SALDANA (Lenore La Motta),
MARIO GALLO (Mario), FRANK ADONIS (Patsy), JOSEPH BONO (Guido)
y FRANK TOPHAM (Toppy)

PREMIOS DE LA ACADEMIA DE 1980

ÓSCAR al MEJOR ACTOR (Robert de Niro)
y al MEJOR MONTAJE (Thelma Schoonmaker)

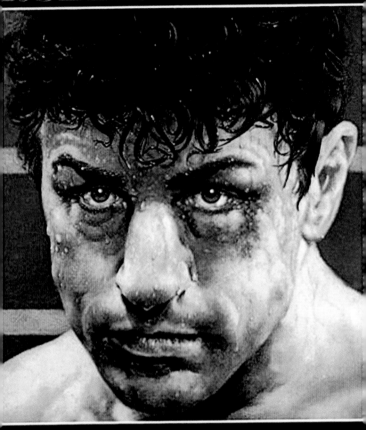

ROBERT DE NIRO

"RAGING BULL"

A ROBERT CHARTOFF·IRWIN WINKLER PRODUCTION
ROBERT DE NIRO
in A MARTIN SCORSESE PICTURE
"RAGING BULL"
Produced in association with PETER SAVAGE   Screenplay by PAUL SCHRADER and MARDIK MARTIN
Based on the book by JAKE LA MOTTA with JOSEPH CARTER and PETER SAVAGE
Director of photography MICHAEL CHAPMAN
Produced by IRWIN WINKLER and ROBERT CHARTOFF   Directed by MARTIN SCORSESE
Read the Bantam Book

United Artists

«¡No pudiste conmigo, Ray!»

A principios de los años cuarenta, Jake La Motta (Robert de Niro) es uno de los mejores boxeadores de peso medio del mundo. Es «el toro del Bronx», famoso por sus cualidades casi inhumanas de parar golpes y temido por sus ataques imprevisibles. No es, en absoluto, un estilista, sino un golpeador brutal, cuya fuerza concuerda con una agresividad muy arraigada que no puede reprimir ni fuera del *ring*. Algo que sobre todo nota la esposa de Jake, pero también su hermano y apoderado Joey (Joe Pesci). Incluso frente a los mafiosos de Little Italy, Jake se comporta con poca diplomacia y, por eso, durante mucho tiempo se le impide un gran combate por el título. El boxeador encuentra a Vickie (Cathy Moriarty), una belleza rubia que, aunque solo tiene 15 años, ya se codea con los gánsteres de Hell's Kitchen. Jake se divorcia y se casa con ella. Pero ni aun así se calma. Al contrario. Aterroriza a su entorno con

sus ataques de celos, cada vez más furiosos. Así es que el ocaso de Jake se anuncia ya cuando, en 1949, por fin le permiten combatir por el título de campeón.

La adaptación cinematográfica de la autobiografía de Jake La Motta fue durante años un proyecto acariciado por Robert de Niro. Ya durante el rodaje de *Alicia ya no vive aquí* (1974), intentó entusiasmar a Martin Scorsese con el proyecto. Sin éxito en aquella época, De Niro no cejó en su empeño. Lanzó una segunda embestida cuando, después del desastre de *New York, New York* (1977), Scorsese yacía en el hospital muy derrotado física y psíquicamente. Esta vez, el director quedó fascinado con el argumento. En la vida autodestructiva de La Motta, descubrió entonces la posibilidad de plasmar algunas experiencias propias. Así pues, la película no narra tanto la carrera de un boxeador (los combates ocupan comparativamente poco

---

MICHAEL CHAPMAN Antes de convertirse en uno de los directores de fotografía más demandados de EE. UU. a mediados de la década de 1970, Michael Chapman (Nueva York, 1935) trabajó de operador de cámara con Gordon Willis, cuyo «clasicismo» tuvo, según Chapman, una influencia importante en su propio trabajo. Entre las películas en las que participó en aquella época se cuentan el *thriller* de Alan J. Pakula *Klute* (1971) y el filme de Coppola *El Padrino* (1972). En 1973, Chapman fue por primera vez director de fotografía en la tragicomedia de Hal Ashby *El último deber*. Le siguió un filme sobre el Ártico, *The White Dawn* (1974), la primera de las cuatro películas que hasta ahora ha rodado Chapman para Philip Kaufman. En *Tiburón* (1975) de Spielberg, volvió a participar como operador, antes de experimentar su éxito definitivo con otra película legendaria de los años setenta, *Taxi driver* (1974) de Martin Scorsese, en la que consiguió trasladar de un modo asombroso la atmósfera amenazadora del cine negro a una película en color. Chapman demostró que también era un maestro de la imagen en blanco y negro en otro filme de Scorsese, *Toro salvaje* (1980), por el que obtuvo por primera vez una candidatura al Óscar, y también lo haría el año siguiente en el tierno homenaje al cine negro de Carl Reiner *Cliente muerto no paga* (1981). En los años siguientes, Chapman pudo ratificar su buena fama, aunque no volvió a despertar mayor atención hasta 1993, cuando consiguió su segunda candidatura al Óscar por *El fugitivo*. A Chapman se le puede ver de vez en cuando interpretando pequeños papeles en alguna película y, desde 1963, también dirige sus propios filmes, aunque hasta ahora no ha conseguido la misma importancia que como director de fotografía.

«Puse todo lo que sabía y sentía en esta película, y pensé que sería el final de mi carrera. A esta forma de hacer cine la llamo "kamikaze": dalo todo, luego olvídalo y empieza una nueva vida.»

Martin Scorsese

3

1   El martirio del boxeador: *Toro salvaje* capta la brutalidad despiadada de los combates a la distancia más corta.

2   Para poder interpretar de un modo convincente a Jake La Motta, el *toro del Bronx*, Robert de Niro se sometió a entrenamientos de boxeo durante meses e incluso disputó algunos combates *amateurs*. Con éxito: el papel le comportó un Óscar.

3   Joe Pesci (izquierda) aún trabajó al lado de Robert de Niro en dos obras maestras más de Martin Scorsese: *Uno de los nuestros* (1989) y *Casino* (1995).

espacio) como la historia de un hombre que sufre su existencia, que se arruina a sí mismo y que procede del ambiente de inmigrantes italianos que Scorsese tan bien conocía de su propia infancia.

Para De Niro, *Toro salvaje* significó el gran desafío de su carrera. En el papel de Jake La Motta, sondea a fondo los límites de la interpretación: y resulta a la vez fascinante y espantosa la manera tan convincente con que De Niro presta una presencia física a la violencia que La Motta dispensa a los demás y a sí mismo. Para poder interpretar de una manera creíble las escenas de los combates, se entrenó durante meses (en parte recibió instrucciones personales de La Motta), e incluso disputó algunos combates. Pero lo que se convirtió en leyenda fue que De Niro engordó más de 25 kilos para encarnar a un La Motta

envejecido, que actuaba por los clubes nocturnos haciendo de animador gordo destronado.

Tan sobresalientes como la interpretación de De Niro, premiada con un Óscar, y el trabajo de los actores en general son las cualidades formales de la película, el sonido retocado y el montaje, pero, sobre todo, la excelente fotografía en blanco y negro de Michael Chapman, que capta la vida privada del boxeador con la sobriedad despiadada del neorrealismo italiano y de los «semidocumentales» de los años cuarenta. La cámara suele quedarse inmóvil ante los estallidos de violencia de La Motta. Comprimido en el encuadre, parece entonces un animal encerrado en una jaula, tan incapaz de arreglárselas con la falta de espacio como de liberarse de ella. Las frustraciones que atormentan a Jake se transmiten en esas imágenes de un modo

4 Celos enfermizos: la misma brutalidad que en el cuadrilátero determina cada vez más la relación entre Jake y su esposa Vicky (Cathy Moriaty).

5 Legendario: Robert de Niro engordó 25 kilos…

6 … para poder encarnar al brutal ex campeón La Motta de forma creíble.

7 Martin Scorsese, también hijo de emigrantes italianos, escenifica con exactitud documentalista el ambiente italoamericano de las décadas de 1940 y 1950.

tan lastimoso que los combates de boxeo casi se presentan como una consecuencia necesaria de su vida. En las luchas se hace evidente la envergadura de su ruina moral. La cámara muestra muy de cerca y de un modo completamente hermético lo que sucede en el cuadrilátero, se acerca a la percepción subjetiva de La Motta. En primeros planos, los puños alcanzan el cuerpo y la cara, el sudor y la sangre salpican acompañados de un fondo acústico de golpes sordos que parecen salir de dentro. La violencia estalla en estas imágenes montadas a un ritmo vertiginoso que, al mismo tiempo, son de una intimidad inquietante. Es como si La Motta solo fuera capaz de manifestar lo más profundo de su ser en el *ring*. Un hombre solitario, para el que los golpes no son solo una compensación, sino también un medio para comunicarse.

JH

«Una obra maestra norteamericana, una fusión de género de Hollywood y de visión personal captada en imágenes y sonidos cinéticos, viscerales y más cercanos a la poesía que a la literatura barata.»

The Village Voice

FITZCARRALDO

1981 - REPÚBLICA FEDERAL ALEMANA - 158 MIN.

DIRECTOR

WERNER HERZOG (n. 1942)

GUION

WERNER HERZOG

DIRECTOR DE FOTOGRAFÍA

THOMAS MAUCH

MONTAJE

BEATE MAINKA-JELLINGHAUS

BANDA SONORA

POPOL VUH

PRODUCCIÓN

WERNER HERZOG y LUCKI STIPETIC para WERNER HERZOG
FILMPRODUKTION, PRO-JECT FILMPRODUKTION, FILMVERLAG DER AUTOREN y ZDF

REPARTO

KLAUS KINSKI (Brian Sweeney Fitzgerald, alias *Fitzcarraldo*), CLAUDIA CARDINALE (Molly),
JOSÉ LEWGOY (don Aquilino), MIGUEL ÁNGEL FUENTES (Cholo),
PAUL HITTSCHER (Paul Orinoco), HUEREQUEQUE ENRIQUE BOHORQUEZ (cocinero),
GRANDE OTHELO (jefe de estación) y PETER BERLING (director de ópera)

FESTIVAL DE CANNES DE 1982

PALMA DE PLATA al MEJOR DIRECTOR (Werner Herzog)

Klaus Kinski in
Fitzcarraldo
Der Film von Werner Herzog
KLAUS KINSKI
CLAUDIA CARDINALE
in »Fitzcarraldo«
mit JOSÉ LEWGOY · MIGUEL ANGEL FUENTES
PAUL HITTSCHER · HUEREQUEQUE ENRIQUE BOHÓRQUEZ
GRANDE OTHELO · PETER BERLING Kamera THOMAS MAUCH Musik POPOL VUH
Produziert von WERNER HERZOG und LUCKI STIPETIC
Eine Werner Herzog Filmproduktion mit der Pro-ject Filmproduktion
im Filmverlag der Autoren, München
FILMVERLAG DER AUTOREN

«¡Quiero mover una montaña!»

A comienzos del siglo XX se produce una especie de fiebre del oro en el Amazonas; en realidad es una fiebre del caucho, ya que el mercado de este producto se halla en pleno florecimiento. Y mientras los hombres de negocios de Iquito nadan en la abundancia, Fitzcarraldo (Klaus Kinski) sueña con construir una ópera en el corazón de la selva. Para los grandes empresarios de la ciudad, este no es sino otro de los descabellados planes del excéntrico irlandés. Sin embargo, tras consultar un viejo mapa, Fitzcarraldo tiene una idea para financiar su proyecto. A orillas de uno de los afluentes del Amazonas hay innumerables bosques gomeros que no pueden ser explotados porque unos rápidos intransitables impiden el acceso. El plan de Fitzcarraldo consiste en salvar los rápidos descendiendo por otro afluente vecino hasta un punto donde ambos ríos estén muy próximos y, entonces, recorrer la distancia entre los caudales arrastrando el barco por tierra. La aventura parece condenada al fracaso ya desde el principio cuando el protagonista pierde la práctica totalidad de la tripulación, que abandona el barco por miedo al ataque de los indios. Finalmente, Fitzcarraldo aplaca a los indígenas haciendo resonar en toda la selva música de Caruso con ayuda de un gramófono. Incluso cuando la lengua de tierra entre los dos afluentes resulta ser una escarpada colina en medio de la selva, Fitzcarraldo no se deja vencer por el desánimo. Con ayuda de los indios intenta lo imposible: salvar la montaña arrastrando el pesado vapor.

Fitzcarraldo nos cuenta la historia de una obsesión y parece ser también la obra de un hombre obsesionado. Aunque Werner Herzog ya había rodado con Klaus Kinski

WERNER HERZOG Werner Herzog es, junto con Rainer Werner Fassbinder, Wim Wenders y Volker Schlöndorff, uno de los directores más conocidos del nuevo cine alemán. Nació el 5 de septiembre de 1942 en Múnich y creció en una apartada zona rural. Formado en el cine como autodidacta, fundó su propia productora en 1963. Desde entonces ha escrito, dirigido y producido más de 60 películas y documentales. En el centro de su mundo cinematográfico se encuentran siempre personajes poco convencionales, marginados y automarginados de la sociedad, con los que Herzog simpatiza abiertamente. Las cinco películas que dirigió con Klaus Kinski como protagonista le valieron un gran reconocimiento internacional: *Aguirre, la cólera de Dios* (1972), *Nosferatu* (1978), *Woyzeck* (1979), *Fitzcarraldo* (1981) y *Cobra Verde* (1987). En 1999, Herzog rodó un documental en el que recapitula su poco usual relación con el excéntrico Kinski, *Mi enemigo íntimo*. Las películas rodadas en los últimos años fuera de su Alemania natal han granjeado a Werner Herzog mayor popularidad y reconocimiento, principalmente en EE. UU.

2

la obra *Aguirre, la cólera de Dios* (1972) en la selva peruana, las extremas condiciones en las que se llevó a cabo este segundo proyecto en la jungla —un documental de *Les Blank* titulado *El peso de los sueños* (1982) nos da una idea de lo duro que fue— son solo comparables a las de Coppola en el rodaje de *Apocalypse Now* (1979). Durante la filmación se produjeron todo tipo de catástrofes: desde el abandono de los dos personajes principales, Jason Robards y Mick Jagger, hasta el estallido de la guerra entre Perú y Ecuador, pasando por sequías e inundaciones,

mordeduras de serpientes y graves accidentes. Además, el director tuvo que soportar los terribles ataques de rabia de Kinski, que, según palabras del propio Herzog, eran tan violentos que un jefe indio se ofreció para matarlo. Herzog, que conocía el carácter impredecible y difícil de su protagonista y, por tanto, había previsto esta clase de problemas, no contó en un principio con él. Solo lo llamó cuando se hizo necesario sustituir a Jagger. Kinski resultaba, sin ninguna duda, ideal para el papel. Nadie tenía su particular carisma, el aura de un visionario solitario y casi

3

1 Ningún otro actor encarna la genialidad y la locura de forma tan convincente como Klaus Kinski.

2 La estrella y los extras: los indios brasileños consideraron perturbadora la presencia de Kinski en más de una ocasión.

3 No se trata de ningún tipo de efecto especial: los indios arrastraron de verdad el barco montaña arriba por la selva virgen.

4 Una estrella difícil: a causa de su carácter impredecible, Kinski no fue elegido en un principio para el papel.

Solo cuando Mick Jagger y Jason Robards abandonaron la nave, Werner Herzog lo invitó a subir a bordo.

«"Soy un tejedor de sueños", dice Herzog. Aunque dudo que soñemos con *Fitzcarraldo*, podemos entrever la visión de Herzog lo suficiente como para dejarle soñar por nosotros.»

Jeune Cinéma

demente. Era la perfecta encarnación de un héroe que, en lo más profundo de la selva tropical, defiende la absoluta supremacía del arte. El personaje principal se convierte así en una imagen del propio director, como no se vio en ninguna otra de sus películas. *Fitzcarraldo* es una muestra más de la genial colaboración entre Herzog y su «querido enemigo» Kinski.

Se puede discutir si la obstinación de Herzog de llevar a cabo su proyecto a costa de lo que fuera, con una crueldad a menudo comparada con la de su personaje, es justificable. Sin embargo, resulta innegable que *Fitzcarraldo*, como película de efectos especiales, no hubiera sido posible sin la entrega total del equipo de rodaje en el peligroso e impredecible proyecto. La fuerza visionaria del largometraje reside precisamente en la autenticidad de las imágenes. El barco fue arrastrado realmente por los indios montaña arriba. Estamos seguros de ello aunque no hayamos visto nada parecido antes. Herzog declaró una vez que su intención como cineasta era mostrar cosas que se han soñado pero que nunca se han visto. En *Fitzcarraldo* lo consigue con creces. La película ofrece imágenes absolutamente originales llenas de una patética veracidad que hoy, en la era de la tecnología digital y en un tiempo en que el cine está lleno de referencias irónicas al pasado, seguramente nos resultarán incluso más sobrecogedoras que cuando se rodaron. *Fitzcarraldo* es cine de primera categoría.

JH

5

6

5 *Fitzcarraldo* fue la cuarta de las cinco películas de Herzog con Klaus Kinski como protagonista. Esta relación legendaria data de 1972, cuando ambos trabajaron en *Aguirre, la cólera de Dios*. En aquel proyecto, también rodado en la selva virgen, Kinski era un conquistador ávido de poder.

6 Molly es la única que cree en las visionarias ideas de Fitzcarraldo. Claudia Cardinale caracteriza perfectamente a la dama de provincias de temperamento indomable y personalidad muy afín a la de la encantadora actriz italiana.

«La cámara es brillante y Kinski resulta deliciosamente demente de principio a fin. La dirección de los actores de Herzog, en especial la de los no profesionales, es única. Sin ninguna duda, *Fitzcarraldo* es una película redonda, un magnífico ensueño para adultos.» *Die Zeit*

FANNY Y ALEXANDER ♟♟♟♟

FANNY OCH ALEXANDER

1982 - SUECIA / FRANCIA / REPÚBLICA FEDERAL ALEMANA - 187 MIN.

DIRECTOR

INGMAR BERGMAN (1918-2007)

GUION

INGMAR BERGMAN

DIRECTOR DE FOTOGRAFÍA

SVEN NYKVIST

MONTAJE

SYLVIA INGEMARSSON

BANDA SONORA

DANIEL BELL

PRODUCCIÓN

JÖRN DONNER para SWEDISH FILMINSTITUTE SVT 1,
GAUMONT, PERSONAFILM y TOBIS

REPARTO

BÖRJE AHLSTEDT (Carl Ekdahl), PERNILLA ALLWIN (Fanny), BERTIL GUVE (Alexander),
ALLAN EDWALL (Oscar), EWA FRÖLING (Emilie), JARL KULLE (Gustav Adolf Ekdahl),
GUNN WÅLLGREN (Helena Ekdahl), JAN MALMSJÖ (obispo Edvard Vergerus),
HARRIET ANDERSSON (Justina), ANNA BERGMAN (Hanna Schwartz) y LENA OLIN (Rosa)

PREMIOS DE LA ACADEMIA DE 1983

ÓSCAR a la MEJOR PELÍCULA EXTRANJERA (Jörn Donner), a la MEJOR FOTOGRAFÍA
(Sven Nykvist), a la MEJOR DIRECCIÓN ARTÍSTICA (Anna Asp y Susanne Linghelm)
y al MEJOR VESTUARIO (Marik Vos-Lundh)

Fanny och Alexander
En film av Ingmar Bergman

«Todo puede suceder, todo es plausible y probable. El espacio y el tiempo no existen. Sobre un débil trasfondo de realidad, la imaginación se crece y crea nuevas pautas.»

Ya desde las primeras secuencias de *Fanny y Alexander,* Ingmar Bergman define su posición y señala abiertamente cuáles son sus intenciones: al principio de la película aparece un niño contemplando un teatro de marionetas. Uno a uno desmonta todos los elementos de la decoración. De forma similar, el muchacho irá penetrando en la fachada y desenmascarando el mundo de los adultos. La perspectiva de esta película es, sobre todo, la de este niño de diez años, y el drama se desarrolla en todo momento bajo la atenta mirada del joven álter ego de Bergman.

Alexander (Bertil Guve) y su hermana de ocho años Fanny (Pernilla Allwin) son los miembros más jóvenes de los Ekdahl, una familia que dirige un teatro en una adormecida ciudad sueca a principios del siglo XX. La abuela es quien dicta las normas del clan con sabiduría y paciencia. La vida de los Ekdahl transcurre así turbulenta y variopinta, y ofrece a Alexander constante inspiración para nuevos y fantásticos juegos. El muchacho sueña con hacer una brillante carrera sobre los escenarios, al igual que su abuela y su madre, pero la muerte del padre trastocará sus planes. Al año de morir su marido, Emilie (Ewa Frölig), la joven viuda, se casa con el obispo Edvard Vergerus (Jan Malmsjö). En nombre del amor y de la respetabilidad, renuncia a su carrera como actriz y se muda con sus hijos a la residencia del obispo. En la atmósfera estricta (e hipócrita) de su nuevo hogar, los niños viven intimidados y atormentados. Pero Alexander es un rebelde. A la hora de bendecir la mesa, recita indecencias poco cristianas y con su astucia cruel e infantil consigue a menudo sacar de quicio a su padrastro. El obispo le pega sin misericordia, por lo que, en lugar del amor de Dios, Alexander conoce más bien el látigo y los métodos humillantes de la Inquisición. El hogar se ha convertido para madre e hijos en un infierno puritano y a todos ellos les parece un milagro cuando por fin logran escapar de él.

La película *Fanny y Alexander* es un tejido de imágenes barrocas y de gran dramatismo, en el que Ingmar Bergman elabora la materia prima bruta de su propia infancia. La historia de los Ekdahl (no parece una casualidad que el apellido de la familia nos recuerde al del fotógrafo de la obra de Ibsen *El pato salvaje*), trata sobre la necesidad del teatro, es decir, de la imaginación en la vida

LA LINTERNA MÁGICA Alexander no solo posee un teatro de marionetas, sino también una linterna mágica, en claro homenaje de Bergman al séptimo arte. El primer paso hacia el cine contemporáneo lo dio en el siglo XVII Athanasius Kircher, un jesuita austriaco que inventó la llamada «linterna mágica». El artilugio funcionaba con velas y lograba proyectar imágenes en la pared. Consistía en una caja iluminada ante la que se colocaban pequeñas imágenes pintadas sobre cristal. Cuando estas giraban ante la luz, este aparato totalmente mecánico creaba la ilusión de reproducir el movimiento de, por ejemplo, trineos o molinos de viento. En 1820, la invención de la luz de calcio supuso un gran paso en la evolución del cine. Las nuevas posibilidades de iluminación permitieron la divulgación de la linterna mágica y sus «fantasmagorías». Por fin se había hecho posible la representación de movimientos y efectos sorprendentes, y se podían reproducir de una forma convincente la lluvia, la nieve, el fuego y las olas del mar.

1 Alexander (Bertil Guve) y su hermana Fanny (Pernilla Allwin) echan una mirada a hurtadillas al mundo de los adultos.

2 Todo son sonrisas: la familia Ekdahl posa con amigos y con el servicio para la foto anual de Navidad. Fanny y Alexander se sientan en la primera fila.

3 Nada más que la verdad: como si se tratara de un tribunal, Fanny y Alexander tienen que dar cuenta de sus acciones al obispo Vergereus (Jan Malmsjö).

4 Fiesta en casa de los Ekdahl: la alegre celebración de Navidad que abre la película contagia al público de espíritu festivo.

5 La obligación de rezar la oración de buenas noches bajo la mirada vigilante del obispo es para Fanny y Alexander como someterse a un juicio.

6 Una visita del más allá: Oscar (Allan Edwall), el fantasma del ya fallecido padre de los niños, se aparece al hijo para darle palabras de consuelo.

humana. El propio Bergman era hijo de un pastor y, quizás por ello, la película no deja dudas sobre la opinión del director acerca de la actitud de ciertos clérigos santurrones para quienes el amor y el temor a Dios no son más que instrumentos de poder que utilizan con el fin de dominar y tiranizar a sus congéneres.

Oscar Ekdahl, el padre de Fanny y Alexander, muere de un infarto durante un ensayo de la obra de teatro *Hamlet*, en la que interpretaba el papel de espíritu. Desde entonces, acude ocasionalmente en ayuda de su hijo Alexander, que se siente un poco como el personaje de Shakespeare. Bergman complementa así de una forma fluida su realista historia familiar con otra de carácter sobrenatural. El director se esfuerza además por contrastar el dionisiaco amor por la vida que se respira en casa de los Ekdahl con la opresiva disciplina de la residencia episcopal e intenta explorar el inevitable conflicto entre fantasía y razón.

Esta película tiene una duración de tres horas y media, pero la versión televisiva de cuatro episodios, montada por el propio director, se prolonga hasta 312 minutos. Para Bergman, *Fanny y Alexander* supuso una especie de balance de su vida y de su obra. Aunque en los últimos 25 años el prestigioso artista sueco dirigió un sinfín de trabajos para el teatro y la televisión, este fue su último largometraje para el cine. *Fanny y Alexander* fue, por cierto, la primera película extranjera que obtuvo cuatro Óscar.

RF

«*Fanny y Alexander* es una suntuosa película de época, así como un rico tapiz de recuerdos e impresiones de la infancia con sus miedos y sus alegrías, que emplea los mejores recursos y formas de la teatralidad cinematográfica, desde la comedia hasta la más oscura tragedia, con incursiones en lo gótico, lo fantasmal y lo horrible.» *Variety*

EL PRECIO DEL PODER

SCARFACE

1982-1983 - EE. UU. - 170 MIN.

DIRECTOR

BRIAN DE PALMA (n. 1940)

GUION

OLIVER STONE

DIRECTOR DE FOTOGRAFÍA

JOHN A. ALONZO

MONTAJE

JERRY GREENBERG y DAVID RAY

BANDA SONORA

GIORGIO MORODER

PRODUCCIÓN

PETER SAPHIER y MARTIN BREGMAN para UNIVERSAL PICTURES

REPARTO

AL PACINO (Tony Montana), STEVEN BAUER (Manny Ray), MICHELLE PFEIFFER (Elvira),
MARY ELIZABETH MASTRANTONIO (Gina), ROBERT LOGGIA (Frank López),
MIRIAM COLON (mamá Montana), F. MURRAY ABRAHAM (Omar Swarez),
PAUL SHENAR (Alejandro Sosa), HARRIS YULIN (Bernstein) y ÁNGEL SALAZAR (Chi Chi)

AL PACINO SCARFACE

In the spring of 1980,
the port at Mariel Harbor
was opened, and thousands
set sail for the United States.
They came in search
of the American Dream.

One of them found it on the
sun-washed avenues of
Miami...wealth, power and
passion beyond
his wildest dreams.

He was Tony Montana.
The world will remember
him by another name
...SCARFACE.

He loved the American Dream.
With a vengeance.

A MARTIN BREGMAN
PRODUCTION

A BRIAN DE PALMA
FILM

AL PACINO
"SCARFACE"

SCREENPLAY BY
OLIVER STONE

MUSIC BY
GIORGIO MORODER

DIRECTOR OF PHOTOGRAPHY
JOHN A. ALONZO
A.S.C.

EXECUTIVE PRODUCER
LOUIS A. STROLLER

PRODUCED BY
MARTIN BREGMAN

DIRECTED BY
BRIAN DE PALMA

SOUNDTRACK AVAILABLE ON MCA RECORDS AND CASSETTES.
A UNIVERSAL PICTURE/READ THE BERKLEY BOOK.

R RESTRICTED
UNDER 17 REQUIRES ACCOMPANYING
PARENT OR ADULT GUARDIAN

830167
SCARFACE

«¿Sabes lo que es el capitalismo? ¡Que te follen!»

De esta película siempre se recuerda la escena final. El disidente cubano y capo de la droga Tony Montana (Al Pacino), con el cuerpo como un colador, yace postrado en las enormes escaleras de piedra de su mansión, pero continúa disparando con la metralleta a sus enemigos, que entran a borbotones por la puerta. Finalmente se desploma y cae hacia delante con los brazos en cruz, la cabeza sobre la fuente del enorme vestíbulo de la entrada. Su muerte resulta tan violenta y cruel como su propia vida, quizás incluso demasiado heroica si tenemos en cuenta el balance de muerte y crimen que acompaña su ascensión.

Esta sobrecogedora historia ha sido simplemente considerada por algunos críticos como una película de acción brutal, pero no cabe duda de que se pueden destacar otros aspectos de ella. La incapacidad de Montana de afirmarse en el mundo sin utilizar la fuerza bruta y una tendencia a mostrar su afecto humillando a la gente que más quiere dotan a esta película de una dimensión dramática.

Esta versión de Brian de Palma del clásico de Howard Hawks *Scarface, el terror del hampa* (1932) fue recibida con duras críticas, la mayoría por las numerosas escenas de violencia explícita que muestra. Pero también el *Scarface* de Hawks, una versión libre de la vida de Al Capone, fue criticada en su día por «ofrecer una visión negativa de la carrera empresarial americana» *(Filmdienst)*.

De Palma traslada la acción al año 1980 y la sitúa en Miami. Fidel Castro acaba de abrir las fronteras de Cuba durante un breve espacio de tiempo para permitir a los disidentes salir del país y aprovechar de paso la oportunidad para librarse de muchos delincuentes. Entre ellos se encuentran Tony Montana y su amigo Manny Ray (Steven Bauer), que en la liberal sociedad americana de la era Reagan van a pasar de lavar platos a convertirse en los millonarios de la droga.

Pero pronto se pone de manifiesto la cara oscura de esas ansias de riqueza y poder: junto con los excesos viene el principio del fin. «Nos estamos descuidando», dice Montana en una escena a su amigo y cómplice, ahora jefe de sus guardaespaldas, mientras sigue cayendo en la adicción a las drogas y en la paranoia. La desconfianza y el odio determinan cada vez más la vida en el último baluarte y refugio de Montana, al que se ha retirado

AL PACINO Y ROBERT DE NIRO Alfredo Jacob Pacino nació en 1940 en Nueva York y es hijo de emigrantes italianos, al igual que Robert de Niro. Pero las similitudes entre Pacino y De Niro, que es tres años más joven, no terminan ahí. Ambos actores de método se especializaron en papeles de criminales o de policías. Después de que Pacino apareciera como Michael Corleone en la primera parte de *El Padrino* (1972) de Francis Ford Coppola, sus caminos se cruzaron de nuevo en 1974, en el rodaje de la segunda parte, con De Niro en el papel de Vito Corleone. Ambos demostraron igualmente que podían hacer una buena interpretación en el género romántico, De Niro en la película *Cartas a Iris* (1989) y Pacino dos años después en *Frankie y Johnny* (1991).

Finalmente, volvieron a actuar juntos en 1995 en la película de Michael Mann *Heat*. Aunque De Niro cuenta con dos Óscar en su haber y Pacino solo con uno por su papel de ex general ciego en *Perfume de mujer* (1992), este último recibió un León de Oro en el Festival de Venecia de 1994 por los logros de su extraordinaria carrera. Ambos han sido recientemente galardonados con el premio AFI Life Achievement del American Film Institute y el premio Cecil B. DeMille.

**«En este país, primero haces dinero.
Cuando tienes dinero, te haces con el poder.
Y cuando tienes poder, tienes mujeres.»**

Cita de la película: Tony Montana

1 Los felices recién casados: el matrimonio de Tony (Al Pacino) y Elvira (Michelle Pfeiffer) pronto fracasará por culpa de las drogas, el alcohol y la egolatría.

2 Siempre entre tiburones: Tony Montana no conoce la piedad, ni siquiera con los que antes le guardaban las espaldas.

3 Morir matando: la secuencia final es una de las más controvertidas de la historia del cine.

4 Tony conquista a Elvira con su encanto y un lujo embriagador.

5 El canto del pájaro enjaulado: Elvira se evade del aburrimiento con cocaína y cinismo.

6 El precio del éxito es la paranoia: Montana ve enemigos por todas partes.

con su mujer drogodependiente, Elvira (Michelle Pfeiffer), y algunos de sus secuaces.

Al igual que el personaje Tony *Scarface* Camonte (Paul Muni) de la versión de Hawks, Tony Montana es un alma perdida, que, como su propia madre (Miriam Colon) le profetizó un día, destruye todo cuanto ama. Pero además de la dimensión psicológica, esta película, como su antecesora, tiene una dimensión política. Ello no nos sorprende si tenemos en cuenta que el autor del guion fue Oliver Stone.

Como el propio Montana dice en una ocasión, la sociedad necesita hombres como él, hombres que a pesar de ser señalados con el dedo aún se sientan inocentes.

Los políticos deberían abogar por la legalización de las drogas en lugar de luchar contra el crimen organizado. Pero, según opina la oveja negra Montana, esto no les interesa, ya que esa lucha les proporciona buenos argumentos electorales, justifica la brutalidad de la policía y ayuda a encubrir sus propias maquinaciones. Los poderosos de este mundo ni siquiera necesitan ser corruptos para beneficiarse de la delincuencia organizada. Finalmente, Montana no es acribillado por la policía, sino por las mafias. Esta divergencia con la versión original de Hawks fue como poner el dedo en la llaga. En la era económicamente neoliberal de Ronald Reagan, el final fue un posicionamiento tan claro como provocativo.   SH

BLADE RUNNER

1982 - EE. UU. - 117 MIN.

DIRECTOR

RIDLEY SCOTT (n. 1937)

GUION

HAMPTON FANCHER y DAVID PEPLOES,
basado en la novela *¿Sueñan los androides con
ovejas eléctricas?* de PHILIP K. DICK

DIRECTOR DE FOTOGRAFÍA

JORDAN CRONENWETH

MONTAJE

MARSHA NAKASHIMA y TERRY RAWLINGS

BANDA SONORA

VANGELIS

PRODUCCIÓN

MICHAEL DEELEY para THE LADD COMPANY
y BLADE RUNNER PARTNERSHIP

REPARTO

HARRISON FORD (Rick Deckard), RUTGER HAUER (Roy Batty),
SEAN YOUNG (Rachael), EDWARD JAMES OLMOS (Gaff), M. EMMET WALSH (Bryant),
DARYL HANNAH (Pris), WILLIAM SANDERSON (Sebastian), BRION JAMES (Leon),
JOE TURKEL (Eldon Tyrell), JOANNA CASSIDY (Zhora) y MORGAN PAULL (Holden)

MAN HAS MADE HIS MATCH
...NOW IT'S HIS PROBLEM

HARRISON FORD is
BLADE RUNNER

JERRY PERENCHIO AND BUD YORKIN PRESENT
A MICHAEL DEELEY-RIDLEY SCOTT PRODUCTION
STARRING HARRISON FORD
IN BLADE RUNNER ™ WITH RUTGER HAUER · SEAN YOUNG
EDWARD JAMES OLMOS SCREENPLAY BY HAMPTON FANCHER AND DAVID PEOPLES
EXECUTIVE PRODUCERS BRIAN KELLY AND HAMPTON FANCHER VISUAL EFFECTS BY DOUGLAS TRUMBULL
ORIGINAL MUSIC COMPOSED BY VANGELIS ASSOCIATE PRODUCER IVOR POWELL PRODUCED BY MICHAEL DEELEY DIRECTED BY RIDLEY SCOTT

ORIGINAL SOUNDTRACK ALBUM AVAILABLE ON POLYDOR RECORDS PANAVISION ® TECHNICOLOR ® ▥ DOLBY STEREO ® IN SELECTED THEATRES

«Eres tan diferente; eres tan perfecto.»

Los Ángeles, año 2019. Altísimos rascacielos, a modo de modernos templos parduzcos, se pierden en un cielo nublado de polución. Las chimeneas de las fábricas escupen llamas y la lluvia ácida se acumula entre las fisuras que separan los mastodónticos edificios iluminados con neón. Las calles de la ciudad están pobladas por una exótica mezcla de razas, mientras que los blancos se refugian en rascacielos gigantescos. Todos los que se lo pueden permitir se han ido a vivir a las «colonias del mundo exterior». Precisamente para colonizar esos nuevos planetas, la compañía Tyrell Corporation diseñó los llamados «replicantes». Estos androides tienen prohibido visitar la Tierra. Sin embargo, algunos desobedecen las órdenes y la patrulla especial de los *blade runner* tiene el deber de buscarlos y destruirlos. ¿Es esta una alusión al día del Juicio Final, en el que solo los inocentes escaparán al infierno? Quizás. Nada en esta película, rica en alusiones filosóficas y teológicas, parece contradecirlo.

Rick Deckard (Harrison Ford) era un *blade runner*. Desilusionado y con ese carácter lacónico de los héroes del cine negro, el ex policía camina por las calles mojadas por la lluvia. Era el mejor en su profesión y por ello sus superiores deciden que vuelva al servicio cuando un pequeño grupo de replicantes, dos mujeres y dos hombres, consigue llegar a Los Ángeles. Los androides, programados para funcionar durante cuatro años, quieren saber cuánto tiempo les queda de vida y, si es posible, prolongarla.

El líder de los replicantes, Roy Batty (Rutger Hauer), es rubio, fuerte, casi demoniaco. El encuentro con su creador, Eldon Tyrell (Joe Turkel), un Frankenstein futurista, resulta en una profunda decepción. Tyrell, que vive en una pirámide similar a las construcciones mayas y duerme en una cama casi papal, no escucha la súplica de Roy para que le alargue la vida. Entonces Batty, el ángel caído, mata a su creador, padre y Dios destructor al mismo tiempo.

RIDLEY SCOTT Alan Parker dijo de él que era «el mejor estilista visual en activo». Con su profundo amor a Hollywood, Ridley Scott, director de origen inglés, ha desempeñado un papel determinante en la estética cinematográfica de dos décadas. Bien con su labor en largometrajes de ciencia ficción como *Alien* (1979) o *Blade Runner* (1982), convertida en película de culto diez años más tarde con el montaje del director, bien con la *road movie* feminista *Thelma y Louise* (1991), ha conseguido siempre el éxito de la crítica y el público a un tiempo.
Nacido en 1937, se graduó en el Royal College of Art de Londres y trabajó primero para la BBC y después haciendo anuncios publicitarios para su propia empresa. Su primera película, *Los duelistas* (1977), le valió el premio de Cannes a la mejor ópera prima. Ridley Scott también ha cosechado un enorme éxito como productor. Junto a su hermano Tony Scott (*Top Gun*, *ídolos del aire*, 1985) compró en 1995 los Estudios Shepperton. Rodó entonces películas de calidad y géneros muy diversos. La fantasía *Leyenda* (1985), con un jovencísimo Tom Cruise, tuvo una recepción más que modesta, la película de intriga *Alguien que cuide de mí* (1987) fue todo un éxito y *Lluvia negra* (1989), sobre la *yakuza* o mafia japonesa, con Michael Douglas, es digna de verse. En contraste con sus enormes éxitos, Scott también ha obtenido algún rotundo fracaso. La glorificación de Colón *1492: La conquista del Paraíso* (1992) y *La teniente O'Neill* (1997) con Demi Moore fueron un fracaso de crítica y público. En 2002, Ridley Scott obtuvo otro gran éxito con *Gladiator*, la primera gran producción de Hollywood sobre la Antigua Roma en más de 30 años. Por último, logró grandes éxitos con la epopeya *American Gangster* (2007), el *thriller* de espionaje *Red de mentiras* (2008) y *Prometheus* (2012), precuela de *Alien*.

La película *Blade Runner*, basada en la novela *¿Sueñan los androides con ovejas eléctricas?* (1968) de Philip K. Dick, quien también escribió la historia en la que se inspira *Desafío total* (1990), fue un fracaso comercial pero está considerada como un hito en el género de la ciencia ficción. Es un cuento filosófico deprimente con decorados extraordinarios e impresionantes, una sofisticada iluminación y una grandiosa banda sonora de Vangelis. Junto a títulos como *Cielo líquido* (1982) y *El ansia* (1983) es una de las películas más representativas de la nueva cinematografía de los años ochenta. Se le podría poner la etiqueta de posmoderna y atribuir su fuerza al eclecticismo del director. La fascinante técnica de las «superposiciones» de Scott muestra su gran talento para integrar diversos elementos arquitectónicos, detalles de la vestimenta y símbolos de diferentes culturas y eras.

La película utiliza de forma muy rentable códigos de diversa naturaleza que nos causan asombro y sintetiza la confusión babilónica en el lenguaje mestizo que se oye por las calles de Los Ángeles. Inspirada en el clásico de Fritz Lang *Metrópolis* (1926) y en el estilo visual del cine negro, las imágenes de Edward Hopper o los cómics de Moebius, Ridley Scott consigue crear una obra extravagante que invita al público a cuestionarse la esencia de la identidad humana. El sustrato de la película se va mostrando poco a poco a lo largo de la trama, que trata aspectos del universo consciente y subconsciente. El parecido fonético entre el nombre del protagonista, Deckard, y el

1 La otra, esa soy yo: Rachael (Sean Young), atractiva e inalcanzable como una vampiresa del cine negro y no sabe que es una replicante. Incluso los recuerdos de su vida son implantados.

2 Más humano que un humano: Roy Batty (Rutger Hauer) es el superhombre de Nietzsche. El androide rubio esclavo capaz de sufrir y de mostrar compasión.

3 Harrison Ford interpreta al *blade runner* Deckard, que se dedica a cazar replicantes, aunque tal vez sea uno de ellos.

«*Blade Runner* fue la película de ciencia ficción de los ochenta, la contrafigura sucia y gris de *2001, una odisea del espacio* de Kubrick.» *epd Film*

del matemático Descartes es solo uno más de los abundantes elementos que sugieren el contenido filosófico subyacente en la película. Tampoco hay que pasar por alto el motivo del «ojo» a lo largo de toda la cinta. Scott vuelve a utilizar el potencial homonímico de las palabras aprovechando la similitud fonética de las voces inglesas *eye*, ojo, y *I*, es decir, el yo. El ojo es un símbolo universal de reconocimiento y representa un sentido de autoconocimiento «único» en los humanos. Pero en *Blade Runner* los androides también están dotados con ese nivel de conciencia. «No somos ordenadores, Sebastian; somos seres físicos»,

explica Batty en una ocasión, reclamando su humanidad y aludiendo así a uno de los temas más importantes de los años ochenta: el cuerpo, la corporeidad.

Y es precisamente el cuerpo lo que hace a los replicantes idénticos a los seres humanos. Rachael (Sean Young), la secretaria de Eldon Tyrell, pone de manifiesto a Deckard el riesgo que supone su profesión, cuando le pregunta si no ha matado alguna vez a un humano por error. La cuestión sensibiliza al espectador, ya que las diferencias entre el ser humano y su creación son intangibles. La propia Rachael se mueve entre dos fronteras. Aunque

4 ¿Qué significa ser humano? Una cuestión que la película pone en escena en medio de una brillante construcción estética. El largometraje marcó las pautas estilíticas de la década de 1980.

5 Los androides han sido un tema recurrente en la literatura y el cine: el mito griego de Pigmalión, la muñeca Olimpia de la obra *El hombre de arena* de E.T.A. Hoffmann, el humanoide de *A. I.* de Spielberg… Aquí,

el amaneramiento de la replicante Pris (Daryl Hannah) la hace similar a una muñeca china.

«El malo de la película se convierte de pronto en su centro mítico y empático. Batty se transforma de monstruo de Frankenstein en Adán bíblico. Deckard cambia de cazador a androide.» *Film Comment*

siempre ha creído ser humana, finalmente se ve enfrentada a la realidad y descubre que solo es una androide. Pero de una clase diferente. Rachael fue programada a modo de experimento con las vivencias de la sobrina de Tyrell, lo que le da la ilusión de poseer una biografía. Sus recuerdos están basados en fotografías. Y es también la fotografía el medio que delata a los replicantes. Deckard utiliza la imagen de una habitación de hotel vacía como lo haría un

detective del siglo XXI, o al menos como se creía que lo haría desde la perspectiva de la década de 1980. Con ayuda de un aparato llamado Esper amplía fragmentos de la foto en un monitor. De este modo consigue una especie de visión de rayos X que le permite adentrarse en los diversos niveles de profundidad del espacio en dos dimensiones. Deckard descubre la imagen de una mujer reflejada en un espejo. El detective se embarca en una

6 El sol ya no sale por el horizonte: bañadas por la luz de neón, las calles de Los Ángeles están habitadas por una mezcla de razas y tribus urbanas.

7 El retrato lacónico y algo cínico de Deckard nos recuerda a los protagonistas de las películas del cine negro. No solo la estética y los personajes evocan este género, sino también la técnica narrativa de la voz en *over* que el director eliminó en un montaje posterior.

«Utilizamos muchos punks reales en las escenas de calle en *Blade Runner*. Necesitábamos "multitudes", así que tuvimos que ahorrar tiempo y dinero reclutando una gran cantidad de extras: 200 punks, 100 chinos, 100 mexicanos...» *Ridley Scott en: Film Comment*

investigación que conduce al espectador a un viaje por el arte occidental. Ridley Scott alude en esa escena a varios cuadros, entre ellos *El matrimonio Arnolfini* (1434) de Jan van Eyck, una pintura que muestra a los protagonistas, y además al pintor y su asistente reflejados en un espejo. El gusto de Scott por dar la vuelta a los paradigmas culturales contribuye sin duda a la fascinación que provoca la película, hasta tal punto que algunas de sus imágenes se han convertido en recuerdos de nuestra memoria visual colectiva, como, por ejemplo, cuando Deckard sigue a la encantadora de serpientes Zhora a través de las calles caóticas, laberínticas y abarrotadas de Los Ángeles. Finalmente dispara a la mujer, que cae a cámara lenta sobre un escaparate. Se podría decir que esos fragmentos de cristal representan la realidad hecha añicos por el cambio de papeles que se da hacia el final de la historia. Deckard se convierte en el perseguido y el androide Batty, en un individuo compasivo y generoso.

Batty salva la vida del *blade runner* en el último minuto y muere en su lugar. La diferencia moral entre replicante y ser humano ya no existe. Sobre todo cuando tenemos cada vez más indicios de que el propio Deckard puede ser un androide. En 1992 se estrenó el montaje del director que suprime la voz en *over* del narrador y el final feliz, lo que hace esa teoría aún más plausible. En julio de 2002, el propio Scott afirmó que Deckard era un androide. Harrison Ford, escandalizado, dijo que durante el rodaje el director había asegurado lo contrario. Así que el debate sigue abierto…

KK

EL CUARTO HOMBRE

DE VIERDE MAN

1983 - PAÍSES BAJOS - 105 MIN.

DIRECTOR

PAUL VERHOEVEN (n. 1938)

GUION

GERARD SOETEMAN, basado en la novela
homónima de GERARD REVE

DIRECTOR DE FOTOGRAFÍA

JAN DE BONT

MONTAJE

INE SCHENKKAN

BANDA SONORA

LOEK DIKKER

PRODUCCIÓN

ROB HOUWER para DE VERENIGDE
NEDERLANDSCHE FILMCOMPAGNIE

REPARTO

JEROEN KRABBÉ (Gerard Reve), RENÉE SOUTENDIJK (Christine Halsslag),
THOM HOFFMAN (Herman), DOLF DE VRIES (doctor de Vries),
GEERT DE JONG (Ria), PAMELA TEVES (enfermera), HANS VEERMAN (enterrador),
HERO MULLER (Josefs), CAROLINE DE BEUS (Adrienne)
y PAUL NYGAARD (violinista)

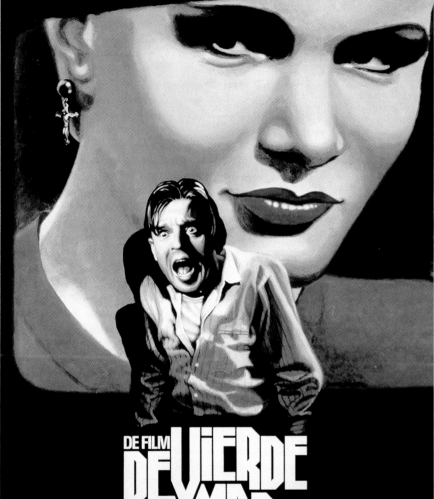

ROB HOUWER's FILMCOMPAGNIE PRESENTEERT:

DE FILM
DE VIERDE
MAN

THOM HOFFMAN/DOLF DE VRIES/GEERT DE JONG/HANS VEERMAN E.V.A.
JEROEN KRABBÉ/RENÉE SOUTENDIJK
REGIE: **PAUL VERHOEVEN/ROB HOUWER** PRODUCENT
SCENARIO: GERARD SOETEMAN NAAR DE GELIJKNAMIGE ROMAN VAN GERARD REVE
KAMERA: JAN DE BONT/MUZIEK: LOEK DIKKER/MONTAGE: INE SCHENKKAN

MÉÉR DAN EEN THRILLER....NÚ IN DE BIOSCOPEN!

«No diré la verdad hasta que yo mismo sepa si ha pasado algo o no.»

Ámsterdam. El escritor Gerard Reve (Jeroen Krabbé) no sabe muy bien si sufre alucinaciones o está siendo testigo de una conspiración mortal. Su despierta imaginación, avivada por un estricto catolicismo y por su homoerotismo, le sirve de inagotable fuente de inspiración para sus novelas, pero empieza a ser preocupante cuando conoce a una seductora joven durante su estancia en la ciudad costera de Vlissingen. La mujer tiene un aura misteriosa y sus intenciones bien podrían ser mortales…

Cuando la Sociedad Literaria de Vlissingen le invita a hacer una lectura pública de su obra, Gerard acepta agradecido porque, como siempre, tiene problemas de dinero. Después de pasar un mala noche plagada de pesadillas, se pone en camino. En la estación de Ámsterdam, un joven llama su atención pero su intento de entablar conversación con él fracasa. En el tren camino de Vlissingen, Gerard ve la foto de un hotel. Pronto se duerme y es perseguido de nuevo por oscuros sueños.

Al llegar a su destino, es recibido por Christine Halsslag (Renée Soutendijk), la tesorera de la Sociedad Literaria, que pretende hacer una película en Súper 8 de la sesión de lectura del escritor. Una vez acabado el evento, la mujer lleva a Gerard al hotel. Este retrocede horrorizado: es el mismo edificio que ha visto en el compartimiento del tren. Christine se muestra comprensiva y lo invita a su casa. Ambos pasan la noche estrechamente abrazados, pero la actitud cariñosa de ella no consigue librar a Gerard de sus pesadillas. En sus lúgubres sueños, se ve a sí mismo dentro de una cámara funeraria en la que cuelgan tres cadáveres sangrantes. A todas luces debe haber una cuarta víctima, el propio Gerard. Cuando Christine lo quiere castrar con unas tijeras, este despierta y busca consuelo en los brazos de la muchacha. Al día siguiente, cuando Gerard curiosea entre las cosas de Christine, descubre una foto del joven que tanto le llamó la atención en la estación de Ámsterdam. Se trata de Herman (Thom Hoffman), el prometido de Christine. Gerard quiere conocer al atractivo adonis y decide quedarse en Vlissingen. Poco a poco, a través de otras personas, va conociendo datos sobre Christine y se entera de que ha estado casada tres veces. Todos sus maridos murieron repentinamente y empieza a sospechar que Herman pudiera ser la cuarta víctima, pero este ignora su aviso.

JAN DE BONT Paul Verhoeven, nacido en Ámsterdam en 1938, se ganó el reconocimiento internacional con una serie de películas provocativas y visualmente destacadas, antes de lograrlo en Hollywood. Su carrera está estrechamente unida a la del cámara Jan de Bont, quien ya fue el responsable de fotografía en el primer gran éxito de Verhoeven, *Delicias turcas* (1973). Antes, De Bont había trabajado en Hollywood, pero su primera cinta como director de fotografía fue *Private Lessons* (1981). Este hombre ha fotografiado varias películas estéticamente impresionantes, incluidas *La jungla de cristal* (1987), *Lluvia negra* (1989) y, de nuevo con Verhoeven en la dirección, *Instinto básico* (1992). En 1994, De Bont se estrenó como director con la película de acción visceral *Speed*, una obra que marcó pautas en el género y resultó un enorme éxito de taquilla.

A Gerard le cuesta cada vez más diferenciar la realidad de la fantasía. Varias experiencias desconcertantes más acaban con sus nervios y decide volver a Ámsterdam. Herman le lleva a la estación, pero por el camino sucede un accidente tan trágico como extraño. Herman muere y Gerard ingresa en el hospital bajo un estado de *shock*. Mientras, Christine coquetea fuera con un atractivo surfista y se sube a su coche. ¿La quinta víctima?

«Cada nueva película que hago supone un fuerte contraste con la anterior», declaró una vez Paul Verhoeven

«No considero que el sexo sea lo más importante en la vida, por supuesto, pero te ofrece la posibilidad de expresarte realmente. Siempre me ha asombrado que ver a la gente follando en las películas resulte algo tan aburrido.»

Paul Verhoeven en: Cinema Papers

1 Reve (Jeroen Krabbé) despierta de una horrible pesadilla: sus fantasmas interiores no tardarán en perseguirle también en la vida real.

2 Amante de novela o sirena letal: Christine Halsslag (Renée Soutendijk).

3 Imágenes eróticas y el aura misteriosa de Christine pueblan las febriles alucinaciones de Gerard.

4 Si las terribles premoniciones de Reve se cumplen, la muerte acompañará a los abrazos de Christine.

cuando se estrenó *El cuarto hombre* en los cines. «Siento debilidad por todo aquello que resulta visualmente fascinante y me siento más atraído por la imagen que por el sonido, aunque este, por supuesto, tiene una función muy importante.» El elemento más espectacular de esta película es, sin duda, el tratamiento provocativo de los símbolos religiosos, lo que algunos críticos consideraron como un decidido intento del director de acabar con determinados tabúes. El creyente Gerard ve en Herman el objeto de su más ardiente deseo, lo identifica con Cristo crucificado e intenta acercarse a él con intenciones claramente sexuales. Vistas en el contexto de la cuidadosamente desarrollada atmósfera sobrenatural de la película, estas escenas

son claves. Al igual que Gerard, el espectador se siente inseguro ante una vorágine de imágenes y cuadros vivientes y no llega a saber si el protagonista, un bebedor empedernido, delira o de verdad está viviendo experiencias terribles.

Esta película es una mezcla sardónica de motivos cristianos, un evidente y abierto homoerotismo y el más puro cine de terror. En su momento, *El cuarto hombre* causó furor y le valió a Verhoeven diversos galardones, entre otros el Gran Premio de la Crítica del Festival de Cine de Toronto y la elección de la Asociación de Críticos de Los Ángeles como mejor película extranjera de 1984.

HK

TERCIOPELO AZUL
BLUE VELVET
1985 - EE. UU. - 120 MIN.

DIRECTOR
DAVID LYNCH (n. 1946)

GUION
DAVID LYNCH

DIRECTOR DE FOTOGRAFÍA
FREDERICK ELMES

MONTAJE
DUWAYNE DUNHAM

BANDA SONORA
ANGELO BADALAMENTI

PRODUCCIÓN
FRED CARUSO para DE LAURENTIIS ENTERTAINMENT

REPARTO
KYLE MACLACHLAN (Jeffrey Beaumont), ISABELLA ROSSELLINI (Dorothy Vallens),
DENNIS HOPPER (Frank Booth), LAURA DERN (Sandy Williams),
HOPE LANGE (Sra. Williams), DEAN STOCKWELL (Ben),
GEORGE DICKERSON (agente Williams), BRAD DOURIF (Raymond),
FRANCES BAY (tía Barbara) y JACK HARVEY (Sr. Beaumont)

"BLUE VELVET is a mystery...a masterpiece...
a visionary story of sexual awakening,
of good and evil, a trip to the underworld."
—David Thompson, *CALIFORNIA MAGAZINE*

"A nightmarish, intensely disturbing exploration
of the hidden side of the soul. It is sure to cause a sensation."
—Ken Turan, *GQ*

"Brilliant and unsettling...this is the work of
an all-American visionary—and a master film stylist."
—Stephan Schiff, *VANITY FAIR*

Blue Velvet

DE LAURENTIIS ENTERTAINMENT GROUP
PRESENTS

A DAVID LYNCH FILM

"BLUE VELVET" KYLE MACLACHLAN ISABELLA ROSSELLINI DENNIS HOPPER
and LAURA DERN with HOPE LANGE GEORGE DICKERSON and DEAN STOCKWELL

Director of Photography FREDERICK ELMES Sound Design ALAN SPLET Production Designer PATRICIA NORRIS Edited by DUWAYNE DUNHAM
Music Composed and Conducted by ANGELO BADALAMENTI Executive Producer RICHARD ROTH Written and Directed by DAVID LYNCH

«Seguro que entrando en el apartamento de esa mujer se aprende mucho. Me refiero a entrar a hurtadillas, esconderse y observar.»

La cámara recorre la localidad estadounidense de Lumberton, un pueblo encantador con vallas blancas, jardines de tulipanes y gentes afables. Jeffrey Beaumont (Kyle McLachlan) se dirige al hospital para visitar a su padre, que sufrió un ataque al corazón mientras regaba el césped. Al atravesar un campo, de vuelta a casa, se detiene para lanzar unas piedras a unas botellas. No tarda en pararse en seco: a sus pies, oculta en parte por la hierba, se halla una oreja humana de aspecto lechoso y en estado de putrefacción, cubierta de hormigas. La oreja es un objeto totalmente ajeno a este idílico pueblo americano y se convierte en un elemento fascinante y cautivador. Lo que Jeffrey no se imagina es que será para él el billete de entrada en otro mundo. De momento, se limita a llevar la oreja a la policía.

Sandy (Laura Dern), la rubia hija del policía que investiga el caso, será la cómplice y compañera de Jeffrey, en un principio vacilante, pero cada vez más curiosa.

Sandy le da a Jeffrey una pista del caso, que lo lleva a la cantante de un club nocturno, Dorothy Vallens (Isabella Rossellini). Jeffrey decide colarse en su apartamento. La idea de entrar a la fuerza en la vida privada de esta mujer lo excita más de lo que está dispuesto a admitir ante sí mismo, por no hablar de confesárselo a Sandy.

Terciopelo azul es una película sobre la mirada, en la que la cámara desempeña el papel de ojo. En el apartamento de Dorothy Vallens, Jeffrey observa más de lo que hubiera querido. Cuando Dorothy regresa inesperadamente, abre de golpe la puerta del armario y le ordena que se vaya, el terror infinito de su mirada lo desenmascara: es un mirón al que acaban de coger in fraganti. En cuanto Dorothy lo amenaza e incluso lo llama por su nombre, el objeto se transforma de súbito en sujeto y el sujeto, en objeto.

El *voyeur* siente excitación, placer y poder. David Lynch juega con estos sentimientos y convierte al espectador en

ANGELO BADALAMENTI Desde *Terciopelo azul* (1985) hasta *Mulholland Drive* (2001), Angelo Badalamenti ha desempeñado un papel decisivo en todos los proyectos de David Lynch y los sonidos celestiales de su música se han convertido en parte integrante del universo de Lynch. Este compositor de formación clásica nació en Nueva Jersey en 1937. A principios de los años setenta compuso las bandas sonoras de dos películas con el seudónimo de Andy Badale, pero su carrera para el cine no acabó de despegar hasta *Terciopelo azul*. Además de las bandas sonoras de *Terciopelo azul*, *Corazón salvaje* (1990), *Twin Peaks: Fuego, camina conmigo* (1990), *Carretera perdida* (1997) y *The straight story. Una historia verdadera* (1999), también se han publicado dos discos en los que Julee Cruise canta las canciones de Badalamenti y Lynch (responsable de las letras): *Floating Into the Night* (1989) y *Voice of Love* (1993). Entre sus múltiples composiciones para películas destacan asimismo la banda sonora de *La ciudad de los niños perdidos* (1995) y *La playa* (2000).

«Por muy perversa y contradictoria que parezca, *Terciopelo azul* es, sin lugar a dudas, una de las grandes películas de los años ochenta y tal vez incluso la más extraordinaria desde *El último tango en París*. Hacía años que no me enloquecía tanto una película.» *L. A. Weekly*

1 Dorothy Vallens (Isabella Rossellini), una misteriosa cantante que trabaja en un club nocturno, desconfía de una visita inesperada.

2 Jeffrey Beaumont (Kyle MacLachlan) está a punto de entrar en la cara oculta de su alma.

3 Bajo coacción: Dorothy obliga a Jeffrey a desnudarse y hacer el amor con ella. De pronto, llaman a la puerta.

cómplice, pero después le da la vuelta a la tortilla. En la película de Lynch, el *voyeur* es rebajado y finalmente se convierte en testigo impotente de un acto de brutalidad. La escena en la que Dorothy es violada brutalmente por el pervertido Frank Booth (Dennis Hopper) resulta exactamente igual de espeluznante y perturbadora que la escena del asesinato en la ducha del clásico de Hitchcock *Psicosis* (1960). Y *Terciopelo azul* resulta tan fundamental para el cine de los años ochenta como lo fue *Psicosis* para el de principios de los sesenta.

Al día siguiente, Jeffrey se siente como si la experiencia que ha vivido en el apartamento de Dorothy hubiera sido una pesadilla. En efecto, exactamente igual que en un sueño, ha sido observador y participante a la vez, y Frank no ha sido sino la encarnación del lado oscuro de su alma.

Hacia el final de *Terciopelo azul,* cuando ya ha pasado lo peor, la cámara muestra un primer plano de una oreja, pero esta vez es la oreja de Jeffrey. Las fisuras del mundo perfecto parecen haberse cerrado y el viaje del protagonista

4 Tiempo de exposición: Jeffrey es testigo de una extraña escena desde el interior del armario de Dorothy.

5 Dorothy canta *Blue Velvet* en el Slow Club: el compositor de las películas de Lynch, Angelo Badalamenti, la acompaña al piano.

6 A Sandy (Laura Dern) le horroriza el poder malsano que ejerce Dorothy Vallens sobre Jeffrey. Pero sus sentimientos románticos la obligan a ayudarlo.

7 «Mamá... ¡El nene quiere follar!» Frank Booth (Dennis Hopper), que tiene en sus garras a la familia de Dorothy Vallens, la acaricia con terciopelo azul.

«*Terciopelo azul* es una gran película que trata de la inocencia y la perversión características de la infancia.» *David Lynch*

a las oscuras profundidades del alma ha llegado a su fin. Pero ¿ha terminado para siempre o es solo un alivio temporal?

A pesar de que en el momento de su estreno *Terciopelo azul* se recibió con una gran controversia, es indiscutible que se trata de una de las mejores películas estadounidenses de la década de 1980. La película consolidó a David Lynch como un visionario del cine moderno, supuso el merecido retorno del incomparable Dennis Hopper y acabó con la limitada visión de Isabella Rossellini como la hija de conducta intachable de la gran Ingrid Bergman. RF

6

7

INSEPARABLES

DEAD RINGERS

1988 - EE. UU. / CANADÁ - 115 MIN.

DIRECTOR

DAVID CRONENBERG (n. 1943)

GUION

DAVID CRONENBERG (n. 1943)

DIRECTOR DE FOTOGRAFÍA

PETER SUSCHITZKY

MONTAJE

RONALD SANDERS

BANDA SONORA

HOWARD SHORE

PRODUCCIÓN

MARC BOYMAN y DAVID CRONENBERG para
MANTLE CLINIC II / MORGAN CREEK PRODUCTIONS / TÉLÉFILM CANADA

REPARTO

JEREMY IRONS (Beverly Mantle / Elliot Mantle), GENEVIÈVE BUJOLD (Claire Niveau),
HEIDI VON PALLESKE (Cary), BARBARA GORDON (Danuta),
SHIRLEY DOUGLAS (Laura), STEPHEN LACK (Anders Wolleck), NICK NICHOLS (Leo),
LYNNE CORMACK (Arlene), DAMIR ANDREI (Birchall)
y MIRIAM NEWHOUSE (Sra. Bookman)

FROM THE DIRECTOR OF "THE FLY" COMES A NEW KIND OF THRILLER

TWO BODIES. TWO MINDS. ONE SOUL.

DAVID CRONENBERG'S

DEAD RINGERS

JAMES G. ROBINSON AND JOE ROTH PRESENT JEREMY IRONS · GENEVIEVE BUJOLD IN DAVID CRONENBERG'S DEAD RINGERS EDITED BY RONALD SANDERS
PRODUCTION DESIGNER CAROL SPIER MUSIC BY HOWARD SHORE DIRECTOR OF PHOTOGRAPHY PETER SUSCHITZKY CO-PRODUCER DENISE CRONENBERG LINE PRODUCER JOHN BOARD EXECUTIVE PRODUCER CAROL BAUM
AND SYLVIO TABET BASED UPON A NOVEL BY DAVID CRONENBERG AND NORMAN SNIDER BASED ON THE BOOK "TWINS" BY BARI WOOD AND JACK GEASLAND
PRODUCED BY DAVID CRONENBERG AND MARC BOYMAN DIRECTED BY DAVID CRONENBERG

«El dolor causa desviación del carácter, sencillamente no es necesario.»

Los gemelos univitelinos Elliot y Beverly Mantle (Jeremy Irons en un papel doble) son tanto uno como otro médicos de renombre. Después de realizar sus estudios en Cambridge (Massachusetts), los hermanos se trasladaron a Toronto, donde fundaron una clínica ginecológica. Asistidos por tecnología de vanguardia, los Mantle se especializan en la fertilización de óvulos de mujeres aparentemente estériles. No obstante, es natural que haya pacientes a las que ni siquiera ellos pueden ayudar. Esto es lo que sucede en el caso de Claire Niveau (Geneviève Bujold), una actriz que sufre una anomalía física que le impide quedarse embarazada. Tras el diagnóstico, Elliot y Claire inician una relación y pronto se hace evidente que la actriz tiene afición a los placeres exóticos. Fascinado por sus tendencias masoquistas, Elliot decide tomar parte en ellas. Sin que Claire lo sepa, cuando Elliot se harta de ella permite que su hermano Beverly lo suplante en la intimidad. Después de todo, lo que mejor saben hacer estos gemelos es com-

partir. Pero cuando Beverly se enamora de la frágil actriz, el equilibrio de los hermanos se tambalea.

Hasta entonces, las vidas de los dos hermanos han funcionado gracias a un equilibrio perfecto entre lo profesional y lo privado. El carisma de Elliot le permitía interpretar el papel de hombre temerario y decidido. Por su parte, Beverly, más bien tímido y reservado, ha aportado la solidez de un investigador brillante. Elliot, a su vez, adorna hábilmente los resultados de su hermano y los presenta en el mercado. De vez en cuando, se aprovechan de su asombroso parecido y se intercambian los papeles. Esto pasa inadvertido, pues ambos son «percibidos como una sola persona», como dice Elliot. La complementariedad del *yin* y el *yang* hasta consigue engañar a Claire en sus narices. Pasa mucho tiempo hasta que empieza a apreciar la conducta ambivalente de sus dos amantes y se queda pálida al descubrir que su relación monógama no es tal.

DAVID CRONENBERG Pocos directores han polarizado la opinión de las masas como David Cronenberg, venerado tanto por los aficionados al cine de terror como por los intelectuales. Muchos conocieron a este canadiense nacido en Toronto en 1943 con su primera producción de Hollywood, *Videodrome* (1982). Anteriormente, Cronenberg había realizado gran cantidad de películas, que le habían valido grandes elogios en los círculos de la ciencia ficción y el terror, como *Fast company* (1979), *Cromosoma-3* (1979) y *Scanners Su solo pensamiento podía matar* (1980). La temática de Cronenberg gira entorno al cuerpo humano y a las anomalías físicas. Ha deslumbrado al público una y otra vez con un arsenal de efectos especiales aparentemente inagotables . Como director, le interesa menos la capacidad de horrorizar del *gore* que el potencial de la ciencia y la tecnología para modificar la relación que mantenemos con nuestros cuerpos. *Naked Lunch* (1991), *Crash* (1996) y *eXistenZ* (1998) ahondan en el lado oscuro del mundo de las drogas, los coches y los videojuegos. Sostiene que la restricción de la identidad es un síntoma típico de la adicción, cuyos efectos negativos equivalen a los de la atrofia física. El tema de la identidad predomina también en las películas más recientes de Cronenberg, como *Una historia de violencia (A History of Violence*, 2005) o *Un método peligroso (A Dangerous Method*, 2011), en las que el centro de atención se traslada cada vez más de lo físico a lo psicológico.

> **«*Inseparables* es la peor pesadilla de Narciso. Un día se despierta y encuentra a su reflejo acostado a su lado.»**
> *epd Film*

La culpa hace caer a Beverly en la bebida y las drogas. Está dividido entre el deseo de iniciar una nueva vida al lado de Claire e independiente de su hermano y el miedo a vivir sin él. En un estado narcótico, le atormentan en sueños visiones demenciales en las que Claire intenta en vano rasgar con los dientes el cordón umbilical que une a los hermanos. Elliot, entretanto, hace un gran esfuerzo para rehabilitar a su hermano de la droga, pero cae en el mismo cenagal. También ha empezado a tomar «medicación», para estar «sincronizado» con Beverly, como dice

él. Esta caída en picado pronto llega a un desenlace fatal para los dos médicos, que no pueden vivir ni juntos ni separados.

El análisis del fenómeno de los gemelos de *Inseparables* (cuyo título original, un término de las carreras de perros, se refiere a un sustituto idéntico empleado para estafar a los corredores de apuestas) tiene sus raíces en estudios biológicos. El director, ex estudiante de medicina, se quedó fascinado por algunos estudios publicados, según los cuales los gemelos univitelinos que crecen

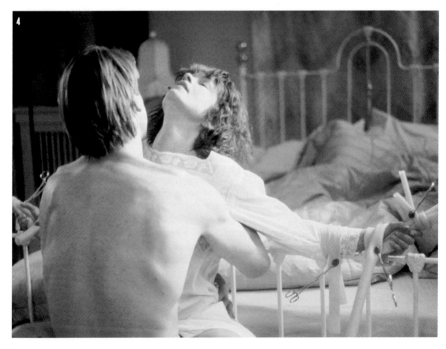

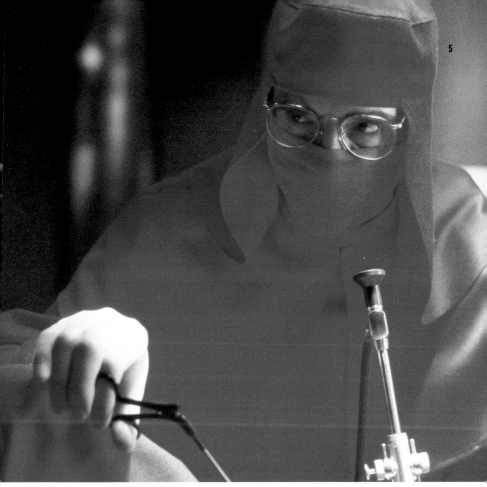

1 No hay forma de que sea él mismo: Beverly Mantle (Jeremy Irons) llora la pérdida de su hermano gemelo.

2 Un último encuentro: los gemelos Mantle, Elliot y Beverly.

3 Intuición femenina: la actriz Claire Niveau (Geneviève Bujold) sabe que la han engañado de la forma más ruin.

4 Claire es víctima de un espasmo en los brazos de Elliot.

5 Cuarentena: el eminente doctor Elliot examina las dolencias de las mujeres estériles en esta clínica de fertilidad.

separados con frecuencia desarrollan afinidades y características muy similares. Según Cronenberg, «la conducta de los gemelos vuelve totalmente del revés nuestro concepto del individuo. Creemos tener ante nosotros a dos sujetos diferenciados, pero al mismo tiempo su homogeneidad nos deja de piedra. Queremos "verlos" como individuos, pese a la evidente réplica física. Por tanto es evidente que ya no se puede considerar legítimamente el cuerpo el origen de la individualidad». Cronenberg cree que el cuerpo y el alma, como demuestran Elliot y Beverly, son inseparables. Si solo valoramos uno de estos aspectos, como suele hacerse en medicina, el otro se resentirá. De este modo, *Inseparables* aborda la renuncia a la identidad y su pérdida como procesos lentos y malignos asociados a la decadencia física. En otras películas, como *eXistenZ* (1998), Cronenberg va más allá: el cuerpo humano se disuelve virtualmente en el mundo de simulacro de los videojuegos y se aparta de la realidad.　　　　HM

EL SILENCIO DE LOS CORDEROS ♟♟♟♟♟

THE SILENCE OF THE LAMBS

1991 - EE. UU. - 118 MIN.

DIRECTOR

JONATHAN DEMME (n. 1944)

GUION

TED TALLY, basado en la novela homónima de THOMAS HARRIS

DIRECTOR DE FOTOGRAFÍA

TAK FUJIMOTO

MONTAJE

CRAIG MCKAY

BANDA SONORA

HOWARD SHORE

PRODUCCIÓN

GARY GOETZMAN, EDWARD SAXON, KENNETH UTT y RON BOZMAN
para STRONG HEART PRODUCTIONS (para ORION)

REPARTO

JODIE FOSTER (Clarice Starling), ANTHONY HOPKINS (doctor Hannibal Lecter),
SCOTT GLENN (Jack Crawford), TED LEVINE (Jame Gumb),
ANTHONY HEALD (doctor Frederick Chilton), BROOKE SMITH (Catherine Martin),
DIANE BAKER (senadora Ruth Martin), KASI LEMMONS (Ardelia Mapp),
ROGER CORMAN (director del FBI Hayden Burke)
y GEORGE A. ROMERO (agente del FBI en Memphis)

PREMIOS DE LA ACADEMIA DE 1991

ÓSCAR a la MEJOR PELÍCULA, al MEJOR DIRECTOR
(Jonathan Demme), al MEJOR ACTOR (Anthony Hopkins), a la
MEJOR ACTRIZ (Jodie Foster) y al MEJOR GUION ADAPTADO basado en
material publicado o producido previamente (Ted Tally)

jodie foster / anthony hopkins / scott glenn

the silence of the lambs
from the terrifying best seller

a jonathan demme picture / jodie foster / anthony hopkins / scott glenn / "the silence of the lambs" / ted levine / music by howard shore / production designer kristi zea /
director of photography tak fujimoto / edited by craig mckay, a.c.e. / executive producer gary goetzman / based upon the novel by thomas harris / screenplay by ted tally /
produced by kenneth utt edward saxon and ron bozman / directed by jonathan demme

ORION

read the st. martins press book / original motion picture soundtrack available on MCA records, cassettes and compact discs

«Un viejo amigo me espera para cenar.»

Clarice Starling (Jodie Foster), hija de un policía muerto en acto de servicio, quiere entrar en el FBI. En la academia del FBI en Woods, Virginia, realiza cursos de formación y se esfuerza al máximo. Varias señales de madera con la leyenda «DOLOR-AGONÍA-SUFRIMIENTO: ÁMALOS» no solo animan a los novatos a destacar, sino que revelan un alto grado de masoquismo. La película recorre toda esta gama de sensaciones, desde el desinterés heroico hasta el odio autodestructivo. Jack Crawford (Scott Glenn), jefe de Starling y responsable del departamento psiquiátrico del FBI, la envía a Baltimore para interrogar a un asesino convicto que se niega a colaborar. Además de psiquiatra, el preso es un caso patológico extremo de asesino antropófago. El doctor Hannibal *el Caníbal* Lecter (Anthony Hopkins) ha pasado ocho años en una celda sin ventanas de un hospital mental de alta seguridad. Crawford espera que el interrogatorio aporte pistas sobre el comportamiento de otro monstruo, un asesino conocido como Búfalo Bill, que desuella a las mujeres que mata y ha logrado escapar del FBI. El plan de Crawford funciona y Lecter accede a hablar sobre la patología de los asesinos en serie con Clarice, pero pone una condición. Lecter dará su opinión experta sobre Búfalo Bill solo si ella le cuenta su trauma infantil. Quid pro quo: ella desnuda su alma y él le da el perfil psicológico del sospechoso. El apasionante diálogo que se entabla entre ambos puede entenderse a distintos niveles. Por una parte, encontramos a un psicoanalista hablando a su paciente; por otra, a una joven detective interrogando a un asesino en serie impredecible, ambigüedad que caracteriza la relación de Lecter y Starling. Ambos persiguen su meta de modo infalible, sin ceder, y la lucha resultante constituye uno de los duelos más brillantes y complejos de la historia del cine. La hija de una senadora estadounidense es secuestrada por Búfalo Bill y el FBI se ve sometido a una creciente presión para encontrar al asesino. Se presenta una oportunidad para Lecter. A cambio de su ayuda para capturar a Jame Gumb, alias *Búfalo Bill* (Ted Levine), pide una mejora de sus condiciones de reclusión y le envían a una prisión provisional en Memphis. Mata a los celadores y escapa vestido con el uniforme de un policía a quien le arranca la cara para cubrirse la suya. Su última conversación con Starling se produce por teléfono, cuando la llama desde una isla del Caribe para felicitarla por su nombramiento como agente del FBI y se despide de ella cariñosamente diciendo: «Un viejo amigo me espera para cenar». Tras colgar, Lecter sigue a un grupo de turistas en el que el público distingue al odiado doctor Chilton (Anthony Heald), director del hospital mental de alta seguridad de Baltimore, que será el «invitado» a la cena de Lecter.

El silencio de los corderos marcó un hito cinematográfico a principios de los años noventa. Es imposible enmarcarla en un solo género, ya que combina varios. Presenta elementos de películas policiacas (en las

---

MONTAJE PARALELO Técnica desarrollada en los albores de la historia del cine. Dos o más acciones que suceden en distintos lugares se narran y se experimentan a la vez. El tipo de montaje paralelo más conocido en las películas es el rescate en el último minuto, en el que se superponen imágenes del protagonista en peligro en rápida sucesión con imágenes de los rescatadores que van hacia el lugar. Las películas de acción utilizan de manera recurrente este tipo de secuencias para aumentar la tensión, y el recurso prácticamente no ha variado desde la película de David Griffith de 1916 *Intolerancia* hasta los *thrillers* actuales. El montaje paralelo nos permite adelantarnos un paso a los personajes de la película, ya que sabemos cosas que ellos desconocen y estamos en varios sitios al mismo tiempo, experiencia que solo es posible en la ficción.

2

1 El hombre desnudo y la muerte: Búfalo Bill (Ted Levine) utiliza una máquina de coser para crearse una nueva identidad con la piel de sus víctimas; las mariposas de la pared simbolizan la metamorfosis.

2 Los combates de miradas entre Starling (Jodie Foster) y Lecter (Anthony Hopkins) son una batalla por el conocimiento: Lecter ayudará al FBI a construir el perfil del asesino y Starling confesará el secreto de su infancia.

3 Dentro del género dedicado a los asesinos en serie, los ojos se convierten en una herramienta de apropiación, penetración y destrucción

«*El silencio de los corderos* es puro terror, desde sus inquietantes y confusos ángulos de cámara hasta su escalofriante ambiente freudiano.»

The Washington Post

que los crímenes quedan impunes), pero también es una película de suspense basada en personajes reales: el modelo tomado para caracterizar a Gumb y a Lecter es Edward Gein (1906-1984), que llevaba prendas de vestir hechas con la piel de sus víctimas cuando fue arrestado en 1957.

3

4 El caníbal entrelaza sus manos. La celda y la postura recuerdan los retratos del papa de Francis Bacon.

5 Un policía es destripado y crucificado en la jaula. Con los brazos extendidos, parece una mariposa.

6 Los encuentros se producen en lo más bajo del sistema carcelario, un calabozo en el averno.

7 El monstruo, inmovilizado con una camisa de fuerza y amordazado; las fuerzas públicas tienen el monopolio de la violencia en los tiempos actuales.

8 Lecter vence a los guardias con sus propias armas: uno de los policías prueba su *spray*.

«Hacía mucho tiempo que no sentía la presencia del diablo tan clara.» *Chicago Sun-Times*

Pero *El silencio de los corderos* también es una película sobre psiquiatría. Los dos asesinos aparecen como psicópatas cuya «relación» establece la base de la investigación criminológica, aunque sus casos no sean estrictamente comparables. La película tuvo tal éxito que se convirtió en uno de los modelos más influyentes de la década siguiente hasta el punto de que el argumento fue objeto de plagios y fuente de citas.

Hannibal Lecter ya había aparecido en la gran pantalla antes del estreno de *El silencio de los corderos*. En 1986, Michael Mann llevó al cine la novela de Thomas Harris *El dragón rojo* (1981) con el título *Hunter*. Cinco años después, Jonathan Demme seleccionó el material y las perspectivas cambiantes de su cámara dieron un nuevo enfoque a lo que es la versión cinematográfica de *La bella y la bestia*. Demme caracteriza a sus personajes tanto desde dentro como desde fuera.

El director juega con la frontera difusa entre la realidad externa y la interna, entre los recuerdos del pasado y el presente, como cuando vemos la infancia de Clarice

en dos *flash-backs* absolutamente inesperados. Los ojos de Jodie Foster permanecen fijos en el presente mientras la cámara se adentra en su pasado y explora sus heridas psicológicas. Durante el enfrentamiento final entre Clarice y Jame Gumb, la perspectiva cambia continuamente. Vemos al asesino a través de los ojos de Clarice, pero también vemos a la joven agente del FBI a través de los ojos de Jame, quien busca a sus víctimas en la oscuridad valiéndose de unas gafas con infrarrojos.

Esta perspectiva cambiante en las escenas finales de la película pone de relieve el peligro extremo en que se encuentra Clarice. Otras secuencias resultan engañosas, como las perspectivas cambiantes en la secuencia que desencadena el final. En ella, una dotación policial rodea la casa en la que esperan encontrar a Jame Gumb y un oficial de policía negro disfrazado de repartidor llama al timbre. Al otro lado de la puerta, oímos el timbre. Jame se viste y abre la puerta. La policía irrumpe en la casa, mientras el asesino abre la puerta y encuentra a Clarice, sola. En la toma siguiente, la policía toma al asalto una casa vacía. Este montaje paralelo combina dos lugares lejanos, dos acciones con el mismo objetivo, dos casas, una de las cuales

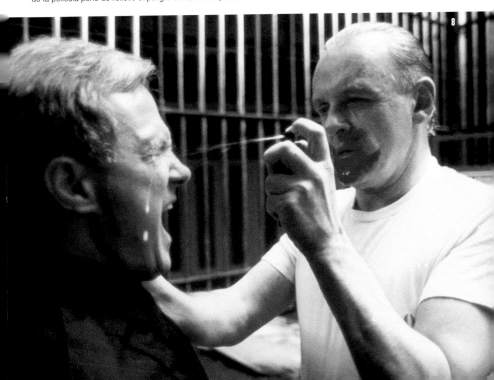

9 En la guarida de Búfalo Bill, la agente Starling está a punto de adentrarse en una oscuridad total... **10** ... en la que tendrá que guiarse a ciegas, aguzando el oído, mientras que Búfalo Bill la ve gracias a unas gafas infrarrojas.

«Voy al cine porque me gusta que me impresionen.»
Jonathan Demme

solamente se ve desde el exterior y la otra desde el interior. Las imágenes nos llevan a pensar que ambas acciones se desarrollan en el mismo lugar. El montaje paralelo se descubre y aumenta la tensión: de repente nos damos cuenta de que Clarice debe enfrentarse sola al asesino.

Más de un crítico cinematográfico consideró que esta estratagema significaba que incluso las películas de Hollywood habían entrado en una era de autorreflexión. En lugar de revelar conscientemente un recurso cinematográfico, el montaje paralelo sirve principalmente para acentuar la atmósfera de peligro e incertidumbre de la película. Sin embargo, *El silencio de los corderos* trabaja a ambos niveles, como entretenimiento emocionante y como juego virtuoso con situaciones y figuras culturales

clave. Algunos críticos llegaron a ver en el pervertido asesino Búfalo Bill a Hades, dios de los infiernos, pero aunque estos análisis puedan resultar interesantes, no son esenciales para la comprensión de la película ni para su éxito.

En los Óscar de 1992, *El silencio de los corderos* fue premiada con las estatuillas de las cinco categorías principales, algo que solo habían conseguido antes dos películas, *Sucedió una noche* (1934) y *Alguien voló sobre el nido del cuco* (1975). Diez años después de su huida, Hannibal Lecter regresó a la gran pantalla *(Hannibal*, 2001). Jodie Foster rechazó inter-pretar por segunda vez el papel de Clarice y fue sustituida por Julianne Moore *(Magnolia)*, y Ridley Scott tomó el relevo de Jonathan Demme como director. RV

FORREST GUMP ♟♟♟♟♟♟

1994 - EE. UU. - 142 MIN.

DIRECTOR

ROBERT ZEMECKIS (n. 1952)

GUION

ERIC ROTH, basado en la novela homónima
de WINSTON GROOM

DIRECTOR DE FOTOGRAFÍA

DON BURGESS

MONTAJE

ARTHUR SCHMIDT

BANDA SONORA

ALAN SILVESTRI

PRODUCCIÓN

WENDY FINERMAN, STEVE TISCH, STEVE STARKEY
y CHARLES NEWIRTH para PARAMOUNT

REPARTO

TOM HANKS (Forrest Gump), ROBIN WRIGHT (Jenny Curran),
GARY SINISE (Lt. Dan Taylor), SALLY FIELD (Sra. Gump),
MYKELTI WILLIAMSON (Benjamin Buford *Bubba* Blue), MICHAEL CONNER HUMPHREYS (Forrest niño),
HANNA HALL (Jenny niña), TIFFANY SALERNO (Carla), MARLA SUCHARETZA (Lenore)
y HALEY JOEL OSMENT (Forrest adolescente)

PREMIOS DE LA ACADEMIA DE 1994

ÓSCAR a la MEJOR PELÍCULA, al MEJOR DIRECTOR (Robert Zemeckis),
al MEJOR ACTOR (Tom Hanks), al MEJOR GUION ADAPTADO (Eric Roth),
al MEJOR MONTAJE (Arthur Schmidt) y a los MEJORES EFECTOS VISUALES
(Allen Hall, George Murphy, Ken Ralston y Stephen Rosenbaum)

«Shit happens!»

Una parada de autobús en Savannah, Georgia. Un hombre con expresión infantil está sentado en el banco junto a una maleta, con una caja de bombones en la mano, y cuenta la historia de su vida a los viajeros que le rodean.

Su relato empieza en algún punto de la década de 1950 en Greenbow, Alabama, donde Forrest Gump (Michael Conner Humphreys), un chico con el nombre de un héroe de la guerra civil americana, crece sin un padre a su lado y es distinto de los otros niños: su cociente intelectual de 75 se sitúa bastante por debajo de la media y, como dice su madre (Sally Field), su espina dorsal está tan torcida como la moral de un político. Pero su madre es una mujer de voluntad férrea, y se las arregla para sobrellevar tales defectos. Obliga a su hijo a llevar aparatos correctores en las piernas y, aunque está dispuesta a usar su cuerpo para persuadir al director de la escuela de que Forrest no necesita educación especial, es capaz de darle a su hijo lecciones de moral: «Tonto es el que hace tonterías» es una de las frases lapidarias rebosantes de sabiduría que forman su rico repertorio.

La vida del ingenuo y simpático Forrest no es precisamente sencilla. Nadie quiere sentarse a su lado en el autobús de la escuela salvo Jenny (Hanna Hall), quien pronto se convierte en su única amiga. Cuando los compañeros de Forrest se meten con él por enésima vez, Jenny le dice que se vaya corriendo. Forrest siempre hace lo que le dicen, así que empieza a correr y de pronto descubre en él mismo virtudes ocultas, como la velocidad y la resistencia. Los correctores de sus piernas se hacen pedazos, y con ellos se derrumban también las barreras de su mente simple. Ligero como el viento, Forrest corre y corre sin cesar durante toda su juventud.

Años más tarde, el ya adulto Forrest huye de nuevo de sus compañeros de escuela y acaba entrando por error en un estadio de fútbol. Entonces le ofrecen una beca y un puesto en un equipo de la liga de fútbol americano.

«La vida es como una caja de bombones. Nunca sabes lo que te va a tocar» es otra gema del tesoro de la Sra. Gump, y está llena de verdad en cuanto a la vida de Forrest. Gracias a su habilidad para estar en el lugar correcto en el momento indicado, a su carrera de futbolista le siguen el servicio militar y la guerra de Vietnam, en la que se convierte en héroe y en un jugador de ping pong de primera. Tras la guerra, Forrest cumple la promesa que hizo a Bubba (Mykelti Williamson), su amigo y compañero de armas, y amasa toda una fortuna como capitán de un barco pesquero. Y aún se hace más rico al invertir en lo que cree una compañía frutera llamada Apple.

BLUE / GREEN SCREEN La técnica *blue/green* screen permite superponer siluetas en movimiento recortadas sobre una imagen de fondo. Los actores, figuras u objetos se filman primero contra una pantalla azul. Después, se realizan dos versiones de la película. En la primera los colores se filtran sin la imagen de fondo y en la segunda solo se aprovechan las siluetas de los actores sobre un fondo blanco. Ambas versiones se combinan con una impresora óptica o por ordenador. Esta última técnica se denomina *compositing* y se aplicó, entre otras películas, en *Jurassic Park* (1993), *Godzilla* (1997) y *Gladiator* (2000).

1 Tan simple como parece: Forrest Gump (Tom Hanks) hace real a su manera el sueño americano.

2 Un sitio seguro: una de las frases lapidarias de su madre era «Tonto es el que hace tonterías», cita que Forrest tendrá presente durante toda su vida.

3 Jenny (Hanna Hall) es la única amiga de Forrest (Michael Conner Humphreys). No se separa de él por más que todos le fastidien por su retraso físico y mental.

4 Tretas de mujer: la madre soltera de Forrest (Sally Field) usa todo cuanto está en su poder, incluso su cuerpo, para proporcionar a su hijo una vida normal.

La vida de Forrest es una carrera de fondo de 40 años a lo largo de la historia de la Norteamérica de posguerra. Estrecha las manos de los presidentes Kennedy y Nixon, enseña a Elvis Presley su contoneo de caderas y sirve de inspiración a John Lennon para componer *Imagine*. Forrest inventa los Smileys y la pegatina *Shit happens* («La mierda pasa»). Su pulso late por azar siempre en sintonía con el de los tiempos que corren. Se ve involucrado en una protesta a favor de la integración racial y en una manifestación contra la guerra de Vietnam, y es testigo por accidente del asunto Watergate.

Tan casuales como su carrera y sus incursiones en la historia de EE. UU. son sus citas con el amor de su vida, Jenny (Robin Wright). Lejos de cumplir sus sueños y

«Hanks vuelve a interpretar a un niño en la película *Forrest Gump*, de Robert Zemeckis. Corto de luces y agradable, Forrest recorre los escombros de las décadas de 1950, 1960 y 1970.» *Time Magazine*

convertirse en una cantante de música folk, Jenny se convierte en una *hippy* drogadicta que canta en un club nocturno de tercera. Al morir su madre, Forrest regresa a Greenbow, donde vive un breve y fracasado romance con Jenny. Tras esto, intenta de nuevo huir de su destino y corre por el continente americano durante tres años sin rumbo fijo, acompañado de un grupo de seguidores siempre en aumento.

Robert Zemeckis es un especialista en dirigir películas comerciales con exigencias técnicas. Torció literalmente el cuello de Meryl Streep en *La muerte os sienta tan bien* (1992) y su trilogía de *Regreso al futuro* revela su

debilidad por los viajes en el tiempo (*Regreso al futuro I-III*, 1985, 1989, 1990). *Forrest Gump*, adaptada por Eric Roth a partir de la novela del mismo título escrita por Winston Groom, es también un extraño viaje al pasado.

Con la colaboración de la compañía de efectos especiales de George Lucas, Industrial Light & Magic (ILM), Zemeckis emplea sofisticados trucos visuales y secuencias de tiempo real para crear la ilusión de que Forrest estuvo presente en diversos eventos históricos. Para rodar la escena en la que estrecha la mano del presidente Kennedy en el despacho oval, los expertos en tecnología digital de ILM utilizaron imágenes de archivo de

«Forrest siente eterno amor por Jenny, una dulce niña que sufre los abusos sexuales de su padre y cuyo destino es una vida conflictiva. El personaje resulta un poco plano: Jenny encarna obviamente la oscuridad y las sombras, así como la autodestrucción, frente a la transparencia e ingenuidad de Forrest.» *San Francisco Chronicle*

las que se recortaron las siluetas de los verdaderos protagonistas y se sustituyeron por imágenes superpuestas de Forrest. Se grabó a Tom Hanks con la técnica llamada *blue & green screen* (o composición en pantalla azul y verde) y su imagen se combinó después con el material de archivo mediante técnicas de ordenador. La tecnología informática está presente en toda la cinta de *Forrest Gump*, aunque no siempre sea obvia. Con ella, 1.000 extras de carne y hueso se convirtieron en 100.000 manifestantes.

La imagen del vecino en quien no reparamos, tan trabajada por Hanks en muchos de sus filmes, le convirtió en el actor ideal para el papel, descrito por un crítico como «una mezcla de Charlie Chaplin y Lawrence de Arabia». Gump es una especie de duplicado de Josh Baskin, el adolescente atrapado en el cuerpo de un adulto de la comedia de Penny Marshall *Big* (1988).

Forrest Gump no es un reflejo fiel de la historia contemporánea, pero retrata cierta mentalidad americana en la que la historia se personaliza y se muestra como una serie de coincidencias. La moraleja es tan simple como los dichos de la madre de Forrest. Todo es posible; basta con desearlo o con estar en el lugar adecuado en el momento oportuno, aun sin saber lo que sucede ni tomar parte activa en el asunto. Espectadores de todo el mundo se enamoraron de la visión única y divertida de esta alma simple de Alabama, así como de la banda sonora, un escaparate musical del siglo XX. La cinta recaudó 330 millones de dólares en EE. UU. y casi dobló esa cifra en el resto del mundo. Ganó seis Óscar en 1995, puso de nuevo los Smileys de moda y la frase «Shit happens!». La novela de Winston Groom y el libro de recetas de camarones de Bubba inundaron las librerías. *Forrest Gump* refleja el espíritu de la comedia de Hal Ashby *Bienvenido Mr. Chance* (1979), en la que el jardinero Peter Sellers conoce el mundo a través de su televisor. El filme de Ashby es una sátira inteligente, pero *Forrest Gump* no fue por ese camino: es puro entretenimiento, un mero reflejo de la historia moderna. Su mezcla de relato histórico y típica trama hollywoodense recuerda a *La lista de Schindler* (1993), de Spielberg, pues ambas parecen un álbum de fotos que reafirma las conclusiones sobre el pasado del público, que abandona la sala al cabo de dos horas satisfecho y agradablemente conmovido.   APO

5 ¿Amor, paz y felicidad? Jenny (Robin Wright) se entrega a las drogas para huir de sí misma.

6 Un gesto inspirado: *Forrest Gump* debe gran parte de su autenticidad a los efectos especiales de Industrial Light & Magic, capaces de hacer creer al espectador que Forrest conoció de verdad al presidente Nixon.

7 Una promesa con consecuencias: Forrest prometió a su moribundo amigo Bubba (Mykelti Williamson) que haría realidad su sueño conjunto de pescar camarones.

7

CHUNGKING EXPRESS
CHONGQING SENLIN
1994 - HONG KONG - 97 MIN.

DIRECTOR
WONG KAR-WAI [WANG JIAWEI] (n. 1958)

GUION
WONG KAR-WAI

DIRECTOR DE FOTOGRAFÍA
CHRISTOPHER DOYLE y ANDREW LAU [LIU WEIQIANG]

MONTAJE
WILLIAM CHANG, KAI KIT-WAI, KWONG CHI-LEUNG

BANDA SONORA
ROEL A. GARCÍA Y FRANKIE CHAN [CHEN SHUNQI]

PRODUCCIÓN
CHAN YI-KAN [CHEN YIJIN] para
JET TONE PRODUCTIONS

REPARTO
BRIGITTE LIN [Lin Qingxia] (mujer con peluca rubia),
KANESHIRO TAKESHI [He Qiwu] (# 223), TONY LEUNG [Liang Chaowei] (# 663),
FAYE WONG [Wang Jinwen] (Faye), VALERIE CHOW [Shou Jialing] (azafata),
PIGGY CHAN [Chen Jinquan], GUAN LINA, HUANG ZHIMING, LIANG ZHEN Y ZUO SONGSHEN

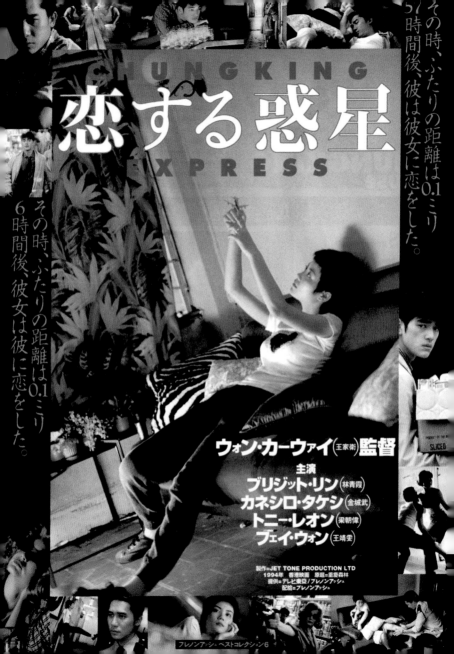

«California dreamin'»

En principio, *Chungking Express* sirvió de mera terapia ocupacional para Wong Kar-wai: disponía de un descanso de dos meses durante la gran producción de *Las cenizas del tiempo* (1992-1994) y le apetecía entretenerse con una cinta breve. Así que empezó con poco más de un par de personajes bien definidos y un par de sitios donde situarlos. Las interrelaciones y el argumento nacieron sobre la marcha durante el rodaje.

Treinta de abril de 1994. Una mujer (Brigitte Lin) con una chillona peluca rubia y enormes gafas de sol tiene que pasar un pequeño alijo de drogas, pero lo pierde y vuelve sobre sus pasos para buscarlo. Al mismo tiempo, el policía He Qiwu, oficial 223, se halla sentado en un bar ahogando sus penas en alcohol; su novia le abandonó hace precisamente un mes. Desde entonces, ha sobrevivido a base de latas de piña que caducan hoy, lo cual interpreta como el fin de su amor. Melancólico, bebe cada vez más hasta apurar la última lata. Para más inri, hoy cumple 25 años y ha decidido enamorarse de la primera mujer que entre en el bar. Y entonces entra la rubia de las gafas, exhausta tras un día agotador y con ganas de descansar.

Otro policía, el oficial 663, también ha roto con su novia, una azafata que ha dejado la llave del piso de este en el bar de la camarera Faye, del que es asiduo. Faye, que escucha sin descanso la canción *California Dreamin'*, está secretamente enamorada del policía desde hace tiempo y no tiene intención de entregarle las llaves. Al contrario, visita su piso todos los días. Algunas veces tan solo lo limpia, pero con frecuencia suele gastarle alguna broma, como cambiar las etiquetas de las latas, disolver somníferos en bebidas o poner más peces en su acuario. Un día encuentra un mensaje del policía: quiere conocerla y la cita en el restaurante California.

Las peculiares condiciones de la producción hicieron que Wong no se enfrentara solamente a su inspiración, sino también a los planes de su equipo de rodaje, cuyos miembros habían firmado ya contratos para otros filmes. El plató fue la escena de las más extraordinarias idas y venidas, pues tanto actores como técnicos desaparecían sin cesar para ir a otros platós. Así que Wong improvisó mucho y grabó numerosas escenas individuales e independientes, ya que no se sabía con seguridad cómo se montarían al final. A pesar del carácter transitorio

CHRISTOPHER DOYLE Christopher Doyle nació en Sídney en 1952. Su trabajo junto al director Wong Kar-Wai, de quien ha grabado todas sus películas desde *Nuestros años salvajes* (1990), le ha convertido en uno de los cámaras más imitados de la década de 1990. Su sensible enfoque del color, combinado con un rodaje cámara en mano muy preciso, constituyó la vía para expresar la melancolía que caracterizó a la escuela de cine artístico internacional de fin de siglo. Después de mudarse a Hong Kong, Doyle, que habla con fluidez el mandarín y el cantonés, adoptó un nombre chino: Duk Ke-feng («señor, maestro, como el viento»). A partir de 1998, Doyle se puso tras la cámara también en producciones de habla inglesa como *Liberty Heights* (1999), *El americano impasible* (2002) y *Ondine* (2009).

5

1 «[Soy el] DJ de mis películas.» (Wong Kar-wai)

2 Autorreflexión estilo Hong Kong: la superestrella cantonesa del pop Faye Wong (Wang Jinwen) como Faye en un típico juego a lo Wong con las identidades de los personajes.

3 Otro icono del cine de los noventa: la corrupta oriental Brigitte Lin (Lin Qingxia) con peluca rubia.

4 «Hay tan poco espacio en Hong Kong que no podrías rodar con una cámara fija. Debes hacerlo con una manual.» (El cámara Christopher Doyle)

5 «Las escenas de *Chungking Express* […] ocurren en lugares que él [Wong Kar-wai] frecuenta, como el puesto de comida rápida Midnight-Express, en el distrito de Lan Kwai Fong.» (Productor y editor William Chang)

«Es bella, sencilla y divertida, y también brillante. Ojalá hubiera más películas como esta.» *Le Monde*

de la cinta, este rasgo condensa la esencia de cada momento. Wong se retiró a la sala de montaje con su caótico material y al cabo de dos meses *Chungking Express* estaba lista.

La película se convirtió en el mayor éxito internacional de Wong Kar-wai; la rubia de las gafas, en el icono de toda una generación, y Chris Doyle, en uno de los cámaras más destacados de los noventa. Wong creó estilo, y fue

sinónimo a partir de entonces de argumentos deslabazados dotados de una estructura poética, excéntricas voces en *off*, colores intensos, especta-culares escenas rodadas cámara en mano y una extravagante composición pictórica: cine urbano de recuerdos, donde el amor solo es posible en retrospectiva, situado en una ciudad siempre cambiante, que reniega de su pasado y que pronto dejará de existir.

OM

PULP FICTION ♟

1994 - EE. UU. - 154 MIN.

DIRECTOR

QUENTIN TARANTINO (n. 1963)

GUION

QUENTIN TARANTINO y ROGER AVARY

DIRECTOR DE FOTOGRAFÍA

ANDRZEJ SEKULA

BANDA SONORA

VARIOS TEMAS

PRODUCCIÓN

LAWRENCE BENDER para JERSEY FILMS y A BAND APART
(para MIRAMAX)

REPARTO

JOHN TRAVOLTA (Vincent Vega), SAMUEL L. JACKSON (Jules Winnfield),
UMA THURMAN (Mia Wallace), HARVEY KEITEL (Winston Wolf, *el Lobo*),
VING RHAMES (Marsellus Wallace), ROSANNA ARQUETTE (Jody),
ERIC STOLTZ (Lance), QUENTIN TARANTINO (Jimmie), BRUCE WILLIS (Butch Coolidge),
MARIA DE MEDEIROS (Fabienne), CHRISTOPHER WALKEN (Koons),
TIM ROTH (Ringo) y AMANDA PLUMMER (Yolanda)

PREMIOS DE LA ACADEMIA DE 1995

ÓSCAR al MEJOR GUION ORIGINAL
(Quentin Tarantino y Roger Roberts Avary)

FESTIVAL DE CANNES DE 1994

PALMA DE ORO

WINNER · BEST PICTURE · 1994 CANNES FILM FESTIVAL

PULP FICTION

a Quentin Tarantino film

10¢

produced by
Lawrence Bender

JOHN TRAVOLTA
SAMUEL L. JACKSON
UMA THURMAN
HARVEY KEITEL
TIM ROTH
AMANDA PLUMMER
MARIA de MEDEIROS
VING RHAMES
ERIC STOLTZ
ROSANNA ARQUETTE
CHRISTOPHER WALKEN
and
BRUCE WILLIS

MIRAMAX FILMS PRESENTS A BAND APART AND JERSEY FILMS PRODUCTION A FILM BY QUENTIN TARANTINO PULP FICTION MUSIC SUPERVISOR KARYN RACHTMAN
COSTUME DESIGNER BETSY HEIMANN PRODUCTION DESIGNER DAVID WASCO EDITOR SALLY MENKE DIRECTOR OF PHOTOGRAPHY ANDRZEJ SEKULA
CO-EXECUTIVE PRODUCERS BOB WEINSTEIN HARVEY WEINSTEIN RICHARD N. GLADSTEIN EXECUTIVE PRODUCERS DANNY DeVITO MICHAEL SHAMBERG
STACEY SHER STORIES BY QUENTIN TARANTINO & ROGER AVARY PRODUCED BY LAWRENCE BENDER WRITTEN AND DIRECTED BY QUENTIN TARANTINO

  SOUNDTRACK AVAILABLE ON MCA. LPs & CASSETTES & CDs MIRAMAX

«Zed está muerto, nena. Zed está muerto.»

Tras estrenarse como director con la asombrosa *Reservoir Dogs* (1991), Quentin Tarantino se puso el listón muy alto. La sangrienta pieza de estudio fue en esencia un puro desafío cinematográfico y una película tan inusual parecía difícil de superar. Sin embargo, Tarantino se superó a sí mismo con *Pulp Fiction*, una comedia de lo más negra. El director había escrito ya el guion para la poco inspirada película policiaca de Tony Scott *Amor a quemarropa* (1993) y el guion original de *Asesinos natos* (1994), de Oliver Stone. Al comienzo de su propio filme, Tarantino nos presenta a otra pareja de asesinos potenciales. Ringo y Yolanda (Tim Roth y Amanda Plummer), quienes se llaman cariñosamente Pumpkin y Honeybunny («Calabacita» y «Conejita»), están desayunando en una cafetería y haciendo planes de futuro. Están hartos de robar en tiendas de licores cuyos propietarios multirraciales ni siquiera entienden órdenes tan simples como «¡Eh, vacía la caja registradora!». El próximo paso en su carrera es dedicarse también a robar cafeterías… ¿y por qué no empezar por esta? Esta secuencia, que abre y cierra *Pulp Fiction*, actúa como marco de las otras tres historias entrelazadas de la cinta, las cuales se solapan y se proyectan adelante y atrás en el tiempo. Uno de los protagonistas es asesinado a mitad de la película, pero aparece vivito y coleando en la última escena, y es solo al final cuando entendemos el vínculo entre las historias.

La primera de ellas se titula «Vincent Vega y la esposa de Marsellus Wallace». Vincent y Jules (John Travolta y Samuel L. Jackson) son asesinos a sueldo a punto de cumplir un encargo. Su jefe, Marsellus Wallace (Ving Rhames), quiere que se hagan con un misterioso maletín. Se trata de un trabajo de rutina, por lo que se deduce de su despreocupada charla. Con sus trajes negros parecen salidos de una película de cine negro de la década de 1940. Vince no está del todo contento, pues le ha tocado cuidar de la esposa de Marsellus, Mia (Uma Thurman), mientras el jefe está fuera. Entre los matones corre el rumor de que el antecesor de Vincent fue lanzado por la ventana de un cuarto piso, al parecer tan solo por dar a Mia un masaje en los pies.

«El reloj de oro», la segunda historia de la película, narra las visicitudes de la vieja gloria del boxeo Butch Coolidge (Bruce Willis), otro «negro» de Marsellus, tal como llama el gánster a sus sicarios. Butch ha aceptado un soborno y ha accedido a perder tras el quinto asalto en

PULP Las novelas *pulp*, novelas baratas con formato de revista populares en las décadas de 1930 y 1940, deben su nombre al barato papel de pulpa en que se publicaban. Los temas y géneros de estos folletines y relatos breves, ilustrados en su mayoría, variaban desde los cómics y la ciencia ficción a las tramas policiacas. Las primeras historias aparecieron en la década de 1880 en la revista *The Argosy*. En la década de 1930 había varios cientos de títulos en el mercado, pero en 1954 ya habían desaparecido: el cine, la radio y sobre todo el libro de bolsillo sustituyeron al *pulp*.

2

«Los matones Travolta y Jackson —como modernos personajes de Beckett— hablan sobre masajes en los pies, sexo oral y hamburguesas de queso camino de su monótono empleo como asesinos. El recién iniciado viajero Travolta informa a Jackson de que en los McDonalds parisinos, un cuarto de libra con queso se conoce como "Royale With Cheese". Y aunque un Big Mac es un Big Mac, lo llaman "Le Big Mac".» *The Washington Post*

752

1 ¿Se convierten los masajes de pies de Mia (Uma Thurman) en una experiencia erótica?

2 El Señor se mueve de forma misteriosa: Jules (Samuel L. Jackson) es un asesino que se sabe la Biblia de memoria.

3 Completamente bañado en sangre: Vincent (John Travolta) tras su pequeño accidente.

su próximo combate. Pero en el último minuto decide ganar y huir con el dinero y su novia francesa Fabienne (Maria de Medeiros).

En la tercera historia, «La situación con Bonnie», se atan un par de cabos sueltos. Jules y Vincent han hecho su trabajo, pero en el camino de vuelta Vincent dispara accidentalmente a su informador, que viaja sentado en la parte trasera del coche. El automóvil y sus ocupantes, empapados en sangre, deben desaparecer de las calles lo antes posible. Los asesinos se esconden en casa de Jim (Quentin Tarantino), pero su mujer, Bonnie, está a punto de

regresar del trabajo, así que tienen que deshacerse de las pruebas cuanto antes. Por fortuna, pueden contratar los servicios del señor Lobo (Harvey Keitel), el limpiador más rápido y eficaz del mundo.

Para disfrutar de *Pulp Fiction* hay que sentir cierta debilidad por la cultura pop, constante objeto de parodia de esta cinta, aunque no se limita a ridiculizar las fuentes de su inspiración. Tarantino debió de haber visto incontables películas antes de dirigir. El interior de su cabeza debe de parecerse al restaurante al que Vincent lleva a Mia: las mesas son cabriolés de la década de 1950, los camareros y camareras son dobles de los iconos pop: Marilyn Monroe, James Dean, Mamie van Doren y Buddy Holly (Steve Buscemi en un cameo). Vincent y Mia participan en un concurso de *twist*. La forma en que el fofo y maduro John Travolta baila es un brillante homenaje a sus primeras películas y a *Fiebre del sábado noche* (1977).

Con sus irónicas alusiones a la cultura pop y cinematográfica, Tarantino roza a veces el mal gusto: en una escena de «El reloj de oro», un ex prisionero de guerra y veterano de Vietnam (Christopher Walken) llega a casa del pequeño Butch para darle el reloj de oro de su padre. La escena empieza con el tono *kitsch* de cualquier película sobre Vietnam, pero pronto deriva en el absurdo y la escatología cuando Walken describe al chico con todo detalle el oscuro lugar donde su padre escondió el reloj en el campo de prisioneros durante años.

Tarantino tiene una enorme facilidad para los diálogos. Las conversaciones de sus protagonistas son tan banales como en la vida real, hablan de todo y de nada, sobre criar barriga, silencios violentos o *piercings*. Además, Tarantino concede mucho valor a pequeños detalles que coronan las historias, como el tostador, que, junto con la manía de Vincent de pasar largas horas en el baño, le costará la vida —porque prefiere llevarse una novela policiaca al lavabo antes que una pistola—.

El enfoque de la violencia de Tarantino es un tema en sí mismo, siempre presente en la película, aunque rara vez se muestra de forma explícita. El arma es más importante que la víctima. En un filme de acción convencional, la escena en la que Jules y Vincent recorren un largo pasillo hasta llegar al apartamento en el que asesinarán a varias personas se habría usado para crear suspense, pero en su película Vincent y Jules hablan de trivialidades, como dos colegas de oficina camino del bar.

Una de las escenas más brutales es la que sigue a la visita al restaurante de Vincent y Mia. La pareja está en

4 Todo está bajo control: el señor Lobo (Harvey Keitel), el *Limpiador*, se hace cargo del trabajo sucio que se ha presentado.

5 En su papel de comandante Koons, Christopher Walken interpreta as un ex prisionero de la guerra de Vietnam, al igual que en *El cazador*.

6 Reminiscencias de *Fiebre del sábado noche*: Mia y Vincent se atreven con un baile.

4

> **«El pecaminoso secreto de Tarantino es que sus películas son híbridos culturales. La sangre y el gore, la jerga impertinente, la burlona puesta en escena son elementos muy americanos: viejos estudios en su estilo más sofisticado.»** *Time Magazine*

el piso de Mia. Vincent, como siempre, en el lavabo, donde reflexiona sobre la lealtad y su deseo de dar un masaje a Mia en los pies. Entretanto, Mia descubre su papelina de heroína, la confunde con cocaína y esnifa una sobredosis. Vincent se ve obligado entonces a atenderla físicamente, aunque no del modo que había imaginado. Para revivirla, tiene que clavar una enorme inyección de adrenalina en su corazón.

Pulp Fiction evidencia además la maestría de Tarantino en cuanto a la selección del reparto. Los actores desempeñan sus respectivos papeles como una prolongación de

«Dividida en tres partes, la historia se mueve hacia atrás y hacia delante en el tiempo y el espacio, de modo que en la última toma se habla sobre un personaje al que hemos visto matar 50 minutos antes.» *Empire*

sus vidas. Son «imponentes»: un Samuel L. Jackson asesino cita versículos de la Biblia antes de matar y una Uma Thurman con peluca negra encarna a la encantadora y chiflada chica de un gánster. Bruce Willis olvida su sonrisa habitual y convence del todo en su papel de boxeador maduro que se niega a rendirse. Un John Travolta con papada y facciones marcadas interpreta al matón más inofensivo y bonachón imaginable. Si en *Pulp Fiction* hay un tema central, es la «moral» presente en cada una de las historias. Butch no sale corriendo cuando tiene la oportunidad, sino que se queda y salva la vida de su jefe. Vincent y Jules viven según normas y principios estrictos,

y sus acciones inmorales están llenas de moralidad. Vincent es tan leal que le cuesta la vida. Jules vive una revelación cuando las balas dirigidas a él fallan su objetivo milagrosamente. ¿Coincidencia o destino? Jules, que cita mal un pasaje bíblico de Ezequiel antes de sus asesinatos, decide seguir el buen camino a partir de entonces. En la última escena, cuando Ringo y Honeybunny atracan la cafetería, Ringo trata de hacerse con el misterioso maletín, pero no ve a Jules sacar su pistola y, en circunstancias normales, sería hombre muerto. Pero Jules, que ha decidido empezar una nueva vida, se apiada de ambos, y eso no es nada normal…   APO

7 ¡Debes cambiar de vida! Jules y Vincent hablan sobre las oportunidades y la predestinación.

8 «¡Eh, vacía la caja!», Yolanda (Amanda Plummer) ejecuta…

9 … el plan que ella y Ringo (Tim Roth) han tramado minutos antes.

8

9

L.A. CONFIDENTIAL ♟♟

1997 - EE. UU. - 138 MIN.

DIRECTOR

CURTIS HANSON (n. 1945)

GUION

CURTIS HANSON y BRIAN HELGELAND basado en la novela
L. A. Confidential de JAMES ELLROY

DIRECTOR DE FOTOGRAFÍA

DANTE SPINOTTI

BANDA SONORA

JERRY GOLDSMITH

PRODUCCIÓN

CURTIS HANSON, ARNON MILCHAN y MICHAEL G. NATHANSON
para REGENCY ENTERPRISES

REPARTO

RUSSELL CROWE (Bud White), KEVIN SPACEY (Jack Vincennes),
GUY PEARCE (Ed Exley), KIM BASINGER (Lynn Bracken),
DANNY DEVITO (Sid Hudgeons), JAMES CROMWELL (Dudley Smith),
DAVID STRATHAIRN (Pierce Patchett), RON RIFKIN (D. A. Ellis Loew),
MATT MCCOY (Brett Chase) y PAUL GUILFOYLE (Mickey Cohen)

PREMIOS DE LA ACADEMIA DE 1997

ÓSCAR a la MEJOR ACTRIZ SECUNDARIA (Kim Basinger)
y al MEJOR GUION ADAPTADO (Curtis Hanson y Brian Helgeland)

Kevin
SPACEY

Russell
CROWE

Guy
PEARCE

Kim
BASINGER

Danny
DeVITO

Everything
Is Suspect...

Everyone
Is For Sale...

And Nothing
Is What It Seems.

L.A.
Confidential

REGENCY ENTERPRISES ... ARNON MILCHAN / DAVID L. WOLPER ... "L.A. CONFIDENTIAL" KEVIN SPACEY RUSSELL CROWE GUY PEARCE JAMES CROMWELL DAVID STRATHAIRN
KIM BASINGER ... DANNY DEVITO ... JERRY GOLDSMITH ... RUTH MYERS ... BRIAN HELGELAND ... PETER HONESS, A.C.E. ... JEANNINE OPPEWALL ... DANTE SPINOTTI, A.I.C.
DAVID L. WOLPER DAN KOLSRUD ... JAMES ELLROY ... BRIAN HELGELAND & CURTIS HANSON ... ARNON MILCHAN CURTIS HANSON MICHAEL NATHANSON
DIRECTED BY CURTIS HANSON

«—¿Por qué te hiciste poli?
—No me acuerdo.»

Sol, piscinas, gente guapa: «La vida es bella en Los Ángeles, es un paraíso…». Pero ese Los Ángeles solo existe en los anuncios. En *L. A. Confidential*, ambientada a principios de la década de 1950, la ciudad es muy diferente. Tres policías intentan combatir la delincuencia y la corrupción con distinta dedicación y por diversos motivos. El ambicioso y recién salido de la academia de policía Ed Exley (Guy Pearce) es un defensor de la ley y el orden. En un proceso policial declara en contra de sus compañeros, lo cual lo lleva a ocupar el cargo más alto de la comisaría. El cínico Bud White (Russell Crowe) está preparado para extraer confesiones recurriendo a la fuerza, pero no soporta la violencia contra las mujeres. Jack Vincennes (Kevin Spacey) no es más que un farsante corrupto que, por medio de su profesión, trata de introducirse en el mundo del espectáculo. Es asesor técnico para la serie de televisión *Badge Of Honor* e inventa historias para Sid Hudgeons (Danny DeVito), un odioso periodista de la revista del corazón *Hush-Hush*.

El primer caso de Exley es una espectacular carnicería en el bar Nite Owl. Cinco agentes yacen muertos en el baño. Tres jóvenes negros son vistos cerca de la escena del crimen y arrestados de inmediato. Mediante su brillante técnica interrogativa, Exley logra que confiesen haber secuestrado y violado a una chica mexicana. Mientras White libera a la víctima y mata a tiros a su secuestrador, los tres negros escapan de la custodia policial. Exley los persigue y los mata. Tras ser considerado un héroe y condecorado con una medalla, parece que el caso está cerrado. Pero todo eso no tiene mucho sentido y Exley, White y Vincennes prosiguen sus investigaciones hasta que descubren que los más altos cargos de la policía y del gobier-

---

JAMES ELLROY: EL INFATIGABLE CRONISTA DE LOS ÁNGELES Su propia vida parece una novela policiaca. James Ellroy nació en Los Ángeles en 1948. Cuando tenía 10 años, su madre fue violada y asesinada, una historia que queda reflejada en su novela *Mis rincones oscuros* (1996). Este suceso echó a perder a Ellroy, que se metió en el mundo de la droga, cometió pequeños delitos y fue arrestado en 50 ocasiones. Ellroy comenzó a escribir bastante tarde. Su primera novela, *Réquiem por Brown*, se publicó en 1981 y fue adaptada al cine en 1998. Después escribió una trilogía sobre el policía Lloyd Hopkins. La película *Cop, con la ley o sin ella*, basada en la primera novela de esta serie, *Sangre en la luna*, se rodó en 1988. La obra maestra de Ellroy son las cuatro novelas basadas en crímenes históricos acontecidos en Los Ángeles entre 1947 y 1960. El primer volumen de la serie *La dalia negra* fue llevado a la gran pantalla por Brian de Palma en 2006 con el mismo título. *L. A. Confidential* es el tercer volumen de esa serie. Hanson y Brian Helgeland tardaron todo un año en adaptar el guión, del que hicieron siete versiones diferentes, debido a la gran cantidad de acontecimientos y temas que recoge la obra.

3

4

no están implicados en asuntos de drogas, chantajes y pornografía.

L. A. Confidential es una referencia a la primera y tal vez la más descarada revista de cotilleo norteamericana, *Confidential* (1952-1957), y el periodista interpretado por Danny DeVito (quien también hace de narrador), Hudgeons, es un álter ego de Robert Harrison, su infame editor. A Hudgeons le encanta el sensacionalismo y tipifica la decadencia moral que parece haber contagiado a toda la ciudad. La policía trata con criminales, los polis que descubren la conspiración no son en absoluto inocentes e incluso el novato e ingenuo Exley pierde la inocencia a lo largo de la película.

El director Curtis Hanson reproduce el ambiente siniestro del cine negro de las décadas de 1940 y 1950, pero *L. A. Confidential* es mucho más que una simple evocación nostálgica de ese cine. El cámara Dante Spinotti filma imágenes precisas y atemporales, y evita referencias típicas de este género como las sombras largas. El crimen y la corrupción parecen aún más devastadores cuando tienen lugar durante un soleado invierno en Los Ángeles. El argumento es complejo y difícil de seguir la primera vez, pero Hanson no le da tanta importancia a esto como a las escenas individuales que condensan la

5

1 Aunque tal vez se lo mereciera más por esta película, Russell Crowe no ganó un Óscar hasta el año 2001 con *Gladiator*.

2 Bud White (Russell Crowe) no pierde el tiempo con el secuestrador de la chica mexicana.

3 Dejando aparte algunos momentos melancólicos, Bud White no se deja llevar por la corrupción.

4 Breves momentos de felicidad: ¿tiene futuro la relación entre Bud y Lynn?

5 El Óscar a Kim Basinger por su papel de Lynn Bracken le valió un merecido reconocimiento en todo el mundo.

6 Un ángel navideño: Lynn se queda trabajando hasta altas horas de la noche con su jefe.

7 El truco de la prostituta Lynn: hace todo lo posible por parecerse a la glamurosa estrella de cine de la década de 1940 Veronica Lake.

6

«Resulta impresionante ver cómo el toque de elegancia y sutileza en el ambiente de *L.A. Confidential* parece proceder de los actores e influir en ellos.»

Cahiers du cinéma

amoralidad de la ciudad en imágenes chocantes, como la de Vincennes diciendo que ya no recuerda por qué se hizo policía. El director se centra, sobre todo, en el conjunto de la película. Los australianos Russell Crowe y Guy Pearce, quienes antes de de esta película eran realmente desconocidos, forman un gran equipo con el extraordinario Kevin Spacey. Kim Basinger obtuvo un merecido Óscar por su papel de Lynn, una prostituta que hace de doble de Veronica Lake.

HJK

«Cuando le di el guion a Kevin Spacey, le dije: "Me vienen a la mente dos palabras: Dean Martin".» *Curtis Hanson en: Sight and Sound*

8 Al periodista de la prensa amarilla Sid Hudgeons (Danny DeVito) le gusta descubrir los trapos sucios de los demás.

9 Al agente de policía Vincennes (a la derecha) le gusta que Hudgeons y un fotógrafo lo acompañen cuando tiene que arrestar a alguien.

10 Vincennes (Kevin Spacey) se asegura de estar buscando al cabecilla de la banda.

11 El agente de policía Ed Exley (Guy Pearce) recibe los elogios de la prensa y de su jefe, Dudley Smith (James Cromwell, a la derecha).

CARA A CARA
FACE / OFF
1997 - EE. UU. - 138 MIN.

DIRECTOR
JOHN WOO (n. 1946)

GUION
MIKE WERB y MICHAEL COLLEARY

DIRECTOR DE FOTOGRAFÍA
OLIVER WOOD

BANDA SONORA
JOHN POWELL

PRODUCCIÓN
DAVID PERMUT, BARRIE M. OSBORNE, TERENCE CHANG y CHRISTOPHER GODSICK
para DOUGLAS-REUTHER PRODUCTION y WCG ENTERTAINMENT

REPARTO
JOHN TRAVOLTA (Sean Archer), NICOLAS CAGE (Castor Troy),
JOAN ALLEN (Eve Archer), ALESSANDRO NIVOLA (Pollux Troy),
GINA GERSHON (Sasha Hassler), DOMINIQUE SWAIN (Jamie Archer),
NICK CASSAVETES (Dietrich Hassler), HARVE PRESNELL (Victor Lazarro),
COLM FEORE (doctor Malcolm Walsh) y CCH POUNDER (doctor Hollis Miller)

JOHN   NICOLAS

TRAVOLTA/CAGE

IN
ORDER
TO
TRAP
HIM,
HE
MUST
BECOME
HIM.

FACE/OFF

PARAMOUNT PICTURES PRESENTS A DOUGLAS / REUTHER PRODUCTION A WCG ENTERTAINMENT PRODUCTION A DAVID PERMUT PRODUCTION A JOHN WOO FILM JOHN TRAVOLTA NICOLAS CAGE "FACE/OFF" JOAN ALLEN
LA GERSHON ALESSANDRO NIVOLA MUSIC JOHN POWELL EDITED CHRISTIAN ADAM WAGNER PRODUCED JEFF LEVINE and STORY MIKE WERB and MICHAEL COLLEARY PRODUCED MICHAEL DOUGLAS STEVEN REUTHER and JONATHAN D. KRANE
EXECUTIVE DAVID PERMUT BARRIE OSBORNE TERENCE CHANG and CHRISTOPHER GODSICK WRITTEN MIKE WERB & MICHAEL COLLEARY DIRECTED JOHN WOO

www.face-off.com

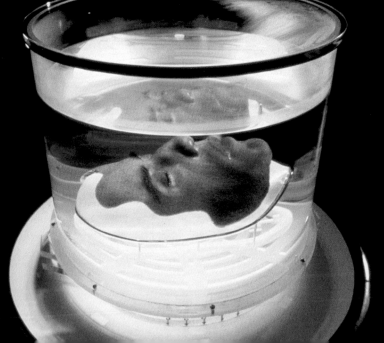

«Para atraparlo, tiene que volver a ser él.»

Fotografías color sepia, imágenes en la memoria de alguien. Un padre está montado con su hijo en un tiovivo. Suena un disparo. El padre resulta herido y el hijo muere. Seis años después, el policía de Los Ángeles Sean Archer (John Travolta) aún no ha capturado a Castor Troy (Nicolas Cage), el asesino psicópata que mató a su hijo. Se le presenta otra oportunidad en un aeródromo privado. Castor y su hermano Pollux (Alessandro Nivolla) están a punto de despegar y Archer trata de detenerlos.

Se produce un tiroteo en el que Pollux es detenido y Castor, que resulta herido, entra en estado de coma. Pero Archer todavía no se ha librado del funesto legado de Castor Troy. Su hermano lleva encima un disco que contiene información sobre un gran atentado con bomba en Los Ángeles, pero el paradero de la bomba es un misterio. Pollux insiste en que solo hablará con su hermano. Para averiguar la verdad sobre la bomba, un equipo de científicos de un proyecto secreto le hace una oferta increíble a Archer.

El paralelismo entre cazador y cazado es un viejo tema: el policía debe tener empatía con el criminal para anticiparse a sus movimientos. Muchas películas han

JOHN TRAVOLTA La carrera de John Travolta comenzó en 1975 con el papel de Vinnie Barbarino en la popular serie de televisión *Welcome Back, Kotter*. Su gran éxito en las películas de baile *Fiebre del sábado noche* (1977) y *Grease* (1978) se debió a sus papeles estereotipados de chico guapo. Después, Travolta desapareció prácticamente de la gran pantalla durante la década de 1980. No fue capaz de regresar a las altas esferas de Hollywood hasta que Quentin Tarantino lo escogió para interpretar al asesino excéntrico Vincent Vega en *Pulp Fiction* (1994). Más tarde, Travolta se consagró como un actor versátil que se encuentra igual de cómodo en papeles cómicos que en películas de acción (por ejemplo, *Alarma nuclear*, 1995), o en dramas existenciales como *Mad City* (1996). Al mismo tiempo, se convirtió en uno de los actores mejor pagados de Hollywood: por su interpretación en *Pulp Fiction* cobró 140.000 dólares y en otras películas, como *Operación Swordfish* (2001) y *Brigada 49* (2004), su caché ascendió a 20.000.000 dólares. Algunos fracasos, como *Campo de batalla: la Tierra* (2000), una película sobre un desastre en el espacio que produjo él mismo, constituyen la otra cara de la moneda de su admirable regreso al mundo del cine.

«Woo es un mago de la acción, capaz de hacer estallar aviones o lanchas motoras; sin embargo, esta vez su sorprendente fuerza es más a nivel humano.»

New York Times

usado este recurso, aunque quizás ninguna de forma tan sistemática como *Heat* (1995), en la que el policía, Al Pacino, y el gánster, Robert de Niro, se encuentran para tener una conversación a solas. El director de *Cara a cara* le da otro enfoque al tema principal cuando convierte al policía en el criminal. Con la ayuda de la última tecnología médica, Archer adquiere el rostro, la estatura y la voz del reo Troy. Conoce de sobra la historia de Troy, sus hazañas y a sus cómplices, ya que lleva años persiguiéndolo. Para sacarle la información, Archer ingresa en la cárcel de alta seguridad en la que se encuentra Pollux. La misión es secreta, por lo que ni el jefe de Archer ni su mujer saben nada al respecto. Cuando quiera, siguiendo la misma técnica, puede recuperar su propio cuerpo. Pero, súbitamente, esta vía de escape se bloquea. Troy sale del coma y aparece en la cárcel, con el aspecto de Archer. Le han puesto el rostro del policía y ha disparado a los científicos y a las personas que presenciaron el «cambio». El verdadero Archer logra escapar de la cárcel y tiene que arreglárselas como un forajido, mientras que Troy vive en su casa con su mujer y su hija.

5

1 Un *shock*: el policía Archer (John Travolta) con el rostro del criminal al que ha estado persiguiendo como un poseso durante los últimos seis años.

2 «Una barbilla ridícula», dice Castor (Nicolas Cage) cuando le ponen la cara de Archer sobre la suya.

3 El paralelismo cazador cazado es un conocido tema cinematográfico, pero nadie lo había llevado tan lejos como John Woo.

4 A Archer no le resulta fácil: encerrado en el cuerpo de Castor en una cárcel de máxima seguridad.

5 El momento de la verdad: Archer (como Castor) averigua el paradero de su mayor enemigo.

Dos películas dieron un nuevo impulso al cine de acción de Hollywood en la década de 1990: *Speed. Máxima potencia* (1994) y *Cara a cara*. La primera es una muestra del movimiento puro, mientras que *Cara a cara* —pese a sus magníficas escenas de acción— tiene un trasfondo oscuro y elegíaco, y un argumento mucho más complejo. Archer, desde el principio, es un personaje trágico que primero pierde a su hijo y más tarde su vida. Tal vez la idea del cambio de identidad parezca inverosímil, pero le ofrece al director muchas oportunidades de jugar con el tema del cazador cazado. John Woo los examina por separado. Troy en el cuerpo de Archer es un criminal más sutil: desactiva su propia bomba, se convierte en un héroe y decide que quiere dirigir todo el cuerpo de policía. Archer en el cuerpo de Troy toma al hijo de Troy en brazos como hacía con su hijo. Y Eve, la mujer de Archer, está encantada con la renovada pasión de su marido, que parece otro hombre.

El tema de la doble personalidad alcanza un punto álgido en la escena en la que Archer y Troy están a ambos lados de un espejo apuntando a sus imágenes con una pistola, cada uno con el rostro de su enemigo. La estilización visual típica de Woo está por todas partes en la película, como las palomas blancas en una iglesia o el suave movimiento de un abrigo.

HJK

CELEBRACIÓN
FESTEN (DOGME 1)
1998 - DINAMARCA - 106 MIN.

DIRECTOR

THOMAS VINTERBERG (n. 1969)

GUION

THOMAS VINTERBERG y MOGENS RUKOV

DIRECTOR DE FOTOGRAFÍA

ANTHONY DOD MANTLE

BANDA SONORA

MORTEN HOLM

PRODUCCIÓN

BRIGITTE HALD y MORTEN KAUFMANN para NIMBUS FILM

REPARTO

ULRICH THOMSEN (Christian), THOMAS BO LARSEN (Michael), PAPRIKA STEEN (Helene),
HENNING MORITZEN (Helge), BIRTHE NEUMANN (la madre),
TRINE DYRHOLM (Pia), HELLE DOLLERIS (Mette), BJARNE HENRIKSEN (chef),
GBATOKAI DAKINAH (Gbatokai), KLAUS BONDAM (maestro de ceremonias),
THOMAS VINTERBERG (taxista) y JOHN BOAS (abuelo)

FESTIVAL DE CANNES DE 1998

PREMIO ESPECIAL DEL JURADO

DOGMA #1

THOMAS VINTERBERG

FESTEN

ALLE FAMILIER HAR EN HEMMELIGHED

CELEBRACIÓN

«A la salud del hombre que mató a mi hermana, brindemos por un asesino.»

Un dogma es una enseñanza religiosa o una doctrina de fe. Cuando cuatro directores daneses se reunieron para redactar un credo de diez mandamientos en 1995, que bautizaron Dogma 95 y describieron como un voto de castidad cinematográfico, parecía un extraño acto de autocastigo en una era posideológica. La crítica sugirió que tal vez se tratara de un intento de escape en una época dominada por la animación por ordenador y la indiferencia posmoderna. Se propusieron acabar con todo el boato de la tecnología y regresar a los orígenes: la rigurosidad de las formas clásicas tras la locura del barroquismo recargado. Los escépticos opinaron que tal vez no fuera más que un ardid publicitario: Tarantino frente a *¡Qué bello es vivir!*

En aquel momento nadie habría imaginado que esos cuatro daneses abrirían una agencia encargada de velar por el cumplimiento del decálogo y distribuir certificados. Hacia principios de 2001 existía ya una docena de obras consideradas dignas de promocionarse como «producidas según las normas del Manifiesto de Dogma». Tanto el manifiesto como el proceso de certificación estaban inspirados en una enorme seriedad suavizada con cierta dosis de ironía, y los certificados podían costar desde nada hasta 2.000 dólares, en función del presupuesto del filme. Uno de los firmantes, Thomas Vinterberg, director de la primera gran película de Dogma, *Celebración*, reconoció en una entrevista que todo oscila entre «el juego y la gravedad más absoluta».

Esta podría ser también una buena descripción de la relación de *Celebración* con el tema central del filme: si el espectador intenta verla como una mera comedia o un simple drama, se hallará abocado a lo contrario. El drama y la comedia tienden a coincidir en sus extremos. *Celebración* no es tanto una comedia negra como una reflexión amarga sobre la fachada de la institución de la vida familiar. Las mejores ideas suelen surgir de un replanteamiento de los modelos tradicionales y la cinta tiene un punto de partida muy sencillo: el patriarca Helge (Henning Moritzen) celebra sus 60 cumpleaños con su familia en una mansión. La fiesta se convierte en una noche de funestas revelaciones en la que salen a la luz innumerables trapos sucios de familia.

La película se basa fundamentalmente en las acusaciones del primogénito Christian (Ulrich Thomsen), quien afirma que su padre abusó de él y de su hermana gemela, razón que explica el reciente suicidio de su hermana. Tras una pausa de asombro, los invitados recuperan el espíritu festivo como si nada hubiera ocurrido. Al principio, las reiteradas acusaciones de Christian son recibidas con la misma ecuanimidad que los discursos del abuelo (John Boas), que siempre cuenta la misma anécdota. Luego su madre (Birthe Neumann) trata de suavizar la situación y, finalmente, su hermano menor e irascible, Michael (Thomas Bo Larsen), explota. Un mensaje del más allá convence a los presentes de la historia de Christian.

DOGMA 95 1. Debe rodarse en el lugar de filmación real. No se permite el uso de atrezo ni decorados. 2. El sonido no debe producirse al margen de las imágenes o viceversa. 3. Debe emplearse cámara de mano. 4. La cinta debe filmarse en color. No se acepta iluminación especial. (Si no hay suficiente luz, debe suprimirse la escena o acoplarse una luz sencilla a la cámara.) 5. Se prohíbe el uso de filtros y técnicas ópticas. 6. No se admite la acción superficial (no deben aparecer asesinatos, armas, etc.). 7. Se prohíbe el distanciamiento temporal o geográfico (el filme se desarrollará en un momento y lugar determinados). 8. No se admiten películas de género. 9. Debe filmarse en 35 mm, el formato de la Academia. 10. El director no debe figurar en los créditos. El movimiento Dogma 95 tuvo influencia en el cine independiente europeo y en algunos directores estadounidenses. Una de las últimas inspirada explícitamente en el manifiesto de 1995 fue *Te quiero para siempre* (2002) de Susanne Bier. En marzo de 2005 se decidió dejar en manos de los propios cineastas decidir hasta qué punto su trabajo cumple los principios del movimiento Dogma 95.

Algunos críticos ven los preceptos de Dogma como una engreída pérdida de tiempo, pero las normas que marcan el uso de sonido natural y cámara en mano se traducen en películas que asemejan grabaciones caseras, ofreciendo una calidad visual y sonora que contribuye en gran medida a la credibilidad del guion. A primera vista, la filmación en vídeo de alta resolución sin luz artificial pasada a 35 mm parece una grabación de videoaficionado de una fiesta de cumpleaños. Las insólitas imágenes, a menudo subexpuestas o desenfocadas, exigen la concentración del espectador. Como fuente de pureza y liberación, contrastan con la represión de la familia ante las impactantes revelaciones de la fiesta. El rechazo de imágenes artificiales de esmerada producción confiere una sensación de veracidad absoluta, con un nuevo abanico de medios expresivos. Este es el ataque de la cámara en mano documental al bastión del largometraje, cine directo como representación de la verdad en la ficción.

Una vez que el espectador se acostumbra a las imágenes granulosas y poco nítidas, de una belleza bien distinta a las refinadas producciones de Hollywood, la película revela su alto grado de coherencia visual y narrativa. Los ángulos de la cámara han sido elegidos con sumo cuidado: una vista aérea desde un rincón de la sala, un salto filmado sobre una valla, una cámara oculta tras los pasamanos. Muebles u objetos obstaculizan el visor de la cámara, lo cual tiene dos interpretaciones posibles. En primer lugar, una óptica bloqueada implica un tratamiento espontáneo del lugar de rodaje y de los obstáculos que puedan salir al paso. En segundo lugar, las vistas ocultas prestan al filme un aire de documental, como si la cámara fuera un testigo tácito o un transeúnte.

La trama sigue la clásica división en tres actos, con Christian como héroe y centro de atención que vence la oposición y los obstáculos. Al principio solo cuenta con el apoyo de los empleados del hotel que lo conocen desde niño, como el chef Kim, que esconde las llaves de los invitados para que queden aislados en la mansión, como en *El ángel exterminador* (1962) de Buñuel. Pero ya sea en México o en Dinamarca, en 1962 o en 1998, el encanto burgués solo se revela como un barniz de civilización que se desconcha con suma facilidad.

Con gran intensidad y franqueza, Vinterberg y sus actores muestran cómo el respetable ambiente burgués se transforma rápidamente en un clima racista cargado

2

1 Dos hermanos que pelean aún por el favor del padre: a Christian (Ulrich Thomsen) lo echan de la casa por instigación de su hermano menor Michael (Thomas Bo Larsen).

2 «Cuando mi hermana murió hace un par de meses, me quedó claro que con todo lo que se bañó Helge era un hombre muy limpio.» Christian acusa a su padre.

3 El patriarca Helge poco antes de su caída del poder: Henning Moritzen y Birthe Neumann.

«Ocurre algo espantoso y todo el mundo dice: "Tomemos otra taza de café, cantemos una canción y bailemos". Es algo muy típico de los daneses.»

Thomas Vinterberg en: Zoom

de odio, cómo al final Michael —el hermano violento— cambia de bando y arremete contra su padre en vez de gritarle a su mujer y a sus hijos, al novio negro de su hermana y a su hermano. En *Celebración* el abismo subyace bajo la superficie: la cara oficial de la familia tan solo consigue disimular la mueca que se oculta tras ella. El compromiso y la inflexibilidad de Vinterberg lo convierten casi en un descendiente de los iconoclastas de la generación del 68.

Vinterberg se crió en una comuna *hippy*. En las entrevistas suele señalar que la terminología católica del Manifiesto de Dogma procedía del consignatario Lars Von Trier y que nada tiene que ver con él. Vinterberg prefiere el componente comunista implícito en el término «Manifiesto». Para él, este manifiesto artístico es también una llamada imperiosa a la sublevación, un retorno a la esencia de hacer cine en colectividad y un llamamiento al rechazo de las jerarquías de la producción, así que, como protesta contra el culto al autor, el nombre del director no debe figurar en la película. Ante todo, se persigue el fin de rescatar el cine del espíritu del posmodernismo. Dogma no significa más que olvidar todo lo visto y hecho hasta ahora, empezar de nuevo desde el principio y reinventar el cine. Vinterberg aún se sobrecoge y se maravilla ante «imágenes llenas de vida», sentimiento que comparte con su público.   MH

TODO SOBRE MI MADRE ♀

1999 - ESPAÑA / FRANCIA - 101 MIN.

DIRECTOR

PEDRO ALMODÓVAR (n. 1951)

GUION

PEDRO ALMODÓVAR

DIRECTOR DE FOTOGRAFÍA

AFFONSO BEATO

BANDA SONORA

ALBERTO IGLESIAS

PRODUCCIÓN

AGUSTÍN ALMODÓVAR y CLAUDE BERRI para
EL DESEO, RENN PRODUCTIONS y FRANCE 2 CINÉMA

REPARTO

CECILIA ROTH (Manuela), ELOY AZORÍN (Esteban), MARISA PAREDES (Huma Rojo),
PENÉLOPE CRUZ (hermana Rosa), ANTONIA SAN JUAN (Agrado),
CANDELA PEÑA (Nina), ROSA MARÍA SARDÀ (madre de Rosa),
FERNANDO FERNÁN GÓMEZ (padre de Rosa), TONI CANTÓ (Lola) y CARLOS LOZANO (Mario)

PREMIOS DE LA ACADEMIA DE 2000

ÓSCAR a la MEJOR PELÍCULA EXTRANJERA

FESTIVAL INTERNACIONAL DE CANNES DE 1999

PALMA DE PLATA al MEJOR DIRECTOR (Pedro Almodóvar)

TODO
SOBRE
MI
MADRE

Un film de ALMODÓVAR

«Lo único verdadero en mí son mis sentimientos.»

La pérdida de un hijo es lo peor que le puede pasar a una madre. Manuela (Cecilia Roth) nunca reveló quién era el padre del niño, por más que se lo preguntaran, pero ahora que se ha quedado completamente sola continúa la búsqueda del padre que empezó su hijo. Destrozada por el sufrimiento pero llena de fuerza regresa a su pasado y viaja de Madrid a Barcelona, de su vida actual a la pasada. La gente que conoce durante este viaje hacia el fin de la noche suele aparecer en nuestras pantallas como un atajo de delincuentes en las series policiacas de televisión, como patéticos soplones o, sobre todo, como cadáveres. Aquí, los transexuales y las prostitutas drogadictas, las monjas embarazadas y las conmovedoras divas no solo son los personajes principales, sino que, a pesar de sus faltas y debilidades, se ganan nuestra simpatía.

En su búsqueda de consuelo, Manuela acaba encontrando al padre de su hijo muerto Esteban (Eloy Azorín), convertido ahora en ángel negro de la muerte, un transexual en fase terminal que se gana la vida prostituyéndose. Dieciocho años atrás, cuando eran pareja, también él se llamaba Esteban, pero ahora se llama Lola (Toni Cantó). Aunque una vez fue atractivo, su belleza se esfumó: el antiguo Esteban ya no existe, y Lola no durará mucho. Sin embargo, al final del largometraje nace un tercer Esteban, que, contra todo pronóstico, nos ofrece una utópica esperanza.

El público comparte la perspectiva de Manuela y el director manchego nos guía hábilmente a través del brillante microcosmos del panorama transexual de Barcelona. Pero Almodóvar no pretende ofrecernos un documental, no intenta retratar la realidad objetiva de un modo verídico y tampoco trata de darnos lecciones de compasión. En lugar de ello, se sirve de todos los medios expresivos al alcance de un melodrama y los lleva al extremo: lágrimas, sangre, golpes, violencia, sexo, nacimientos, amor, odio, vida y muerte. El argumento puede ser poco creíble, pero nada parece artificial o falso, y ese es el verdadero milagro de este filme, un efecto debido en gran parte a sus grandes actrices.

Actrices que interpretan a actrices en la película: Manuela hace representaciones con los trabajadores del hospital para enseñarles cómo tratar a las familias de un paciente fallecido y, cuando Nina (Candela Peña), compañera de la diva del teatro Huma (Marisa Paredes), no puede salir a escena porque está demasiado drogada, Manuela la sustituye. Su leal amiga Agrado (Antonia San Juan) es quizás la actriz más grande en el sentido literal de la palabra; su cuerpo se ha sometido a tantas operaciones que ya no es más que una ilusión artificial. Una de las mejores secuencias es la escena en la que tiene que anunciar la suspensión de la obra pero se las arregla para que el contrariado público rompa en aplausos entusiastas tras enunciar

PEDRO ALMODÓVAR En la década de 1980, Almodóvar se convirtió en el icono de la cultura gay española y fue el invitado de honor de varios festivales internacionales. Su sátira mordaz aseguraba la venta total de las entradas de las proyecciones *golfas* de sus películas y finalmente se alzó como gran figura del cine artístico europeo. En los noventa recibió todos los premios cinematográficos más importantes y llegó a ser considerado uno de los cineastas contemporáneos más importantes. Empezó siendo provocador por gusto, pero poco a poco ha ido dotando de profundidad y complejidad a sus personajes manteniendo su mirada crítica hacia la vida familiar y ética sexual de la burguesía convencional. Hoy en día, Almodóvar forma parte de la extensa tradición tragicómica junto con directores como Fassbinder o Buñuel.

3

1 Mujeres en el espejo: Marisa Paredes (con el pintalabios) y Cecilia Roth.

2 Tres mujeres, tres historias: Manuela (Cecilia Roth, izquierda), cuyo hijo murió, y Rosa (Penélope Cruz, derecha), cuyo hijo ofrece una chispa de esperanza al final de la película,

flanqueando a la madre de Rosa (Rosa María Sardà).

3 La actriz Huma Rojo (Marisa Paredes), más grande que la vida misma, mira a través de las rejas a su admirador Esteban (Eloy Azorín), a quien aguarda una muerte muy próxima.

4 Penélope Cruz, *estrella revelación* del cine español, abriéndose las puertas de Hollywood.

5 El título de la obra que se interpreta dentro de la película, *El fin del deseo*, describe también el fin los sueños de las heroínas de Almodóvar.

> **«*Todo sobre mi madre* es todo sobre el arte, las mujeres, la gente, la vida y la muerte, y creo que es uno de los filmes más intensos que jamás haya hecho.»** *Pedro Almodóvar en: Cahiers du cinéma*

un monólogo autobiográfico. Esta película sobre madres es además un homenaje a todas las actrices que han interpretado alguna vez a actrices.

Los hombres de Almodóvar son, como mucho, seniles, como el padre (Fernando Fernán Gómez) de la enferma de sida Rosa (Penélope Cruz), pero la mayoría brilla por su ausencia. Sin embargo, incluso en sus breves apariciones el doble padre Esteban/Lola —en teoría el malo de la película— tiene una dignidad que ningún otro personaje

presenta a lo largo del filme. Almodóvar respeta todas y cada una de las emociones humanas, por extraños que resulten sus personajes. «Lo único verdadero en mí son mis sentimientos», dice Agrado, la fiel amiga transexual de *Todo sobre mi madre*. Y lo mismo puede decirse del filme, en el que los sentimientos siempre son auténticos a pesar de la artificialidad visual, lo cual ya es mucho más de lo que puede decirse de otras cintas.

MH

4

5

AMERICAN BEAUTY ♟♟♟♟♟

1999 - EE. UU. - 121 MIN.

DIRECTOR
SAM MENDES (n. 1965)

GUION
ALAN BALL

DIRECTOR DE FOTOGRAFÍA
CONRAD L. HALL

BANDA SONORA
THOMAS NEWMAN

PRODUCCIÓN
BRUCE COHEN y DAN JINKS para DREAMWORKS SKG
y JINKS / COHEN COMPANY

REPARTO
KEVIN SPACEY (Lester Burnham), ANNETTE BENING (Carolyn Burnham),
THORA BIRCH (Jane Burnham), WES BENTLEY (Ricky Fitts),
MENA SUVARI (Angela Hayes), PETER GALLAGHER (Buddy Kane),
CHRIS COOPER (coronel Frank Fitts), ALLISON JANNEY (Barbara Fitts),
SCOTT BAKULA (Jim Olmeyer) y SAM ROBARDS (Jim *JB* Berkley)

PREMIOS DE LA ACADEMIA DE 1999
ÓSCAR a la MEJOR PELÍCULA, al MEJOR ACTOR (Kevin Spacey),
a la MEJOR FOTOGRAFÍA (Conrad L. Hall), al MEJOR DIRECTOR (Sam Mendes)
y al MEJOR GUION ORIGINAL (Alan Ball)

KEVIN **SPACEY**   ANNETTE **BENING**

AMERICAN **BEAUTY**

...look closer

DREAMWORKS PICTURES PRESENTS
A JINKS/COHEN COMPANY PRODUCTION
KEVIN SPACEY ANNETTE BENING "AMERICAN BEAUTY"
THORA BIRCH ALLISON JANNEY PETER GALLAGHER
MENA SUVARI WES BENTLEY AND CHRIS COOPER
CASTING ALAN BALL STAN WLODKOWSKI
MUSIC THOMAS NEWMAN EDITED JULIE WEISS
EDITORS TARIQ ANWAR CHRIS GREENBURY
PRODUCTION DESIGNER NAOMI SHOHAN CINEMATOGRAPHY CONRAD L. HALL, A.S.C.
PRODUCED BRUCE COHEN & DAN JINKS
WRITTEN ALAN BALL DIRECTED SAM MENDES

R   DREAMWORKS
                     PICTURES

«No tienes ni idea de lo que estoy hablando, de eso estoy seguro. Pero no te preocupes, algún día lo sabrás.»

En un año Lester Burnham (Kevin Spacey) estará muerto: eso se sabe nada más empezar la película. Y hasta él lo sabe, pues es él mismo quien nos explica su historia. Un hombre muerto nos habla desde la pantalla y lo más extraño de todo es su divertido distanciamiento. Con un barrido que hace que la narración en *off* parezca un mensaje de salvación, la cámara se dirige hacia el mundo desde el cielo y se acerca hasta la tétrica calle residencial donde vive Lester. Se nos presenta la situación en la que se encuentra: su matrimonio con Carolyn (Annette Bening) está arruinado, ella le considera un fracasado y su hija Jane (Thora Birch) le odia por no ser un padre modélico. El único aliciente en la vida diaria de Lester es masturbarse bajo la ducha por las mañanas mientras su mujer recoge rosas del jardín para decorar la mesa del comedor, en la que tienen lugar sus enfrentamientos diarios.

La felicidad familiar, o lo que fuera, solo existió en las fotos que Lester suele contemplar para recordar su pasado, y el interés que una vez sintió por la vida ahora yace enterrado bajo la losa del conformismo. Solo cuando se enamora de Angela (Mena Suvari), la especie de Lolita amiga de su hija, redescubre las ganas de vivir. Mientras esta segunda primavera cambia a Lester, su esposa Carolyn desempeña cada vez peor su trabajo de agente inmobiliaria. Él reafirma su posición y descubre un viejo y olvidado vigor. Ella, en cambio, se ve inextricablemente enzarzada en el ciclo fatal de la monotonía y el autosacrificio. Como dice Lester, trata de vivir como si su vida fuera un anuncio y eso casi los destroza a ambos. La conformidad y prosperidad exterior resultan en un empobrecimiento interior. Los mantras de los negocios que Carolyn se repite sin cesar para reforzar la confianza en sí misma suenan cada vez más ridículos dadas las circunstancias.

Llegados a este punto, parece extremadamente claro lo que se quiere que entendamos por «American Beauty». El título no es una alusión a la seductora niña mujer que ayuda a Lester a escapar de la cárcel familiar: eso sería muy superficial. El tema de *American Beauty* es la belleza de la propia vida. La película de Mendes trata sobre si es o no posible vivir una vida plena en una sociedad donde la superficialidad se ha convertido en la norma. Para ponerlo en términos más filosóficos, *American Beauty* emplea los medios de expresión del drama y la sátira para analizar todas las posibilidades de llevar una vida honesta en un ambiente deshonesto. Tristemente, la conclusión es que es imposible, o al menos el intento de Lester acaba con su vida.

La película es una joya, sobre todo gracias al cuidadoso uso que Sam Mendes hace de las técnicas cinematográficas. Nunca expone sus personajes al ridículo y los protege de las risas baratas otorgándoles tiempo para que se desarrollen. Además confiere profundidad a las relaciones entre estos y las organiza en dramáticas constelaciones. La experiencia de Mendes como director de teatro se

KEVIN SPACEY ¿Qué habría sido del cine de los noventa sin Kevin Spacey? Nacido en 1959, este actor de aspecto afable y rostro corriente ha retratado a algunos de los personajes más complejos y turbadores de la década con una impresionante profundidad. Nadie ha demostrado de un modo tan claro la diferencia entre ser y aparentar, entre una fachada engañosa y la realidad brutal que esta oculta de una forma tan drástica como Spacey en su papel de John Doe, «el hombre sin cualidades», de *Seven* (1995), o del siniestro Keyser Soze que mueve los hilos en *Sospechosos habituales* (1995). Spacey es un minimalista enigmático que solo necesita unos gestos sorprendentes y que, con fría ironía, puede hacer buen cine emocional, como en su papel de Lester Burnham en *American Beauty*. Cuando muere en el clímax de una historia —como en *L. A. Confidential*— es una gran pérdida, para el público y el filme.

1 Una imagen seductoramente hermosa.

2 Las nuevas jóvenes joyas de Hollywood: la picante Angela (Mena Suvari)…

3 … y la sensible Jane (Thora Birch).

4 Carolyn Burnham (Annette Bening) al borde de la locura.

5 La liberación de la jaula familiar aporta la felicidad a Lester Burnham (Kevin Spacey).

> **«Cuando hice *American Beauty*, quería que la visión del filme ofreciera a todo espectador una experiencia muy íntima. Espero que sea una obra universal, que ayude a entender la vida un poco mejor.»** *Sam Mendes en: Le Figaro*

evidencia en varias escenas primorosamente escenificadas cuya estricta estructura encaja perfectamente con la vida familiar opresiva y limitada de los Burnham. Muchas escenas nos recuerdan a las obras de Samuel Beckett, como la secuencia del patio en la que Rick enseña a Lester a no rendirse ante las circunstancias. La disposición simétrica de los personajes alrededor de la mesa o la televisión alude a los dramas familiares teatrales.

En una subtrama de vital importancia, la hija de Lester, Jane, se enamora de Rick, el vecino de al lado, a quien nunca se ve sin su cámara de vídeo y sus cintas, para «recordarse a sí mismo», como él dice. Rick registra el mundo y descubre su belleza en imágenes de vídeo granulosas que captan personas y animales muertos. Es su padre, el ex marine fascista coronel Frank Fitts —interpretado con brillantez por Chris Cooper—, quien, en un momento de tormento emocional, dispara a Lester Burnham y así cumple la profecía hecha al principio del largometraje. La desesperada lucha entre la belleza interna y externa conduce a un final sangriento, pero el interrogante permanece abierto. El filme sugiere la vaga posibilidad de reconciliar estos elementos opuestos, pero al

final todo parece haber sido una ilusión. A pesar de nuestro derecho a «perseguir la felicidad», la riqueza material y la espiritual parecen excluirse mutuamente, y la buena vida sigue siendo una promesa de felicidad por cumplir. Con ironía y humor, *American Beauty* muestra que el estado mental de la sociedad norteamericana moderna no es de ningún modo tan prometedor como el que los pioneros de la Declaración de Independencia hubieran deseado.

BR

«Al principio la película juzga a sus personajes duramente; luego hace todo lo posible para devolverles su dignidad.»
Frankfurter Allgemeine Zeitung

6 Víctima grotesca de su propia ideología: su siniestro vecino el coronel Fitts (Chris Cooper) poco antes de su sorprendente destape.

7 Escenas de un matrimonio en ruinas.

8 Wes Bentley está muy convincente como Ricky Fitts, el joven vecino introvertido.

9 La auténtica belleza de la vida solo puede apreciarse en una imagen de vídeo casero.

MAGNOLIA

1999 - EE. UU. - 188 MIN.

DIRECTOR

PAUL THOMAS ANDERSON (n. 1970)

GUION

PAUL THOMAS ANDERSON

DIRECTOR DE FOTOGRAFÍA

ROBERT ELSWIT

BANDA SONORA

JON BRION y AIMEE MANN

PRODUCCIÓN

PAUL THOMAS ANDERSON y JOANNE SELLAR para GHOULARDI FILM COMPANY,
NEW LINE CINEMA y THE MAGNOLIA PROJECT

REPARTO

JOHN C. REILLY (Jim Kurring), TOM CRUISE (Frank T. J. Mackey),
JULIANNE MOORE (Linda Partridge), PHILIP BAKER HALL (Jimmy Gator),
JEREMY BLACKMAN (Stanley Spector), PHILIP SEYMOUR HOFFMAN (Phil Parma),
WILLIAM H. MACY (Donnie Smith como concursante),
MELORA WALTERS (Claudia Wilson Gator) y JASON ROBARDS (Earl Partridge)

FESTIVAL DE BERLÍN DE 2000

OSO DE ORO

mag·no′li·a

THE NEW FILM FROM P.T. ANDERSON,
WRITER AND DIRECTOR OF BOOGIE NIGHTS

«Parecía que habíamos acabado con el pasado, pero él no había acabado con nosotros.»

Según Quentin Tarantino, el argumento de *Pulp Fiction* (1994) son tres historias sobre una historia. Poco antes de este filme, el experto cineasta Robert Altman dio al cine episódico un nuevo toque de elegancia con *Vidas cruzadas* (1993), en la que muchas historias cortas giraban en torno a una central, se solapaban, se distanciaban de nuevo y formaban nuevas combinaciones. Aunque el director Paul Thomas Anderson trató en principio de relativizar los vínculos, *Magnolia* puede considerarse definitivamente relacionada con estas cintas anteriores. El hecho de no admitirlo fue probablemente la reacción de una joven promesa del cine que quería que el público echara un nuevo vistazo a *Boogie Nights* (1997).

En el centro de la tragicomedia *Magnolia* está Big Earl Partridge (Jason Robards), un magnate de la tele de la peor calaña. Está agonizando en la cama, como una magnolia marchita. Earl es la figura principal, el hombre detrás de todas las escenas y el origen de toda maldad. Solo su nombre (en inglés, «conde») es ya una pista para la película… Earl es el único personaje que permanece siempre en el mismo lugar, incapaz de moverse de su lecho de muerte. Cuando la cámara le enfoca desde arriba

y suenan las poderosas trompetas de *Así habló Zaratustra*, de Richard Strauss, no es solo una irónica alusión a su antigua y todopoderosa influencia, sino al final del filme de Kubrick *2001, una odisea del espacio* (1968). Allí vemos al astronauta David Bowman envejecido y solo en su enorme cama, poco antes de que el siguiente paso revolucionario le transforme en el famoso feto de la última escena de *2001*… y el ciclo de la evolución humana se mueva en un plano superior. El fin de Earl significa también nuevos principios, pero antes de que estos se produzcan, debe solventarse todo el sufrimiento que le ha acarreado al mundo. Y no es tarea fácil.

Con gran humor y compasión, *Magnolia* cuenta las historias de la gente en cuyas vidas Earl ha ejercido una influencia perdurable. En primer lugar está su hijo Frank (Tom Cruise), quien instruye a hombres frustrados para convertirse en supermachos en sus seminarios «Seduce y destroza». Aprendió ese lema de su padre, quien destrozó a su esposa con su absoluta falta de consideración. Ahora, poco antes de morir, el frívolo patriarca quiere recuperar a su hijo perdido, a quien abandonó en la adolescencia, cuando su madre cayó enferma de cáncer.

PAUL THOMAS ANDERSON Trabajó como asistente de producción en películas para la televisión, videoclips y concursos televisivos en Los Ángeles y Nueva York antes de dejar la New York University Film School, tras solo dos días de entrar de nuevo en contacto con el lado práctico de las cosas. Amplió su cortometraje *Cigarettes and Coffee* (1993) hasta convertirlo en el largo *Hard Eight*, que se presentó en el Festival de Cannes de 1996. *Boogie Nights* (1997) fue nominada a tres Óscar. Su innovador estilo de dirección no elude los argumentos confusos y los personajes complejos. Desde que rodó el drama en torno a la extracción petrolera *There Will Be Blood. Pozos de ambición* (2007), galardonada con dos Óscar, y la parábola sectaria *The Master* (2012), Paul Thomas Anderson se cuenta entre los directores más importantes de nuestros días.

«*Magnolia* —que dura tres horas y no le sobra ni un segundo— está justo en medio, tan cerca de sus personajes que podemos sentir su respiración.»

Frankfurter Allgemeine Zeitung

1 El hijo pródigo (Tom Cruise) y el padre odiado (Jason Robards).

2 Una relación que toca a su fin: escenas de un matrimonio en su lecho de muerte. Julianne Moore en el papel de Linda Partridge.

3 La personificación de la ley y el orden: el policía bonachón Jim Kurring (John C. Reilly).

4 Claudia (Melora Walters), una drogadicta que sufrió los abusos de su propio padre, aporta un final optimista a la película.

5 Phil (Philip Seymour Hoffman), el asistente del agonizante patriarca Earl, demuestra paciencia y sensibilidad.

6 Confesiones bajo coacción: el homosexual Donnie (William H. Macy) es víctima de su complejo de inferioridad.

Cuando se encuentran al final, su relación rota se muestra con todas sus miserias. La joven esposa de Earl, Linda (Julianne Moore), que solo se casó con él por dinero, se percata de la superficialidad de su propio carácter y sufre una crisis de identidad. El rey de los concursos Jimmy Gator (Philip Baker Hall) presenta el extraño espectáculo *What Do Kids Know?* (¿Qué saben los niños?) para Big Earl Partridge TV Productions, en el cual tres niños compiten contra tres adultos respondiendo a preguntas sobre cultura general. Jimmy ha absorbido la forma de pensar de su jefe hasta tal punto que sus aventuras extramatrimoniales incluyen incluso a su hija Claudia, quien se ha hecho adicta a la cocaína y se costea su vicio prostituyéndose de vez en cuando. Cuando los vecinos se quejan de que pone la música demasiado alta, recibe la visita de un policía que se enamora al instante de ella y la confusión es aún mayor. Finalmente hay dos niños prodigio que se han hecho famosos gracias al concurso de la tele. El que

fuera el niño Donny intenta ahora en vano ligarse a un guapo camarero y Stanley se orina encima justo en el momento decisivo del concurso, pues las estrictas normas del equipo de producción no le permiten ir al servicio antes de la emisión.

Los conflictos interpersonales corren paralelos a las deterioradas relaciones entre padres e hijos y hombres y mujeres, todas arruinadas por la incapacidad de construir y mantener amistades, así como por la imposibilidad de una comunicación real. *Magnolia* es una crítica cariñosa pero cínica a la televisión, en la que todos los personajes parecen intentar emular sus tópicos. Detrás de todo está el magnate de la televisión Earl. Las vidas de los personajes no son más que televisión hecha carne, absurdos dramas al otro lado de la pantalla.

La cinta empieza con un tono macabro y satírico y cada vez se torna más sarcástica, incluso cínica. Una clara y divertida voz habla al principio sobre la absurdidad

7 La presión del concurso televisivo se puede leer en el rostro del joven genio Stanley (Jeremy Blackman).

8 Aprender de los niños: una dura tarea incluso para el presentador Jimmy Gator (Philip Baker Hall).

«*Magnolia* se toma una larga carrerilla, luego salta y aterriza en medio de nuestro presente. Es el primer filme del nuevo milenio.» *Frankfurter Allgemeine Zeitung*

de la vida y niega la existencia de las coincidencias, tesis que el filme se encarga de confirmar. Aunque al comienzo los episodios parecen ser una vaga colección de acontecimientos inconexos, poco a poco se descubre una densa red de vínculos. La película arrastra al público a una espiral de relaciones fracasadas e insatisfechos anhelos de libertad, amor y respeto mutuo. Este descenso influye en las imágenes del filme, cuyo ritmo se ralentiza y cuyos colores se oscurecen; los espectadores empiezan a sentir que la espiral hacia abajo no tiene fin. Pero *Magnolia* es todo menos un filme pesimista: poco antes de la catástrofe final, los personajes empiezan a cantar de pronto la misma canción allí donde estén. Tras la sorpresa inicial,

esta absurda idea direccional resulta ser un fabuloso truco: el contrapunto a un final aparentemente inevitable con un golpe de humor, de un modo parecido a la canción al final de *La vida de Brian* (1979), de Monthy Python. Cuando en una de las últimas escenas llueven ranas, tanto el público como los personajes se sienten aliviados. Este evento surrealista deja claro que todo es posible en la cinta. Tal vez no creamos lo que vemos, pero «sucedió», como nos cuenta el pie de las imágenes. Este hecho saca de su letargo a los personajes y les recuerda las incontables posibilidades que ofrece la vida. Y la pequeña sonrisa a la cámara en la última toma es la clave para superar esta crisis cuyo nombre es vida.   BR

9 Tom Cruise en un papel poco habitual como repulsivo defensor del machismo.

10 Víctima del autoengaño: Julianne Moore es una convincente Bella y Bestia.

«La película se da un breve respiro: los suicidas se olvidan de apretar el gatillo; los drogadictos, del mono, y los moribundos, de su dolor. Entonces acaba la obra, el mundo nace de nuevo, los muertos son enterrados y los vivos tienen una segunda oportunidad.»
Süddeutsche Zeitung

TIGRE Y DRAGÓN ♟♟♟♟

WO HU ZANG LONG

2000 - CHINA / HONG KONG / TAIWAN / EE. UU. - 120 MIN.

DIRECTOR

ANG LEE (n. 1954)

GUION

JAMES SCHAMUS, WANG HUI LING y TSAI KUO JUNG, basado
en una novela de WANG DU LU

DIRECTOR DE FOTOGRAFÍA

PETER PAU

BANDA SONORA

TAN DUN

PRODUCCIÓN

BILL KONG, HSU LI KONG y ANG LEE para UNITED CHINA VISION,
SONY, COLUMBIA, GOOD MACHINE y EDKO FILMS

REPARTO

CHOW YUN-FAT (Li Mu Bai), MICHELLE YEOH (Yu Shu Lien),
ZHANG ZIYI (Jiao Long Yu / Jen), CHANG CHEN (Xiao Hu Luo / Lo),
LUNG SIHUNG (Sir Te), CHENG PEI-PEI (Jade Fox), LI FAZENG (Yu),
GAO XIAN (Bo), HAI YAN (Madam Yu) y WANG DEMING (Tsai)

PREMIOS DE LA ACADEMIA DE 2001

ÓSCAR a la MEJOR PELÍCULA EXTRANJERA, a la MEJOR FOTOGRAFÍA (Peter Pau),
a la MEJOR BANDA SONORA (Tan Dun) y a la MEJOR DIRECCIÓN ARTÍSTICA (Tim Yip)

CHOW
YUN-FAT

MICHELLE
YEOH

CHANG
CHEN

ZHANG
ZI YI

A TIMELESS STORY OF STRENGTH, SECRETS
AND TWO WARRIORS
WHO WOULD NEVER SURRENDER.

A FILM BY ANG LEE

CROUCHING TIGER
HIDDEN DRAGON

COLUMBIA PICTURES FILM PRODUCTION ASIA and SONY PICTURES CLASSICS PRESENT in association with GOOD MACHINE INTERNATIONAL and EDKO FILMS ZOOM HUNT INTERNATIONAL and ANG LEE PRODUCTION in collaboration with CHINA FILM CO-PRODUCTION CORP and ASIA UNION FILM & ENTERTAINMENT LTD
an ANG LEE Film CROUCHING TIGER HIDDEN DRAGON CHOW YUN-FAT MICHELLE YEOH ZHANG ZI YI and CHANG CHEN LUNG SIHUNG CHENG PEI PEI music TAN DUN
editing TIM SQUYRES produced by HSU LI KONG BILL KONG ANG LEE directed by ANG LEE
www.crouchingtiger.com

«La agudeza es un estado mental.»

Tigre y Dragón es una fábula en toda regla, sin dejar de ser una película de artes marciales clásica. No se trata de ninguna contradicción; el género fílmico de las artes marciales constituye un medio ideal para narrar fábulas y nunca ha temido recurrir a la exageración extrema necesaria para filmar la fantasía. En *Tigre y Dragón*, este mundo de ensueño toma forma en el escenario, a base de planos de estudio sintetizados, magníficos paisajes rodados in situ en la República Popular China y un vestuario y una arquitectura de gran originalidad. La reconstrucción histórica de un pasado idílico va de la mano de su estilización. En este opulento escenario entra el maestro de wu-dan Li Mu Bai (Chow Yun-Fat). El wu-dan es un estilo de manejo de la espada que enseña autonegación y fuerza interna. La agudeza es el arma más valiosa para dominar su arte. Li Mu Bai desea volver la espalda a su vida anterior como espadachín y, por ello, confía su legendaria espada Destino

Verde al cuidado del administrador del Estado de Pekín. La responsable de entregar la espada es su compañera Yu Shu Lien (Michelle Yeoh), ligada a él en una especie de prisión platónica por medio de un lazo secreto de amor tácito.

Jen (Zhang Ziyi), hija de una familia aristocrática, también vive en la ciudad pero se ve atrapada en la jaula de oro de sus circunstancias sociales, forzada a aceptar un matrimonio de conveniencia. Jen tiene a su servicio una criada y dama de compañía cuyo interés va mucho más allá de su correcta educación en sociedad. En realidad, se trata de la bruja Jade Fox, buscada por la policía por el asesinato del maestro de Li Mu Bai. Esta no solo ayuda a la hermosa Jen a exhibir en todo momento un aspecto y conducta impecables, sino que la entrena en secreto en varias artes marciales. Jen prefiere mil veces la aventura a la monotonía de su vida entre algodones en

PELÍCULA DE ARTES MARCIALES En general, las películas de artes marciales muestran deportes de combate orientales y sus tradiciones filosóficas. La trama suele girar en torno a la figura de un héroe cuyo sentido de lealtad y justicia lo libera de todo miramiento moral al imponer venganza a los malhechores. El género derivó en un producto de masas en Hong Kong y poco a poco desvió la atención de la complejidad psicológica a la representación de estados espirituales por medio de una acción coreografiada, de forma que el movimiento dinámico contara con una perspectiva metafórica. En los años setenta las artes marciales se introdujeron en las películas de acción norteamericanas a través del cine de Hong Kong. En los ochenta ejercieron una influencia creciente en géneros afines como el cine de gánsteres y las epopeyas históricas, e incluso en la comedia. Junto a Bruce Lee y el no menos popular Jackie Chan, directores como John Woo o Tsui Hark han propiciado la admisión de las artes marciales en el género de películas de acción, prestándole una nueva dimensión.

1 La elegancia de ensueño y la energía desenfrenada no se excluyen: la hermosa y obstinada Jen (Zhang Ziyi) inunda la película con su encanto.

2 La espada del poder es la razón, y el monje Li Mu Bai (Chow Yun-Fat) lo sabe mejor que nadie.

3 El amor más allá de la muerte: las barrerasterrenales no son un obstáculo. Michelle Yeoh en el papel de Hu Shu Lien.

la ciudad. Mediante un largo *flash-back* se explica cómo se enamoró del bandido del desierto Lo después de que este asaltara su caravana. Pese a su apariencia de loco, Lo es un ser afectuoso. Como pareja, sirven de contrapeso a Li Mu Bai y Yu Shu Lien. Si bien su juventud les permite ignorar las imposiciones sociales con más facilidad, su amor también está predestinado a acabar mal.

Pero antes de que se presente esta maraña de relaciones, se produce un delito: el robo de la valiosa espada. Se organiza una frenética persecución, de la que el ladrón enmascarado logra escapar. Las repetidas escenas de persecución, donde los participantes corren por encima de tejados, recorren callejones e incluso trepan a las copas de los árboles, pueden parecer absurdas al principio, pero en realidad son parte integral de la mitología popular china. Con la colaboración del mismo equipo que coreografió las escenas de lucha de *Matrix* (1999), Ang Lee alcanza nuevas cotas de interculturalidad con *Tigre y Dragón*. La espada robada actúa como una especie de *mcguffin,* desarrollando la historia sin jugar un papel relevante en su desenlace.

«Espadas y sables tiemblan y redundan como amantes en este retrato de temperamentos contrastados enzarzados en plena lucha [...] Ang Lee asciende a la categoría de sus maestros consumados.» *Libération*

Antes incluso de que todas las relaciones del filme queden claramente definidas, empiezan las transformaciones, puestas en marcha durante las escenas de lucha y persecución. A veces, la filmación reduce la acción a meros bailes. Aunque el ojo humano solo distinga líneas de movimiento (en la veloz oscilación entre los planos de corto y largo alcance), las escenas de lucha están sujetas a un riguroso control, que refleja la misma ética de disciplina y autocontrol que rige el comportamiento social en la película. El arte de la lucha es también un arte social.

Tigre y Dragón de Ang Lee es una película de artes marciales excepcional. Sin dejar de respetar las convenciones del género, constituye además un vehículo fascinante para describir historias de amor tragicorrománticas en un escenario poético. La película debe su persuasión al estilo en el que Ang Lee amplía las fronteras del género sin traicionar sus virtudes innatas. Al igual que en sus otros trabajos —en especial *Comer, beber, amar* (1994), *El banquete de bodas* (1993), *Sentido y sensibilidad* (1995), *La tormenta de hielo* (1997) y *Cabalga con el diablo* (1999), cuya producción coincidió prácticamente con *Tigre y Dragón*—, la fuerza de Lee reside en el cuidado equilibrio entre la potencia visual de las imágenes y el dominio de la narración épica, lo que refleja el conocimiento del cineasta tanto de la cultura occidental como oriental. *Tigre y Dragón* tiene momentos reflexivos donde se entrega a las tribulaciones personales de sus protagonistas, pero luego estalla en fases de acción intensísima, antes de volver a retomar sin esfuerzo el tono pensativo. La cinta nunca pierde el ritmo y se cuidan todos los detalles con suma atención.

3

Tigre y Dragón combina imágenes de la juventud del realizador en Taiwán con una historia del cuarto volumen de la pentalogía de Du Lu Wang. El libro es un producto de la literatura popular oriental, comparable con una novela rosa de folletín, con héroes estereotipados e historias de amor predecibles. Ang Lee adapta dicha tradición cultural con gran habilidad. En su versión, virtudes como el valor, la amistad y el honor resultan ser ideales imposibles. Lee no los rechaza, pero se despide de ellos con pesar y melancolía, no sin antes señalar un camino que parte de la desolación resultante.

En contraste con el sistema de valores de una sociedad dominada por los hombres, el filme pone de relieve las virtudes femeninas. Con una ironía típica de las obras de Ang Lee, el destino del protagonista masculino depende de tres mujeres que luchan por independizarse de la norma patriarcal. Por último, *Tigre y Dragón* es una recreación cinematográfica ideal del principio del *yin* y el *yang:* quietud intimista y acción vertiginosa, diálogos pacíficos y combates de espadas, la hacinada ciudad y la vastedad de los paisajes chinos. La armonía equilibrada de su composición hace de *Tigre y Dragón* una fábula construida a escala de una epopeya.

BR

4 Los deseos de Jen de tener una vida llena de amor y aventura se ven cumplidos, pero no como imaginaba.

5 En el momento de máxima concentración, se produce la fusión de cuerpo y mente.

6 En el universo mágico de *Tigre y Dragón* no rigen las leyes de la física normales.

7 Durante el enfrentamiento, los cuerpos de las luchadoras vuelan y levitan en el espacio sin esfuerzo aparente.

«La coreografía era nueva para mí. Tenía sus raíces en la Ópera de Pekín, y difiere totalmente del método occidental de realización de escenas de acción.» *Ang Lee en: epd Film*

1920 - ÓSCAR

1927-1928

MEJOR PELÍCULA (MEJOR CONTRIBUCIÓN ARTÍSTICA)
AMANECER

MEJOR DIRECTOR (COMEDIA) LEWIS MILESTONE por *Hermanos de armas*

MEJOR DIRECTOR (DRAMA) FRANK BORZAGE por *El séptimo cielo*

MEJOR ACTRIZ JANET GAYNOR en *El séptimo cielo* y *Amanecer*

MEJOR ACTOR EMIL JANNINGS en *La última orden* y *El destino de la carne*

MEJOR GUION ORIGINAL BEN HECHT por *La ley del hampa*

MEJOR GUION ADAPTADO BENJAMIN GLAZER por *El séptimo cielo*

MEJOR ARGUMENTO (ENTRETÍTULOS) JOSEPH FARNHAM, GEORGE MARION JR.

MEJOR FOTOGRAFÍA CHARLES ROSHER, KARL STRUSS por *Amanecer*

MEJOR DIRECCIÓN ARTÍSTICA WILLIAM CAMERON MENZIES por *El mejor caballero* y *Tempestad*

MEJORES EFECTOS VISUALES ROY POMEROY por *Alas*

1928-1929

MEJOR PELÍCULA THE BROADWAY MELODY

MEJOR DIRECTOR FRANK LLOYD por *Trafalgar*

MEJOR ACTRIZ MARY PICKFORD en *Coqueta*

MEJOR ACTOR WARNER BAXTER en *En el viejo Arizona*

MEJOR GUION HANNS KRÄLY por *El patriota*

MEJOR FOTOGRAFÍA CLYDE DE VINNA por *White Shadows in the South Seas*

MEJOR DIRECCIÓN ARTÍSTICA CEDRIC GIBBONS por *The Bridge of San Luis Rey*

1929-1930

MEJOR PELÍCULA SIN NOVEDAD EN EL FRENTE

MEJOR DIRECTOR LEWIS MILESTONE por *Sin novedad en el frente*

MEJOR ACTRIZ NORMA SHEARER en *La divorciada*

MEJOR ACTOR GEORGE ARLISS en *Disraeli*

MEJOR GUION FRANCES MARION por *El presidio*

MEJOR FOTOGRAFÍA JOSEPH T. RUCKER, WILLARD VAN DER VEER por *Con Byrd en el Polo Sur*

MEJOR DIRECCIÓN ARTÍSTICA HERMAN ROSSE por *El rey del jazz*

MEJOR SONIDO DOUGLAS SHEARER por *El presidio*

1930 - ÓSCAR

1931
MEJOR PELÍCULA CIMARRON
MEJOR DIRECTOR NORMAN TAUROG por *Las peripecias de Skippy*
MEJOR ACTRIZ MARIE DRESSLER en *La fruta amarga*
MEJOR ACTOR LIONEL BARRYMORE en *Alma libre*

1932
MEJOR PELÍCULA GRAND HOTEL
MEJOR DIRECTOR FRANK BORZAGE por *Bad Girl*
MEJOR ACTRIZ HELEN HAYES en *El pecado de Madelon Claudet*
MEJOR ACTOR WALLACE BEERY en *El campeón* y FREDERIC MARCH en *El hombre y el monstruo*

1933
MEJOR PELÍCULA CABALGATA
MEJOR DIRECTOR FRANK LLOYD por *Cabalgata*
MEJOR ACTRIZ KATHARINE HEPBURN en *Gloria de un día*
MEJOR ACTOR CHARLES LAUGHTON en *La vida privada de Enrique VIII*

1934
MEJOR PELÍCULA SUCEDIÓ UNA NOCHE
MEJOR DIRECTOR FRANK CAPRA por *Sucedió una noche*
MEJOR ACTRIZ CLAUDETTE COLBERT en *Sucedió una noche*
MEJOR ACTOR CLARK GABLE en *Sucedió una noche*

1935
MEJOR PELÍCULA REBELIÓN A BORDO
MEJOR DIRECTOR JOHN FORD por *El delator*
MEJOR ACTRIZ BETTE DAVIS en *Peligrosa*
MEJOR ACTOR VICTOR MCLAGLEN en *El delator*

1936
MEJOR PELÍCULA EL GRAN ZIEGFELD
MEJOR DIRECTOR FRANK CAPRA por *El secreto de vivir*
MEJOR ACTRIZ LUISE RAINER en *El gran Ziegfeld*
MEJOR ACTOR PAUL MUNI en *La tragedia de Louis Pasteur*
MEJOR ACTRIZ SECUNDARIA GALE SONDERGAARD en *El caballero Adverse*
MEJOR ACTOR SECUNDARIO WALTER BRENNAN en *Rivales*

1937
MEJOR PELÍCULA LA VIDA DE ÉMILE ZOLA
MEJOR DIRECTOR LEO MCCAREY por *La pícara puritana*
MEJOR ACTRIZ LUISE RAINER en *La buena tierra*
MEJOR ACTOR SPENCER TRACY en *Capitanes intrépidos*
MEJOR ACTRIZ SECUNDARIA ALICE BRADY en *Chicago*
MEJOR ACTOR SECUNDARIO JOSEPH SCHILDKRAUT en *La vida de Émile Zola*

1938
MEJOR PELÍCULA VIVE COMO QUIERAS
MEJOR DIRECTOR FRANK CAPRA por *Vive como quieras*
MEJOR ACTRIZ BETTE DAVIS en *Jezabel*
MEJOR ACTOR SPENCER TRACY en *Forja de hombres*
MEJOR ACTRIZ SECUNDARIA WALTER BRENNAN en *Kentucky*
MEJOR ACTOR SECUNDARIO FAY BAINTER en *Jezabel*

1939
MEJOR PELÍCULA LO QUE EL VIENTO SE LLEVÓ
MEJOR DIRECTOR VICTOR FLEMING por *Lo que el viento se llevó*
MEJOR ACTRIZ VIVIEN LEIGH en *Lo que el viento se llevó*
MEJOR ACTOR ROBERT DONAT en *Adiós, Mr. Chips*
MEJOR ACTRIZ SECUNDARIA HATTIE MCDANIEL en *Lo que el viento se llevó*
MEJOR ACTOR SECUNDARIO THOMAS MITCHELL en *La diligencia*

1940 - ÓSCAR

1940
MEJOR PELÍCULA REBECA
MEJOR DIRECTOR JOHN FORD por *Las uvas de la ira*
MEJOR ACTRIZ GINGER ROGERS en *Espejismo de amor*
MEJOR ACTOR JAMES STEWART en *Historias de Filadelfia*
MEJOR ACTRIZ SECUNDARIA JANE DARWELL en *Las uvas de la ira*
MEJOR ACTOR SECUNDARIO WALTER BRENNAN en *El forastero*

1941
MEJOR PELÍCULA QUÉ VERDE ERA MI VALLE
MEJOR DIRECTOR JOHN FORD por *Qué verde era mi valle*
MEJOR ACTRIZ JOAN FONTAINE en *Sospecha*
MEJOR ACTOR GARY COOPER en *El sargento York*
MEJOR ACTRIZ SECUNDARIA MARY ASTOR en *La gran mentira*
MEJOR ACTOR SECUNDARIO DONALD CRISP en *Qué verde era mi valle*

1942
MEJOR PELÍCULA LA SEÑORA MINIVER
MEJOR DIRECTOR WILLIAM WYLER por *La señora Miniver*
MEJOR ACTRIZ GREER GARSON en *La señora Miniver*
MEJOR ACTOR JAMES CAGNEY en *Yanqui Dandy*
MEJOR ACTRIZ SECUNDARIA TERESA WRIGHT en *La señora Miniver*
MEJOR ACTOR SECUNDARIO VAN HEFLIN en *Senda prohibida*

1943
MEJOR PELÍCULA CASABLANCA
MEJOR DIRECTOR MICHAEL CURTIZ por *Casablanca*
MEJOR ACTRIZ JENNIFER JONES en *La canción de Bernadette*
MEJOR ACTOR PAUL LUKAS en *Watch on the Rhine*
MEJOR ACTRIZ SECUNDARIA KATINA PAXINOU en *Por quién doblan las campanas*
MEJOR ACTOR SECUNDARIO CHARLES COBURN en *El amor llamó dos veces*

1944
MEJOR PELÍCULA SIGUIENDO MI CAMINO
MEJOR DIRECTOR LEO MCCAREY por *Siguiendo mi camino*
MEJOR ACTRIZ INGRID BERGMAN en *Luz que agoniza*
MEJOR ACTOR BING CROSBY en *Siguiendo mi camino*
MEJOR ACTRIZ SECUNDARIA ETHEL BARRYMORE en *Un corazón en peligro*
MEJOR ACTOR SECUNDARIO BARRY FITZGERALD en *Siguiendo mi camino*

1945
MEJOR PELÍCULA DÍAS SIN HUELLA
MEJOR DIRECTOR BILLY WILDER por *Días sin huella*
MEJOR ACTRIZ JOAN CRAWFORD en *Alma en suplicio*
MEJOR ACTOR RAY MILLAND en *Días sin huella*
MEJOR ACTRIZ SECUNDARIA ANNE REVERE en *Fuego de juventud*
MEJOR ACTOR SECUNDARIO JAMES DUNN en *Lazos humanos*

1946
MEJOR PELÍCULA LOS MEJORES AÑOS DE NUESTRA VIDA
MEJOR DIRECTOR WILLIAM WYLER por *Los mejores años de nuestra vida*
MEJOR ACTRIZ OLIVIA DE HAVILLAND en *Vida íntima de Julia Norris*
MEJOR ACTOR FREDRIC MARCH en *Los mejores años de nuestra vida*
MEJOR ACTRIZ SECUNDARIA ANNE BAXTER en *El filo de la navaja*
MEJOR ACTOR SECUNDARIO HAROLD RUSSELL en *Los mejores años de nuestra vida*

1947
MEJOR PELÍCULA LA BARRERA INVISIBLE
MEJOR DIRECTOR ELIA KAZAN por *La barrera invisible*
MEJOR ACTRIZ LORETTA YOUNG en *Un destino de mujer*
MEJOR ACTOR RONALD COLMAN en *Doble vida*
MEJOR ACTRIZ SECUNDARIA CELESTE HOLM en *La barrera invisible*
MEJOR ACTOR SECUNDARIO EDMUND GWENN en *De ilusión también se vive*

1948
MEJOR PELÍCULA HAMLET
MEJOR DIRECTOR JOHN HUSTON por *El tesoro de Sierra Madre*
MEJOR ACTRIZ JANE WYMAN en *Belinda R*
MEJOR ACTOR LAURENCE OLIVIER en *Hamlet*
MEJOR ACTRIZ SECUNDARIA CLAIRE TREVOR en *Cayo Largo*
MEJOR ACTOR SECUNDARIO WALTER HUSTON en *El tesoro de Sierra Madre*

1949
MEJOR PELÍCULA EL POLÍTICO
MEJOR DIRECTOR JOSEPH L. MANKIEWICZ por *Carta a tres esposas*
MEJOR ACTRIZ OLIVIA DE HAVILLAND en *La heredera*
MEJOR ACTOR BRODERICK CRAWFORD en *El político*
MEJOR ACTRIZ SECUNDARIA MERCEDES MCCAMBRIDGE en *El político*
MEJOR ACTOR SECUNDARIO DEAN JAGGER en *Almas en la hoguera*

1950 · ÓSCAR

1950
MEJOR PELÍCULA EVA AL DESNUDO
MEJOR DIRECTOR JOSEPH L. MANKIEWICZ por *Eva al desnudo*
MEJOR ACTRIZ JUDY HOLLIDAY en *Nacida ayer*
MEJOR ACTOR JOSÉ FERRER en *Cyrano de Bergerac*
MEJOR ACTRIZ SECUNDARIA JOSEPHINE HULL en *Mein Freund Harvey*
MEJOR ACTOR SECUNDARIO GEORGE SANDERS en *Eva al desnudo*

1951
MEJOR PELÍCULA UN AMERICANO EN PARÍS
MEJOR DIRECTOR GEORGE STEVENS por *Un lugar en el sol*
MEJOR ACTRIZ VIVIEN LEIGH en *Un tranvía llamado deseo*
MEJOR ACTOR HUMPHREY BOGART en *La reina de África*
MEJOR ACTRIZ SECUNDARIA KIM HUNTER en *Un tranvía llamado deseo*
MEJOR ACTOR SECUNDARIO KARL MALDEN en *Un tranvía llamado deseo*

1952
MEJOR PELÍCULA EL MAYOR ESPECTÁCULO DEL MUNDO
MEJOR DIRECTOR JOHN FORD por *El hombre tranquilo*
MEJOR ACTRIZ SHIRLEY BOOTH en *Come Back, Little Sheba*
MEJOR ACTOR GARY COOPER en *Solo ante el peligro*
MEJOR ACTRIZ SECUNDARIA GLORIA GRAHAME en *Cautivos del mal*
MEJOR ACTOR SECUNDARIO ANTHONY QUINN en *Viva Zapata*

1953
MEJOR PELÍCULA DE AQUÍ A LA ETERNIDAD
MEJOR DIRECTOR FRED ZINNEMANN por *De aquí a la eternidad*
MEJOR ACTRIZ AUDREY HEPBURN en *Vacaciones en Roma*
MEJOR ACTOR WILLIAM HOLDEN en *Traidor en el infierno*
MEJOR ACTRIZ SECUNDARIA DONNA REED en *De aquí a la eternidad*
MEJOR ACTOR SECUNDARIO FRANK SINATRA en *De aquí a la eternidad*

1954
MEJOR PELÍCULA LA LEY DEL SILENCIO
MEJOR DIRECTOR ELIA KAZAN por *La ley del silencio*
MEJOR ACTRIZ GRACE KELLY en *Angustia de vivir*
MEJOR ACTOR MARLON BRANDO en *La ley del silencio*
MEJOR ACTRIZ SECUNDARIA EVA MARIE SAINT en *La ley del silencio*
MEJOR ACTOR SECUNDARIO EDMOND O'BRIEN en *La condesa descalza*

1955
MEJOR PELÍCULA MARTY
MEJOR DIRECTOR DELBERT MANN por *Marty*
MEJOR ACTRIZ ANNA MAGNANI en *The Rose Tattoo*
MEJOR ACTOR ERNEST BORGNINE en *Marty*
MEJOR ACTRIZ SECUNDARIA JO VAN FLEET en *Al este del Edén*
MEJOR ACTOR SECUNDARIO JACK LEMMON en *Escala en Hawai*

1956
MEJOR PELÍCULA LA VUELTA AL MUNDO EN 80 DÍAS
MEJOR DIRECTOR GEORGE STEVENS por *Gigante*
MEJOR ACTRIZ INGRID BERGMAN en *Anastasia*
MEJOR ACTOR YUL BRYNNER en *El rey y yo*
MEJOR ACTRIZ SECUNDARIA DOROTHY MALONE en *Escrito sobre el viento*
MEJOR ACTOR SECUNDARIO ANTHONY QUINN en *El loco del pelo rojo*

1957
MEJOR PELÍCULA EL PUENTE SOBRE EL RÍO KWAI
MEJOR DIRECTOR DAVID LEAN por *El puente sobre el río Kwai*
MEJOR ACTRIZ JOANNE WOODWARD en *Las tres caras de Eva*
MEJOR ACTOR ALEC GUINNESS en *El puente sobre el río Kwai*
MEJOR ACTRIZ SECUNDARIA MIYOSHI UMEKI en *Sayonara*
MEJOR ACTOR SECUNDARIO RED BUTTONS en *Sayonara*

1958
MEJOR PELÍCULA GIGI
MEJOR DIRECTOR VINCENTE MINNELLI por *Gigi*
MEJOR ACTRIZ SUSAN HAYWARD en *Quiero vivir*
MEJOR ACTOR DAVID NIVEN en *Mesas separadas*
MEJOR ACTRIZ SECUNDARIA WENDY HILLER en *Mesas separadas*
MEJOR ACTOR SECUNDARIO BURL IVES en *Horizontes de grandeza*

1959
MEJOR PELÍCULA BEN-HUR
MEJOR DIRECTOR WILLIAM WYLER por *Ben-Hur*
MEJOR ACTRIZ SIMONE SIGNORET en *Un lugar en la cumbre*
MEJOR ACTOR CHARLTON HESTON en *Ben-Hur*
MEJOR ACTRIZ SECUNDARIA SHELLEY WINTERS en *El diario de Ana Frank*
MEJOR ACTOR SECUNDARIO HUGH GRIFFITH en *Ben-Hur*

1960 - ÓSCAR

1960

MEJOR PELÍCULA EL APARTAMENTO
MEJOR DIRECTOR BILLY WILDER por *El apartamento*
MEJOR ACTRIZ ELIZABETH TAYLOR en *Una mujer marcada*
MEJOR ACTOR BURT LANCASTER en *El fuego y la palabra*
MEJOR ACTRIZ SECUNDARIA SHIRLEY JONES en *El fuego y la palabra*
MEJOR ACTOR SECUNDARIO PETER USTINOV en *Espartaco*

1961

MEJOR PELÍCULA WEST SIDE STORY
MEJOR DIRECTOR ROBERT WISE, JEROME ROBBINS por *West Side Story*
MEJOR ACTRIZ SOPHIA LOREN en *Two Women*
MEJOR ACTOR MAXIMILIAN SCHELL en *El juicio de Nuremberg: vencedores o vencidos*
MEJOR ACTRIZ SECUNDARIA RITA MORENO en *West Side Story*
MEJOR ACTOR SECUNDARIO GEORGE CHAKIRIS en *West Side Story*

1962

MEJOR PELÍCULA LAWRENCE DE ARABIA
MEJOR DIRECTOR DAVID LEAN por *Lawrence de Arabia*
MEJOR ACTRIZ ANNE BANCROFT en *El milagro de Ana Sullivan*
MEJOR ACTOR GREGORY PECK en *Matar un ruiseñor*
MEJOR ACTRIZ SECUNDARIA PATTY DUKE en *El milagro de Ana Sullivan*
MEJOR ACTOR SECUNDARIO ED BEGLEY en *Dulce pájaro de juventud*

1963

MEJOR PELÍCULA TOM JONES
MEJOR DIRECTOR TONY RICHARDSON por *Tom Jones*
MEJOR ACTRIZ PATRICIA NEAL en *Hud, el más salvaje entre mil*
MEJOR ACTOR SIDNEY POITIER en *Los lirios del valle*
MEJOR ACTRIZ SECUNDARIA MARGARET RUTHERFORD en *Hotel Internacional*
MEJOR ACTOR SECUNDARIO MELVYN DOUGLAS en *Hud, el más salvaje entre mil*

1964

MEJOR PELÍCULA MY FAIR LADY
MEJOR DIRECTOR GEORGE CUKOR por *My Fair Lady*
MEJOR ACTRIZ JULIE ANDREWS en *Mary Poppins*
MEJOR ACTOR REX HARRISON en *My Fair Lady*
MEJOR ACTRIZ SECUNDARIA LILA KEDROVA en *Zorba el Griego*
MEJOR ACTOR SECUNDARIO PETER USTINOV en *Topkapi*

1965

MEJOR PELÍCULA SONRISAS Y LÁGRIMAS
MEJOR DIRECTOR ROBERT WISE por *Sonrisas y lágrimas*
MEJOR ACTRIZ JULIE CHRISTIE en *Darling*
MEJOR ACTOR LEE MARVIN en *La ingenua explosiva*
MEJOR ACTRIZ SECUNDARIA SHELLEY WINTERS en *Un retazo de azul*
MEJOR ACTOR SECUNDARIO MARTIN BALSAM en *Mil payasos*

1966

MEJOR PELÍCULA UN HOMBRE PARA LA ETERNIDAD
MEJOR DIRECTOR FRED ZINNEMANN por *Un hombre para la eternidad*
MEJOR ACTRIZ ELIZABETH TAYLOR por *¿Quién teme a Virginia Woolf?*
MEJOR ACTOR PAUL SCOFIELD en *Un hombre para la eternidad*
MEJOR ACTRIZ SECUNDARIA SANDY DENNIS en *¿Quién teme a Virginia Woolf?*
MEJOR ACTOR SECUNDARIO WALTER MATTHAU en *En bandeja de plata*

1967

MEJOR PELÍCULA EN EL CALOR DE LA NOCHE
MEJOR DIRECTOR MIKE NICHOLS por *El graduado*
MEJOR ACTRIZ KATHARINE HEPBURN en *Adivina quién viene esta noche*
MEJOR ACTOR ROD STEIGER en *En el calor de la noche*
MEJOR ACTRIZ SECUNDARIA ESTELLE PARSONS en *Bonnie y Clyde*
MEJOR ACTOR SECUNDARIO GEORGE KENNEDY en *La leyenda del indomable*

1968

MEJOR PELÍCULA OLIVER
MEJOR DIRECTOR CAROL REED por *Oliver*
MEJOR ACTRIZ BARBRA STREISAND en *Funny Girl*; KATHARINE HEPBURN en *El león en invierno*
MEJOR ACTOR CLIFF ROBERTSON en *Charly*
MEJOR ACTRIZ SECUNDARIA RUTH GORDON en *La semilla del diablo*
MEJOR ACTOR SECUNDARIO JACK ALBERTSON en *Una historia de tres extraños*

1969

MEJOR PELÍCULA COWBOY DE MEDIANOCHE
MEJOR DIRECTOR JOHN SCHLESINGER por *Cowboy de medianoche*
MEJOR ACTRIZ MAGGIE SMITH en *Los mejores años de Miss Brodie*
MEJOR ACTOR JOHN WAYNE en *Valor de ley*
MEJOR ACTRIZ SECUNDARIA GOLDIE HAWN en *Flor de cactus*
MEJOR ACTOR SECUNDARIO GIG YOUNG en *Danzad, danzad, malditos*

1970 - ÓSCAR

1970
MEJOR PELÍCULA PATTON
MEJOR DIRECTOR FRANKLIN J. SCHAFFNER por *Patton*
MEJOR ACTRIZ GLENDA JACKSON en *Mujeres enamoradas*
MEJOR ACTOR GEORGE C. SCOTT en *Patton*
MEJOR ACTRIZ SECUNDARIA HELEN HAYES en *Aeropuerto*
MEJOR ACTOR SECUNDARIO JOHN MILLS en *La hija de Ryan*

1971
MEJOR PELÍCULA CONTRA EL IMPERIO DE LA DROGA
MEJOR DIRECTOR WILLIAM FRIEDKIN por *Contra el imperio de la droga*
MEJOR ACTRIZ JANE FONDA en *Klute*
MEJOR ACTOR GENE HACKMAN en *Contra el imperio de la droga*
MEJOR ACTRIZ SECUNDARIA CLORIS LEACHMAN en *La última película*
MEJOR ACTOR SECUNDARIO BEN JOHNSON en *La última película*

1972
MEJOR PELÍCULA EL PADRINO
MEJOR DIRECTOR BOB FOSSE por *Cabaret*
MEJOR ACTRIZ LIZA MINNELLI por *Cabaret*
MEJOR ACTOR MARLON BRANDO en *El Padrino* (el galardón fue rechazado)
MEJOR ACTRIZ SECUNDARIA EILEEN HECKART en *Las mariposas son libres*
MEJOR ACTOR SECUNDARIO JOEL GREY JR. en *Cabaret*

1973
MEJOR PELÍCULA EL GOLPE
MEJOR DIRECTOR GEORGE ROY HILL por *El golpe*
MEJOR ACTRIZ GLENDA JACKSON en *Un toque de distinción*
MEJOR ACTOR JACK LEMMON en *Salvad al tigre*
MEJOR ACTRIZ SECUNDARIA TATUM O'NEAL en *Luna de papel*
MEJOR ACTOR SECUNDARIO JOHN HOUSEMAN en *Vida de un estudiante*

1974
MEJOR PELÍCULA EL PADRINO II
MEJOR DIRECTOR FRANCIS FORD COPPOLA por *El Padrino II*
MEJOR ACTRIZ ELLEN BURSTYN en *Alicia ya no vive aquí*
MEJOR ACTOR ART CARNEY en *Harry y Tonto*
MEJOR ACTRIZ SECUNDARIA INGRID BERGMAN en *Asesinato en el Orient Express*
MEJOR ACTOR SECUNDARIO ROBERT DE NIRO en *El Padrino II*

1975
MEJOR PELÍCULA ALGUIEN VOLÓ SOBRE EL NIDO DEL CUCO
MEJOR DIRECTOR MILOŠ FORMAN por *Alguien voló sobre el nido del cuco*
MEJOR ACTRIZ LOUISE FLETCHER en *Alguien voló sobre el nido del cuco*
MEJOR ACTOR JACK NICHOLSON en *Alguien voló sobre el nido del cuco*
MEJOR ACTRIZ SECUNDARIA LEE GRANT en *Shampoo*
MEJOR ACTOR SECUNDARIO GEORGE BURNS en *La pareja chiflada*

1976
MEJOR PELÍCULA ROCKY
MEJOR DIRECTOR JOHN G. AVILDSEN por *Rocky*
MEJOR ACTRIZ FAYE DUNAWAY en *Network, un mundo implacable*
MEJOR ACTOR PETER FINCH en *Network, un mundo implacable*
MEJOR ACTRIZ SECUNDARIA BEATRICE STRAIGHT en *Network, un mundo implacable*
MEJOR ACTOR SECUNDARIO JASON ROBARDS en *Todos los hombres del presidente*

1977
MEJOR PELÍCULA ANNIE HALL
MEJOR DIRECTOR WOODY ALLEN por *Annie Hall*
MEJOR ACTRIZ DIANE KEATON en *Annie Hall*
MEJOR ACTOR RICHARD DREYFUSS en *La chica del adiós*
MEJOR ACTRIZ SECUNDARIA VANESSA REDGRAVE en *Julia*
MEJOR ACTOR SECUNDARIO JASON ROBARDS en *Julia*

1978
MEJOR PELÍCULA EL CAZADOR
MEJOR DIRECTOR MICHAEL CIMINO por *El cazador*
MEJOR ACTRIZ JANE FONDA en *El regreso*
MEJOR ACTOR JON VOIGHT en *El regreso*
MEJOR ACTRIZ SECUNDARIA MAGGIE SMITH en *California suite*
MEJOR ACTOR SECUNDARIO CHRISTOPHER WALKEN en *El cazador*

1979
MEJOR PELÍCULA KRAMER CONTRA KRAMER
MEJOR DIRECTOR ROBERT BENTON por *Kramer contra Kramer*
MEJOR ACTRIZ SALLY FIELD en *Norma Rae*
MEJOR ACTOR DUSTIN HOFFMAN en *Kramer contra Kramer*
MEJOR ACTRIZ SECUNDARIA MERYL STREEP en *Kramer contra Kramer*
MEJOR ACTOR SECUNDARIO MELVYN DOUGLAS en *Bienvenido Mr. Chance*

1980 - ÓSCAR

1980
MEJOR PELÍCULA GENTE CORRIENTE
MEJOR DIRECTOR ROBERT REDFORD por *Gente corriente*
MEJOR ACTRIZ SISSY SPACEK en *Quiero ser libre*
MEJOR ACTOR ROBERT DE NIRO en *Toro salvaje*
MEJOR ACTRIZ SECUNDARIA MARY STEENBURGEN en *Melvin y Howard*
MEJOR ACTOR SECUNDARIO TIMOTHY HUTTON en *Gente corriente*

1981
MEJOR PELÍCULA CARROS DE FUEGO
MEJOR DIRECTOR WARREN BEATTY por *Reds (Rojos)*
MEJOR ACTRIZ KATHARINE HEPBURN en *En el estanque dorado*
MEJOR ACTOR HENRY FONDA en *En el estanque dorado*
MEJOR ACTRIZ SECUNDARIA MAUREEN STAPLETON en *Reds (Rojos)*
MEJOR ACTOR SECUNDARIO SIR JOHN GIELGUD en *Arthur el soltero de oro*

1982
MEJOR PELÍCULA GHANDI
MEJOR DIRECTOR RICHARD ATTENBOROUGH por *Ghandi*
MEJOR ACTRIZ MERYL STREEP por *La decisión de Sophie*
MEJOR ACTOR BEN KINGSLEY por *Ghandi*
MEJOR ACTRIZ SECUNDARIA JESSICA LANGE por *Tootsie*
MEJOR ACTOR SECUNDARIO LOUIS GOSSET JR. por *Oficial y caballero*

1983
MEJOR PELÍCULA LA FUERZA DEL CARIÑO
MEJOR DIRECTOR JAMES L. BROOKS por *La fuerza del cariño*
MEJOR ACTRIZ SHIRLEY MACLAINE en *La fuerza del cariño*
MEJOR ACTOR ROBERT DUVALL en *Tender Mercies (Gracias y favores)*
MEJOR ACTRIZ SECUNDARIA LINDA HUNT en *El año en que vivimos peligrosamente*
MEJOR ACTOR SECUNDARIO JACK NICHOLSON en *La fuerza del cariño*

1984
MEJOR PELÍCULA AMADEUS
MEJOR DIRECTOR MILOŠ FORMAN por *Amadeus*
MEJOR ACTRIZ SALLY FIELD en *En un lugar del corazón*
MEJOR ACTOR F. MURRAY ABRAHAM en *Amadeus*
MEJOR ACTRIZ SECUNDARIA PEGGY ASHCROFT en *Pasaje a la India*
MEJOR ACTOR SECUNDARIO HAING S. NGOR en *Los gritos del silencio*

1985
MEJOR PELÍCULA MEMORIAS DE ÁFRICA
MEJOR DIRECTOR SYDNEY POLLACK por *Memorias de África*
MEJOR ACTRIZ GERALDINE PAGE en *Regreso a Bountiful*
MEJOR ACTOR WILLIAM HURT en *El beso de la mujer araña*
MEJOR ACTRIZ SECUNDARIA ANJELICA HUSTON en *El honor de los Prizzi*
MEJOR ACTOR SECUNDARIO DON AMECHE en *Cocoon*

1986
MEJOR PELÍCULA PLATOON
MEJOR DIRECTOR OLIVER STONE por *Platoon*
MEJOR ACTRIZ MARLEE MATLIN en *Hijos de un dios menor*
MEJOR ACTOR PAUL NEWMAN en *El color del dinero*
MEJOR ACTRIZ SECUNDARIA DIANNE WIEST en *Hannah y sus hermanas*
MEJOR ACTOR SECUNDARIO MICHAEL CAINE en *Hannah y sus hermanas*

1987
MEJOR PELÍCULA EL ÚLTIMO EMPERADOR
MEJOR DIRECTOR BERNARDO BERTOLUCCI por *El último emperador*
MEJOR ACTRIZ CHER en *Hechizo de luna*
MEJOR ACTOR MICHAEL DOUGLAS en *Wall Street*
MEJOR ACTRIZ SECUNDARIA OLYMPIA DUKAKIS en *Hechizo de luna*
MEJOR ACTOR SECUNDARIO SEAN CONNERY en *Los intocables de Eliot Ness*

1988
MEJOR PELÍCULA RAIN MAN
MEJOR DIRECTOR BARRY LEVINSON por *Rain Man*
MEJOR ACTRIZ JODIE FOSTER en *Acusados*
MEJOR ACTOR DUSTIN HOFFMAN en *Rain Man*
MEJOR ACTRIZ SECUNDARIA GEENA DAVIS en *El turista accidental*
MEJOR ACTOR SECUNDARIO KEVIN KLINE en *Un pez llamado Wanda*

1989
MEJOR PELÍCULA PASEANDO A MISS DAISY
MEJOR DIRECTOR OLIVER STONE por *Nacido el cuatro de julio*
MEJOR ACTRIZ JESSICA TANDY en *Paseando a Miss Daisy*
MEJOR ACTOR DANIEL DAY-LEWIS en *Mi pie izquierdo*
MEJOR ACTRIZ SECUNDARIA BRENDA FRICKER en *Mi pie izquierdo*
MEJOR ACTOR SECUNDARIO DENZEL WASHINGTON en *Glory*

1990 - ÓSCAR

1990
MEJOR PELÍCULA BAILANDO CON LOBOS
MEJOR DIRECTOR KEVIN COSTNER por *Bailando con lobos*
MEJOR ACTRIZ KATHY BATES en *Misery*
MEJOR ACTOR JEREMY IRONS en *El misterio Von Bulow*
MEJOR ACTRIZ SECUNDARIA WHOOPI GOLDBERG en *Ghost* (*Más allá del amor*)
MEJOR ACTOR SECUNDARIO JOE PESCI en *Uno de los nuestros*

1991
MEJOR PELÍCULA EL SILENCIO DE LOS CORDEROS
MEJOR DIRECTOR JONATHAN DEMME por *El silencio de los corderos*
MEJOR ACTRIZ JODIE FOSTER en *El silencio de los corderos*
MEJOR ACTOR ANTHONY HOPKINS en *El silencio de los corderos*
MEJOR ACTRIZ SECUNDARIA MERCEDES RUEHL en *El rey pescador*
MEJOR ACTOR SECUNDARIO JACK PALANCE en *City Slickers*

1992
MEJOR PELÍCULA SIN PERDÓN
MEJOR DIRECTOR Clint Eastwood por *Sin perdón*
MEJOR ACTRIZ Emma Thompson en *Regreso a Howards End*
MEJOR ACTOR Al Pacino en *Esencia de mujer*
MEJOR ACTRIZ SECUNDARIA Marisa Tomei en *Mi primo Vinny*
MEJOR ACTOR SECUNDARIO Gene Hackman en *Sin perdón*

1993
MEJOR PELÍCULA LA LISTA DE SCHINDLER
MEJOR DIRECTOR STEVEN SPIELBERG por *La lista de Schindler*
MEJOR ACTRIZ HOLLY HUNTER en *El piano*
MEJOR ACTOR TOM HANKS en *Philadelphia*
MEJOR ACTRIZ SECUNDARIA ANNA PAQUIN en *El piano*
MEJOR ACTOR SECUNDARIO TOMMY LEE JONES en *El fugitivo*

1994
MEJOR PELÍCULA FORREST GUMP
MEJOR DIRECTOR ROBERT ZEMECKIS por *Forrest Gump*
MEJOR ACTRIZ JESSICA LANGE en *Las cosas que nunca mueren*
MEJOR ACTOR TOM HANKS en *Forrest Gump*
MEJOR ACTRIZ SECUNDARIA DIANNE WIEST en *Balas sobre Broadway*
MEJOR ACTOR SECUNDARIO MARTIN LANDAU en *Ed Wood*

1995
MEJOR PELÍCULA BRAVEHEART
MEJOR DIRECTOR MEL GIBSON por *Braveheart*
MEJOR ACTRIZ SUSAN SARANDON en *Pena de muerte*
MEJOR ACTOR NICOLAS CAGE en *Leaving Las Vegas*
MEJOR ACTRIZ SECUNDARIA MIRA SORVINO en *Poderosa Afrodita*
MEJOR ACTOR SECUNDARIO KEVIN SPACEY en *Sospechosos habituales*

1996
MEJOR PELÍCULA EL PACIENTE INGLÉS
MEJOR DIRECTOR ANTHONY MINGHELLA por *El paciente inglés*
MEJOR ACTRIZ FRANCES MCDORMAND en *Fargo*
MEJOR ACTOR GEOFFREY RUSH en *Shine*
MEJOR ACTRIZ SECUNDARIA JULIETTE BINOCHE en *El paciente inglés*
MEJOR ACTOR SECUNDARIO CUBA GOODING JR. en *Jerry Maguire*

1997
MEJOR PELÍCULA TITANIC
MEJOR DIRECTOR JAMES CAMERON por *Titanic*
MEJOR ACTRIZ HELEN HUNT en *Mejor imposible*
MEJOR ACTOR JACK NICHOLSON en *Mejor imposible*
MEJOR ACTRIZ SECUNDARIA KIM BASINGER en *L. A. Confidential*
MEJOR ACTOR SECUNDARIO ROBIN WILLIAMS en *El indomable Will Hunting*

1998
MEJOR PELÍCULA SHAKESPEARE ENAMORADO
MEJOR DIRECTOR STEVEN SPIELBERG por *Salvar al soldado Ryan*
MEJOR ACTRIZ GWYNETH PALTROW en *Shakespeare enamorado*
MEJOR ACTOR ROBERTO BENIGNI en *La vida es bella*
MEJOR ACTRIZ SECUNDARIA JUDI DENCH en *Shakespeare enamorado*
MEJOR ACTOR SECUNDARIO JAMES COBURN en *Aflicción*

1999
MEJOR PELÍCULA AMERICAN BEAUTY
MEJOR DIRECTOR SAM MENDES por *American Beauty*
MEJOR ACTRIZ HILARY SWANK en *Boys Don't Cry*
MEJOR ACTOR KEVIN SPACEY en *American Beauty*
MEJOR ACTRIZ SECUNDARIA ANGELINA JOLIE en *Inocencia interrumpida*
MEJOR ACTOR SECUNDARIO MICHAEL CAINE en *Las normas de la casa de la sidra*

ÍNDICE GENERAL

SOBRE LOS AUTORES

ULRIKE BERGFELD (UB), n. 1969, estudió arte libre y ha escrito numerosas publicaciones sobre arte. Reside en Berlín.

PHILIPP BÜHLER (PB), n. 1971, licenciado en Ciencias Políticas, Historia y Filología Inglesa. Es periodista de cine y trabaja para diversos periódicos, medios de comunicación electrónicos y publicaciones pedagógicas sobre los medios de comunicación. Vive en Berlín.

ROBERT FISCHER (RF), n. 1954, cineasta e historiador, ha publicado varios libros, ensayos y artículos sobre cine como autor, editor y traductor. Vive en Vaterstetten, cerca de Múnich.

DAVID GAERTNER (DG), n. 1978, estudió Cinematografía e Historia del Arte. Es colaborador del Museo de Cine de Berlín, ciudad donde reside.

MALTE HAGENER (MH), n. 1971, profesor de Ciencias de la Información, especializado en historia, teoría y estética del cine, en la Universidad Philipps de Marburgo. Puntos fuertes de su investigación: teoría e historia del cine, formación de los medios de comunicación. Autor entre otros libros de *Moving Forward, Looking Back. The European Avantgarde and the Invention of Film Culture*, 1919-1939, Ámsterdam, 2007. Vive en Hamburgo y Marburgo.

STEFFEN HAUBNER (SH), n. 1965, estudió Historia del Arte y Sociología. Ha escrito diversos artículos académicos y periodísticos, y dirige una agencia de comunicación. Reside en Hamburgo.

JÖRN HETEBRÜGGE (JH), n. 1971, estudió Literatura Alemana. Es escritor y periodista y ha realizado numerosas contribuciones cinematográficas. Vive en Berlín.

HARALD KELLER (HK), n. 1958, periodista audiovisual. Trabaja para varios periódicos alemanes y ha publicado libros y ensayos sobre la historia del cine y la televisión. Reside en Osnabrück.

KATJA KIRSTE (KK), n. 1969, ha estudiado Ciencias de la Literatura y del Cine en Kiel. Ha trabajado para el Unabhängige Landesanstalt für das Rundfunkwesen (ULR, ente autónomo regional de radiodifusión) de Schleswig-Holstein y la cadena de televisión Premiere. Ha sido asimismo directora de proyecto de un estudio en el ámbito de la investigación televisiva, directora del departamento de prensa y relaciones públicas de la cadena de televisión Discovery Channel y docente en las Universidades de Kiel y Passau y en la Escuela Superior de Medios de Stuttgart. Actualmente es periodista y asesora de comunicación. Vive en Múnich.

HEINZ-JÜRGEN KÖHLER (HJK), n. 1963, periodista de cine y televisión. Autor de numerosos artículos periodísticos y científicos. Vive en Hamburgo.

OLIVER KÜCH (OK), n. 1972, licenciado en Filología Inglesa e Historia, trabaja para el Fraunhofer SIT (Instituto para la seguridad de la información) en Darmstadt como director de comunicación y marketing.. Es periodista informático y de los medios de comunicación y autor de varios trabajos sobre cine y televisión. Reside en Darmstadt.

PETRA LANGE-BERNDT (PLB), n. 1973, es catedrática y profesora adjunta del Departamento de Historia del Arte del University College de Londres. Es autora de publicaciones sobre arte y ciencia, estudios animales, historia y teoría de la materialidad y la medialidad; ha escrito, entre otros libros, *Animal Art. Präparierte Tiere in der Kunst*, 1850-2000, Múnich 2009, y es editora de *Sigmar Polke: Wir Kleinbürger! Zeitgenossen und Zeitgenossinnen. Die 1970er Jahre* (en colaboración con Dietmar Rübel), Colonia 2009. Vive en Londres y Dresde.

STEFFEN LÜCKEHE (SL), n. 1962, galerista cinematográfico. Regenta la mediateca «Mr. & Mrs. Smith». Es autor de numerosos artículos en diferentes periódicos y revistas. Vive en Mannheim.

HELMUT MERSCHMANN (HM), n. 1963, periodista audiovisual. Trabaja para varios periódicos y programas de radio alemanes y ha publicado artículos y libros sobre la historia del cine y la televisión. Vive en Berlín.

NILS MEYER (NM), n. 1971, estudió Literatura Alemana y Ciencias Políticas. Voluntario en la Escuela Evangélica de Periodismo de Berlín, colaborador especializado en Dresde, redactor en Bremen. Colaboraciones en prensa, radio y televisión. Trabaja de portavoz de prensa en Hanóver.

OLAF MÖLLER (OM), autor, actor, periodista cinematográfico. Escribió numerosos artículos para periódicos regionales y suprarregionales.

ECKHARD PABST (EP), n. 1965, doctor en Filosofía, trabaja en el Instituto de Literatura Alemana Contemporánea y Medios en Kiel. Es autor de publicaciones sobre cine y televisión, entre las que se incluye un libro de fotografías de ciudades de dos series de televisión alemanas. Vive en Rendsburg, cerca de Kiel.

LARS PENNING (LP), n. 1962, ha estudiado Ciencias de la Información, Artes Escénicas y Literatura General y Comparada. Es periodista cinematográfico independiente y ha escrito textos para *tip* y *taz*, entre otras publicaciones. Es autor de varios libros: *Cameron Diaz,* Berlín 2001, y *Julia Roberts,* Berlín 2003. Ha escrito numerosos artículos sobre historia y análisis del cine para diversas publicaciones. Vive en Berlín.

ANNE POHL (AP), n. 1961, trabaja como periodista desde 1987. Autora de numerosos artículos especializados. Vive cerca de Hamburgo.

STEPHAN REISNER (SR), n. 1969, es licenciado en Literatura y Filosofía. Ha publicado numerosos artículos sobre cine, fotografía, arte y literatura. Vive y trabaja como escritor independiente en Berlín.

BURKHARD RÖWEKAMP (BR), n. 1965, catedrático con un doctorado en Filosofía y profesor no numerario en el Instituto de Ciencias de la Información de la Universidad Philipps de Marburgo. Ha publicado artículos sobre la teoría, la historia y la estética del cine. Puntos fuertes de su trabajo: militarización de la percepción en los medios audiovisuales de masas; estética, historia y teoría del cine. Vive en Marburgo y Hamburgo.

JÖRG SCHWEINITZ (JS), n. 1953, sustenta la cátedra de Cinematografía en la Universidad de Zúrich (Suiza). Como catedrático invitado, también imparte clases en la Universidad Autónoma de Berlín, en las Universidades de Marburgo, Klagenfurt, Chicago y la Universidad Ruhr de Bochum. Es autor de numerosas publicaciones sobre historia y teoría del cine. Es autor de *Film and Stereotype: A Challenge for Cinema and Theory,* Berlín, 2011. Reside en Zúrich.

ERIC STAHL (ES), 1965-2009, era licenciado en Filología Alemana, especializado en Ciencias de la Comunicación. Periodista cinematográfico y redactor cultural, publicó numerosos artículos periodísticos en revistas.

RAINER VOWE (RV), n. 1954, doctor en Filosofía, historiador. Organiza cursos en el instituto para el estudio del cine y la televisión de la Universidad Ruhr en Bochum. Ha escrito numerosos artículos sobre la historia del cine y la televisión. Vive en Bochum.

ANKA ZIEFER (AZ), n. 1980, estudió Historia del Arte, Economía e Historia en Dresde, Milán y Pisa. Actualmente, realiza tareas editoriales, de comunicación y prensa en la Bibliotheca Hertziana, Instituto Max Planck para la Historia del Arte en Roma, ciudad donde reside.

100 Illustrators

The Package Design
Book

Logo Design.
Global Brands

D&AD.
The Copy Book

Modern Art

Design of the
20th Century

1000 Chairs

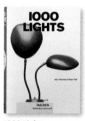
1000 Lights

Scandinavian Design

Industrial Design A–Z

Bauhaus

Bookworm's delight:
never bore, always excite!

TASCHEN
Bibliotheca Universalis

1000 Record Covers

Monet

Van Gogh

Film Noir

Horror Cinema

100 All-Time
Favorite Movies

The Stanley Kubrick
Archives

The Golden Age of
DC Comics

Norman Mailer.
MoonFire

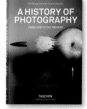
A History of
Photography

Photographers A–Z

20th Century
Photography

Eugène Atget.
Paris

Stieglitz.
Camera Work

Curtis. The North
American Indian

Karl Blossfeldt

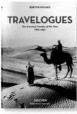

Burton Holmes.
Travelogues

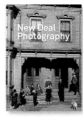

New Deal
Photography

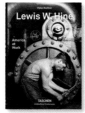

Lewis W. Hine

Photo Icons

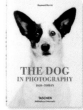

The Dog in
Photography

Modern Architecture
A–Z

100 Interiors Around
the World

100 Contemporary
Houses

Small Architecture

Green Architecture

100 Contemporary
Wood Buildings

Contemporary
Concrete Buildings

Cabins

Tree Houses

Tiki Pop

1000 Tattoos

Fashion History

20th Century Fashion

100 Contemporary
Fashion Designers

Living in Asia

PÁGINA DE CRÉDITOS

La editorial desea dar las gracias a las siguentes distribuidoras, sin las cuales muchas de estas películas nunca hubieran llegado a la gran pantalla:

Columbia Tri Star, Filmverlag der Autoren, MGM, Paramount, RKO, Tobis, 20th Century Fox, United Artists, Universal, Warner Bros.

Premio de la Academia® y Óscar® son marcas registradas de la Academia de las artes y las ciencias cinematográficas.

Pedimos disculpas si, a pesar de todo el esfuerzo realizado, no se ha tenido en cuenta o se ha omitido el nombre de alguna distribuidora. Corregiremos estos errores en la próxima edición si se advierte a los editores sobre ellos.

COPYRIGHT

Imágenes de las páginas 23, 45, 107, 117, 145, 173, 181, 189, 215, 231, 255, 323, 381, 433, 441, 455, 541, 549, 583, 709, 723, 741, 807: Image courtesy of Heritage Auctions / HA.com
Imágenes de las páginas 138–143: © Walt Disney Pictures
Imágenes de las páginas 464–469: © Fotos Georges Pierre
Imágenes de las páginas 280–283: © Fotos Leo Mirkine
Imágenes de las páginas 300–305, 392–397: © Reporters Associati s.r.l.
Imágen página 231: © 1950 Kadokawa Pictures, Inc.

FOTOGRAFÍAS

defd y CINEMA, Hamburgo
Deutsche Kinemathek, Berlín
(págs. 24–27, 82–89, 639)
Deutsches Filminstitut - DIF e.V. / Deutsches Filmmuseum, Fráncfort (pág. 669)
British Film Institute (BFI), Londres
Bibliothèque du Film (BiFi), París
Herbert Klemens Filmbild Fundus Robert Fischer, Múnich
Ciné-Images, París (pág. 73)
Photofest, Nueva York (págs. 9, 15, 65)

TEXTOS

Ulrike Bergfeld (UB), Philipp Bühler (PB), Malte Hagener (MH), Jörn Hetebrügge (JH), Heinz-Jürgen Köhler (HJK), Petra Lange-Berndt (PLB), Nils Meyer (NM), Lars Penning (LP), Stephan Reisner (SR), Burkhard Röwekamp (BR), David Gaertner (DG), Eckhard Pabst (EP), Steffen Haubner (SH), Jörg Schweinitz (JS), Oliver Küch (OK), Eric Stahl (ES), Rainer Vowe (RV), Katja Kirste (KK), Harald Keller (HK), Anne Pohl (APO), Robert Fischer (RF), Helmut Merschmann (HM), Steffen Lückehe (SL), Olaf Möller (OM), Anka Ziefer (AZ)

TRADUCCIÓN DEL ALEMÁN

Lidia Álvarez Grifoll, Meritxell Tena Ripollès, Marta Borrás Monill, Ambrosio Berasain Villanueva, Ramon Monton i Lara, Laura Sales Gutiérrez, Almudena Sasiain Calle, Carlos Chacón Zabalza, Carmen Gómez Aragón, Ángeles Leiva Morales y Vicky Santolaria Malo para LocTeam, Barcelona

CADA LIBRO DE TASCHEN SIEMBRA UNA SEMILLA

TASCHEN es una editorial neutra en emisiones de carbono. Cada año compensamos nuestras emisiones de carbono con créditos de carbono del Instituto Terra, un programa de reforestación de Minas Gerais (Brasil) fundado por Lélia y Sebastião Salgado. Para saber más sobre esta colaboración para la protección del medio ambiente, consulte www.taschen.com/zerocarbon **INSPIRACIÓN: INFINITA. HUELLA DE CARBONO: CERO.**

Si desea información acerca de las nuevas publicaciones de TASCHEN, solicite nuestra revista gratuita en www.taschen.com/magazine; también puede seguirnos en Instagram y Facebook o escribirnos a contact@taschen.com si tiene alguna pregunta sobre nuestro catálogo.

© 2022 TASCHEN GmbH
Hohenzollernring 53, D-50672 Köln
www.taschen.com

EDICIÓN ORIGINAL
© 2011 TASCHEN GmbH

© para la obra de Marcel Jeanne:
VG Bild-Kunst, Bonn 2022

Printed in Bosnia-Herzegovina
ISBN 978-3-8365-5616-3